Werner Rau

MOBIL REISEN
ITALIEN SÜD

Werner Rau

MOBIL REISEN

ITALIEN SÜD

MOBILE TOURING HIGHLIGHTS

Mit Wohnmobil, Caravan oder Vancamper unterwegs
auf den schönsten Reiserouten in Süditalien

Apulien, Kalabrien und Basilikata
Plus Paestum

Ein Tourenbuch mit Wohnmobilstellplätzen
und mit vor Ort ermittelten GPS-Koordinaten

WERNER RAU VERLAG

Idee, Layout, Text, Karten, Stadtpläne und Fotos (falls nicht anders gekennzeichnet): Werner Rau
Titelgestaltung: HitzArtworks, 72667 Schlaitdorf
Titelfoto: Baia delle Zagare, Garganoküste, Apulien

2. Auflage 2023

Herstellung: Druckerei & Verlag Steinmeier, 86738 Deiningen
Printed in Germany

ISBN 978-3-949387-00-5
Geo Nr. 663 10201

Haftung für Links – In unseren Reiseführern verwenden wir gelegentlich Links zu externen Webseiten Dritter. Auf den Inhalt dieser Webseiten haben wir keinen Einfluss. Aus diesem Grunde können wir für diese fremden Inhalte auch keine Gewähr übernehmen. Für die Inhalte der verlinkten Seiten ist stets der jeweilige Anbieter oder Betreiber der Seiten verantwortlich.

Wir lassen nicht im Ausland drucken! Wir nehmen die Dienste heimischer Anbieter in Anspruch – der Umwelt und dem „ökologischen Fußabdruck" zuliebe.

INHALT

Zum Kennen Lernen

Anreise

Mobil Reisen: ITALIEN SÜD – Die Routen

Apulien

Kalabrien

Kurzessays

Karten und Stadtpläne

EIN KURZPORTRÄT ITALIENS UND SÜDITALIENS

Italien, italienisch *Italia*, trägt die offizielle Bezeichnung *Repubblica Italiana, Italienische Republik*.

Italien erstreckt sich von den Alpen über die gesamte Italienische Halbinsel (1.200 km) und umfasst außerdem die Inseln Sardinien und Sizilien, sowie diverse kleinere Inseln und Inselgruppen.

Italien grenzt im Norden an Österreich und die Schweiz, im Westen an Frankreich, das Fürstentum Monaco, an das Ligurische und an das Tyrrhenische Meer, im Osten an Slowenien und an das Adriatische Meer und im Süden schließlich an das Ionische Meer.

Größe des Landes – Insgesamt umfasst Italien ein Territorium von 301.335 qkm, inklusive der Inseln Sardinien und Sizilien.

Davon entfallen auf die Provinz Apulien 19.366 qkm, auf Kalabrien rund 15.080 qkm und auf die Provinz Basilikata fast 10.000 qkm.

Italien hat eine Küstenlänge von annähernd 7.600 km.

Bevölkerung – In Italien leben insgesamt rund 60 Mio. Menschen, davon leben in der Provinz Apulien 4,05 Mio. Einwohner, in Kalabrien nahezu 2 Mio. und in der Basilikata rund 567.000 Einwohner.

Bevölkerungsdichte: 199 Einwohner pro Quadratkilometer (zum Vergleich Deutschland: 236 Einw./qkm).

Nach Großbritannien, den Benelux–Staaten und der Bundesrepublik Deutschland ist Italien das am dichtesten besiedelte Land Europas.

Religion: Die ganz überwiegende Mehrheit der Italiener (rund 98 %) bekennt sich zur römisch-katholischen Kirche. Die römisch-katholische Glaubensrichtung war in Italien bis 1984 Staatsreligion.

Italien kann auf die ältesten Universitäten in Europa verweisen - Parma, 1066 gegründet und Bologna, 1088 gegründet.

Hauptstädte – Landeshauptstadt ist Rom mit fast 2,9 Mio. Einwohnern.

Die Hauptstadt Apuliens ist **Bari** mit fast 323.000 Einwohnern. Die nächst größeren Städte in Apulien sind Tarent (ca. 196.000 Einw.) und Foggia (ca. 150.000 Einw.).

Catanzaro (fast 89.000 Einw.) ist die Hauptstadt der Region Kalabrien. Bedeutende Städte sind außerdem Reggio Calabria (ca. 179.000 Einw.) und Cosenza (ca. 67.000 Einw.).

Und **Potenza** (ca. 67.000 Einw.) ist die Hauptstadt der Region Basilikata. Die nächst größere Stadt ist Matera (ca. 60.500 Einw.).

Staatswesen und Verwaltung

Nach Ausrufung der Republik im Jahre 1946 erhält Italien 1948 eine neue Verfassung. Aufgrund dieser Verfassung ist der auf sieben Jahre von einem Wahlmännerkollegium (die Abgeordneten beider Parlamentskammern und 58 Vertreter der Regionen) gewählte Präsident das Staatsoberhaupt.

Das italienische **Zweikammerparlament** besteht aus Abgeordnetenkammer **„Camera dei Deputati"** mit 630 Mitgliedern und Senat **„Senato della Repubblica"** mit 324 Mitglieder sowie 9 Senatoren, die auf Lebenszeit gewählt sind. Beide Kammern werden alle fünf Jahre neu gewählt.

Staatsoberhaupt ist der auf sieben Jahre gewählte **Staatspräsident*in**. Seit Februar 2015 hat dieses Amt *Sergio Mattarella* inne.

Der Staatspräsident ernennt die Regierung und er hat das Recht, das Parlament aufzulösen.

Die Regierung wird vom **Ministerpräsidenten*in** (seit 22. Oktober 2022 *Giorgia Melo-*

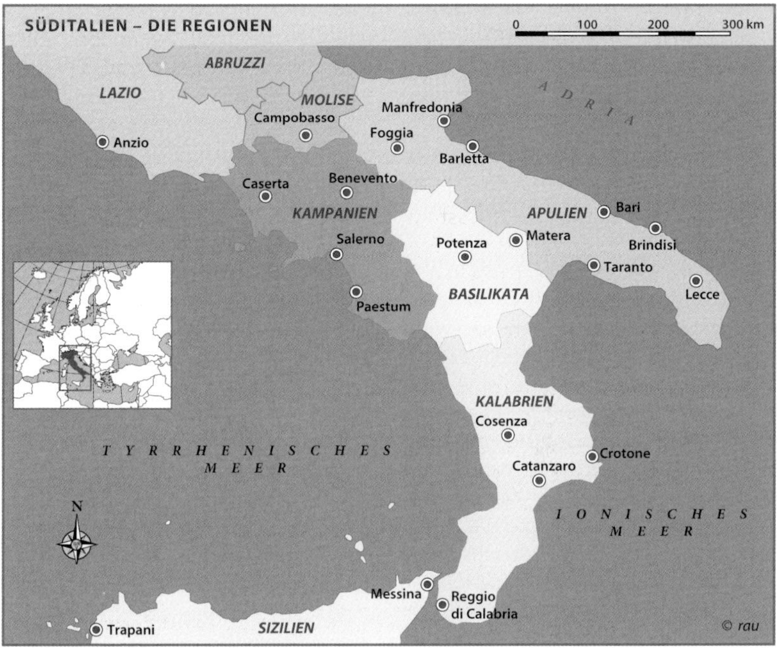

ni / Fratelli d'Italia) geführt. Der Ministerpräsident*in hat sich gegenüber dem Parlament zu verantworten.

Italien ist Mitglied der EU, G-8, NATO, OECD, OSZE, UNO und WEU.

Verwaltung – Verwaltungstechnisch gliedert sich Italien in **20 Regionen**, die sich wiederum in **Provinzen** aufteilen.

Fünf der 20 Regionen Italiens sind mit weitgehenden Autonomierechten ausgestattet. Zu ihnen zählen Aostatal, Friaul-Julisch-Venetien, Sardinien, Sizilien und Trentino-Südtirol.

Die Region Apulien unterteilt sich in die Provinzen Foggia, Barletta-Andria-Trani, Tarent, Brindisi, Lecce und Bari, die Region Kalabrien in die Provinzen Reggio Calabria (Regierungssitz), Catanzaro (Hauptstadt), Crotone und Vibo Valentia und die Region Basilikata unterteilt sich in die Provinzen Potenza und Matera.

Wirtschaftliche Schwerpunkte – Großes Gewicht hat im Lande zwar immer noch die Agrarwirtschaft (Obst, Wein, Zitrusfrüchte, Getreide), allerdings mit sinkender Tendenz. Von größerer Bedeutung, mit regional deutlichen Unterschieden, sind aber längst die Industriebereiche Automobil, Maschinenbau, Metallverarbeitung, Textil, Bekleidung, Schuhe und Chemie.

Wegen Überfischung und Wasserverschmutzung spielt die Meeresfischerei nur noch eine unbedeutende Rolle.

In allen Wirtschaftssektoren ist ein starkes Nord-Süd-Gefälle zu beobachten. Von den Beschäftigten des Landes arbeiten kaum noch 20 % in der Landwirtschaft, während die Industrie fast 44 % aller Arbeitsplätze zur Verfügung stellt.

In den beschriebenen Regionen Apulien und in einigen Bereichn von Kalabrien spielt vor allem der Tourismus eine ganz maßgebliche Rolle im Wirtschaftsleben. Jährlich besuchen weit über 35 Mio. Touristen Italien, von denen fast ein Drittel aus der

Bundesrepublik kommt.

In der früher ausschließlich bäuerlich geprägten Region Apulien ist die Agrarwirtschaft zwar immer noch ein wichtiger Faktor, aber längst nicht mehr der größte Arbeitgeber. Heute arbeiten mehr Menschen im Dienstleistungsgewerbe und in der Industrie. Beide Bereiche erlebten vor allem im 19. Jh. einen rasanten Aufschwung.

Für Süditalien gilt, wie für viele andere italienische Regionen, dass viele landwirtschaftliche Betriebe (insbesondere die sog. Masserie) eine neue Art entdeckt haben, profitabel zu wirtschaften, sie haben sich dem **Agritourismus** geöffnet. Man nutzt die meist reizvolle Lage der Gehöfte, ihre oft urige Architektur und das Ambiente der nicht selten historischen Herrenhäuser und Gutshöfe und bietet so eine ländlich-rustikale, dennoch zeitgemäß komfortable Atmosphäre für Feriengäste.

Apulien (Puglia)

Die Region Apulien erstreckt sich entlang der süditalienischen Adriaküste und umfasst auch die Halbinsel **Salento**, den „Absatz" des „Italienischen Stiefels". Den „Stiefelsporn" bildet die Halbinsel **Promontorio del Gargano**.

Provinzhauptstadt Apuliens ist Bari. Die offizielle Webseite für Touristen in Apulien findet man unter https://www.viaggiareinpuglia.it/hp/de.

Ganz im Gegensatz zu den nördlichen Nachbarregionen Molise und Abruzzen präsentiert sich Apuliens Landschaft mit weiten Ebenen, die landwirtschaftlich intensiv genutzt werden. Olivenöl und Wein sind hier die wichtigsten Produkte. Auch der Tourismus trägt sein Teil dazu bei, dass sich Apulien zu den wohlhabenderen Regionen Süditaliens zählen darf.

Weite Gegenden Süditaliens, auch Apulien, standen in der Antike unter dem Einfluss Griechenlands. Und lange Zeit danach hatten fremde Könige und weniger italienische Herrscher die Hand auf Süditalien. Später dann, als der Stauferkaiser Friedrich II. die Macht in Süditalien und Sizilien übernahm, brach für die ganze Region ein wenn auch kurzes sog. „Goldenes Zeitalter" an. Eines der stolzen architektonischen Zeugnisse in Apulien aus der Zeit Friedrichs II. ist das Castello del Monte.

Ein weiteres touristisches Highlight Apuliens ist die Zona dei Trulli bei Alberobello.

Die bedeutendsten Städte sind die Hafenstadt Bari, dann Tarent (Tarento), eine wichtige Handels- und Hafenstadt am gleichnamigen Golf an der Küste des Ionischen Meeres und Lecce, fast am Ende des Stiefelabsatzes. Besuchenswert ist Lecce vor allem wegen seiner prächtigen Barockarchitektur im Innenstadtbereich.

Basilikata (Basilicata)

Südwestlich der Provinz Apulien schließt die bergige, bewaldete Region Basilikata an. Nur relativ kleine Teile der Region reichen bis an die Küsten – bei Metaponto z. B. ans Ionische Meer (Mare Ionio) und bei Maratea bis an die Küste des Tyrrhenischen Meeres (Mare Tirreno). Man trifft auf Ruinen aus der Zeit der Griechen, auf Abteiruinen, Überbleibsel aus der Zeit der Staufer oder auf pittoreske Bergdörfer.

Die Geschichte hat es offenbar nicht besonders gut gemeint mit der Basilikata. Denn die wenig entwickelte Region, die stark unter einer Abwanderung junger Einwohner leidet, gilt heute noch als Armenhaus Italiens am Rande des europäischen Wohlstandes. Selbst der Tourismus, der anderen Gegenden oft als willkommener Ausgleich zu niedergegangenen Gewerben oder Industrien dient, ist in der Basilikata kaum entwickelt. Die Besucherzahlen halten sich sehr in Grenzen. Manche Landschaften machen einen unberührten Eindruck und viele Dörfer wirken verfallen, vergessen und verlassen.

Provinzhauptstadt der Basilikata ist Potenza.

Die Nachbarregionen Basilicata und Calabria haben eine lange gemeinsame Vergangenheit und Geschichte. Jahrhunderte gehörten sie zusammen mit Sizilien und Apulien zum antiken Magna Graecia, seit dem 8. vorchristlichen Jahrhundert quasi eine Kolonie emigrierter Griechen. Damals waren heute längst vergessene Orte wie Locri Epizefir, Sabaris oder Caulonia kulturelle Zentren an der ionischen Küste.

Nach den Griechen ließen sich Römer, Byzantiner, Normannen nieder. Alle hinterließen ihre mehr oder weniger ausgeprägten Spuren auf den Gebieten der Architektur, Kunst und Kultur. Stilo in Kalabrien z. B. wartet mit einem kleinen, anmutigen byzantinischen Kirchlein auf.

Normannen und Staufer herrschten über die Regionen Süditaliens, bis sie ihre Macht an Herrscher der Königshäuser Anjou und Arágon abgeben mussten, die über das Königreich Sizilien und Neapel geboten. Eine prosperierende Phase erlebten weder die Basilikata noch Kalabrien unter dem Königreich Neapel aber nicht.

Eine besondere kulinarische Spezialität der Basilikata sind die vornehmlich aus Schweinefleisch und Speck hergestellten „Lucanica-Würste", die oft luftgetrocknet angeboten werden.

Kalabrien (Calabria)

Südlich der Basilikata schließlich erstreckt sich die Region Kalabrien, die die gesamte lange „Spitze" des „Italienischen Stiefels" umfasst.

Kalabrien gilt auch als „das Gebirge zwischen den Meeren". Tatsächlich wird die gesamte Region bis in den Süden von langen Bergzügen geprägt. Kalabrien ist also ein erstaunlich gebirgiger Landstrich und es bleibt nur wenig Flächen, die landwirtschaftlich genutzt werden können.

Weiter im Norden, etwa zwischen Cosenza und Crotone, ist es das Sila-Massiv mit Höhen teils bis fast 1.500 m, und weiter im Süden, östlich von Reggio di Calabria, sind es die Höhenzüge des Aspromonte, die die Landschaft dominieren. Die waldreichen Gegenden hier waren früher als „der große Wald Italiens" bekannt.

Die Westküste Kalabriens bildet das Tyrrhenische Meer (Mare Tirreno), die Ostküste dagegen reicht bis an das Ionische Meer (Mare Ionio) mit dem Golfo di Squillace.

Provinzhauptstadt Kalabriens ist Cosenza.

Kalabrien hat es dank seiner Sandstrände an den Küsten des Ionischen Meeres, wie auch des Tyrrhenischen Meeres leichter, von der Tourismusindustrie zu profitieren.

Auch wenn vor allem Kalabrien der Ruf vorauseilt, eine Hochburg der ´Ndrangheta, einer legendären Mafiaorganisation, zu sein, muss man als normaler Tourist keine Beeinträchtigungen durch das organisierte Verbrechen befürchten. Anders dürfte es mit mafiösen Einflüssen auf die Stadt- und Gemeindeverwaltungen aussehen.

Erste griechische Kolonisten lassen sich um das 8. Jh. vor Chr. in Süditalien nieder, gründen Städte, errichten Tempel. Magna Graecia, Großgriechenland entsteht im südlichen Italien und auf Sizilien.

Nachdem örtliche italienische Stämme wie die Bruttier, die in Regionen des heutigen Kalabrien siedelten, oder die Lukaner, die vornehmlich in der heutigen Basilikata ansässig waren, im dritten vorchristlichen Jahrhundert gegen die griechischen

Stadtstaaten (Poleis) aufstehen, nutzt das Römische Reich die Gelegenheit und erobert die bedeutendsten griechischen Städte, wie etwa das heutige Tarent. Bald dehnten die Römer ihr Machtgebiet auf ganz Süditalien aus. ten, oder die Lukaner, die vornehmlich in der heutigen Basilikata ansässig waren, im dritten vorchristlichen Jahrhundert gegen die griechischen Stadtstaaten (Poleis) aufstehen, nutzt das Römische Reich die Gelegenheit und erobert die bedeutendsten griechischen Städte, wie etwa das heutige Tarent. Bald dehnten die Römer ihr Machtgebiet auf ganz Süditalien aus.

Latein war nun die Sprache des Landes und nicht mehr Griechisch. Dennoch haben sich bis auf den heutigen Tag in abgelegenen Gebieten Dialekte erhalten, die ihren Ursprung angeblich im Griechischen gehabt haben sollen. Ein Beispiel dafür ist der uralte Dialekt *Grekaniko*, der im Gebiet des Aspromonte-Massivs noch heute gesprochen wird.

Zu Italiens **längsten Flüssen** zählen der Arno, die Etsch (der Adige), der Po und der Tiber (Tevere).

Nationalfeiertag ist der „Tag der Befreiung" am 25. April.

Italiens **Nationalhymne** „Inno di Mameli" (Hymne von Mameli) beginnt mit den Worten: „Fratelli d'Italia, l'Italia s'è desta, / Dell'elmo di Scipio s'è cinta la testa. ..." (etwa: „Brüder Italiens, Italien hat sich erhoben und sich mit Scipios Helm das Haupt gekrönt. ..."). Scipio Africanus, 235 – 183 v. Chr., war römischer Feldherr und Staatsmann. Der Text der Hymne stammt von Goffredo Mameli, die Melodie dazu schrieb Michele Novaro.

Reiseziel Süditalien

In den Regionen Apulien, Kalabrien und Basilikata haben uralte Kulturen ihre Spuren hinterlassen. Illyrer, Lukaner, Griechen, Römer, Byzantiner, Normannen und Staufer waren hier.

Auf einer Reise durch Süditalien werden nicht nur Interessenten an der Kultur der alten Griechen, sondern vor allem auch Liebhaber normannischer Kultur und Kirchenarchitektur auf Ihre Kosten kommen.

Andere nehmen den weiten Weg auf sich, um Burgen und Kastelle aus der Stauferzeit zu bestaunen, oder sie haben Gefallen an den malerischen Trulli mit ihren aus Natursteinen aufgeschichteten Kegeldächern – eine weltweit einmalige Seltenheit übrigens und nur in Apulien zu finden.

Und wem weniger an Kunst und kulturellen Aspekten liegt und wer seine Urlaubstage lieber am Strand verbringt, wird von den Möglichkeiten hier keineswegs enttäuscht sein.

Vor allem die Küste der Garganohalbinsel wird mit zu den beliebtesten Urlaubzielen in Italien gezählt.

An den Küsten der Adria, des Ionischen Meeres oder des Tyrrhenischen Meeres findet man Badeorte für jeden Geschmack mit sandigen, felsigen oder steinigen Stränden.

GESCHICHTE – IN STICHWORTEN

Frühgeschichte – Italien ist schon in prähistorischer Zeit – im Süden z. B. von lybisch-iberischen Stämmen – bewohnt. Etwa ab 2000 v. Chr. folgen die Stämme der Italiker und ab ca. 800 v. Chr. beginnen Griechen Sizilien und Unteritalien zu kolonisieren.

800 v. Chr. – Erste Kolonisten aus Griechenland lassen sich in Süditalien und in Sizilien nieder.

Der griechische Einfluss auf Kunst und Kultur dringt in die italienischen Voksgruppen vor.

An der Küste der Adria und des Ionischen Meeres entstehen blühende Städte (Poleis), die von griechischen Kolonisten, die von der Peloponnes-Halbinsel stammen, gegründet werden. Damals entstehen wohlhabende und unabhängige Stadtstaaten wie

Tarento, Crotone, Sybaris an der Mündung des Crati, Metaponto, Eraclea bei Policoro und andere Es bahnt sich die große Zeit von **Magna Graecia**, des „Großen Griechenland" in Süditalien und Sizilien an.

753 v. Chr. – Der Legende nach wird in diesem Jahr von *Romulus*, einem Etrusker, die Stadt Rom gegründet.

Um **540 v. Chr.** lassen widerstrebende Interessen verschiedener griechischstämmiger Gruppen die Vorherrschaft der griechischen Stadtstaaten schwinden. Einige der von griechischen Kolonisten gegründeten Städte bekriegen sich.

510 v. Chr. – Das etruskische Stadtkönigtum in Rom wird gestürzt. Das Königreich Rom wird Republik und Italien wird „Mittelpunkt der Alten Welt". Die Macht der Etrusker beginnt zu schwinden.

In der Basilikata lässt sich eine aus Kleinasien stammende Volksgruppe - die **Lukaner** - nieder. Sie prägen die süditalienische Region sehr. Noch heute ist die Basilikata auch als *Lukania* bekannt.

Eine Separatistengruppe der Lukaner - die **Bruttier** - siedeln sich in Kalabrien an.

4. Jh. v. Chr. – 4. Jh. n. Chr. – Die Macht und Größe des **Römischen Imperiums** zeigt sich nicht nur in seiner militärischen, administrativen oder städtebaulichen Vormachtstellung, sondern auch auf dem Gebiet der Künste. In meist siegreich beendeten Kriegen mit Griechen und Etruskern dehnen die Römer ihren Machtbereich über Neapel auf ganz Süditalien aus.

272 v. Chr. siegen römische Truppen in der Schlacht von Benevent und leiten damit das Ende der einst glanzvollen Aera von Magna Graecia ein.

In vielen Bereichen der Architektur und der bildenden Kunst entwickeln römische Baumeister, Bildhauer, Maler, Töpfer und Goldschmiede das etruskische und griechische Erbe weiter.

Die Ausstrahlung der römischen Kultur, Wissenschaft und Kunst ist auf allen Gebieten so stark, dass sie Grundlagen für die kulturelle Entwicklung ganz Westeuropas werden.

220 v. Chr. – Kaiser Gaius Flaminius veranlasst den Bau der Via Flaminia. Die Straße führt von Rom durch das Gebiet der späteren Provinz Marken bis an die Adriaküste bei Rimini. Andere große Straßenprojekte sind die Via Appia die von Rom nach Brindisi führt oder die Via Popilia nach Reggio Calabria.

264 – 241 v. Chr. – Erster Punischer Krieg. Eroberung Siziliens.

Ca. 260 v. Chr. – Rom unterwirft die letzten etruskischen Stadtstaaten.

219 – 201 v. Chr. – Zweiter Punischer Krieg. Hannibal zieht über die Alpen. Die Römer besiegen die Karthager.

200 – 133 v. Chr. – Rom dehnt seinen Machtbereich über das östliche Mittelmeer und bis Kleinasien aus. Die Republik Rom wurde zur Weltmacht **Imperium Romanum**.

133 – 100 v. Chr. – Innere Unruhen im Römischen Reich führen zu Bürgerkriegen und zu politischen Machtkämpfen im Senat. Spannungen im Römischen Reich führten aber auch zu blutigen Aufständen. Jahrelang machten die sog. **Sklavenkriege** Süditalien und besonders Kalabrien unsicher. *Spartacus*, ein römischer Sklave und Gladiator, war um 71 v. Chr. zeitweise ihr Anführer.

60 v. Chr. – Erstes Triumvirat (Dreimännerbund) mit *Pompejus, Crassus* und *Gajus Julius Cäsar*.

44 v. Chr. – *Julius Cäsar* wird ermordet. Ende der Republik.

31 v. Chr. – 14 n. Chr. – Ausrufung des Kaiserreichs. Erster Kaiser des Römischen Imperiums ist *Octavian, Kaiser Augustus*.

Bis ca. 200 n. Chr. – Glanzzeit des Römischen Imperiums unter den *Kaisern Vespasian, Trajan, Hadrian* und *Mark Aurel.*

Um 303 – Christenverfolgung.

306 – 330 – Konstantin der Große e erringt die Alleinherrschaft und macht im Jahre 330 Konstantinopel (Byzanz, heute Istanbul) zur neuen Hauptstadt des Reiches.

391 – 395 – Kaiser *Theodosius* erhebt das Christentum zur Staatsreligion. Nach seinem Tode wird das Römische Kaiserreich in ein **Oströmisches** und in ein **Weströmisches Reich** aufgeteilt. Im Jahre 800 wird Karl der Große in Rom von Papst Leo III. zum Römischen Kaiser gekrönt. Ganz Italien, von Sizilien bis zu den Alpen ist unter fränkischer Vorherrschaft. **5. Jh.** – Die durch den Ansturm der Hunnen ausgelöste Völkerwanderung brandet nach Norditalien. Zu den wandernden Germanenstämmen zählen u. a. die Westgoten. Sie erobern 410 unter ihrem *König Alarich* die Stadt Rom. Alarich stirbt 410 in Cosenza (Kalabrien) und wird im Flüsschen Busento beigesetzt.

476 – Der Germane *Odoaker* setzt den weströmischen Kaiser *Romulus Augustus* ab. Dies bedeutet das Ende des westlichen Kaiserreichs.

480 – In Norcia (Umbrien) erblickt ein gewisser *Benedikt* das Licht der Welt. Der spätere Ordensgründer (Benediktinerorden, der erste christliche Orden in der westlichen Hemisphäre) gilt in der Kirchengeschichte als Begründer des Ordenswesens und Mönchstums.

493 – Der Ostgotenkönig *Theoderich* besiegt Odoaker und macht Ravenna zur Hauptstadt des Ostgotenreichs.

568 – In Oberitalien fallen die Langobarden ein. Tuscien (Toskana), Teile Umbriens (Spoleto) und Benevent (Region Kampanien) werden dem Langobardenreich einverleibt.

Byzantiner prägen mit ihrer Kirchenkultur und Architektur Teile Süditaliens (u. a. Bari, Brindisi, Stilo).

8 Jh. – König *Pippin*, von Papst Stefan III. um Hilfe gerufen, unterwirft 754 das Langobardenreich und v754 das Langobardenreich und vermacht davon große Teile dem Papst (Grundlage des späteren Kirchenstaates). *Karl der Große*, Sohn Pippins und seit 768 König der Franken, wird 774 auch König des Langobardenreichs.

Im Jahre 800 wird Karl der Große in Rom von Papst Leo III. zum Römischen Kaiser gekrönt. Ganz Italien, von Sizilien bis zu den Alpen ist unter fränkischer Voherrschaft.

9. Jh. – Nach dem Tode Karls d. Gr. 814 beginnt die fränkische Vorherrschaft in Italien wieder zu zerfallen. Kämpfe um die Langobardische Krone.

951 – *Otto I.*, König der Sachsen, besetzt das Langobardenreich, wird zum König von Italien und 962 zum Römischen Kaiser gekrönt.

11. Jh. – Politisch klug taktierende **Normannen** unterstützen Papst Nikolaus II. in seinem Bemühen die Vorherrschaft vor dem Kaiser zu erringen. Als Gegenleistung wird der Normannenherzog *Robert Guiscard* Herr über Süditalien und Sizilien.

Apulische Normannen unter Robert Guiscard, Herzog von Apulien und Kalabrien, bemächtigen sich der Hafenstädte Bari und Brindisi, die bisher von Byzantinern beherrscht waren.

Roger II., ein Neffe des Normannenherrschers Robert Guiscard, wird Erbe von Sizilien und Süditalien. Seine Besitzungen formen zusammen mit Neapel das **Königreich beider Sizilien**.

Die Hafenstädte an der Adria, darunter auch Otranto profitieren von den Papst Urban II (1055 - 1099) ausgerufenen Kreuzzügen (siehe auch unter Melfi). Die Häfen wurden zu wichtigen Umschlagplätzen für die Trosse, die die zahlreichen Kreuzfahrer begleiteten, die aus allen Teilen des christlichen Abendlandes in die Adriahäfen strömten.

1139 – *Papst Innozenz II.* krönt den Normannenfürsten *Roger II. de Hauteville (d'Altavilla)* zum König von Sizilien. Roger II. führt das normannische Königreich Neapel und Sizilien, trotz einer despotischen, aber auch gerechten Herrschaftsweise zu einem Höhepunkt.

Das Normannische Imperium jener Zeit wird auch das „Sonnenreich" genannt. Unter dem normannischen Fürstenclan der Hautevilles mit Roger II. an der Spitze erleben Architektur und Wissenschaft, nicht zuletzt durch die unvoreingenommene Integration arabischer Gelehrter, eine Blütezeit. Palermo, die Hauptstadt des Normannenreiches, wird zu einem glanzvollen Zentrum höchster architektonischer Glanzpunkte.

1155 – Der Stauferkönig *Friedrich I. Barbarossa (Rotbart)* wird 1155 zum Römischen Kaiser gekrönt. Friedrich führt lange Kämpfe, einerseits gegen den Lombardischen Städtebund, andererseits gegen *Papst Alexander III.*

Es bilden sich zwei erbittert streitende Parteien – die kaisertreuen *Ghibellinen* (nach der Stauferburg Waiblingen in Württemberg) und die papsttreuen *Guelfen* (Welfen). 1177 versöhnt sich der Kaiser mit dem Papst.

1181 (oder 1182) – In Assisi (Umbrien) wird *Franziskus* geboren. Der Gründer des Ordens Mindere Brüder (später Franziskaner) wurde nur zwei Jahre nach seinem Tod im Jahre 1226 heilig gesprochen.

1189 – Der Normannenkönig *Wilhelm II. von Sizilien* stirbt in Palermo im Alter von nur 36 Jahren ohne Nachkommen. Das große Reich der Normannen, das Italiens Süden und Sizilien mit prächtigen Bauwerken überzog, zerbricht.

1190 – Kaiser Friedrich Barbarossa ertrinkt während des dritten Kreuzzuges im Fluss Salef in der Türkei.

Thronfolger wird sein Sohn Kaiser *Heinrich VI.* (Kaiserkrönung 1191). Durch die Heirat Heinrichs mit Konstanze von Hauteville, der Erbin des Normannenreiches, fallen ihm auch Unteritalien und das Königreich Sizilien zu. Blütezeit des Stauferreiches im südlichen Italien und in Sizilien.

1194 – Am 26. Dezember 1194 erblickt der spätere Kaiser *Friedrich II.* in Jesi (ital. Region Marken) das Licht der Welt.

1220 – Der große Stauferkönig *Friedrich II.*, ein Enkel Friedrich Barbarossas und Erbe des mächtigen Normannenreiches, wird im Alter von 26 Jahren zum Kaiser gekrönt. Er fördert Wissenschaften und Künste. Der kaiserliche Hof in Palermo ist ein Zentrum des italienischen Geistesleben jener Zeit.

Friedrich II. erweist sich aber nicht nur als gewiefter Taktiker, der den politischen und kulturellen Ausgleich zwischen Orient und Okzident vorantreibt, sondern er ist auch Dichter, Philosoph und Forscher von großem Ansehen. Sein Buch „De Arte venandi cum avibus" über die Kunst der Jagd mit Falken wurde zu einem Standardwerk für Jahrhunderte.

Während der Zeit des Stauferkaisers entstehen vor allem in Apulien wichtige Stauferburgen wie z. B. Castel del Monte.

Friedrich II. tut sich aber nicht nur als kluger Gesetzgeber hervor, er fördert auch Kunst und Wissenschaft und pflegt enge Beziehungen zum islamischen Kulturkreis.

Friedrich II. reorganisiert sein Reich in Italien. Friedrich II. siegt über die lombardischen Städte, unterliegt aber im Kampf gegen *Papst Gregor IX.*

Mit dem Tode Friedrichs II. im Jahre 1250 beginnt der Niedergang des staufischen Kaisertums.

Nach Friedrich II. führt dessen unehelich geborener Sohn Manfred die Herrschaft über Süditalien und Sizilien fort.

Die Herrschaft der Hohenstaufen dauert noch bis 1268. *Konradin*, der letzte Staufer, wird 1268 in Neapel hingerichtet.

1266 – Papst Clemens IV. ernennt *Karl von Anjou*, einen Bruder des französischen Königs Ludwig IX., zum neuen Herrscher über Süditalien und Sizilien. Das **Haus Anjou**, das nun seinen Machtbereich auch auf Italien ausdehnen kann, macht Neapel zur Hauptstadt der Anjou-Herrschaft in Süditalien.

1282 – In Palermo protestieren Aufständische (Sizilianische Vesper) gegen die von der neuen Anjou-Herrschaft wieder eingeführte Feudalwirtschaft. Viele Franzosen werden ermordet oder aus dem Land gejagt.

König Peter III. von Aragón, ein Erzfeind von Karl von Anjou, nutzt die Wirren der Zeit und etabliert die Herrschaft des spanischen **Hauses Aragón** über Süditalien. Spanien bestimmt bis zu Beginn des 18. Jh. die Geschicke in Italien mit.

1309 – Die Päpste verlegen ihre Residenz von Rom nach Avignon. Das Exil der Päpste dauert bis 1377.

1452 – Mit der Krönung *Friedrichs III.* wird die letzte Krönung eines deutschen Kaisers in Rom vollzogen.

Einige der großen Entdecker und Künstler des 15. Jh. erblicken das Licht der Welt, unter ihnen *Christoph Kolumbus, Amerigo Vespucci, Girolamo Savonarola, Leonardo da Vinci* u. a.

1453 – Ende des Oströmischen Reiches. In Italien strebt die Renaissance ihrer Blütezeit zu.

1519 – Wahl *Karls V.* zum Kaiser des Hl. Römischen Reiches.

1527 – „Sacco di Roma“, Kaiserliche Truppen plündern Rom.

1530 – Kaiserkrönung Karls V. in Bologna.

1734 – Die österreichischen Habsburger werden zur wichtigen Macht in Italien.

1806 – Das Königreich Italien wird von den Franzosen unter Napoleon annektiert. Joseph Bonaparte, Napoleons älterer Bruder, wird König von Neapel.

1820 – Es mehren sich Aufstände unter Führung des Geheimbundes der „Carbonari“ (Köhler) gegen die österreichische Herrschaft in Italien.

1831 – Die Bewegung „La Giovine Italia“ (Junges Italien) von *Giuseppe Mazzini* strebt die Selbstbestimmung Italiens an. Die Bemühungen um ein einiges, selbständiges Italien gehen unter dem Begriff „Risorgimento“ (Wiedererstehung) in die italienische Geschichte ein.

1848 – Ausgehend vom liberalen Staat Piemont-Sardinien wird der Druck auf die österreichische Herrschaft in Italien massiv verstärkt. Unter *Marschall Radetzky* siegen die österreichischen Truppen.

1849 – Der 1810 in Turin geborene *Graf Camillo Benso von Cavour* setzt sich energisch für eine italienische Einheit ein und ist maßgeblich an der Erarbeitung der ersten Verfassung beteiligt.

1860 – Garibaldi zieht mit dem „Zug der Tausend“ zunächst in Sizilien ein, schlägt dort die königlichen Truppen, setzt danach nach Kalabrien über und marschiert mit tatkräftiger Unterstützung der Bevölkerung in Neapel ein. Eine Volksabstimmung im Oktober 1860 macht den Weg frei zur Eingliederung des Königreichs beider Sizilien (Sizilien und Neapel) in das neu gegründete Italien.

1861 – Ausrufung des Königreichs Italien. *Viktor Emanuel II.*, König von Sardinien, erhält den Titel „König von Italien“. Graf Cavour wird erster Ministerpräsident. Erste Hauptstadt wird Turin.

1865 – 1870 – Florenz ist Italiens Hauptstadt.

1866 – Kriegserklärung Italiens an Österreich. Die Preußen, Italiens Verbündete, siegen über die Österreicher in der Schlacht von Königgrätz. Italien erhält Venetien.

1870 – Italienische Truppen besetzen das von Franzosen gehaltene Rom und ernennen die Stadt zur Hauptstadt Italiens. Die Herrschaft des Papstes wird beendet, der einst Europa beherrschende Kirchenstaat beseitigt.

Von der neuen politischen und wirtschaftlichen Ausrichtung Italiens profitiert der Süden des Landes am wenigsten.

1900 – König Umberto I. wird ermordet. Nachfolger wird *König Viktor Emanuel III.*

1915 – Unter Missachtung des Dreibundes (Italien, Österreich-Ungarn, Deutschland) tritt Italien im Mai 1915 an die Seite der Entente (Frankreich, Großbritannien) und damit in den 1. Weltkrieg ein.

1919 – Im Frieden von Saint-Germain werden Triest, Südtirol und Istrien Italien zugesprochen.

1922 – *Benito Mussolini* begründet einen faschistischen Staat. Auftakt dazu ist Mussolinis „Marsch auf Rom".

1929 – Durch die Lateranverträge bereinigt Mussolini das gespannte Verhältnis zwischen Vatikan und Staat.

1940 – Italien tritt nach anfänglichem Zögern an der Seite des Deutschen Reichs in den Zweiten Weltkrieg ein.

1943 – Sturz Mussolinis und Kapitulation Italiens.

1945 – Mussolini wird von Freischärlern erschossen.

1946 – Nach der Abdankung von König Viktor Emanuel III. und der nur 40 Tage dauernden Regentschaft von König Umberto II. erfolgt die Ausrufung der Italienischen Republik. Erster Staatspräsident wird *Enrico de Nicola* (1877 - 1959).

1948 – Italien erhält eine neue demokratische Verfassung.

1949 – Italien ist Gründungsmitglied der NATO.

1957 – In Rom wird die EWG (Europäische Wirtschaftsgemeinschaft) gegründet. Italien ist Gründungsmitglied.

1960 – Olympische Sommerspiele in Rom.

1970 – Bis in die Mitte der 70er Jahre durchlebt Italien eine turbulente Zeit der Streiks, Regierungskrisen und häufigen Regierungsumbildungen.

1978 – Nach einem sehr kurzen Pontifikat von nur wenigen Wochen stirbt *Papst Johannes Paul I.* Nachfolger wird der aus Polen stammende Karel Woytila als Papst *Johannes Paul II.* Somit hat seit 455 Jahren erstmals nicht ein Italiener den Heiligen Stuhl inne.

Im selben Jahr wird der ehemalige italienische Ministerpräsident *Aldo Moro* von Mitgliedern der „Roten Brigade" entführt und nach fast zweimonatiger Gefangenschaft ermordet aufgefunden. Innenpolitische Krise. Der 81 jährige *Sandro Pertini* von der Sozialistischen Partei wird Nachfolger des zurückgetretenen Staatspräsidenten *Leone.*

In den folgenden Jahren wird Italien mehrfach von Terroranschlägen heimgesucht.

1985 – *Francesco Cossiga* von der Democracia Christiana (DC) folgt Sandro Pertini (PSI) im Amt des auf sieben Jahre gewählten Staatspräsidenten.

1987 – Nach fast vierjähriger Amtszeit (seit August 1983) und mehrfacher Umbildung seiner Mehrparteienregierung tritt Ministerpräsident *Bettino Craxi* von der Sozialistischen Partei Italiens zurück. Sein Nachfolger wird *Giovanni Goria* von den Christdemokraten.

1989 – Mitte des Jahres übernimmt *Giulio Andreotti* zum sechstenmal in seiner politischen Karriere das Amt des Ministerpräsidenten.

1991 – Giulio Andreotti, Ministerpräsident der 49. italienischen Nachkriegsregierung, kündigt am 29. März seinen Rücktritt an.

1992 – 1992 ist das Jahr der groß angelegten Aktion „mani pulite". Engagierte Staatsanwälte versuchen unter dem Motto „Saubere Hände" den verbreiteten Korruptionssumpf in Wirtschaft und Politik trocken zu legen. Es wird offenbar, dass fast alle Kreise, die Macht und Einfluss im Lande ausüben, durch ein enges Netz aus Schmiergeldzahlungen, Filz und Vetternwirtschaft von der Lombardei bis Sizilien miteinander verbunden sind. Es wird eine Reihe großer Korruptionsaffären („tangenti") aufgedeckt, in die Parteiführer und Regierungsmitglieder verstrickt sind.

Das Ausmaß der Affären erschüttert das politische System Italiens. Eine der großen Parteien Italiens, die Democrazia Cristiana, überlebt die zahllosen Skandale letztendlich nicht. Namhafte Staatspolitiker wie der Christdemokrat Giulio Andreotti oder der Sozialist Bettino Craxi finden sich auf der Anklagebank wieder.

1994 – Die Democrazia Cristiana (DC), eine der großen politischen Parteien Italiens, wird aufgelöst. *Silvio Berlusconi*, Italiens einflussreicher Medientycoon, wird Ministerpräsident. Er beteiligt die Neofaschisten an seiner Regierung.

1999 – Im Mai 1999 wird *Dr. Carlo Azeglio Ciampi* zum neuen italienischen Staatspräsidenten gewählt.

Ende November kommen Meldungen aus Assisi, die besagen, dass die bei dem Erdbeben im September 1997 beschädigten Fresken wieder besichtigt werden können.

2001 – Bei den Parlamentswahlen am 13. Mai 2001 erringt der als rechtsorientierter Medienmogul bekannte Silvio Berlusconi, Chef der Forza-Italia-Partei, eine stattliche Mehrheit, die es ihm ermöglicht, erneut das Amt des Ministerpräsidenten zu übernehmen. Er löst damit Giuliano Amato ab, der seit April 2000 die 58. Nachkriegsregierung Italiens führte.

2005 – Am 10. Januar tritt das allgemeine Rauchverbot in allen öffentlichen Gebäuden und Restaurants in Kraft.

Papst Johannes Paul II. stirbt. Zu seiner Beerdigung am 8. April 2005 kommen Millionen von Gläubigen nach Rom.

Nachfolger auf dem Stuhl Petris wird am 18. April 2005 Papst Benedikt XVI. (Josef A. Ratzinger).

2008 – Silvio Berlusconi gewinnt die Parlamentswahlen und wird am 8. Mai 2008 zum dritten mal in 14 Jahren als Ministerpräsident von Italien in seinem vierten Kabinett vereidigt.

2010 – Ministerpräsident Silvio Berlusconi übersteht zwar ein Misstrauensvotum am 1. Oktober 2010, dennoch wird über Neuwahlen spekuliert.

2011 - 2013 – Amtszeit des früheren EU-Kommissars *Mario Monti* als Ministerpräsident. Er gilt als Gründer der Partei Scelta Civica (Bürgerliche Wahl).

2013 - 2014 – Amtszeit von *Enrico Letta* als Ministerpräsident.

2013 - Der 76-jährige Argentinier Jorge Mario Bergoglio (SJ), Erzbischoff von Buenos Aires, wird am 13. März als Papst Franziskus zum Nachfolger von Papst Benedikt XVI. gewählt, der aus gesundheitlichen Gründen auf sein Pontifikat verzichtet.

2014 – Ministerpräsident und Regierungschef ist seit Februar 2014 der 39jährige *Matteo Renzi*. Renzi gehört der Partei Partito Democratico (PD) an und war von 2009 bis 2014 Bürgermeister von Florenz. Anfang August muss Renzi aufgrund des Rückgangs der italienischen Wirtschaftsleistung einen Dämpfer seiner bis dahin recht glanzvollen Regierungszeit hinnehmen. Das Land fällt zurück in eine Rezession.

2016 – In der Nacht zum 24. August erschütterte ein schweres Erdbeben der Stärke 6,2 auf der Richterskala die Gegend südöstlich von Perugia (Umbrien) in Mittelitalien. Besonders schwer betroffen ist der Ort Amatrice (Latium) am Westrand des Nationalparks Gran Sasso. Beinahe die halbe Stadt wurde zerstört, es gab fast 300 Tote.

Ein von Ministerpräsident Matteo Renzi initiiertes Referendum zur Verfassungsänderung wird von den Wählern am 4. Dezember 2016 mehrheitlich abgelehnt. Renzi muss zurücktreten. Neuer Ministerpräsident wird Paolo Gentiloni, neuer Staatspräsident wird Sergio Mattarella.

2017 – Am 25. März 2017 treffen sich in Rom Vertreter der 27 EU-Mitgliedsstaaten, ohne Großbritannien, um das 60 Jahre währende Bestehen der „Römischen Verträge" zu würdigen. Die „Römischen Verträge" wurden am 25. März 1957 unterzeichnet. Sie sind die Basis für die Europäische Union EU (1992 „Vertrag von Maastricht").

2018 – Im Juni 2018 versuchen Matteo Salvini, Chef der rechtsextremen Lega und Euro-Gegner, sowie Luigi di Maio, Chef der Fünf-Sterne-Bewegung, Sergio Mattarella, Italiens Staatsoberhaupft, zu entmachten und produzieren dadurch eine Regierungskrise. Giuseppe Conte (angeblich „ein politisch unerfahrener Anwalt", wie die Berliner Zeitung schreibt) wird von Präsident Matarella zum Ministerpräsidenten der 63. italienischen Regierung vereidigt.

In Europa macht der Begriff „Italexit" die Runde.

Anfang Dezember 2018 wird in einer Großrazzia u. a. in Deutschland, den Niederlanden und in Belgien, den Machenschaften der kalabrischen \`Ndrangheta nachgegangen. Die inzwischen wichtigste Mafiaorganisation kontrolliert weltweit in erster Linie den Drogenhandel und das Geschäft der illegalen Giftmüllentsorgung.

2019 – Um einem vom Chef der Partei Lega (Nord) und damaligen Innenminister Matteo Salvini angezettelten Misstrauensvotum zuvor zu kommen, verkündet Ministerpräsident Giuseppe Conte seinen Rücktritt.

In September 2019 gelingt es Giuseppe Conte aber, eine neue Regierungskoalition aus Fünf-Sterne-Bewegung (M5S, Movimento 5 Stelle) und Demokratische Partei (Partito Democratico) zu bilden. Conte bleibt Ministerpräsident.

2020 – Im März breitet sich das neue Coronavirus Sars Covid-19-2 (Sars-Cov-2) aus. Vor allem die Einwohner Norditaliens sind betroffen. Bis Ende des Monats sterben mehr als 10.000 Personen an dem Virus. Ganz Italien, das Land mit den meisten Corona-Infektionen in Europa, wird wegen der Pandemie zum Sperrgebiet erklärt.

2022 – Die Vorsitzende der als postfaschistisch klassifizierte Partei Fratelli d'Italia (FdI) gewinnt die Parlamentswahlen und wird am 22. Oktober als erste Frau in Italien zur Ministerpräsidentin ernannt.

GROSSE NAMEN ITALIENS

Vincenzo Bellini (1801 – 1835), Siziliens großer Tondichter, erblickte am 3. November 1801 in Catania das Licht der Welt.

Bellini, der schon mit drei Jahren Klavier spielte, entstammt einer Familie von Kirchenmusikern. Ersten Musikunterricht bekommt er von seinem Großvater. Um 1815 schreibt der 14jährige Bellini seine ersten Kompositionen, meist Lieder, die in den Salons des gehobenen Bürgertums vorgetragen werden.

Im Februar 1825 schließlich kann Bellini in Catania seine erste Oper „Adelson e Salvini" aufführen. An der Mailänder Scala schaffte er mit der Oper „Il Pirata" 1827 seinen endgültigen Durchbruch.

Am 23. September 1835 stirbt Bellini im Alter von 34 Jahren auf seinem Landsitz bei Paris.

Giovanni Boccaccio (1313 – 1375), bedeutender Dichter und Humanist stammt wahrscheinlich aus Florenz. Sein genauer Geburtsort ist nicht überliefert. Bekannt wurde der Dichter für die damals in Italien unbekannte Form der dichterischen Erzählung in Versform. Das große Interesse Boccaccios, der mit Petrarca befreundet ist und eng mit ihm zusammenarbeitet, galt den antiken Dichtern, die er übersetzte.

Ein anderer Schwerpunkt seiner Arbeit ist das Werk „Vita di Dante" eine Biographie über Dante, den er sehr verehrte. Über die Grenzen Italiens hinaus bekannt aber wurde Boccaccio mit seiner Sammlung sinnenfroher Geschichten, dem „Decamerone".

Donato Bramante (1444 – 1514). Ein großer Name in der Architekturszene des Cinquecento (das Cinquecento ist die Zeit der Hochrenaissance in Italien, 16. Jh.). Bramante schuf einen ganz neuen, an Stilelementen der Antike orientierten Fassadenstil mit einer genauen Ordnung von Fenstern, mit Dreiecksgiebeln, Gesimsen, Nischen und Säulen.

Giacomo Girolamo Casanova stammte aus Venedig und lebte von 1725 bis 1798. Er selbst nannte sich auch Chevalier de Seingalt. Casanova, eigentlich ein Schriftsteller, wurde durch sein recht bewegtes und abenteuerliches Leben zum Inbegriff des Lebemannes und galanten Herzensbrechers. Seine zahlreichen Frauen- und Spielaffären brachten ihm ständig Ehrenhändel ein, denen Casanova gewöhnlich durch eilige Flucht zu entgehen trachtete. 1756 allerdings brachten ihn seine Affären in die berüchtigten Bleikammern von Venedig, aus denen er aber entfliehen konnte. Erst als alternder Playboy findet Casanova auf dem Gut eines böhmischen Grafen die Zeit, seine turbulente Lebensgeschichte niederzuschreiben.

Dante Alighieri (1265 – 1321), *Durante* oder *Dante*, wird als Sohn des Rechtsgelehrten Alighieri auf dessen Gut vor Florenz am 30. Mai 1265 geboren.

Als achtzehnjähriger schreibt Dante eines seiner ersten Werke „Vita nova" „Vom neuen Leben". Dieser fast autobiographische Roman ist geprägt von den tiefen Gefühlen, die der junge Dante seiner angebeteten Jugendliebe Beatrice Portinari entgegenbringt. Beatrice heiratet allerdings den Adligen Simone dei Bardi und stirbt schon vier Jahre später während einer in der Stadt grassierenden Epidemie.

Mit 27 Jahren heiratet Dante Gemma Donati. Die Dame entstammt einer vornehmen guelfischen Familie. Die Heirat bindet Dante noch enger an die „Schwarzen" und ihren Führer und Freund des Hauses Alighieri, Corso Donati.

Dante Alighieri, der große Florentiner Dichter des 13. und 14. Jh., befasst sich in seinen Werken auch mit den politischen und gesellschaftlichen Veränderungen seiner Zeit. Dieses Engagement und seine Stellungnahmen in Werken wie „De monarchia" (über das Kaisertum) bringen ihn in das Räderwerk der Politik und zwischen die rivalisierenden Gruppierungen der kaisertreuen Ghibellinen und den papsttreuen Guelfen.

Neben seinen philosophischen Schriften und lyrischen Dichtungen ist es vor allem die 1319 im Exil in Ravenna vollendete „Divina Commedia", die „Göttliche Komödie", die Dante als „Vater der italienischen Dichtung" in die Literaturgeschichte eingehen lässt.

In 100 Gesängen schildert Dante seine visionäre Wanderung durch das Fegefeuer, die Hölle und durch das Paradies. Sein Führer durch die Unterwelt ist Vergil, der Dichter des römischen Kaisers Augustus. Da Vergil Heide ist, muss er an der Pforte zum Paradies umkehren. Und niemand anderer als Beatrice begleitet Dante nun auf dem Wege durch das Land der Seligen.

Dante stirbt im Alter von 56 Jahren am 14. September 1321 in Ravenna.

Galileo Galilei, Italiens großer Mathematiker, Astronom und Philosoph des 16. und 17 Jh. wurde 1564 in Pisa geboren.

Galilei studierte den Fall von Gegenständen im freien Raum und bediente sich dabei oft des schiefen Turms in Pisa als Versuchsstätte. Angeblich durch die Bewegung des Großleuchters im Dom zu Pisa kam er auf die Idee, die Pendelgesetze zu erforschen und machte mit einem von ihm konstruierten Fernrohr astronomische Forschungen. Mit der Verfechtung der These des Kopernikus, dass nicht die Erde, sondern die Sonne Mittelpunkt des damals bekannten Weltalls sei (heliozentrisches Weltbild), widersprach er der von der Kirche dogmatisierten Weltanschauung, die die Erde als starren Mittelpunkt sah. Durch Inquisitionsprozesse und Folterdrohungen erzwang die katholische Kirche schließlich den öffentlichen Widerruf seiner Thesen. Galilei wird die allerdings historisch nicht verbürgte Äußerung zugeschrieben: „Und sie (die Erde) bewegt sich doch". Im Januar 1642 starb Galileo Galilei in seinem Haus bei Pisa, das er seit den Inquisitionsprozessen hatte nicht mehr verlassen dürfen.

Luigi Galvani (1737 – 1798), Arzt in Bologna und Entdecker der Galvanischen Elektrizität. Das Prinzip beruht auf der Umwandlung chemischer Energie unter Verwendung von Säure, Zink, Kohle o. ä. in elektrischen Strom.

Giuseppe Garibaldi, Freiheitskämpfer, 1807 in Nizza geboren und 1882 auf der Insel Caprera bei Sardinien gestorben, kämpfte nach seinem 14jährigen Aufenthalt in Südamerika 1848/49 in Oberitalien gegen die Österreicher, stürzte 1860 die Bourbonenherrschaft auf Sizilien und versuchte das Königreich Italien zu einen.

Leonardo da Vinci gilt als das große Universalgenie schlechthin. Er gehörte nicht nur zu den herausragenden Bildhauern, Baumeistern und Malern der Hochrenaissance, sondern ging auch als bahnbrechender Erfinder, Vordenker und geistiger Vater vieler physikalischer Phänomene und Konstrukteur neuartiger technischer Gerätschaften in die Geschichte ein.

Leonardo wird im April 1452 auf einem schlichten bäuerlichen Anwesen in der Nähe von Vinci in der Toskana geboren. Sein Vater Piero entstammt einer alten Advokatenfamilie, die den Namen ihrer Vaterstadt Vinci im Namen führen darf, also *da Vinci*.

Mit sechzehn Jahren erreicht es Leonardo gegen den anfänglichen Widerstand seines Vaters, in die Florentiner Werkstatt des Bildhauers und Malers Andrea del Verrocchio, dem

„geschätzten Lehrer in der Unterweisung aller Künste", einzutreten. Erstes Aufsehen erregt er im einflussreichen Künstlerzirkel von Florenz mit einer Engelsgestalt, die er in das Gemälde „Taufe Christi" seines Meisters Verrocchio einfügen darf.

Aber Leonardo begnügt sich nicht mit der Malerei. Er studiert physikalische Probleme, seziert Leichen, um in der Anatomie des Menschen kundig zu werden. Seine Skizzenbücher sind voll mit Zeichnungen von Armen, Beinen, Muskelstrukturen, aber auch von rollenden Festungen, Kriegswerkzeug, Fallschirmen, Ideen zu Flugmaschinen, Messgeräten, Maschinen etc.

1503 erhält Leonardo von der Signoria in Florenz einen großen Auftrag. Er soll im Palazzo Vecchio ein monumentales Schlachtengemälde erstellen. Vorschuss wird gezahlt. Leonardo beginnt mit der Arbeit, begeht aber (schwer zu glauben) erneut den verhängnisvollen Fehler, auf den Mauerkalk nicht wie üblich in bewährter Freskomanier, sondern wie schon beim unbefriedigenden Versuch beim „Abendmahl" in Mailand mit Öl auf den Putz zu malen. Der Versuch misslingt.

Leonardo verlässt die Arbeit, was ihm als Veruntreuung von Staatsgeldern angekreidet wird. Dieser Vorfall ist auch der ausschlaggebende Anlass zu einer langen Feindschaft und tiefen Abneigung zwischen Leonardo da Vinci und Michelangelo.

In jener Zeit arbeitet Leonardo an einem Portrait von Lisa di Antonio Maria di Noldo Gherardini, der Frau des wohlhabenden Florentiners Bartolomo del Giocondo. Es entsteht Leonardos berühmte „Mona Lisa", über deren geheimnisvolles Lächeln ganze Abhandlungen geschrieben wurden. Sicher ist, dass Leonardo rund vier Jahre an dem Gemälde arbeitete und versucht haben soll, sein Modell, Frau Giocondo, Madonna Lisa, Kurzform Mona Lisa, möglichst immer bei gleicher Stimmung zu malen.

Leonardo hat das Bild nie seinem Auftraggeber abgeliefert, es erschien ihm offenbar noch nicht vollkommen. Selbst nach Frankreich nimmt er das Gemälde später mit. Auf diese Weise wohl kam es nach seinem Tode in französischen Kunstbesitz und dann irgendwann in die Staatssammlung des Louvre.

1516 schließlich nimmt Leonardo da Vinci die Einladung des französischen Königs Franz I. an und geht nach Amboise an der Loire, einer der bevorzugten Residenzen des Königs.

Am 2. Mai 1519 stirbt Leonardo da Vinci 67jährig auf seinem Schlösschen Manoir de Clos-Lucé bei Amboise, in dem er während seiner Zeit in Frankreich gelebt hat. Er wird in der Schlosskirche von Amboise beigesetzt.

Leonardo da Vinci
1452 – 1519
mit frdl. Gen. OT Amboise

Michelangelo Buonarroti (1475 – 1564), geboren in Caprese (Provinz Arezzo), stammt aus einer Florentiner Familie. Michelangelo war Architekt,

Bildhauer, sogar Dichter und Maler in einer Person. Viele Jahre seines Arbeitslebens verbrachte er in Rom, wo er einige seiner schönsten Werke hinterließ.

Für nicht weniger als sieben Päpste erledigte er Auftragsarbeiten und schuf dabei so Grandioses wie die Marmorplastik „Pieta" im Petersdom oder die Fresken in der Sixtinischen Kapelle, die zu den größten Kunstwerken überhaupt zählen. Michelangelo zeichnete aber auch verantwortlich für die Kuppel des Petersdoms oder für die harmonische Piazza del Campidoglio in Rom mit ihren Renaissancepalais.

Später ging Michelangelo wieder zurück in seine Vaterstadt Florenz. Dort schuf er mit dem „David" (Akademie Museum in Florenz) und den Grabstätten der Medici in San Lorenzo den Glanzpunkt seines Schaffens als Bildhauer. Michelangelo, zweifellos das größte Kunstgenie der italienischen Renaissance, starb im hohen Alter von 89 Jahren in Rom.

Niccolò Machiavelli (1469 – 1527), Florentiner Politiker und Schriftsteller, der das Mittel der Macht als wichtigsten Faktor zur Durchsetzung staatspolitischer Vorhaben ansah. Machiavelli wurde aus seiner Heimatstadt Florenz verbannt. Im Exil schrieb er u. a. sein berühmt gewordenes Werke „Il Principe" (Der Fürst), in dem er seine Vorstellungen über eine erfolgreiche Staatsführung, die alle Mittel erlaubt, die der Machterhaltung dienen, darlegt.

Guglielmo Marconi (1874 – 1937), stammte aus Bologna und war einer der Pioniere der drahtlosen Nachrichtenübermittlung. Für seine zahlreichen Erfindungen auf diesem Gebiet erhielt er 1909 den Nobelpreis.

Niccolò Paganini, der große Violinvirtuose, wurde am 27. Oktober 1782 in Genua geboren. Er stammte aus einem einfachen, aber sehr strengen Elternhaus und Niccolòs ehrgeiziger Vater Antonio zwang den Jungen schon im kindlichen Alter zu endlos langen Übungen mit der Geige. Sehr früh erkannte der Vater das außergewöhnliche Talent seines Sohnes, der das Violinspiel anfangs autodidaktisch erlernte, es aber bald zu einem überraschenden technischen Können brachte.

Schon in jungen Jahren feiert er erste Triumphe in Lucca, wo er von der Fürstin Maria Anna Elise bald zum Hofkapellmeister an der Oper ernannt wird.

Im Laufe der Jahre perfektioniert Paganini aber auch die Techniken der Bogenführung in einem solchen Maße, dass er bald die Beinamen „Teufelsgeiger" und „Hexenmeister" bekam. Es wird berichtet, dass es Paganini aufgrund seiner fantastischen Technik und Fingerfertigkeit möglich gewesen sein soll, selbst Musikstücke großen Tonumfangs auf nur einer Saite virtuos vorzutragen.

Um 1809 kommt Paganini mit dem ganzen Hofstaat der Fürstin Maria Elisa, einer Schwester Napoleons, die nun auch Herzogin von Toskana geworden war, nach Florenz.

Etwa ab 1813 beginnen Konzertreisen durch Italien und Sizilien, die das Publikum zu ekstatischen Beifallsstürmen hinreißen. Auch außerhalb Italiens beginnt man über Paganini zu schreiben und zu sprechen.

1828 bestreitet Paganini seine ersten Konzerte außerhalb Italiens. Insgesamt sechs Jahre dauert Paganinis Europatournee. Aber nach grandiosen Triumphen in Paris und London beginnt der Stern Paganinis zu sinken. Maßgeblich an seinem Niedergang ist die Presse beteiligt. Neider missgönnen ihm seine hohen Gagen. Die Sparsamkeit Paganinis wird als Geiz ausgeschlachtet und sein hageres, ungelenkes, fahles Erscheinungsbild mit Hexerei in Verbindung gebracht.

Zunehmend zeigen sich Krankheitszeichen. Viele der Konzertreisen waren ein Raubbau an der Gesundheit des Künstler. In Paris gab Paganini in zwei Monaten elf, in England in neun Monaten über 130 Konzerte.

Am 27. Mai 1840 stirbt Paganini nach langer Krankheit in Nizza. Nach vielen Querelen finden die sterblichen Überreste des großen Violinvirtuosen 1896 – 56 Jahre nach seinem Tode – eine letzte würdige Ruhestätte auf dem neuen Friedhof von Parma.

Francesco Petrarca (1304 – 1374) aus Arezzo war einer der großen Dichter, Philosophen und Humanisten Italiens im 14. Jh.

Petrarca studierte Rechtswissenschaften und war danach lange am päpstlichen Hof in Avignon tätig. Er schreibt Lyrik und Gedichte in besonders wohlgesetzten Worten. Oft besingt er in seinen Kanzonen und Sonetten seine große Liebe Laura. Petrarca entdeckt die antiken Schriftsteller neu und wird mit seinen lateinischen Schriften und Dichtungen ein Wegbereiter des Humanismus.

Niccolò Pisano (1225 – 1278). Einer der bedeutendsten Künstler der oberitalienischen Romanik schuf einige der prächtigsten Bildhauerarbeiten in Italien. Dazu zählen vor allem die wunderbaren Marmorkanzeln im Baptisterium des Doms von Pisa und im Dom von Siena, sowie der Brunnen Fontana Maggiore auf dem Domplatz von Perugia.

Marco Polo (1254 – 1324), der namhafte Reisende des Mittelalters, stammt aus einem venezianischen Kaufmannsgeschlecht und kam schon in jungen Jahren mit seinem Vater Niccolò und seinem Bruder Matteo auf Handelsreisen über Persien und durch die Wüste Gobi nach Zentralasien und China. In China war er rund 20 Jahre lang (1274 – 1292) ein geschätzter Ratgeber und hoher Beamter am Hofe Kublai Khans.

Nach seiner Rückkehr – die Heimreise über Südchina, Indien, Persien und Kleinasien dauerte über drei Jahre – wird er in Genua zunächst inhaftiert und diktiert im Gefängnis seine Reiseerlebnisse unter dem Titel „Il Milione" (Deutsch erstmals 1477 „Von Venedig nach China"). In ihnen schildert er für die damalige Zeit frappierende Neuigkeiten über das weithin unbekannte Reich der Mitte und erwähnt erstmals die legendäre Seidenstraße. Marco Polo stirbt im Januar 1324 in seiner Heimatstadt Venedig.

Raffael (1483 – 1520), eigentlich Raffaelo Santi, wird in Urbino als Sohn des Malers Santi geboren. Raffael, damals noch Mitglied der Schule Peruginos, kommt 1504 von Perugia nach Florenz. 1508 geht er nach Rom. Seine künstlerische Entwicklung ist beeinflusst von Leonardo da Vinci und Michelangelo. Raffael ist ab 1515 bis zu seinem Tod Bauleiter von St. Peter in Rom.

U. a. wird Raffael berühmt für seine Madonnenbilder („Madonna mit dem Stieglitz", „Madonna della Sedia", beide in Florenz) und seine Bildnisse großer Persönlichkeiten seiner Zeit wie Donna Velata, Papst Leo X. u. a.

Gioachino Rossini (1792 – 1868) erblickte das Licht der Welt in Pesaro in der Region Marken. Die ersten acht Jahre seines Lebens verbrachte der später weltberühmte Komponist („Il barbiere di Siviglia" - „Der Barbier von Sevilla", Opera buffa, 1816) hier in seiner Heimatstadt.

Gioachino Rossini ist allerdings nicht nur als genialer Tonkünstler bekannt, sondern er galt auch als großer leidenschaftlicher Gourmet und Genussmensch. Sein Name ist in der guten Küche bis auf den heutigen Tag geläufig und taucht als „Tournedos à la Rossini" auf den Speisekarten gepflegter Restaurants auf. Rossini starb 1868 in Paris.

Renata Tebaldi (1922 – 2004). Die Opernsängerin Renata Tebaldi, „die Engelsstimme", wurde am 1. Februar 1922 in Pesaro (Marche, Marken) geboren. Die nach dem Zweiten Weltkrieg von dem Dirigenten Arturo Toscanini entdeckte, bald weltberühmte Sopranistin – Rivalin von Maria Callas an der Mailänder Scala – gehörte bis 1973 zum Ensemble der Metropolitan Opera in New York. „Die Tebaldi" starb am 19. Dezember 2004 in San Marino.

Arturo Toscanini (25. 3. 1897 – 16. 1. 1957) aus Parma gilt als einer der herausragenden italienischen Dirigenten. Toscanini war lange leitender Dirigent an der Mailänder Scala, dann, vor dem zweiten Weltkrieg, Generalmusikdirektor des New York Philharmonic Orchestra. Er dirigierte in Salzburg und Bayreuth und ging in der Zeit des Nationalsozialismus zurück nach Amerika. Dort arbeitet er an der Metropolitan Opera und leitete das NBC-Symphonieorchester in New York.

Giuseppe Verdi (1813 – 1901**),** Italiens meisterlicher Opernkomponist des 19. Jh., wurde am 10. Oktober 1813 in Le Roncole bei Busseto in der Provinz Parma geboren. Als Zehnjähriger kam der Bauernsohn in die Musikschule von Busseto, die unter der Leitung des Domkapellmeisters Ferdinando Provesi stand.

Verdi entscheidet sich gegen den Eintritt in den geistlichen Stand, studiert Musiktheorie und beginnt bald zu komponieren und wird 1832 auf Fürsprache seines Förderers Barezzi nach Mailand zur Fortführung seiner Musikstudien geschickt. Dort wird Verdis Talent allerdings nicht erkannt. Er wird am Konservatorium abgewiesen und geht als Schüler zu Lavigna.

1836 wird Verdi Musikmeister in Busseto. Dort heiratet er Margherita, die Tochter seines Gönners und Förderers Barezzi und vollendet bald seine erste Oper „Oberto".

Trotz familiärer Schicksalsschläge vollendet er sein erstes Erfolgswerk „Nabucco" mit dem stürmisch gefeierten Gefangenenchor. Mit einem Mal ist Verdi über die Grenzen Mailands hinaus berühmt.

Verdi, nun ein gefragter Komponist, komponiert für die Opernhäuser von Mailand bis Neapel. Aber aufsehenerregende Erfolge lassen auf sich warten. Stücke wie „Alzira", „Attila" und „Macbeth" werden zwar beklatscht, geraten aber bald wieder in Vergessenheit.

Giuseppe Verdi arbeitet in Rom, London und Paris und kehrt 1849 schließlich nach Italien zurück.

In den folgenden Jahren schafft Verdi Welterfolge wie „Rigoletto", „Troubadour" und die zunächst durchgefallene „La Traviata". 1855 folgt die anlässlich der Pariser Weltausstellung komponierte „Sizilianische Vesper" und wenig später die Oper „Simone Boccanegra", die in Venedig aber ein Misserfolg ist.

Nach aufreibenden Jahren, Streitigkeiten um Urheberrechte und Differenzen mit seinem Musikverleger Ricordi zieht sich Verdi auf sein Landgut Sant' Agata zurück.

Zur Eröffnung des Suezkanals 1870 bestellt der ägyptische Vizekönig eine festliche Oper. Verdi wird mit deren Komposition betraut. Es entsteht die „Aida", eines der größten Opernereignisse, die Verdi je schuf. Die Uraufführung am 24. Dezember in Kairo ist ein gesellschaftliches Ereignis von Rang.

1887 wird Verdis Oper „Othello" uraufgeführt, die auf Shakespeares gleichnamigen Drama basiert. Und sechs Jahre später schreibt der nun schon 80 Jahre alte Komponist wieder einen Welterfolg. Diesmal ist es ein Werk das unter die Rubrik „komische Oper" einzureihen ist, nämlich „Falstaff". Im hohen Alter gründet der Komponist in Mailand die Stiftung „Casa di riposo", ein Altersheim für notleidende Musiker und stattet sie mit umfangreichen Mitteln aus.

Giuseppe Verdi stirbt am 27. Januar 1901. An seinem Leichenbegängnis, das dem eines Nationalhelden würdig ist, sollen Hunderttausende von Menschen teilgenommen haben. Italiens großer Meister der Oper ist in der „Casa di riposo" zu Mailand beigesetzt.

Giovanni Verga (1840 – 1922), Spross einer wohlhabenden Sizilianer Familie, der sich Zeit seines Lebens in und um Catania aufhielt, zählt zu den namhaften Schriftstellern Italiens.

Verga, der ursprünglich Rechtswissenschaften in Catania studiert hatte, wandte sich aber bald der Literatur zu. Sein Debutroman trägt den Titel „Amore e patria". Schon darin gibt Verga seine Sympathie mit den Revolutionären des Risorgimento (Widerstandsbewegung Mitte des 19. Jh., die einen geeinten Nationalstaat Italien anstrebte) und mit den Carbonari (Geheimbund, der die Absichten des Risorgimento unterstützte) zu erkennen. 1920 wird Verga zum Senator Italiens ernannt.

Am 27. Januar 1922 stirbt Giovanni Verga in Catania.

Antonio Vivaldi (1678 – 1741), Geistlicher, Komponist und Geiger aus Venedig. Als Meister der Barockmusik schrieb er zahlreiche Violinkonzerte, Opern, Symphonien und geistliche Musik.

Graf Alessandro Volta (1745 – 1827), Physiker, machte zahlreiche Entdeckungen und Erfindungen auf dem Gebiete der Elektrophysik. Nach ihm ist die Maßeinheiten der elektrischen Spannung (Volt) benannt.

WIE KOMMT MAN HIN?

Apulien in Süditalien ist auf Autobahnen, die lange nahe der italienischen Adriaküste entlangführen, relativ rasch zu erreichen.

Aber die Entfernung ist doch gewaltig. Ab dem Brenner über Verona, Bologna, Ancona und Pescara nach Foggia in Apulien legt man stattliche 930 km zurück. Und die gleiche Distanz steht ja auch bei der Rückreise an.

Will man die Anreise nicht allzu hektisch angehen, werden für die Anreise wahrscheinlich drei Tage benötigt werden.

Der schnellste und direkteste Weg führt über die Autobahn nach München (A8 oder A9) und weiter über Kufstein (A93), Innsbruck (A12/E60), Brenner (A13), Bolzano, Verona, Modena (A22/E45), Bologna (A1), Rimini, Ancona und Pescara Richtung Foggia (A14/E55).

Für Reisende aus dem südwestdeutschen Raum bietet sich auch die Alternativroute über Ulm, Kempten, Pfronten, Reutte/Tirol, Fernpass und Telfs nach Innsbruck und weiter über die Brenner-Autobahn an.

Die Brenner-Autobahn und die Autobahnstrecken in Österreich und in Italien (mit Ausnahme von einigen Autobahnabschnitte in Süditalien) sind **mautpflichtig**.

Die **Jahresvignette für Pkw und Wohnmobile bis 3,5 t zGG für Österreichs Autobahnen** kostete zuletzt 96,40 Euro.

Die Zwei-Monats-Vignette kostete 29,- Euro und die 10-Tages-Vignette 9,90 Euro; www.asfinag.at/maut/vignette.

Für Motorradfahrer werden 38,20 Euro, bzw. 14,50 Euro, bzw. 5,80 Euro verlangt.

Die Vignette muss bereits bei Auffahrt auf eine Autobahn oder Schnellstraße ordnungsgemäß an der Innenseite der Winschutzscheibe angebracht sein.

An Motorrädern muss die Vignette an einem „schwer entfernbaren Teil" des Motorrads angebracht sein.

Seit 2018 kann die Vignette für Pkw und Wohnmobile bis 3,5 t zGG auch als digitale Vignette über das Internet gekauft werden und zwar bei https://www.asfinag.at/maut-vignette/vignette/.

Fahrzeuge (auch Wohnmobile) über 3,5 Tonnen zulässigem Gesamtgewicht müssen eine streckenbezogene Maut (GO-Maut) entrichten, die weit über den Vignetten-Gebühren liegt.

Die **GO-Maut** wird je nach gefahrenen Kilometern, je nach Anzahl der Achsen des Zugfahrzeugs und je nach Emissionsklasse automatisch elektronisch berechnet. Voraussetzung dafür ist die sog. **GO-Box**, die Sie an ausgeschilderten Verkaufsstellen auf dem Weg nach Österreich und in Österreich kaufen können; https://www.go-maut.at/unser-go-mautsystem/in-3-schritten-zur-go-maut/go-maut-fur-wohnmobile/.

Sie sind selbst dafür verantwortlich, dass Sie genügend Mautgebühren für die GO-Box erwerben.

Man kann die GO-Box mit Guthaben zwischen 75 und 500 Euro aufladen (pre-pay-Verfahren). Wenn sie eine GO-Box erstmals erwerben kommt eine einmalige Bearbeitungsgebühr von 5 Euro hinzu.

Die GO-Box selbst müssen Sie im Fahrzeug innen an der Windschutzscheibe anbringen. Man sollte sich bei den Automobilclubs vorher ggf. nach den neuesten technischen Notwendigkeiten erkundigen!

Zu den Mautgebühren kommen in Österreich noch Gebühren für besondere Strecken, z. B. 11,- Euro für die Brenner-Autobahn. Gebühren für Vignetten, Autobahn- und Straßengebühren können sich ändern (erhöhen)!

Die Entfernung vom Brenner bis nach Reggio Calabria an der „Stiefelspitze“ beläuft sich auf rund 1.400 km.

Wählt man den etwas umständlicheren **Weg durch die Schweiz**, muss für die Benutzung der dortigen Autobahnen und Nationalstraßen der Kategorie 1 und 2 eine **Gebührenvignette** (am Grenzübergang oder schon zu Hause bei den Automobilclubs erhältlich) gekauft werden.

Es wird ausschließlich eine Jahresvignette angeboten, die für Kfz (Pkw, Wohnmobile bis 3,5 t zul. Gesamtgewicht), sowie für Motorräder 42,- Euro kostet. Für Anhänger (Caravan) ist eine separate Vignette zu erwerben.

Schwerere Fahrzeuge über 3,5 t zul. Gesamtgewicht müssen eine leistungsabhängige Schwerverkehrsabgabe entrichten; https://www.tolltickets.com/country/schweiz/.

Lt. www.tolltickets.com ist die Fahrt durch folgende Tunnel nicht im Vignettenpreis enthalten: Großer St. Bernhard Tunnel und Munt la Schera. Hierfür ist direkt eine Sondermautgebühr zu zahlen.

Die Streckenführung durch die Schweiz könnte so aussehen: Autobahn Stuttgart – Singen (A81), Winterthur(1/E60), St. Gallen, Chur, Splügen, San Bernardino (Tunnel oder Passstraße, 2.065 m, Wintersperre November bis Mai/Juni), Bellinzona (13/E43), Lugano (2/9/E35), Autobahn-Tangentiale um Mailand, Piacenza, Modena, Bologna (1/E35), Rimini, Ancona und Pescara Richtung Foggia (A14/E45/E55).

Der Weg über Schaffhausen, Zürich, Luzern, St. Gotthard (Tunnel oder Passstraße, 2.109 m, Wintersperre November bis Juni), Bellinzona, Mailand etc. bietet zwar mehr Autobahnanteile, ist aber in der Ferienzeit noch stärker verkehrsbelastet.

Auch hier wird die Anreise im gemächlichen Reisemodus kaum weniger als drei Tage betragen.

Campings und Wohnmobil-Stellplätze an den Anfahrtsrouten

Einige Camping- und Wohnmobil-Stellplätze, die sich in erster Linie wegen ihrer verkehrsgünstigen Lage an der Anfahrtsroute ggf. als Etappenplätze eignen:

– Hochdorf bei Freiburg i. Br., ***Camping Breisgau-Camping am Silbersee*** **[N48° 3‘ 39.4“ E7° 49‘ 12.4“],** Seestr. 20-22, Tel. +49 (0)7665-23 46; ganzjährig, A5/E35 Ausfahrt 61.

– Freiburg i. Br., ***Wohnmobil stellplatz Freiburg*** **[N47° 59‘ 58.68“ E7° 49‘ 32.10“]**, Suwonallee 1, Tel. +49 (0)761-20 25 139; ganzjährig; 100 Stellplätze, Gebühr, keine sanitären Anlage. A5 Ausfahrt Freiburg Mitte, Richtung Messe Freiburg/Fußballstadion. An Heimspieltagen des SC-Freiburg ab 10 Uhr für 24 Std. nicht zugänglich; www.stellplatz-freiburg.de.

– München, ***Camping München-Obermenzing*** **[N48° 10‘ 29.87“ E11° 26‘ 47.77“],** Lochhausener Straße 59, Tel. +49 (0)89-81 12 235; 15. März – 31. Okt., nahe Autobahn A8 Stuttgart – München, Ausfahrt München-Lochhausen.

– **Großseeham/Weyarn**, ***Camping Seehamer See*** **[N47° 51‘ 5.33“ E11° 51‘ 41.23“],** Hauptstraße 32, Tel. +49 (0)8020-14 00; ganzjährig, A8 ca. 35 km südöstlich München, über die Autobahnparkplätze „Seehamer See-Ost“ oder „Seehamer See-West“ zu erreichen, zwischen Autobahn und See gelegen.

– Bad Feilnbach, ***Kaiser Camping*** **[N47° 47‘ 23.35“ E12° 0‘ 20.88“],** Reithof 2, Tel. +49 (0)8066-88 44 00; ganzjährig, A8 Ausfahrt 100 Bad Aibling und noch 3,5 km südwärts.

Österreich

– Wiesing, ***Camping Inntal*** **[N47° 24‘ 21.41“ E11° 48‘ 21.59“]**, Dorf 100, Tel. +49 (0)43 5244-62693; ganzjährig, A12 Ausfahrt 39 Wiesing.

– Kramsach, ***Camping Seehof*** **[N47° 27‘ 42.94“ E11° 54‘ 25.09“],**

Moosen 42, Tel. +43 (0)5337-63 541; ganzjährig, Restaurant, A12 Ausfahrt Kramsach und „Zu den Seen"-Beschilderung folgen.

– Hall in Tirol, *Schwimmbad Camping Hall* [N47° 17' 3.26" E11° 29' 47.02"], Scheidensteinstr. 24, Tel. +43 (0)5223-58 55 550; 1. Mai – 30. Sept.; A12 Ausfahrt 68 Hall Mitte, 10 Reisemobilstellplätze auch außerhalb des Campingplatzes, auch während Schließungszeit zu nutzen, allerdings nur mit Frischwasser, Abwasserentsorgung und Strom.

Schweiz

– Winterthur, *Camping Schützenweiher* [N47° 31' 10.44" E8° 42' 59.95"], Eichliwaldstraße 4, Tel. +41 (0)52212 52 60; ganzjährig, A1 (Zürich – St.Gallen) Ausfahrt Winterthur-Ohringen.

– Bernhardzell bei St. Gallen, *Camping St. Gallen - Wittenbach* [N47° 27' 40.52" E9° 21' 56.64"]; Leebrücke, Tel. +41 (0)712 98 49 69; April – Sept., Ausfahrt St. Gallen von der A1/E60; schmaler Wiesenstreifen am Westufer des Flüsschens Sitter.

Italien

– Chiusa/Klausen, ***Camping Gamp* [N46° 38' 28.22" E11° 34' 24.24"],** Griesbruck 10, Tel. +39 (0)472 84 74 25; 2. Apr. - 31. Okt.; A22 Autobahnausfahrt Chiusa. Restaurant. Separater Wohnmobilstellplatz.

– Bozen/Bolzano, *Camping Moosbauer* [N46° 30' 12.0" E11° 17' 57.5"], Meranerstr. 101, Tel. +39 (0)471 91 84 92; 1. März - 5. Nov.; A22 (Klausen – Bozen) Ausfahrt Bozen-Süd, weiter Richtung Meran Ausfahrt Eppan, dann weiter Richtung Bozen/Krankenhaus; Restaurant, Laden, teils schattiges Wiesen- und Kiesgelände. WLAN.

– Modena, *Camping Internazional* [N44° 39' 16.1" E10° 52' 02.9"]; Strada Cave Ramo 111, Tel. +39 (0)59 33 22 52; ganzjährig; Ausfahrt Modena Nord von der A1, neben der Mautsation; ganzjährig geöffneter, verkehrsgünstig gelegener Platz für einen Zwischenstopp, aber laut durch nahe Autobahn. Restaurant vor dem dem Platzeingang.

Strand und Camping Internazionale Manacore, Gargano, Apulien

WAS UNS BESONDERS BEEINDRUCKT HAT

Die Halbinsel Gargano,
Küste, Strände und Monte Sant'Angelo

*

Die Trulliregion bei Alberobello

*

Das Castel del Monte, Lage und Architektur

*

Die barocke Altstadt von Lecce

*

Gallipoli, die Altstadt

*

Taranto, die Altstadt

*

Matera, Höhlenbehausungen und Höhlenkirchen

*

Aliano (Gagliano), Carlo Levis Verbannungsort

*

Der Heratempel bei Metaponto

*

La Cattolica, das byzantinische Kirchlein in Stilo

*

Tropea, Strand und Altstadt

*

Paestum und seine griechischen Tempel

*

Die Historie der Burg von Melfi

Ausflugsboote bei Porto Tricase, Apulien

Die schönsten Wohnmobil- und Van-Camper-Touren in Süditalien

Mobile Touring Highlights

Alberobello

APULIEN
4 Touren – ca. 8 Tage
Seite 32

Strand bei Rossano

KALABRIEN
3 Touren – ca. 9 Tage
Seite 127

Matera

BASILIKATA
1 Tour – ca. 2 Tage
Seite 186

APULIEN

4 Touren – ca. 8 Tage

Die „Krone Apuliens" - die Stauferburg Castel del Monte

TOUR 1: GARGANO-RUNDFAHRT - LESINA – MANFREDONIA

Länge der Tour: Rund 224 km.

Die Route: Straße SS693 von **Lesina** knapp 23 km ostwärts – Landstraße SP41 über **Lido di Torre Mileto** und über die Landzunge L'Isola nach **Rodi Garganico** – SS89 über **Peschici** bis **Vieste** – SP53 über **Baia delle Zagare** und **Mettinata** nach **Monte Sant'Angelo** – SS272 bis **San Giovanni Rotondo** – SP45b bis zur SS89 – SS89 bis **Manfredonia**.

Alternativroute: Östlich von **San Menaio** SP144/SP528 über **Vico del Gargano** und die **Casa Forestale** durch den **Foresta Umbra** auf der SP52bis/SS89 nach **Vieste**.

Reisedauer: Mindestens zwei Tage.

Höhepunkte: Die **Strände** * bei Rodi Garganico und Peschici – Strand, Felsen Puzzomunno und Altstadt von **Vieste** ** – Bootstour zur Seegrotte **Campana Grande** ** bei Baia del Gabbiani – Burg und Kirche di San Michele Arcangelo in **Monte Sant'Angelo** ** – die Wallfahrtskirche in **San Giovanni Rotondo** * – das Kastell in **Manfredonia** *.

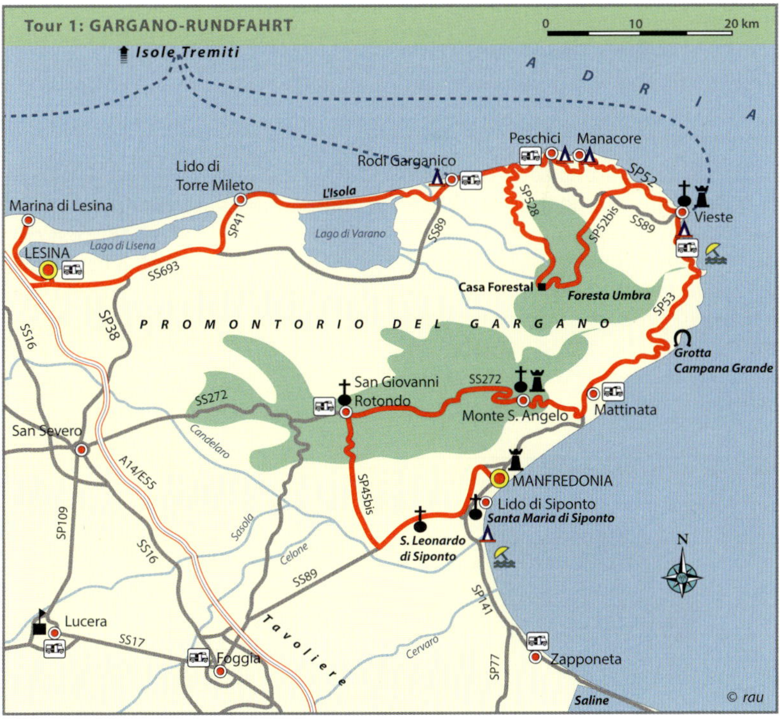

Die nordöstlich von Foggia in die Adria vorspringende Halbinsel **Promontorio del Gargano**, der etwa zehn Kilometer in die Adria vorspringende Stiefelsporn Italiens, ist dank seiner einladenden, annähernd 250

km langen Küsten mit Sandstränden, kleinen Felsbuchten und Grotten – von denen viele nur mit dem Boot zu erreichen sind – ein gerne und viel besuchtes Feriengebiet in Italien.

Teile des bergigen, bis über tausend Meter hohen Ostteils der Halbinsel sind mit dichten Laubwäldern, der **Foresta Umbra**, bedeckt und zum Nationalpark erklärt. Zwar sind die Wälder, die vor Zeiten weite Teile Apuliens bedeckten, geschrumpft und nur noch zu einem Bruchteil ihrer einstigen Ausdehnung vorhanden, dennoch ist das heute größtenteils zum Naturschutzgebiet erklärte bewaldete Bergland mit Höhen bis über 1.000 m immer noch das Refugium von Tierarten wie Damwild, Reh, Wildschwein und anderen. Hier gibt es riesige Buchen, Steineichen und andere Baumarten, sowie die Feuchtgebiete des Oasi Lago Salso in denen gelegentlich Weißstörche gesehen werden können.

An der Nordseite der Garganohalbinsel dagegen findet man die Lagune Lago di Varano und den langgestreckten See Lago di Lesina. Beide Gewässer sind nur durch einen schmalen Landsteg von den Fluten der Adria getrennt. Und vor Jahrmillionen soll der ganze Gargano eine Insel gewesen sein, die erst im Laufe der Zeit durch geologische Verwerfungen eine Verbindung zum Festland bekam.

*ROUTE: Wir fahren von Norden her auf die Halbinsel Promontorio del Gargano und verlassen die Autobahn A14/E55 an der Ausfahrt Lesina. **Lesina** liegt knapp 5 km nordöstlich der Autobahnausfahrt.*

Der kleine Ort **Lesina** liegt am südwestlichen Ufer des Lago di Lesina. Gute Bademöglichkeiten gibt es am See nicht. Dafür werden im Lago di Lesina Aale und Muscheln gezüchtet, die wiederum als leckere Gerichte die Speisekarten der Lokale bereichern.

Kilomerlange Sandstrände findet man nördlich von Lesina bei dem bescheidenen Seebad **Marina di Lesina**. Einige Strandabschnitte dort mit säuberlich ausgerichteten Liegestuhl- und Sonnenschirmreihen sind gebührenpflichtig.

Eine Attraktion ist das Erlebnisbad **Acquafantasy Parco Acquatico [N41° 54' 46.56" E15° 19' 42.46"]** mit dem anschließenden Villagio Albatros (Hotel). Unweit daneben sieht man den markanten viereckigen Torre Fortore.

*ROUTE: Von Lesina auf der SS693 ostwärts, über **Torre Mile-***

WOHNMOBIL-STELLPLATZ LESINA

Wohnmobil-Stellplatz Area Sosta Camper Park Lesina [WP 001 / N41° 51' 52.82" E15° 21' 28.86"], Via Banchina Vollaro. **Zufahrt:** Am Ostrand des Ortes Lesina. **Geöffnet:** Ganzjährig. **Gebühr:** Gebührenpflichtig. **Ausstattung:** Ebenes, umzäuntes Gelände mit ca. 30 befestigten, schmalen Stellplätzen, die durch gepflasterte Bankette unterteilt sind. Überschaubarer Platz mit einigen Tamarisken, sonst schattenlos, zwischen einem Speditionshof und der Lagune Lago di Lesina (kein Strand) an der promenadenartigen Uferstraße mit Palmen. Dusche, Toilette, Wasser, Strom, WLAN, beleuchtet, videoüberwacht, Cafeteria. In Gehnähe zur Ortsmitte mit Läden und Restaurants.

__to__ und über die Landbrücke L'Isola und entlang langer Strände weiter nach Osten zunächst bis __Rodi Garganico__ an der SS89.

Von der landschaftlich wenig interessanten Landbrücke L'Isola, die den Lago di Varano von der Adria trennt, und östlich davon bis nach Vieste reiht sich fast ein Campingplatz an den anderen. Einige der Plätze hinterlassen einen sehr bescheidenen Eindruck. Manche von ihnen sind nur in der Hochsaison (etwa Juni bis August) geöffnet.

Rodi Garganico ist ein schöner Küstenort an der Nordküste mit langen Sandstränden im Westen der Stadt und einer weiten Sandbucht am Jachthafen. Es empfiehlt sich bei der Durchfahrt durch Rodi Garganico in der Nähe der ENI-Tankstelle auf die Beschilderung für Caravans, Busse und große Wohnmobile zu achten, um die steile Umgehungsstraße zu vermeiden! Busse, Caravans etc. können trotz Einfahrtsverbotschild geradeaus weiterfahren. Die dann folgende Ortsdurchfahrt ist anfangs aber sehr schmal.

ROUTE: Die Weiterfahrt ab Rodi Garganico führt auf Küstenstraße über __San Menaio__ nach __Peschici__ an der SS89.

Östlich von San Menaio bietet sich Gelegenheiten einen Umweg durch den Foresta Umbra zu machen und auf diesem Wege nach Vieste zu gelangen.

Verzichtet man auf den Umweg durch das Waldgebiet, geht es ab Peschici entlang prächtiger Küstenabschnitte um den nordöstlichen Teil der Halbinsel nach Vieste.

Umweg durch den Foresta Umbra

Naturliebhabern ist ein Umweg durch das ausgedehnte Waldgebiet Foresta Umbra anzuraten. Sehr schön, aber auch sehr kurvenreich, ist die Fahrt über die SP144/SP52bis, die westlich von San Menaio südwärts über das Bergdorf Vico del Gargano hinein in das Waldgebiet führt.

Nach etwa 29 km ist mitten im Foresta Umbra, der sich hier als dichter Buchenwald präsentiert, an der Weggabelung der Straßen SP52bis und SP528 in der fast 800 m hoch gelegenen **Casa Forestale [WP 002 / N41° 49' 0.40" E15° 59' 31.41"]** das im Sommer geöffnete Museo Naturalistico della Foresta Umbra eingerichtet,

WOHNMOBIL-STELLPLATZ – RODI GARGANICO

Wohnmobil-Stellplatz Area Sosta Camper Isola Bella Rodi Garganico [WP 003 / N41° 55' 27.59" E15° 50' 30.95"], Lungomare di Sole. **Zufahrt:** Zufahrt von der Strandstraße Via delle More. **Geöffnet:** Anf. Juni bis Anf. Sept. **Gebühr:** Gebührenpflichtig. Im August höhere Gebühren. **Ausstattung:** Ebenes Gelände mit teils dichtem Baumbestand. Ca. 35 Stpl. Wasser, Strom, V & E; Toiletten, Duschen; Restaurant in der Nähe.

CAMPING – RODI GARGANICO

Camping Siesta [WP 004 / N41° 55' 24.04" E15° 50' 36.05"], Contrada Piano, Tel. +39 0884 917009; www.siestacamping.it; Ende Mai – Mitte Sept.; westlich von Rodi Garganico Richtung Torre Mieto; Wiesen im Pinien- und Eukalytushain; ca. 6 ha – 300 Stpl., auch Plätze für Zelte, die nicht mit dem Auto angefahren dürfen; Standardsanitärausstattung. Wellnessbereich; Sauna, Supermarkt, Restaurant, Schwimmbad, WLAN, Fahrradverleih, Strand; V & E für Wohnmobile.

das über Flora und Fauna des Waldgebietes berichtet.

Außerdem fungiert die lediglich im Sommer geöffnete und neben der Klosterkirche Chiesa Sant'Antonio gelegene Casa Forestale als Infozentrum für Besucher des Foresta Umbra. Hier gibt es z. B. Infos zu den Wanderwegen. Für ein paar Euro gibt es eine Wanderkarte zu erwerben.

Nicht weit östlich des Forsthauses liegt mitten im Laubwald der kleine See Laghetto d'Umbra. Ein Wanderweg führt um den See. Im See leben Wasserschildkröten. Und noch etwas weiter nordöstlich kommt man zur Trattoria „Foresta Umbra" mit hübscher Gaststube und Freiterrasse. Picknickplatz.

Von der Casa Forestale kann man über die SP52bis zur Nordostküste der Gargano-Halbinsel und weiter nach Vieste fahren.

HAUPTROUTE

Das malerisch gelegene **Peschici** an der Nordküste der Halbinsel zählt mit Fug und Recht zu den schönsten Küstenorten des Gargano. Auf einem Felsvorsprung liegen die weißen Häuser des Ortes eng beieinander. Ganz oben erhebt sich das Castello, das im Sommer zu besichtigen ist.

Westlich des Ortes dehnen sich in der Baia di Peschici weite, breite Sandstrände mit einladenden Strandrestaurants und östlich des Ortes liegen Strände wie die Spiaggia di Zaiano oder die Spiaggia di Manaccora in von Landvorsprüngen geschützte Buchten.

Ein besonderes Erlebnis ist ein Fischessen in einem Trabucco-Restaurant, Restaurants auf oder bei einem entsprechend umgebauten Fischgestell, einem „trabucco".

Eines dieser Restaurants, in denen vorzügliche Fischgerichte und Gerichte von Meeresfrüchen serviert werden, ist z. B. das „Al Trabucco da Mimì" [N41° 56' 51.12" E16° 1' 50.37"], Tel. +39 0884 96 25 56. Es liegt am Ende eines Landvorsprungs östlich von Peschici im Ortsteil Punta San Nicola.

Noch etwas weiter östlich liegt nahe dem Strand Spiaggia di Manaccora und ebenfalls am Ende einer Landzunge das etwas rustikalere „Il Trabucco" [N41° 56' 55.00" E16° 2' 37.77"], Tel. +39 0884 91 10 09.

ROUTE: Weiter auf der kurvenreichen Straße SP52 nach ***Vieste.***

Peschici

Am Restaurant „Al Trabucco da Mimì"

WOHNMOBIL-STELLPLÄTZE – PESCHICI

Wohnmobil-Stellplatz Area Sosta Camper Marina Piccola [WP 005 / N41° 56' 41.63" E16° 0' 18.86"]. Zufahrt/Lage: Im westlichen Teil des Ortes, einspurige Zufahrt meerwärts zum Platz. **Geöffnet:** Anfang April – Ende September. **Gebühr:** Gebührenpflichtig, bislang inkl. Strom, teurere Preise im Juli und August. **Ausstattung:** Ebenes, staubiges Gelände mit einigen Tamarisken, nahe eines breiten Sandstrandes an schöner Bucht. Etwa 20 Plätze. Frischwasser, Strom, WC, Dusche, V & E.

Wohnmobil-Stellplatz Area Sosta Camper Dattoli [WP 006 / N41° 56' 42.80" E16° 0' 40.76"], Via Spiaggia. **Zufahrt/Lage:** Im Ort an der Straße 89. **Geöffnet:** April - Mitte Okt.. **Gebühr:** Gebührenpflichtig. **Ausstattung:** Kleine, von Büschen und Bäumen umgebene Anlage mit etwa 15 unbefestigten Stellplätzen unterhalb der Durchgangsstraße 89. Wasser, Strom, Toiletten, Dusche, V & E. Naher Strand.

CAMPING

Peschici

Camping Centro Turistico San Nicola [WP 007 / N41° 56' 38.13" E16° 1' 50.81"], Tel. +39 0884 96 40 24; https://www.baiasannicola.it/; 1. Apr. – 16. Okt.; östlich von Peschici im Ortsteil San Nicola. Sehr steile Zufahrt (ca. 2,5 km) mit engen Kurven. Zufahrt beschildert.

Am Ende des Zufahrtssträßchens geht es links zum kleineren Camping Baia San Nicola und rechts zum Centro Turistico San Nicola. Weitläufiges, langgestrecktes, leicht gestuftes Cam-

pinggelände unterhalb eines bewaldeten Hanges. Unterschiedliche Stellplatzgrößen, durch hüfthohe Hecken parzelliert. Der ansprechend gelegene Platz reicht bis an den breiten Sandstrand in einer weiten, von Felsen begrenzten Bucht; ca. 12 ha – 500 Stpl.; Supermarkt, Imbiss, Restaurant, Mietbungalows; V & E für Wohnmobile, Shuttle nach Peschici. Restaurants in der Nähe.
In Gehnähe zum Campingplatz liegt oberhalb der Küste das rustikale Fischrestaurant „Al Trabucco da Mimi" [N41° 56' 51.54" E16° 1' 49.38"], Tel. +39 0884 96 25 56.

Peschici/Manacore

Camping Internazionale Manacore [WP 008 / N41° 56' 14.27" E16° 4' 15.10"]. Tel. +39 0884 91 53 36; www.villaggiomanacore.it; 20. Mai – 23. Sept.; über eine Zufahrt durch eine Eukalyptusallee erreicht man die große, weitläufige, einladende Ferienanlage, deren Gelände fast um die ganze Bucht von Manacore reicht. Teils ebenes Gelände, teils auf Terrassen über dem Meer. Einige kleine Terrassen nur für Zelte sind nicht mit dem Auto zugänglich. Nummerierte, parzellierte Stellplätze unterschiedlicher Größe. Schatten durch Hohe Eukalyptusbäume und Tamarisken. 22 ha – 700 Stpl. Standardsanitärausstattung. Supermarkt, Restaurant, Schwimmbad, WLAN im Receptionsbereich; breiter, langer Sandstrand. Dezentrale, befahrbare V & E Station gleich an der Platzzufahrt. Mietbungalows.

Santa Lucia/Spiaggia Scialmarino
Camping Scialmarino [WP 009 / N41° 54' 37.96" E16° 7' 58.47"], Tel. +39 0884 70 60 33; www.scialmarino.it; Ende Mai – Mitte Sept.; ca. 4 km nordwestlich von **Vieste**; gestuftes Gelände unterhalb der Straße, teils mit Baumstand, teils Mattendächer, bis an den langen Strand reichend; ca. 4 ha – 180 Stpl. Standardsanitärausstattung. Supermarkt, Restaurant, Schwimmbad; V & E für Wohnmobile.

Zahlreiche weitere Campingplätze liegen an der Küste von Santa Maria di Merino.

WOHNMOBIL-STELLPLATZ – SPIAGGIA SCIALMARINO

Wohnmobil-Stellplatz Area Sosta Camper Fusillo Rosina [WP 010 / N41° 54' 39.12" E16° 7' 45.85"], Tel. +39 0884 71 22 54; www.fusillorosina; Località Santa Lucia 5/b. **Zufahrt/Lage:** Ca. 4 km nordwestlich von Vieste in **Spiaggia Scialmarino** an der SP52 (Peschici – Vieste). **Geöffnet:** 1. April – 1. Sept. **Gebühr:** Gebührenpflichtig. **Ausstattung:** Ebener, langgestreckter Platz mit Baumreihen am Rand, Schatten auch durch Mattendächer, erdiger Untergrund mit Grasresten, Platz für ca. 50 Wohnmobile. Wasser, Strom, WC, Duschen, V & E. In Gehnähe Restaurants und Einkaufsmöglichkeiten. Über die Straße und noch ca. 200 m zum Meer/Sandstrand.

Vieste, ein touristisches Mekka an der Nordostküste des Gargano, liegt an einer weiten Sandbucht. Einen großen, gebührenpflichtigen **Parkplatz [WP 011 / N41° 53' 9.92" E16° 10' 6.93"]**, Lungomare Europa, findet man am nordwestlichen Ortsrand von Vieste an der SP52, gegenüber vom

Der Kreidefelsen „Pizzomunno" in Vieste

Strand San Lorenzo o Convento. Eine Attraktion an der weiten Sandbucht am Südostrand des Ortes ist der Kreidefelsen **Pizzomunno [WP 012 / N41° 52' 44.98" E16° 10' 34.72"]**, eine gigantische Felspyramide am südöstlichen Ortsrand von Vieste vor der steilen Felsklippe, auf der die Altstadt liegt. Der freistehende, über zwanzig Meter hohe Felsen mit dem nicht unbescheidenen Namen „Spitze der Welt" scheint direkt aus dem Sand der Spiaggia della Scialara zu wachsen.

Natürlich rankt sich eine Legende um diesen markanten Monolithen. Er sei der junge Fischer Pizzomunno, der aus Gram um seine Geliebte, die von eifersüchtigen Wassernymphen für immer ins Meer enführt worden war, zu Stein wurde.

Und ein Spaziergang durch die Gassen der mittelalterlichen **Altstadt Centro storico** lohnt allemal.

Geht man über die Viale Federico II. hinauf in die Altstadt, kommt man bald zu einem freien Platz rechts. Dort an der Piazza Castello liegt das **Castello Svevo Aragonese [N41° 52' 52.10" E16° 10' 47.95"]**, das zu Zeiten des Stauferkaisers Friedrichs II. entstand. Der Kaiser soll gleich zweimal in Vieste geweilt haben, was ungewöhnlich erscheint, da der Kaiser viele der Festungen in Süditalien, die er in Auftrag gegeben hat, wahrscheinlich gar nicht alle besichtigen konnte und manche vermutlich gar nie zu Gesicht bekam. Solange das Kastell noch als Militärstützpunkt genutzt wird ist eine Besichtigung nicht möglich.

Hinter den Bastionen des Kastells kann man von einem Aussichtspunkt einen prächtigen Blick entlang der Klippen an der Südseite der Altstadt bis zum Strand um die Felsnadel Pizzomunno genießen.

Beim Blick über die steile Felsküste sieht man auch ein filigranes, zerbrechlich wirkendes Holzgerüst am Felshang. Diese „trabucchi"genannten Gestelle haben sich mutige Fischer angelegt, die von hier aus ihre Netze in die ufernahen, aber fischreichen Merresgewässer auswarfen. Trabucchi, die ein bisschen an Pfahlbauten erinnern und die gelegentlich große Ausmaße annehmen konnten und dann sogar mit Hütten (heute auch Restaurants) ausgestattet waren, sind ganz typische Fischfangenrichtungen, wie sie an der apulischen Adriaküste, besonders im Gargano, zu sehen sind, aber kaum noch zum Fischfang benutzt werden.

Hinter der Burg beginnt die eigentliche Altstadt von Vieste. Dort, im Zentrum der engen Altstadt, kommt man auch gleich zur Mariä Himmelfahrt geweihten **Cattedrale di Santa Maria Assunta [N41° 52′ 53.87″ E16° 10′ 49.78″]** an der Treppengasse Via Vescovado. Beeindruckend im Kircheninneren sind die Empore mit Orgel, die prächtig gestaltete und bemalte Decke und die für eine im Grunde romanischen Kirche ungewöhnlich reichen Dekorationen an den Bögen und Säulen, die die Kirchenschiffe unterteilen. Die Kathedrale wurde 1772 bei einem Erdbeben teilweise zerstört. Bei der Restaurierung wurden barocke Stilelemente am Kirchturm verwendet. Der Turm der Kathedrale stammt aus dem Jahre 1792. Die Kathedrale ist gewöhnlich nur während der Gottesdienste zugänglich.

Ganz am Ostende der schmäler werdenden Halbinsel auf der sich die Altstadt von Vieste erstreckt, liegt am Ende der Via San Francesco die von gewaltigen Festungsmauern umschlossene **Chiesa di San Francesco [N41° 52′ 59.05″ E16° 11′ 5.07″].**

Am Nordrand der Altstadt, in der Via Paolo, liegt das **Museo Malacologica di Anna Ragno [N41° 52′ 59.94″ E16° 10′ 54.24″]** *(geöffnet tgl. 10 – 12.30 + 17 – 21 Uhr)*. Bei den Ausstellungen in dem mehr als Souvenirladen auftretenden Museum dreht sich alles um Muscheln aus aller Welt.

Schiffsausflug zu den Isole Tremiti

Von Vieste, aber auch von Rodi Gargano aus, werden Schiffsausflüge zur ein gutes Stück nordwestlich vor der Küste der Garganohalbinsel gelegenen Inselgruppe Isole Tremiti angeboten.

Hauptinsel ist die bewohnte **Isola San Domino**. Im Norden der leuchtturmbewehrten Insel, deren höchste Erhebung immerhin fast 120 m misst, legen die Ausflugsschiffe an.

San Domino ist touristisch recht gut erschlossen. Im Norden bietet das Village Punta del Diamante Unterkunftsmöglichkeiten.

An der steilen, zerklüfteten Felsküste der Insel finden sich viele Mee-

Typische „trabucchi" an der Garganoküste

Blick zu Viestes Altstadt, die auf einem Felssporn liegt

PRAKTISCHE HINWEISE – VIESTE

Ufficio di Informazioni e di Accoglienza Turistica (IAT) Vieste, Piazza Kennedy 13, im Rathaus, 71019 Vieste, Tel. +39 0884 70 88 06; https://www.visitvieste.com. *Geöffnet Mo, Mi + Do 8.30 – 13.30 Uhr, Di + Do 8.30 - 13.30 Uhr, 15.30 – 20 Uhr.*

CAMPING

Nordwestlich von Vieste an der Küstenstraße SP52 Richtung Manacore liegen bei Santa Maria di Merino zahlreiche Campingplätze. Einige Campingplätze verlangen einen Mindestaufenthalt von mehreren Tagen! Ebenso findet man am südöstlichen Ortsrand von Vieste eine ganze Reihe von Campingplätzen, die aber meistens von Dauercampern belegt sind.

Camping Capo Vieste [WP 013 / N41° 55' 29.41" E16° 6' 21.94"], Spiaggia S. Maria Merino, Tel. +39 0884 70 63 26; www.capovieste.it; Mitte Mai – Mitte Sept., ca. 8 km nordwestlich von Vieste unterhalb der Straße, an der Spiaggia Santa Maria Merino; Wiesengelände mit Baumbestand, ansprechende Lage an einer Bucht, beliebtes Windsurfrevier; ca. 6 ha – 280 Stpl. + zahlr. Mietbungalows und Mietcaravans; Standardsanitärausstattung. Supermarkt, Restaurant, Bootsverleih, Bootsslip, Schwimmbad, WLAN im Receptionsbereich. V & E für Wohnmobile.

Camping Apeneste [WP 014 / N41° 52' 37.37" E16° 10' 33.80"], Lungomare Enrico Mattei 42, Tel. +39 0884 70 62 87; www.apeneste.it/; 1. Apr. – 15. Okt.; an der Hauptstraße am südlichen Ortsrand von Vieste neben der ESSO-Tankstelle, in Gehnähe zum Zentrum und zum Felsen Pizzomunno. Durch die Straße vom langen, breiten Sandstrand getrennt. Eher ein Stellplatz für Wohnmobile als ein Campingplatz. Videoüberwachtes, ebenes, erdiges Grasgelände mit gepflasterten Platzwegen. Hohe Laubbäume markieren die Stellplätze. Ca. 2 ha – 90 Stpl.; Standardsanitärausstattung.

Camping Baia e Cala Campi [WP 015 / N41° 48' 48.27" E16° 11' 40.17"], Tel. +39 0884 70 00 00; www.baiadicampi.it; 1. Apr. – 30. Sept.; ca. 10 km südlich von Vieste an der Küstenstraße SP 54 (Vieste – Mattinata); ausgedehntes, langgestrecktes gestuftes Gelände mit Olivenbäumen und Pinien, zwischen Straße und der abfallenden Küste gelegen. Ca. 9 ha – 200 Stpl. + zahlr. Mietbungalows und Mietcaravans; gute Standardsanitärausstattung. Supermarkt, Restaurant, Waschmaschine, Trockner, Bootsverleih, Windsurf- und Kitesurfschule, WLAN im Receptionsbereich. V & E für Wohnmobile. Kies- und Sandstrand in einer herrlichen felsbegrenzten Bucht.

WOHNMOBIL-STELLPLÄTZE – VIESTE

Wohnmobil-Stellplatz Area Sosta Camper Eden Blu [WP 016 / N41° 51' 34.10" E16° 10' 25.91"], Via Lungomare Enrico Mattei 109. **Zufahrt/Lage:** Ca. 2 km südlich von Vieste an der Ausfallstraße SP53. **Geöffnet:** Anf. Apr. – Ende Okt. **Gebühr:** Gebührenpflichtig, relativ teuer. **Ausstattung:** Ebenes, eingezäuntes Gelände für 40 Wohnmobile zwischen Straße und Strand. Wasser, Strom, V & E., WC, Duschen.

Wohnmobil-Stellplatz Area Sosta Camper Ghironda Beach [WP 017 / N41° 51' 47.25" E16° 10' 27.09"], Via Lungomare Enrico Mattei 15. **Zufahrt/Lage:** Ca. 1,5 km südlich von Vieste an der Ausfallstraße SP53. **Geöffnet:** Anf. Mai - Anf. Okt. **Gebühr:** Gebührenpflichtig. **Ausstattung:** Erdiges Gelände mit Wiesenresten zwischen Straße und Strand, Platz für ca. 27 Wohnmobile neben gleichnamigem Restaurant. Strom, Wasser, WC, Dusche, V & E.

resgrotten und skurile Felsformationen wie z. B. die Klippe Scoglio dell'Elefante an der Ostseite der Insel.

Außerdem gehören zu dem kleinen Archipel die Inselchen San Nicola, mit dem Kirchlein Santa Maria a Mare und einer noch bis Ende des Zweiten Weltkriegs als Gefängnis für politische Unbeliebte dienende Festung.

Dann die Isola Capraia, sowie ein weiteres kleines unbewohntes Inselchen. Insgesamt sollen auf den Isole Tremiti weniger als 500 Menschen ständig und das ganze Jahr über leben.

Die Gewässer um die Inseln sind ideale Reviere fürs Tauchen und Schnorcheln. Man sollte aber bedenken, dass die Gewässer und deren Flora und Fauna unter Naturschutz stehen (Area Marina Proteto Isole Tremiti).

HAUPTROUTE

ROUTE: Weiterreise von Vieste auf der SP53 Richtung ***Manfredonia*** *und* ***Mattinata****. Die Fahrt geht entlang der* ***Riviera Garganico****, dem vielleicht schönsten Teil der Garganoküste und vorbei an* ***Baia delle Zagare****. Schon nach etwa 1 km hat man einen schönen Blick zurück nach Vieste und seinen weiten Strand.*

Später passiert man Camping Baia e Cala Campi (Beschreibung siehe oben) an der gleichnamigen Bucht.

Weiterhin schöne Fahrt oberhalb prächtiger Steilküste mit malerischen

Wunderschön, die Küste der Baia delle Zagare an der Ostküste der Gargano-Halbinsel.

Buchten. Die Fahrt entlang der Ostküste der Garganohalbinsel ist überaus lohnend und reizvoll.

Die Straße SP53 Richtung Mattinata, die mit Fug und Recht als schönste Strecke auf dem Gargano bezeichnet werden kann, führt bergwärts, durchquert weite Pinienwälder und gewährt Blicke hinab auf die malerischen Buchten Baia del Gabbiani (Seegrotte Campana Grande) und Baia delle Zagare.

Später führt die Straße durch mehre Tunnels und erreicht schließlich Mattinata.

Es lohnt sich, sich die Zeit für eine Bootstour zu einer der Seegrot-

CAMPING – MATTINATA

Camping Mattinata [WP 018 / N41° 42‘ 18.56“ E16° 4‘ 0.62“], Contrada Funni, Tel. +39 0884 55 03 13; www.mattinatacamping.it; 27. Mai – 10. Sept.; von der Straße SS89 (Mattinata - Manfredonia) am Ostrand von Mattinata meerwärts abzweigen. Flaches Gelände mit Wiesenresten. Etwas Schatten durch Bäume, auch Mattendächer, bis an den Strand reichend; ca. 2,5 ha – 140 Stpl.; Standardsanitärausstattung. Laden, Imbiss, Waschmaschine. V & E für Wohnmobile. Mietbungalows. Treppen hinab zum langen Strand.

WOHNMOBIL-STELLPLATZ – MATTINATA

Wohnmobil-Stellplatz Area Sosta Camper Eden Park [WP 019 / N41° 42‘ 22.82“ E16° 4‘ 1.00“], Zufahrt/Lage: Porto di Mattinata, östlich von Mattinata, Zufahrt über die Straßen Contrada Liberatore und Contrada Funni. **Geöffnet:** Anf. Apr. – Anf. Okt. **Gebühr:** Gebührenpflichtig. **Ausstattung:** Ebenes, erdiges Gelände mit einzelnen Laubbäumen, auch Mattendächer, direkt an den langen Sandstrand grenzend. Der Platzteil am Strand ist schattenlos. Platz für ca. 50 Wohnmobile vor einem großen Parkplatz für Strandgäste. Wasser, Toiletten, Dusche (Gebühr), V & E.

ten zu nehmen. Besonders berühmt ist die „Glockenhöhle" Grotta Campana Zagare. Wer besonders schöne Fotos machen möchte, sollte eine Bootstour vormittags unternehmen, dann präsentieren sich die nach Osten ausgerichteten Seehöhlen in einem besseren Licht. Auf manchen Bootstouren wird in einer der kleinen abgeschiedenen Buchten einen Badestopp eingelegt. Aber alleine schon die Fahrt mit dem Boot entlang der zerklüfteten, weiß leuchtenden, immer wieder von Höhlen, Grotten und Bögen durchlöcherten Felsküste ist ein Erlebnis.

ROUTE: Bei Mattinata Richtung ***Monte Sant'Angelo*** *abzweigen. Von den Straßenkehren, die bergwärts führen, hat man einen schönen Blick zurück auf die weiße Stadt Mattinata.*

Nach gefühlt endlos vielen Kurven und Kehren erreicht man schließlich **Monte Sant'Angelo**, UNESCO-Weltkulturerbe und einer der ältesten Wallfahrtsorte im christlichen Abendland.

Am besten fährt man auf holpriger Straße um Monte San'Angelo herum und parkt oben auf dem gebührenpflichtigen **Parkplatz neben der Burg [Parkplatz, WP 020 / N41° 42' 25.14" E15° 57' 4.25"]** an der Straße Richtung San Giovanni Rotondo. Der Parkplatz, den sich Pkws, Busse und Wohnmobile teilen, kann gegen Gebühr auch als Wohnmobil-Stellplatz genutzt werden. Es gibt aber keine speziellen Einrichtungen eines Stellplatzes.

Die Burg **Castello Normanno Svevo Aragonese [N41° 42' 27.46" E15° 57' 12.14"]** am Largo Roberto il Guiscardo verrät schon mit seiner Bezeichnung, dass Monte Sant'Angelo schon in vielen Händen von Herrschern war. Die beeindruckend mächtigen Mauern und Türme nehmen den höchsten Teil des Ortes ein.

Die Burg von Monte Sant'Angelo wurde nicht, wie meist üblich, von weltlichen Herren gebaut, sondern hier gab ein geistlicher Herr, ein Bischof, im 9. Jh. den Auftrag zum Bau einer Festung. Spätere Burgherren, wie z. B. die Normannen, erweiterten die Anlage. Der Stauferkaiser Fried-

Monte Sant'Angelo, Parkplatz vor der Normannenburg

rich II. machte daraus eine Residenz für sich und seine spätere Gattin, Bianca Lancia. Und wieder spätere Herrscher sahen in der unüberwindlichen Festung einen passenden Ort, unliebsame Zeitgenossen sicher wegzusperren.

Das fast 800 m hoch gelegene Städtchen Monte Sant'Angelo nahe der Südostküste ist höchstgelegener Ort in Apulien und es ist ein viel besuchter Wallfahrtsort.

Ausgehend von San Severo (westlich der Autobahn A14/E55 gelegen) hat sich im Laufe der Jahrhunderte ein richtiggehender Pilgerweg nach Monte Sant'Angelo herausgebildet (heute weitgehend Straße 272), der über San Matteo, ein Kloster aus dem 16. Jh., und über San Giovanni Rotondo nach Osten bis Monte Sant'Angelo führt.

Die Legende um die Erscheinung des Erzengels Michael, die im ausgehenden 5. Jh. ein Bischof hier gehabt haben soll, veranlasste Generationen von Italienern und gläubigen Christenmenschen aus aller Welt und in der Stauferzeit sogar gekrönte Häupter zu einer Wallfahrt nach Monte Sant'Angelo. 1987 gab sogar Papst Johannes Paul II. dem Wallfahrtsort die Ehre.

Eine andere Überlieferung besagt, der Erzengel Michael sei den Bewohnern hier einst erschienen, um sie im Kampf gegen Feinde zu unterstützen.

Die **Basilika Santuario di San Michele Arcangelo [N41° 42' 27.80" E15° 57' 16.58"]**, die der erwähnte Bischof nach der Erzengelerscheinung hatte errichten lassen, ist noch heute ein Mittelpunkt der Verehrung des Erzengels Michael. Und das Heiligtum war sicher auch Keimzelle des Ortes, um die sich bald Menschen ansiedelten, die aus der Versorgung der Pilger ihren Vorteil zogen. Heute steht die Pilgerstätte auf der Liste des UNESCO-Weltkulturerbes. *Geöffnet Apr., Juni, Okt. Mo - Sa 7.30 - 12.30 + 14.30 - 19 Uhr, So 7.30 - 13 + 14.30 - 20 Uhr; Juli - Sept. Mo - Sa 7.30 - 20 Uhr, So 7 - 20 Uhr; Nov. - März Mo - Sa 7.30 - 12.30 + 14.30 - 18 Uhr, So 7 - 13 + 14.30 - 19 Uhr; www.santuariosanmichele.ti).*

Das Santuario di San Michele Arcangelo gilt noch heute als eine der namhaftesten Pilgerstätten der christlichen Welt. Der Zugang zur unterirdischen Wallfahrtskirche führt neben dem achteckigen Turm durch eine doppelbogige Vorhalle. Darüber sieht man in einer Nische die Figur eines gekrönten Erzengels Michael als Verteidiger der Christenheit.

Eine Treppe führt hinab in eine große Vorhalle der verzweigten, geweihten Grotte, die in Verbindung mit den Erscheinungen des Erzengels Michael gebracht wird. Auf einem Altar sieht man die Statue des Erzengels Michael, der hier als „Krieger Gottes" dargestellt ist. Schließlich mündet die Grotte in die Capella dell'Altissimo mit prächtigem Barockaltar.

Der Basilika ist ein Museum (Eintritt) angeschlossen, in dem in erster Linie Devotionalien und Ojekte zu sehen, die aus Dank für eine glücklich überstandene Krankheit oder weite Reise etc. von Gläubigen und Pilgern der Kirche gestiftet worden sind.

Als im 12. Jh. die Pilgerstätte erweitert wurde, entstanden auch die Taufkapelle Tomba di Rotari und die danebenliegende Kirche Santa Maria Maggiore. Der Bau der Kirche soll im 12. Jh. von Konstanze von Hauteville, der Mutter Kaiser Friedrichs II., in Auftrag gegeben oder zumindest umgestaltet worden sein.

Jedes Jahr am 8. Mai, dem Tag, an dem der Erzengel hier einst erschienen sein soll, und am 29. September, dem Datum der angeblichen Grundsteinlegung der Kirche, ist Monte

In der Altstadt von Monte Sant'Angelo

Sant'Angelo noch heute Ziel einer großen Pilgerschar, die in langen Prozessionen zum Heiligutm des Erzengels Michael strömt.

Das **Museo Arti e Tradizioni Popolari del Gargano „G. Tancredi" [N41° 42' 23.09" E15° 57' 22.97"]** liegt an der Piazza San Francesco d'Assisi im südlichen Altstadtbereich. Das Heimatmuseum informiert über den Alltag, die Geschichte und Traditionen, über Kunst und Kultur der Menschen im Gargano *(geöffnet tgl. 9 - 13 + 14.30 - 18 Uhr; www.turismomontesantangelo.it)*.

Einen Besuch lohnt vor allem auch das idyllische Junno-Altstadtviertel von Monte Sant'Angelo mit seinen engen Gassen und Treppenwegen.

Kulinarisch ist Monte Sant'Angelo bekannt für seine süßen „gefüllten Hostien" und die riesigen Brotlaibe des „Pane di Monte", aber auch für die typischen (im Idealfall handgemachten) Nudeln „Troccoli" berühmt.

Am Westrand von Monte Sant'Angelo besteht die Möglichkeit südwestwärts zur etwa 9 km entfernten Abtei **Abbazia Santa Maria di Pulsano [N41° 40' 36.17" E15° 54' 25.82"]** abzuzweigen (www.abbaziadipulsano.org/). Die sehr abgeschieden am Rande eines tiefen Felstales gelegenen Abtei ist über ein schmales, kurvenreiches Landsträßchen zu erreichen. Das Kloster, einst vom Normannenkönig von Sizilien, Roger II. de Hauteville, und später von seinem Enkel, Kaiser Friedrich II., reich mit wohlwollender Unterstützung bedacht, entwickelte sich im 12. Jh. rasch zu einer sehr einflussreichen, ja zu einer der mächtigsten Abteien in ganz Süditalien. Das Kloster ist bekannt für seine Ikonenmalerei. Jedes Jahr bietet dass Kloster in seiner Ikonografieschule gegen Gebühr Kurse an.

PRAKTISCHE HINWEISE – MONTE SANT'ANGELO

i **Touristeninformation Pro Loco – Informazioni Turistiche [N41° 42' 27.04" E15° 57' 19.96"]**, Via Reale Basilica 40, 71037 Monte Sant'Angelo, Tel. +39 0884 56 12 170; www.montesantangelo.it. *Geöffnet 9.30 - 12.30 + 16.30 - 18 Uhr.*

*ROUTE: Weiter auf der SS272, die von Monte Sant'Angelo anfangs in zwei großen Kehren hinab in ein Hochtal mit Rinderweiden, Getreidefeldern und Bauernhöfen und später durch karstige Landschaft weiter nach **San Giovanni Rotondo** führt.*

In **San Giovanni Rotondo** lebte und wirkte lange Zeit Padre Pio (1887 – 1968), eine legendäre Gestalt in der jüngeren katholischen Kirchengeschichte.

Einen größeren **Parkplatz [WP 021 / N41° 42' 19.39" E15° 42' 8.32"]** findet man nahe der Wallfahrtsstätte Santuario di San Pio da Pietrelcino an der Piazzale Santa Maria delle Grazie.

Die monumentale Anlage der Wallfahrtskirche ist denn auch die bedeutendste Sehenswürdigkeit in San Giovanni Rotondo. Jedes Jahr pilgern Millionen von Gläubigen zum Grab von Padre Pio. Der Leichnam des Heiliggesprochenen ist in einem Glassarkophag in der Krypta der Wallfahrtskirche aufgebahrt. Von demütiger Bescheidenheit scheint Pater Pio nicht belastet gewesen zu sein. Denn als es darum ging, die neue Wallfahrtskirche, das Santuario di San Pio, zu bauen, als Architekten hatte man Renzo Piano gewonnen, soll Pater Pio gesag haben: „Baut sie so groß wie möglich". Tatsächlich entstand eine Pilgerstätte auf deren Vorplatz alleine über dreißigtausend Gläubige Platz finden. Die gewaltige Kirche mit ihren mächtigen runden Gurtbögen, die dem Kirchenbesucher ob ihrer schieren Größe schon einen Schauer über den Rücken laufen lässt, gilt nach dem Petersdom in Rom als zweitgrößtes Gotteshaus der Christenwelt.

Auf einem Rundgang durch die Wallfahrtsstätte kommt man am Ostende des weiten Vorplatzes zum Kloster Convento Santa Maria delle Grazie die Padri Cappuccini. Dort ist die Cella di Padre Pio, die einstige Wohnzelle von Pater Pio zu sehen. Hier schiebt sich meist ein Besucherstrom vorbei, um durch ein Fenster einen Blick in den kleinen Wohnraum zu erhaschen.

Gleich neben dem Kloster erhebt sich die Kirche Chiesa Santa Maria delle Grazie, in der Pater Pio predigte und seine Messen hielt. Und hier soll der heiliggesprochene Pater auch seine Wundmale empfangen haben. Aber noch zu Lebzeiten Pater Pios wurde diese Kirche für den täglich wachsenden Pilgerstrom, der längst der Anzahl der Pilger zum St-Michaelsheiligtum in Monte Sant'Angelo den Rang abgelaufen hatte, zu klein. Die neue Wallfahrtskirche wurde notwendig.

Man kann den Rundgang ausdehnen und bis zur Via Crucis Monumentale, dem Kreuzweg gehen. Am Beginn sieht man in einer muschelförmigen runden Öffnung die Statue eines ins Gebet versunkenen Pater Pio. Über einen breiten Treppenweg geht man, vorbei an einer Marienstatue mit Kind und dem Komplex des Ospedale Casa Sollievo della Sofferenza, bis hinauf zu einem Erlöserdenkmal auf einem Treppensockel. Manche büßende Pilger schultern auf dem Kreuzweg Holzkreuze, die normalerweise an der Wallfahrtskirche zur Verfügung gestellt werden.

Auch die Casa Sollievo della Sofferenza, ein modernes Krankenhaus, eines der führenden in der Region, wur-

PRAKTISCHE HINWEISE – SAN GIOVANNI ROTONDO

Puglia Promozione Agenzia Regionale del San Giovanni Rotondo [N41° 42' 25.73" E15° 43' 18.57"], Piazza Europa 104, 71013 San Giovanni Rotondo, Tel. +39 0882 45 62 40.

Pater Pio

Pater Pio wurde im Mai 1887 in Pietrelcina in der Region Kampanien in einer kinderreichen Familie geboren. Schon im Alter von 16 Jahren trat er in den Kapuzinerorden ein. Sein Ordensname ist Pio (der Fromme). 1910 wird Pater Pio zum Priester geweiht und sechs Jahre später wird er Mitglied des Kapuzinerkonvents Maria delle Grazie in San Giovanni Rotondo. Damals sollen sich erste Anzeichen der Stigamtisierung (Anzeichen der Wundmale Christi) gezeigt haben. Seitdem trug Pater Pio angeblich Handschuhe, an denen die Spitzen der Fingerlinge abgeschnitten waren. Auf vielen Abbildung und Darstellung ist Pater Pio mit solchen Handschuhen zu sehen. Und Abbildungen des Heiligen sind in Süditalien fast allgegenwärtig.

Diese Stigmata wurden vielfach untersucht, mit unterschiedlichen Ergebnissen. Kritische Stimmen wurden laut, die vermuteten, dass Pater Pio sich die Wundmale durch Chemikalien selbst beigebracht habe, was Pater Pio selbst aber immer bestritt.

Der fromme Mann, der mit bürgerlichem Namen Francesco Forgione hieß, ist 1999 selig und bereits 2002 ungewöhnlich schnell von Papst Johannes Paul II. heiliggesprochen worden. Von der Seligsprechung Pater Pios wird berichtet, dass die Menschenmenge, die den Feierlichkeiten auf dem Petersplatz in Rom beiwohnen wollte, so große gewesen sei, dass der Platz nicht alle Gläubigen fassen konnte.

Im Alter von 81 Jahren starb Pater Pio, dessen bewegtes Leben als Heiler mit prophetischen Gaben vom Heiligen Stuhl in Rom aber nicht immer und nicht in allen Punkten unkritisch gesehen wurde.

Padre Pio, Italiens wohl berühmtester Heiliger der Neuzeit, der in San Giovanni Rotondo in einem gläsernen Sarkophag beigesetzt ist, gilt bei den Gläubigen als wundertätiger Heiler. Die Anziehungskraft und Verehrung des Heiliggesprochenen ist noch heute ungebrochen. Pater Pio gilt in Italien als einer der beliebtesten Heiligen.

WOHNMOBIL-STELLPLÄTZE – SAN GIOVANNI ROTONDO

Wohnmobil-Stellplatz Area Sosta Attrezzata lo Chalet Belvedere [WP 022 / N41° 42′ 23.62″ E15° 41′ 52.67″], Prolungamente Viale Padre Pio. **Zufahrt/Lage:** Am Westrand des Ortes. Noch in Gehnähe zur Wallfahrtsstätte. **Geöffnet:** Ganzjährig. **Gebühr:** Gebührenpflichtig, Schranke. **Ausstattung:** Befestigte, schattenlose, leicht geneigte Terrassen in Hanglage, ca. 25 Stellplätze. Wasser, Strom, Toiletten, Dusche, Entsorgungsstelle für Grauwasser. Restaurant gegenüber.

Wohnmobil-Stellplatz Area Sosta Camper Coppa Cicuta [WP 023 / N41° 41' 45.67" E15° 42' 15.59"], Contrada Pozzocavo. **Zufahrt/Lage:** Auf der Südumfahrungsstraße SP 45bis von San Giovanni Rotondo südwärts abzeigen und noch ca. 1 km zum Platz. **Geöffnet:** Ganzjährig. **Gebühr:** Gebührenpflichtig. **Ausstattung:** Von Mauern umgebenes schattenloses Gelände, teils etwas Grasuntergrund, teils mit Mattendächern. Hinter dem Restaurant Trattoria San Giovanni Rotondo Coppa Cicuta; ca. 15 Stellplätze; Wasser, Strom, Toiletten, Dusche, V & E, Restaurant. Gebührenpflichtiger Shuttlebus zur rund 3 km entfernten Wallfahrtsstätte.

de auf Anregung von Pater Pio errichtet.

Der Besucher- und Pilgerstrom, der täglich aufs Neue die Wallfahrtskirche heimsucht, schwächt sich höchstens während der Mittagszeit etwas ab, wenn die vielen Gruppen in den Restaurants des Ortes verköstigt werden.

ROUTE: *Weiterreise auf der Straße SP45bis südwärts bis zur Schnellstraße SS89 (ca. 18 km), der wir nordostwärts vorbei an der schönen* ***Abbazzia San Leonardo*** *nach* ***Manfredonia*** *folgen, ca. 16 km.*

Manfredonia, das „Tor zum Gargano", präsentiert sich dem durchreisenden Besucher als eine turbulente vom Verkehr überflutete Stadt. Benannt ist die im 13. Jh. gegründete Stadt nach Manfred, König von Silzilien, einem Sohn Kaiser Friedrichs II. König Manfred hatte die Stadt nach einem Erdbeben auf den Mauern einer antiken griechischen Siedlung errichten lassen.

Nach einer verheerenden Plünderung durch Osmanen zu Beginn des 17. Jh., bei der die gesamte Stadt bis auf des Kastell dem Erdboden gleich gemacht wurde, konnte sich die Stadt bis in 19. Jh. hinein nicht mehr richtig erholen.

Parkmöglichkeiten [N41° 37' 24.06" E15° 54' 28.56"] findet man evtl. in der Viale Aldo Moro am Bahnhof von Manfredonia.

Das Castello Svevo Angioino in Manfredonia

PRAKTISCHE HINWEISE – MANFREDONIA

Touristeninformation Pro Loco Manfredonia, Piazza del Popolo, 71043 Manfredonia, Tel. +39 0884 58 19 98.

CAMPING BEI MANFREDONIA

Camping Lido Salpi [WP 024 / N41° 33' 19.07" E15° 53' 42.76"], Strada delle Saline, Tel. +39 0884 57 11 60; www.camping-lidosalpi.it; 1. Jan. – 31. Dez.; von Manfredonia zunächst auf der SS89 nach Südwesten. Nach rund 6 km südwärts auf die SP141 (Strada delle Saline) Richtung Margherita di Savoia. Abzweig zum Platz bei KM 6,2. Ebenes, schmales, langgestrecktes Gelände mit erdig-gekiestem Untergrund, in ländlicher Umgebung zwischen Zufahrtsstraße und Feldern, Eukalyptus- und Nadelbäume markieren die Stellplätze. Ca. 1 ha – 60 Stpl.; Standardsanitärausstattung. Laden, Restaurant, Waschmaschine, Trockner, WLAN im Receptionsbereich. V & E für Wohnmobile. Mietbungalows. Naher Sandstrand Lido Salpi.

WOHNMOBIL-STELLPLATZ – ZAPPONETA

Wohnmobil-Stellplatz Area Sosta Camper Zapponeta Beach [N41° 27' 24.88" E15° 57' 39.26"], Via Alessandro La Marmora 59. **Zufahrt/ Lage:** ca. 15 km südlich von Manfredonia zwischen östlichem Ortsrand und Meer. Abzweig von der Küstenstraße SP141 in Zapponeta beim Panificio meerwärts. **Geöffnet:** April – September. **Gebühr:** Gebührenpflichtig, Höhe je nach Saison. **Ausstattung:** Ebenes Gelände mit einzelnen Laubbäumen, teils Gras, teils befestigt, mit Platz für ca. 30 Wohnmobile, durch ein niederes Mäuerchen mit Drahtzaun (Durchgang) vom Strand getrennt; Wasser, Strom, Toiletten, Duschen, Restaurant und Einkaufsmöglichkeit in der Nähe. Weiterbestand fraglich.

Zu den Sehenswürdigkeiten zählt das **Castello Svevo Angioino de Manfredonia [N41° 37' 51.85" E15° 55' 17.52"]** in einem kleinen Park am Corso Manfredi am Nordwestrand der Stadt. Unter dem Staufenspross Manfred soll der Grundstein zu dieser mächtigen Festung gelegt worden sein. Später haben die Herzöge von Anjou die Festung zu einem mächtigen Militärstützpunkt ausgebaut. Die Lage des Kastells war klug gewählt. Von hier aus ließen sich sowohl der Hafen wie auch die Stadt verteidigen.

In den gewaltigen Festungsmauern ist heute das **Museo Archeologico Nazionale Manfredonia**, das archäologische Nationalmuseum der Region untergebracht, das sich vor allem mit der frühen Geschichte der Stadt, der Region und des Gargano befasst. Auch Stücke, die bei Grabungen im nahen Siponto zum Vorschein kamen, sind zu sehen *(geöffnet Führungen Di, Mi, Do, So um 9.30, 10.30, 11, 11.30, 12 und 12.30 Uhr, Fr + Sa um 15, 16.30, 17, 17.30 und 18 Uhr; www.coopculture.it/en/poi/national-archeological-museum-and-castle-of-manfredonia/).*

Wer mehrere Besichtigungen von Burgen, Museen und anderen Sehenswürdigkeiten in Apulien plant, kann die sog. **Puglia Museums Card** zum Preis von € 12,- pro Person erwerben, die Eintritt zu 14 Sehenwür-

Das prächtige Portal der Abbazia San Leonardo

digkeiten in Apulien ermöglicht, u.a. auch zum Casello Manfredonia oder zum Castel del Monte. Genaue Info unter **www.coopculture.it/en/products/puglia-museums-card/.**

Gleich neben dem Kastell liegen das Stadion der Stadt und ein riesiges Strandbad.

Bei den Ruinenresten der alten Stadt **Siponto** südlich von Manfredonia sind die **Kirche Santa Maria di Siponto [Parkplatz, WP 025 / N41° 36' 33.97" E15° 53' 22.48"]** aus dem 12. Jh., sowie die weiter westlich an der Straße SS89 gelegene **Abbazia San Leonardo** in **Lama Volura [Parkplatz, WP 026 / N41° 35' 48.80" E15° 48' 49.14"]** einen Besuch wert.

Die Abtei San Leonardo entstand um das 12. Jh. und soll Station der Pilger auf ihrem Wege nach Monte Sant'Angelo gewesen sein. Die Abtei mit ihrem herrlichen Kirchenportal an der Nordseite wurde sehr schön restauriert.

Die Fundamentsreste der Kirche Santa Maria di Siponto sind mit einer riesigen Gittergeflechtkonstruktion überspannt, die die ursprünglichen Dimensionen der Kirche gut erahnen lassen. *Geöffnet tgl. 9 - 18 Uhr.*

Siponto, in der Antike eine prosperierende griechische, später römische, Kolonie, verdankte ihren Wohlstand damals wohl in erster Linie ihrem viel frequentierten Hafen.

Wie bedeutend Siponto und vor allem sein Hafen einst gewesen sein mag erkennt man, wenn man liest, dass sich 1177 Papst Alexander III. (Pontifikat 1159 – 1181) hier einschiffte, um in Norditalien mit dem Stauferkaiser Barbarossa (Friedrich I., 1122 – 1190) über das Verhältnis zwischen Papsttum und Kaisertum zu verhandeln.

Mitte des 13. Jh. wurde der Handelsort Siponto von einem vernichtenden Erdbeben heimgesucht. Woraufhin sie vom König von Sizilien und Fürst von Apulien, Manfred (s. o.), weiter nördlich als „Manfredonia" wieder aufbaut wurde.

Ein großes Globo-Einkaufszentrum, das **Centro Commerciale Gargano [N41° 38' 45.22" E15° 56' 7.70"]**, mit großem Parkplatz, Conad-Supermarkt, Euronics Elektronikmarkt und anderen Einkaufsmöglichkeiten, liegt am nordöstlichen Stadtrand von Manfredonia an der Umgehunggstraße SS89 Richtung Vieste.

TOUR 2: MANFREDONIA – ALBEROBELLO

Länge der Tour:	Rund 360 km.
Die Route:	Straße SS89 bis **Foggia** – SS17 bis **Lucera** – Landstraße nach **Troia** – SP115 bis **Foggia Ringautobahn** südlich um Foggia bis SS16/E2 und bis **Cerignola** – Schnellstraße bis **Barletta** – SP141 bis **Margherita di Savoia** und zurück – SS170dir A über **Andria** bis **Castel del Monte** – SP 234/231 über **Ruvo di Puglia** bis **Bari** – SS100 bis **Gioia del Colle** – Landstraße über **Putignano** bis **Grotte di Castellana** – SS172 bis **Alberobello**.
Reisedauer:	Mindestens ein Tag, besser zwei Tage.
Höhepunkte:	Die Stauferburg und das Amphitheater in **Lucera** * – die Westfassade des romanischen **Doms in Troia** ** – die **Salinen** bei Margherita di Savoia –das **Castel del Monte** *** – das Archäol. Museum und der Dom in **Ruvo di Puglia** * – die Tropfsteinhöhlen bei **Castellana Grotte** *** – der **Dom in Bari** * – **Trullis in Alberobello** ***.

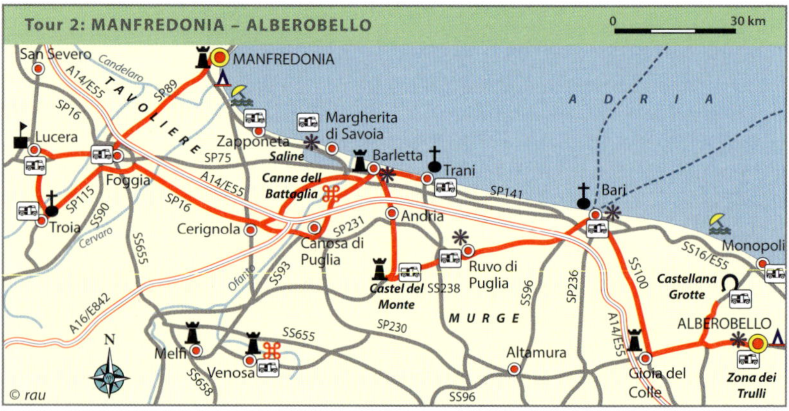

Tour 2: MANFREDONIA – ALBEROBELLO

ROUTE: SS89 bis ***Foggia.***

Von **Foggia**, Hauptstadt der größten der sechs Provinzen Apuliens, lässt sich nur schwer behaupten es sei eine Stadt für Touristen. Eher ist sie ein betriebsamer Verkehrsknotenpunkt und eine Stadt des Handels und der Wirtschaft.

Die Stadt mit heute gut 150.000 Eiwohnern liegt mitten einer weiten Ebene, dem **Tavoliere di Puglia**, die in erster Linie landwirtschaftlich genutzt wird und nach Westen hin von den Höhen der Monti della Daunia abgeschlossen wird. Im Tavoliere wird auf den sehr fruchtbaren Böden vor allem Getreide angebaut. Die Tavoliere-Ebene ist quasi die Kornkammer Italiens. Man sieht aber auch ausgedehnte Weinfelder (vor allem Rotwein) und Olivenhaine.

Horst Stern zitiert in seinem Buch „Mann aus Apulien“ (rororo-Verlag, ISBN 978-3-499-23986-1) den Stauferkaiser Friedrich II.: „... Nach zwei Nasen voll Luft schon wüßte ich: Apulia

Plana! Denn es riecht nach Schafen. In den Wintermonaten sieht das Tavoliere von ihnen mehr Köpfe, als das Land dort Menschen hat …".

Generationen lang war der Tavoliere rund um Foggia aber ein nur wenig erschlossenes Marschland und Sumpfgebiet. Die Menschen, die hier lebten, waren vom Malariafieber geplagt. Erst in der Zeit um den Zweiten Weltkrieg wurde damit begonnen, das Gebiet großflächig zu entwässern und es damit malariafrei und lanwirtschaftlich nutzbar zu machen.

Eine Besonderheit mit uralter Tradition in den landwirtschaftlich genutzten Gegenden Apuliens sind die **„Masserie"**. Masserie sind meist recht abgeschieden gelegene, überaus stattliche Gutshöfe, deren Ursprünge wahrscheilich bis zu den „villae" der Römerzeit zurückreichen. Viele der Masserie, die in aller Regel vier Gebäudetrakte um einen Innehof aufweisen, machen noch heute einen recht wehrhaften Eindruck. Es fällt leicht zu vermuten, dass sich ihre früheren Besitzer ein wehrhaftes, autarkes Anwesen erbauten.

Der Wohntrakt, in dem die Hausherren residieren, ist der auch architektonisch attraktivste Teil des Anwesens. In den anderen Gebäudeteilen waren Wirtschftsräume, Stallungen, Speicher, Werkstätten etc. untergebracht. Seit dem 18. Jh. etwa begannen viele Großgrundbesitzer ihre Masserie zu modernisieren. Teile, die einst zu nichts anderem als zur Verteidigung dienten und nun nicht mehr notwendig waren, wurden abgerissen, die ganze Anlage attraktiver und wohnlicher gemacht.

Heute bieten viele Masserie, die ihre Wohntrakte zeitgemäß und nicht selten überaus komfortabel restaurierten, das Anwesen im Rahmen des Agriturismo für „Ferien auf dem Bauernhof" an, wobei einige der Anlagen so modernisiert wurden, dass ein Bezug zu einem „Bauernhof" kaum noch zu erkennen ist. Infos zu Masseria-Unterkünften erfährt man unter www.agriturismo.it/de/ oder unter www.agriturist.it/de/.

Im 13. Jh. war Foggia die Lieblingsresidenz des Stauferkaisers Friedrich II. In seinem hießigen Palast hielt sich der Kaiser bevorzugt in den Wintermonaten auf. Leider ist von dieser kaiserlichen Residenz bis auf einen Torbogen, der heute Teil der Fassade des ehemaligen Palazzo San Gaetano (heute Regionalmuseum) ist, nichts mehr erhalten. Bleibt zu vermuten, dass die Verbindungen zwischen Foggia und dem Ursprungsland der Stauferdynastie in der Städtepartnerschaft mit dem badenwürttembergischen Göppingen weiterlebt.

Bei dem verheerenden Erdbeben von 1731 wurde Foggia fast aller seiner historischen Bauwerke beraubt.

Mit einigen Sehenswürdigkeiten kann Foggia dann doch aufwarten. Das **Museo Civico di Foggia [N41° 27' 54.93" E15° 32' 42.56"]**, ein Heimat- und Regionalmuseum an der Piazza Vicenzo Nigri am Ende der Via Arpi, informiert über Geschichte und Enwicklung der Stadt und ihrer Umgebung *(geöffnet Di - Do 9 – 13 + 16 - 19 Uhr, Fr - So 9 - 19 Uhr; www.museionline.info/musei/museo-civico-di-foggia/)*.

Der Portalbogen an der Westseite des Museumsbaus soll vom einstigen, heute nicht mehr existenten, Palast des Stauferkaisers Friedrich II. stammen.

Eines der Kleinode des Museums ist eine Goldmünze aus der Stauferzeit, ein sog. „Augustalis" der in Foggia zu Ehren Friedrichs II. geprägt wurde, angeblich um damit – der Kaiser ist als lorbeerbekränzter Cäsar dargestellt – seine Stellung als Kaiser zu untermauern.

PRAKTISCHE HINWEISE – FOGGIA

Agenzia Regionale PromozioneTuristica (APT) [N41° 27′ 26.25″ E15° 33′ 17.62″], Via Perrone 17, 71121 Foggia, Tel. +39 0881 72 31 41. **Puglia Promozione Foggia**, Via Emilio Perrone 17, 71121 Foggia, Tel. +39 0881 58 39 11.

WOHNMOBIL-STELLPLATZ

Wohnmobil-Stellplatz Parking 92 Foggia [N41° 26′ 1.19″ E15° 28′ 51.60″], Strada San Paolo, Tel. +39 0881 75 04 61. **Zufahrt/Lage:** Südwestlich außerhalb der Stadt an der Straße SP115 Richtung Troia. **Geöffnet:** Ganzjährig. **Gebühr:** Gebührenpflichtig. **Ausstattung:** Stellplatzmöglichkeit, soweit Platz vorhanden, hinter einem Sattelzug-Abstellplatz in wenig schönem, langgezogenem Gewerbeareal, zwischen Feldern, beim Wohnmobil-/Caravan-Ausrüster/Händler „Parking 92". Eine Notlösung. Strom, Wasser, Entsorgungsmöglichkeit von Chemikaltoilettenabwässern.

Gleich neben dem Museum sieht man die **Tre Archi**, einen dreibogigen Hausdurchgang.

Die Via Arpi, an der das Regionalmuseum liegt, ist die älteste Straße in Foggia.

An der Via Arpi liegt auch die **Cattedrale Santa Maria Icona Vetere [N41° 27′ 48.95″ E15° 32′ 36.42″]**, Piazza Francesco Di Sanctis. Mit dem Bau wurde bereits im 12. Jh. begonnen, fertiggestellt wurde die Kathedrale aber erst, als sich Friedrich II. dafür einsetzte. Bemerkenswert im Inneren ist eine Kapelle, die im 17. Jh. eigens dazu angefügt wurde, um die wundertätige byzantinische Ikone „Madonna dei Sette Veli", die Madonna der sieben Schleier, aufzunehmen. Während der Gottesdienste an Sonn- und Feiertagen um 8.30 Uhr, 9.30 Uhr, 11 Uhr und 19 Uhr ist keine Besichtigung des Kircheninneren möglich!

In **San Severo**, 25 km nordwestlich von Foggia gelegen, gibt es ein interessantes Museum, das über die lange Geschichte der Tavoliere, einer weiten, vor allem landwirtschaftlich genutzten Ebene, informiert, sowie eine sehenswerte barocke **Kathedrale**. Das **MAT-Museo dell'Alto Tavoliere [N41° 41′ 14.17″ E15° 22′ 44.93″]** in San Severeo liegt mitten in der Altstadt an der Piazza San Francesco *(geöffnet Di - Fr 9 - 13 + 17 - 20 Uhr, Sa 18 - 21 Uhr, So 10 - 13 + 18 - 21 Uhr).*

*ROUTE: Auf der Schnellstraße SS17 westwärts nach **Lucera**, 19 km.*

Lucera (Markttag: Mittwoch), ein Weinbaustädtchen mit hübscher Altstadt und mit annähernd 34.000 Einwohnern, war bereits zur Römerzeit ein blühendes Gemeinwesen. Von der einstigen Bedeutung und dem Ansehen der Stadt zeugt noch heute ein **Amphitheater [N41° 30′ 31.31″ E15° 20′ 35.59″]** aus Römertagen, das am Ostrand von Lucera liegt und dessen Anlage samt stattlichem Zugangsportal noch gut erhalten ist. Hier hatten einmal bis zu 20.000 Zuschauer Platz.

In Römertagen galt Lucera als „eine der blühendsten Städte Italiens". Kein Wunder also, dass sich um diese „blühende Stadt" später Byzantiner, Langobarden und Normannen stritten. Alle wollten über die strategisch wichtige Stadt herrschen.

Später im 13. Jh. wurde Lucera während der Herrschaft Kaiser Friedrichs II. stark befestigt. Die **Fortezza Svevo Angioina** *(geöffnet Di - So 9 - 13 + 15 - 19 Uhr)*, die Burg von Lucera **[Park-**

Beeindruckend, die mächtigen Mauern der Fortezza Svevo Angioina in Lucera

platz, WP 027 / N41° 30′ 32.79″ E15° 19′ 27.24″], die später unter Karl I. von Anjou weiter ausgebaut und mit einer turmbewehrten, einst 900 m langen Mauer versehen wurde, ist noch heute eine Sehenswürdigkeit. Das Fort auf einem Hügel, das die Ebene der Tavoliere bewachte, galt damals als eine der stärksten Befestigungen weit und breit. Man kann einen Spaziergang rund um die ganze Anlage machen.

Die gewaltigen Mauern, die noch heute das gesamte weitläufige Areal umgeben, hatten – zusammen mit dem Burgwall und dem Burggraben, die alleine schon eine Herausforderung für jeden Angreifer waren – nicht nur einen verteidigungstechnischen Zweck, sondern auch offensiven Charakter. Man ging nämlich damals davon aus, dass Festungsmauern solchen Ausmaßes bei Angriffen große Truppenmengen binden würden, die dem Feind an anderer Stelle dann fehlten. Und zusammen mit einer überlegten Verteidigungsstrategie konnte es der Burgbesatzung gelingen, die feindliche Belagerung so lange hinauszuzögern, bis die Angreifer entmutigt aufgeben würden.

In normalen Zeiten war die Festung über eine Zugbrücke und das Lucera Tor zugänglich. Für Notzeiten soll es aber auch eine geheime Treppe gegeben haben über die man unter der Zugbrücke in den Burggraben hinabsteigen und durch einen unterirdischen Geheimgang in die Stadt zum Dom gelangen konnte.

Friedrich II. siedelte um 1235 in Lucera zwangsweise Tausende von Sarazenen und Muslime aus Sizilien an, die ihm dort politisch große Probleme bereitet hatten. Der offenbar sehr liberal gesinnte und tolerante Kaiser gestattete den Sarazenen die Ausübung ihrer Religion und gestand ihnen sogar das Recht auf Selbstverwaltung und eigener Rechtsprechung zu.

Hier in Lucera wurde aus den muslimischen Oponenten im Laufe der Jahre eine dem Stauferkaiser fast bedingungslos ergebene Soldatenschar, die für ihn durchs Feuer ging und sogar noch seinem Sohn und Nachfolger, Manfred, diente.

Nach der Stauferzeit wurden fast alle Muslime und Nachfahren der Sarazenen in Lucera während einer groß an-

PRAKTISCHE HINWEISE – LUCERA

Centro Informazione Turistica Lucera, Piazza Famiglia Nocelli 6, im Palazzo de Troia, 71036 Lucera, Tel. +39 088 15 41 662, www.comune.lucera.fg.it/lucera/. *Geöffnet Di - So 9 - 13 + 15.30 - 19.30 Uhr.*

WOHNMOBIL-STELLPLATZ

Wohnmobil-Stellplatz Area Sosta Camper Lucera [WP 028 / N41° 29' 58.95" E15° 19' 56.49"], Via Ferrovia. **Zufahrt/Lage:** Im Süden der Stadt, gegenüber vom Bahnhof, an der Piazza Giuseppe Papa. **Geöffnet:** Ganzjährig. **Gebühr:** Bislang kostenlos. **Ausstattung:** Großer, geteerter, schattenloser Parkplatz und Wohnmobilstellplatz für 10 Wohnmobile. Nur Minimalausstattung mit Wasserentnahmestelle und Grauwasserausguss. Dafür recht zentrumsnah, zum Dom rund 1 km. Supermarkt Eurospar hinter dem Bahnhof.

gelegten Säuberungsaktion ermordet. Ihre Moschee wurde niedergerissen.

Der **Dom [N41° 30' 28.95" E15° 20' 4.30"]** der Stadt, eine weitere Sehenswürdigkeit, entstand auf den Mauerresten der früheren Sarazenenmoschee im frühen 14. Jh. während der Regentschaft von Karl II., König von Neapel aus dem französischen Hause Anjou. König Karl II., war damals damit beschäftigt, die Regionen Apulien und Kalabrien, die damals zum Königreich Neapel gehörten, gegen die Truppen des rivalisierenden Königs von Aragon zu verteidigen.

Von besonderer Bedeutung in dem Kirchengebäude, in dem Stilelemente der Romanik und der Gotik zu finden sind, ist vor allem das hohe Mittelschiff mit seinen Fresken (*geöffnet Mo - Sa 8 - 12 + 16 - 19 Uhr, So 8 - 12 + 17 - 20 Uhr*). Während der Gottesdienste keine Besichtigung.

Im **Museo Civico Fiorelli [N41° 30' 27.71" E15° 20' 11.62"]**, Via de Nicastri 44, *(geöffnet Di - So 9 - 13 + 15 - 19 Uhr)*, das im Palazzo de Nicastri-Cavalli eingerichtet ist, wird die wechselvolle Vergangenheit der Stadt dargestellt.

*ROUTE: Von Lucera südwärts nach **Troia**, ca. 20 km.*

In **Troia** (Markttage: 1. + 3. Samstag) parkt man am einfachsten am westlichen Ortsrand **[Parkplatz, N41° 21' 44.05" E15° 18' 29.70"]** oder auf dem Wohnmobilstellplatz (s. u.). Von dort lassen sich das Zentrum und der Dom zu Fuß gut erreichen. Troia ist eine Gründung der Lombarden aus dem frühen 11. Jh., hieß damals Aecea, kam nur etwa 50 Jahre später an die Normannen und wurde Mitte des 13. Jh. von Truppen Friedrichs II. zerstört.

In den knapp 200 Jahren dazwischen war Troia wichtiger Bischofsitz. Bedeutende Bauwerke sind aus jener Zeit erhalten, allen voran mitten in der Stadt an der Hauptstraße Via Regina Margherita der **Dom von Troia Santa Maria Assunta [N41° 21 ,40.28" E15° 18' 30.36"]**, eine schöne romanische Basilika aus dem ausgehenden 11. Jh. mit markantem Glockenturm. Bemerkenswert an der Westfassade ist die prächtige Fensterrosette sowie am unteren Teil der Westfassade des Kirchenbaus die jeweils vier Blendarkaden rechts und links des bemerkenswerten Bronzeportals, das ursprünglich von einem Baumeister namens Benventano gestaltet worden ist. Die Szenen auf der Tür stellen den Widerstand der papsttreuen Einwohner von Troia gegen Kaiser Friedrich II. dar. Sehenswert im Inneren sind die Kanzel aus dem 12. Jh. sowie die Kapitelle der

Der Dom von Troia Santa Maria Assunta

Säulen, die die drei Kirchenschiffe unterteilen *(geöffnet tgl. 9 - 12.30 + 16 - 20 Uhr.* Keine Besichtigung während der Gottesdienste.

Gleich rechts hinter dem Dom findet man das Diözesanmuseum oder **Museo del Tesoro della Cattedrale [N41° 21' 38.69" E15° 18' 30.49"]** *(geöffnet Di - Fr 9 - 19 Uhr, Sa + So 10 - 13 Uhr).* Es ist in einem ehemaligen Benediktinerkonvent eingerichtet. Ausgestellt sind sakrale Kunstobjekte. Zu den Kostbarkeiten des Museums zählen drei illustrierte Schriften auf Pergament aus dem 11. Jh., die einst nur zu den Osterfestfeierlichkeiten im Dom entrollt wurden.

*ROUTE: Von Troia auf der SP115 Richtung Foggia bis zur Ringschnellstraße (ca. 17 km). Dieser folgen wir ostwärts zur SS16 nach **Cerignola** (ca. 41 km). Am Ostrand von Cerignola nehmen wir die Schnellstraße oder die Straße über **Canosa di Puglia**, die ostwärts ans Meer und nach **Barletta** führt (ca. 35 km).*

PRAKTISCHE HINWEISE – TROIA

Ufficio Informazione e di Accoglienza Turistica, Via Regina Margherita 80, 71029 Troia, Tel. +39 0881 97 84 17.

WOHNMOBIL-STELLPLATZ – TROIA

Wohnmobil-Stellplatz Area Attrezzata Comunale „Campo Fiera" [WP 029 / N41° 21' 42.25" E15° 18' 22.70"], Via Campo Fiera. **Zufahrt/Lage:** Am Nordwestrand des Ortes. An der Durchgangsstraße beschildert. **Geöffnet:** Ganzjährig. **Gebühr:** Bislang kostenlos. **Ausstattung:** Ebener, betonierter von hohen Bäumen und Natursteinmauer umgebener Parkplatz – ca. 25 Wohnmobile – unterhalb des Ortszentrums. Strom, Wasser, befahrbare V & E Station, WC (war beim Besuch geschlossen). Dom und Geschäfte in Gehnähe.

Canosa di Puglia, an der Via Traiana, war in der Römerzeit nicht zuletzt wegen der damals einzigen Brücke weit und breit über das Flüsschen Ofanto eine strategisch wichtige und wohlhabende Metropole. Auch das Salz aus den nahen Salinen sowie der Handel mit Wein, Öl und Getreide brachte Wohlstand nach Canosa di Puglia.

Einen Besuch lohnen das **Museo Archeologico Nazionale di Canosa di Puglia [N41° 13' 17.01" E16° 4' 0.26"]** im Palazzo Sinesi, Via John F. Kennedy 18 *(geöffnet Di - Do 9.30 - 12.30 Uhr, Fr + Sa 16 - 19 Uhr, So 9.30 - 12.30 Uhr)*, mit einer ganz beachtlichen Sammlung antiker Keramiken, dann die **Kathedrale San Sabino [N41° 13' 22.93" E16° 3' 57.80"]**, die einem Bischof von Canosa geweiht ist, der im frühen Mittelalter hier sein Amt ausübte (im Kirchen-inneren Kanzel, sowie Bischofsstuhl, der auf den Rücken von zwei Elefanten ruht), und schließlich das Mausoleo di Boemondo d'Altavilla rechts neben der Kathedrale, das im 12. Jh. für den normannischen Kreuzfahrer, Anführer des ersten Kreuzzuges und Fürst von Tarent, Bohemund von Hauteville, errichtet wurde.

Weiter nördlich und nordwestlich von Barletta dehnen sich hinter **Margherita di Savoia** (das in früheren Zeiten Salina di Barletta hieß) entlang der Küstenstraße SP141/159 weite Marschlandebenen und ein ausgedehntes **Salinengebiet**. Seit einiger Zeit wurde das Marschland zum Naturpark erklärt, um den verschiedenen Vogelarten wie Löffelenten, Reihern, diversen Möwen- und Schwalbenarten, Flamingos u. a., die hier leben, auch weiterhin ein Rückzugsgebiet zu sichern.

Die **Salinen von Margherita di Savoia** zählen zu den größten und ältesten in Europa. Schon seit dem 3. vorchristlichen Jahrhundert sind sie bekannt und werden seither zur Salzgewinnung genutzt.

Die weiten Verdunstungsbecken, die über Kanäle miteinander verbunden sind, erstrecken sich parallel zur Küste auf eine Länge von annähernd 20 km fast bis hinauf nach Zapponeta. Das Salinengebiet schließt den einstigen Lago di Salpi, ein seichtes Brackwasserbecken, mit ein, der aber durch Landreformen und Erweiterung heute längst in das Salinengebiet integriert ist.

Früh fand man heraus, dass bei hoher Flut Salzwasser in den See floss, das dann im Laufe der Zeit wieder verdunstete und eine weiße Salzschicht hinterließ. Schon im Mittelalter war Salz, das „weiße Gold", überall in Europa sehr begehrt und wurde buchstäblich mit Gold aufgewogen.

Die seichten Gewässer der Verdunstungsbecken ist Heimat verschiedener Watvögel, wie Reiher zum Beispiel. Seit einiger Zeit halten sich hier im Winter gerne die rosaroten Flamingos auf. Kaiser Friedrich II., dessen große Leidenschaft die Beizjagd mit Falken war, soll sich im 13. Jh. zeitweise hier aufgehalten haben, um die

WOHNMOBIL-STELLPLATZ – MARGHERITA DI SAVOIA

Wohnmobil-Stellplatz Area Sosta Camper Millenium [WP 030 / N41° 23' 0.52" E16° 8' 15.05"], Via Manfredonia. **Zufahrt/Lage:** Am Nordwestrand des Ortes. **Geöffnet:** Anf. Juni – Ende Sept. **Gebühr:** Gebührenpflichtig. **Ausstattung:** Ebenes, erdiges, eingezäuntes Gelände mit Palmen und Pinien, ca. 15 Stellplätze. Frischwasser, Strom, V & E-Eeinrichtung, Mülltonnen. Öffentliche Toiletten, Duschen. Gegenüber Großparkplatz für Strandgäste. Der Platz liegt direkt an einem von einem Meer aus Sonnenschirmen bedeckten, sehr langen Sandstrand. Restaurant nebenan.

bunte Vogelwelt zu studieren.

In der Zeit von August bis November ist die Zeit der Salzernte. Dann wird die Salzkruste, die sich gebildet hat und die Becken auf den ersten Blick wie Schneefelder aussehen lässt, zu Kegelhaufen zusammengeschoben. Früher ein harter Knochenjob, heute machen Maschinen die Arbeit leichter. Resultat der Mühe ist ein weißes Mineral, das reich an Chloriden, Bromiden, Natrium und Jod ist und das nicht nur in der chemischen und pharmazeutischen Industrie gebraucht wird, sondern auch zu medizinischen Zwecken Verwendung findet. Nicht umsonst hat sich in Margherita di Savoia das Kurzentrum Terme in der Via Garibaldi etabliert.

Zwischen Margherita di Savoia und Barletta wütete vor mehr als zweitausend Jahren in den Ebenen des Flüsschens Ofanto eine wilde Schlacht zwischen Römern und den Truppen des Karthagers Hannibal. Die archäologische Stätte von **Canne dell Battaglia [N41° 17' 44.70" E16° 9' 12.59"]** mit modernem Museum erinnert daran *(geöffnet Mi - So 10 - 19 Uhr, bislang freier Eintritt; www.sitiarcheologiciditalia.it/canne-della-battaglia/)*.

Mitten in **Barletta**, an der Hauptstraße Corso Vittorio Emanuele, zählt zu den eher bescheidenen Sehnswürdigkeiten der Stadt der **„Colosso di Barletta" [N41° 19' 9.18" E16° 16' 53.55"]**, eine große, etwa 5 m hohe Bronzestatue, die einen der oströmischen Kaiser aus dem 4. Jh. darstellen soll, Konstantin der Große vielleicht, oder Theodosius I ? Aber so ganz genau weiß das niemand. Das Kreuz, das die römisch gewandete Statue in der rechten Hand hochhält, könnte darauf hindeuten, dass es sich um Kaiser Konstantin handelt, da unter seiner Herrschaft das Christentum zur bedeutendsten Religion im Römerreich aufsteigen konnte.

Der Colosso steht vor den Mauern des Basilica Collegiata Santo Sepolcro mit kleinem Kirchenmuseum an der Rückseite der Kirche.

Am Nordrand von Barletta, gegenüber vom Hafen, liegt an der Via Muro San Cataldo die trutzige Kreuzritterburg **Castello Svevo [N41° 19' 11.70" E16° 17' 17.18"]** aus dem 12.

Der Koloss von Barletta

Touristeninformation Pro Loco Barletta [N41° 19' 11.23" E16° 17' 0.06"], Corso Giuseppe Garibaldi 206, 76121 Barletta, Tel. +39 0883 33 13 31. *Geöffnet Mo + Di 8 - 14 + 16 - 21 Uhr, Mi - Fr 8 - 14 + 16 - 19 Uhr, Sa + So 9 - 13 +17 - 21 Uhr.*

Jh. Die wehrhaften Bastionen kamen erst im 16. Jh. dazu, um die Festung für damalige Verteidigungsbedürfnisse zu rüsten. Heute ist im Castello Svevo das **Museo Civico**, ein Stadt- und Regionalmuseum, eingerichtet *(geöffnet Di - So 9 - 19 Uhr).*

Das Kastell ist eng mit Kaiser Friedrich II. und mit der Geschichte der Kreuzzüge verbunden. Im 12. und auch noch im 13. Jh. war die Burg eine wichtige Basis für Kreuzritter, die von hier aus ins Heilige Land aufbrachen oder hier Station machten, wenn sie von ihren Missionen zurückkamen.

Auch Kaiser Friedrich II. brach von hier aus zum 6. Kreuzzug auf. Lange hatte der Staufer ja immer wieder Gründe gefunden, um seine Teilnahme an Kreuzzügen zu verschieben, was dem Papst in Rom, seinem ärgsten politischen Widersacher gar nicht gefiel. Papst Gregor IX. exkommunizierte den Kaiser 1227 kurzerhand, was in der damaligen Zeit ein großer nicht nur gesellschaftlicher Makel gewesen sein muss. Schließlich fand Friedrich II. Gelegenheit einen Kreuzzug anzuführen. Hier in Barletta tat er im Jahr 1228 kund, dass er den 6. Kreuzzug durchführen werde. Nach erfolgreicher Beendigung des Kreuzzuges wurde der Kaiser vom Papst wieder in die Gemeinschaft der Christen aufgenommen.

Gleich westlich neben der Festung liegt im verkehrsberuhigten Altstadtviertel der der heiligen Maria geweihte, romanische Dom **Basilika Cattedrale Santa Maria Maggiore** *(geöffnet tgl. 8 - 13 + 17 - 20 Uhr).* Keine Besichtigung während der Gottesdienste.

Jedes Jahr im September wird mit einem großen Reiterfest der historischen **Disfida di Barletta**, einer Herausforderung zum Duell, gedacht, die in die Geschichtsbücher des Landes eingegangen ist.

Im 15. Jh. hing manchen italienischen Truppen der niederträchtige Ruf an, nicht kapfeslustig genug zu sein. Vor allem französische Ritter machten sich in den Tavernen darüber lustig. Um den ehrenrührigen Makel zu tilgen forderten eigens dazu auserkorene italienische Ritter französische Ritter, jeweils dreizehn an der Zahl, im Februar 1503 zu einem Duell auf Leben und Tod heraus, der legendären „Disfida di Barletta". Resultat: Die italienischen Ritter gingen als Sieger vom Platz.

Noch heute gibt es in Barletta den Weinkeller „Cantina della Sfida" [N41° 19' 15.13" E16° 17' 2.19"], geöffnet tgl. a. Di 9 – 13 Uhr, 15 – 19 Uhr. In den urigen Gewölben dort erinnerte eine Austellung mit Kostümen, Rüstungen, Helmen, Wappen, alten Waffen etc. an die Disfida di Barletta.

Und gleich gegenüber auf der Piazza della Sfida wird mit einem mächtigen Denkmal des historischen Duells gedacht.

Kunstliebhaber finden am Nordrand von Barletta in der **Pinakothek de Nittis [N41° 19' 16.94" E16° 16' 54.17"]**, Via Cialdini 74, im Palazzo della Marra eine ansehnliche Gemäldesammlung *(geöffnet 1. Mai - 31. Okt. tgl. 10 - 20 Uhr; 1. Nov. - 30. Apr. tgl. 9 - 19 Uhr, letzter Einlass 45 Minuten vor Schließung).*

ROUTE: *Von Barletta SS 16 nach* ***Trani*** *(ca. 13 km).*

Trani (Markttag: Dienstag) erreichte einen wirtschaftlichen Höhepunkt als Umschlagplatz von Waren aus den

Stadtstaaten Genua, Pisa, Ragusa u. a. schon im 13. Jh. während der Regentschaft des weltoffenen Stauferkaisers Friedrich II. In Trani wurde schon Mitte des 11. Jahrhunderts das erste Gesetz zur Regulierung des Seehandles verfasst und verkündet, das erste Gesetz dieser Art im ganzen Mittelmeerraum. Damit wurde auch das Privileg von Trani als Seehandelsstadt gestärkt.

Parken kann man entweder auf dem **Parkplatz [WP 031 / N41° 16‘ 54.20“ E16° 24‘ 57.65“]** auf der Piazza Manfredi Re neben dem Kastell oder am Hafen [N41°1 6′ 53.06″ E16° 25′ 11.01″] unterhalb des Doms.

Zu den Sehenswürdigkeiten des Städtchens zählt vor allem ihr unmittelbar am Hafen gelegener **Dom San Nicola Pellegrino [N41° 16‘ 55.72“ E16° 25‘ 4.91“]** aus dem 12. Jh., einem der schönsten Kirchenbauwerke in Apulien; geöffnet Sommerhalbjahr 9.30 – 12.30 Uhr, 16 – 18.30 Uhr; Winterhalbjahr nur vormittags. Das hohe Kircheninnere der dreischiffigen romanischen Basilika wird von runden Doppelsäulen unterteilt. Interessant ist der markante, viereckige Kirchturm, der auf einem Torbogen steht, aber auch das ungewöhnlich hohe Querhaus an der Ostseite der Kirche mit schlanken, hohen Apsiden.

Bemerkenswert ist die Westfassade des Doms, zu dessen reich mit Steinmetzarbeiten eingefasstem Portal eine mächtige Treppe hinauf führt. Ein großes Bogenportal im Treppenaufgang mit schmiedeeisernem Gitter bildet den Zugang zur sog. „Unterkirche“, dem ursprünglichen Gotteshaus, über dem dann der heutige Dom gebaut wurde.

Das Hauptportal darüber wird flankiert von je vier Blendarkaden. Es war einst mit einer prächtigen Bronzetüre (heute in der Kirche zu sehen) versehen. Über dem Portal sieht man Nischen und eine hübsche Fensterrosette.

Geweiht ist der Dom dem Heiligen Nikolaus dem Pilger. Der aus Griechenland stammende Nikolaus, den einige auch den „Narren um Christi willen“ nannten, war nach seinem Märtyrertod 1094 in Trani beerdigt worden. Nur vier Jahre später, 1098, wird Nikolaus der Pilger von Papst Urban II. heiliggesprochen. Und 1143 überführte man die Gebeine des Heiligen auf Geheiß des Erzbischofs von

Der Dom San Nicola Pellegrino in Trani

Blick vom Domplatz zum Castello di Trani

Trani in den damals neu gebauten Dom (Reliquienschrein).

Offenbar waren die Kirchenherren aus Trani auf ihre Kollegen in Bari damals nicht sonderlich gut zu sprechen, denn sie wählten den selbst in der Kirchengeschichte wenig bekannten Nikolaus der Pilger mit der Absicht zu ihrem Kirchenpatron aus, den Herren in Bari etwas entgegen zu setzen. Denn in Bari wurden in der Basilica di San Nicola die Gebeine des viel populäreren hl. Nikolaus von Myra von den Gläubigen verehrt.

Neben dem Dom findet man an der Piazza Duomo das **Museo Diocesano e Museo della Macchine per Scrivere [N41° 16‘ 54.68“ E16° 25‘ 4.55“]** mit einer interessanten Sammlung alter Schreibmaschinen.

Und natürlich hat die Herrschaft der Staufer auch in Trani ihre Spuren hinterlassen. Eine Stauferburg, das **Castello di Trani [Parkplatz, WP 032 / N41° 16‘ 54.20“ E16° 24‘ 57.65“]**, Piazza Manfredi Re 16, Mitte des 13. Jh. von Friedrich II. persönlich geplant und in Auftrag gegeben, steht noch heute am Meer nur wenig westlich vom Dom. Das recht orientalisch anmutende, eindrucksvolle Gemäuer in strenger kubischer Architektur, verfügt über einen großen viereckigen Innenhof mit Arkadengang.

Zu den Sehenswürdigkeiten in Trani zählen weiter der **Palazzo Caccetta [N41° 16‘ 49.53“ E16° 25‘ 9.11“]**, ein gotisches Stadtpalais aus dem 15. Jh. mit prächtigen Fenstern an der parallel zum Hafen verlaufenden Via Ognissanti und etwas weiter südlich, in

PRAKTISCHE HINWEISE – TRANI

Ufficio di Informazioni e di Accoglienza Turistica (IAT) Trani [N41° 16‘ 50.26“ E16° 25‘ 9.58“], Palazzo Palmieri, Piazza Trieste 10, 76215 Trani, Tel. +39 0883 49 33 11. *Geöffnet Mo - Do 10.30 - 13 + 17 - 19.30 Uhr, Fr - So 9 - 21 Uhr.*

WOHNMOBIL-STELLPLATZ

Wohnmobil-Stellplatz Area Sosta Camper Park Trani [WP 033 / N41° 16‘ 55.83“ E16° 24‘ 36.93“], Via dei Finanzieri 7; www.camperparktrani.it. **Zufahrt/Lage**: Zufahrt von der Via Barletta (SS16 - Trani-Barletta). **Geöffnet:** Ganzjährig. **Gebühr:** Gebührenpflichtig. **Ausstattung:** Ebener, schattenloser, geschotterter von Mauern und Wohnblocks umgebener, zur Straße hin eingezäunter, städtischer Platz im nördlichen Stadtteil mit ca. 25 Stellplätze. In der Platzmitte eine Reihe junger, schütterer Hecken. In Meeresnähe und in Gehnähe zum Kastell und zum Dom. Rezeption in einem Container. Strom, Wasser, Toilette, WLAN, videoüberwacht, V & E-Station.

der engen Via Ognissanti, die kleine, zwischen den Häusern versteckte und kaum als Gotteshaus erkennbare Kirche Ognissanti [N41° 16′ 46.09″ E16° 25′ 8.01″] aus dem 12. Jh., die Kapelle eines ehemaligen Hospizes des Tempelritterordens.

Aber Trani wartet nicht nur mit architektonischen Besonderheiten auf. Das Städtchen ist auch bekannt für seinen Moscato di Trani, der nach alter Tradition in tönernen Krügen ausgeschenkt werden sollte. Aus der uralten, aber nicht minder edlen Weißweinrebe Moscato bianco wird ein würziger, goldgelber Süß- oder Dessertwein gekeltert.

Das große Stadtfest in Trani zu Ehren des Stadtpatrons San Nicola Pellegrino, wird jedes Jahr Ende Juli mehrere Tage lang mit vielen Umzügen und natürlich mit Feuerwerk, das bei keinem großen Stadtfest fehlen darf, abgehalten.

ROUTE: *Von Trani südwestwärts nach* ***Andria*** *(13 km; Porta di San Andrea, Kathedrale Santa Maria Assunta) und dort südwärts auf der SS170 dir.A. nach* ***Castel del Monte*** *(18 km).*

Wer sich sehr für Leben und Geschichte des Stauferkaisers Friedrich II. interessiert, kann in **Andria** die **Kathedrale** besuchen. Dort sind nämlich des Kaisers zweite Gemahlin Jolanda von Brienne, Königin von Jerusalem (auch Isabella II. von Jerusalem), sowie Friedrichs dritte Ehefrau, Prinzessin Isabella von England, begraben. Die erste Ehefrau von Friedrich II., Konstanze von Aragòn, ist in Palermo begraben.

Castel del Monte (*geöffnet 1. Apr. - 30. Sept. tgl. 10 - 18.45 Uhr; Okt. - März tgl. 9 - 17.45 Uhr, Führungen zu jeder vollen Stunde, Dauer 45 Minuten; letzter Einlass 45 Min. vor Schließung. https://www.puglia-ferien.de/apulien/castel-del-monte-apulien/*).

Man parkt auf dem obligatorischen, gebührenpflichtigen (zuletzt 5,- € Parkgebühr) **Parkplatz [WP 034 / N41° 04′ 36.1″ E16° 16′ 28.4″],** der auch als Stellplatz für Wohnmobile genutzt wird (gebührenpflichtige Toilette, Cafeteria, Info). Der Parkplatz ist geöffnet von Apr. bis Sept. 9 Uhr - 20 Uhr und von Okt. bis März von 9 Uhr bis 19 Uhr.

Vom Parkplatz gelangt man entweder zu Fuß (schöner 15-20-minütiger Spazierweg durch den Pinienwald hinauf zur Burg) oder mit dem Shuttlebus Navetta (Gebühr ca. 1 €) hinauf zur Stauferburg (Eintrittsgebühr in die Burg zuletzt 10 Euro p. P. EU-Bürger zwischen 18 und 25 Jahren 2€). Mit dem eigenen Auto kann man nicht hinauf zur Burg fahren.

Das Castel del Monte, UNESCO Weltkulturerbe, ist eine der meistbesuchten Touristenattraktionen in Süditalien. Entsprechend groß ist der Andrang der Besucher aus aller Welt. Empfehlenswert ist es, sich schon sehr früh am Tag oder im Frühjahr oder erst im Herbst zu einer Besichtigung aufzumachen.

Unübersehbar erhebt sich das stolze, markante Castel del Monte auf einer Anhöhe in der Ebene südlich von Andria. Schon seit der Mitte des 13. Jh. beherrscht das Kastell, von Enthusiasten auch als „Krone Apuliens" bezeichnet, mit seinen 21 m hohen, fast weißen Natursteinmauern die Silhouette der Gegend.

Um 1240 ließ Friedrich II. den Bau beginnen.

Die Stauferburg Castel del Monte

Nach etwa 10jähriger Bauzeit war das Werk, eines der liebsten Jagdschlösser der Stauferkaisers, vollendet. Nach dem Niedergang des staufischen Kaiserreiches ging das Kastell 1266 an die Anjou-Könige.

Ab etwa dem 18. Jh. dann war die imposante Burg dem Verfall preisgegeben. Erst 1980 wurde die komplette Restaurierung in Angriff genommen, ohne das Bauwerk zu verändern. Und seit 1996 steht das Castel del Monte auf der Liste des UNESCO-Weltkulturerbes.

Der Stauferkaiser Friedrich II. hatte sich die recht wehrhaft anmutende Burg als Jagdschloss errichten lassen.

Der Grundriss des seit seiner Entstehung so gut wie nicht veränderten hellen Gemäuers gleicht einem Achteck.

Und was wurde in die achteckige Form des Castel del Monte schon hingeheimnist. Manche sagen, dass das Achteck als Grundmuster für das Kastell gewählt worden sei, weil die liegende Acht als geheimnisvolles Symbol für die Unendlichkeit steht.

Und an jeder Ecke dieses symetrischen Achtecks ist wiederum ein achteckiger, fensterloser, aber mit Schießscharten (die wohl eher der Belüftung als der Verteidigung dienten) versehener Turm mit mächtig dicken Mauern angefügt. Das ganze Bauwerk wirkt dadurch zwar wehrhaft und unnahbar, aber dennoch zeitlos elegant. In den Türmen findet man die Treppenhäuser. Und in früheren Zeiten waren hier wohl Räumlichkeiten der Burgbesatzung eingerichtet.

Der dritte Turm (rechts vom Portal aus gesehen) wird als „Torre del Falconiere" bezeichnet. Hier soll sich zu Friedrichs II. Zeit ein künstlicher Horst für die für die Beizjagd abgerichteten Falken des Kaisers befunden haben.

Das gesamte Dach des Kastells war übrigens so gestaltet, dass es Regenwasser sammeln konnte, das dann über eine Rohrleiteung in eine Zisterne vor dem Turm rechts vom Eingangsportal geleitet wurde.

Nur ein großes nach Osten ausgerichtetes Portal gewährt Zugang zu

WOHNMOBIL-STELLPLATZ – CASTEL DEL MONTE

Wohnmobil-Stellplatz Area Sosta Camper Montegusto [WP 035 / N41° 5' 23.61" E16° 16' 26.53"], Andria, SS170 dir. A km 1,850. **Zufahrt/Lage:** An der Straße SS170 zum Castel del Monte, bei KM 1,8, in Sichtweite der Burg. **Geöffnet:** Ganzjährig. **Gebühr:** Gebührenpflichtig. **Ausstattung:** Ebener, schattenloser Schotterplatz für etwa 12 Wohnmobile. Hinter dem Restaurant mit Fremdenzimmern. Durch Bewuchs eingefriedete Stellplätze. Restaurant. Wasser, Strom, WLAN, Toiletten.

der Anlage. Dieses Portal ist jedoch so imposant gestaltet, dass es jedem Triumphbogen zur Ehre gereichen könnte.

Die meisten Archäologen und Architekten sind sich einig darin, dass das Castel del Monte zu den schönsten und überaus durchdacht konzipierten mittelalterlichen Burgen in ganz Italien zählt.

Das Innere der Burg ist in zwei Etagen aufgeteilt, jede davon beherbergt acht trapezförmige Säle, teils mit marmornen Böden, mit Rippengewölben und in der Außenmauer mit je einem Fenster, die vor allem im Obergeschoss mit Spitzbögen schön gestaltet sind. Friedrich II. zog sich hierher gerne zurück, um sich der Falknerei, der Literatur, den Künsten und der Wissenschaft zu widmen.

Vielleicht entstanden hier in der Abgeschiedenheit des Castel del Monte viele Erkenntnisse, die Kaiser Friedrich II. in seinem vor allem in Fachkreisen Aufsehen erregenden Buch „De arte venandi cum avibus" (Über die Kunst mit Vögeln zu jagen) niederschrieb.

Die in dem Buch geschilderten Erkenntnisse gelten heute noch als Standardwerk für alle, die sich mit der Falknerei und der Beizjagd befassen.

ROUTE: *Straße SS170 ostwärts bis **Ruvo di Puglia**, ca. 20 km.*

Detail am Portal des Doms in Ruvo di Puglia

Friedrich II. – „Stupor mundi", das Staunen der Welt

Die Staufer in Italien: Man fragt sich, wie kamen Staufer, deren Stammeswiege einst auf der baden-württembergischen Burg Hohenstaufen bei Göppingen lag, dazu, Süditalien und später auch Sizilien in ihr Reich zu vereinnahmen?

Sehr vereinfacht und verkürzt dargestellt, stellte Friedrich I. Barbarossa mit seinen Italienzügen die Weichen dazu, was allderings die Päpste in Rom gegen den Stauferkaiser aufbrachte. Friedrich Barbarossa ertrank 1190 im Fluss Salef in Kleinasien auf einem Kreuzzug.

Friedrich Barbarossas Sohn und Nachfolger auf dem Kaiserthron, Heinrich VI., betrieb eine Politik, deren Ziel es war, das staufische Imperium mit dem süditalienischen Normannenreich zu vereinigen. Um 1180 konnte Friedrich Barbarossa die Ehe seines Sohnes Heinrich mit Konstanze von Hauteville, der Tochter des in Sizilien herrschenden Normannenkönigs Roger II. arrangieren, was dem Streben Heinrichs VI. nach dem sizilianischen Königsthron sehr entgegenkam.

Der große Stauferkaiser Friedrich II. erblickte am 26. Dezember 1194 das Licht der Welt und zwar in einem Zelt auf der Piazza von Jesi, einem Städtchen in der Region Marken.

Die Geburt Friedrichs war aus verschiedenen Gründen eine Begebenheit, die in die Geschichtsbücher einging.

Die Eltern Friedrichs, Kaiser Heinrich VI. und die Normannenprinzessin Konstanze von Hauteville, waren auf der Reise nach Sizilien. Als bei der schwangeren Konstanze unerwartet die Wehen einsetzten, wurde in aller Eile in Jesi Halt gemacht und Vorbereitungen für die Niederkunft getroffen.

Nun muss man wissen, dass die Ehe Heinrichs VI. mit Konstanze von Hauteville acht Jahre lang kinderlos geblieben war. Als Konstanze schließlich schwanger wurde gingen Gerüchte um, dass das kaum möglich sei. Schließlich war Konstanze damals schon 40 Jahre alt, nach damaligen Vorstellungen also eine „alte Frau". Wie konnte sie da noch schwanger werden?

Die Geburt musste also so weit wie irgend möglich „öffentlich" von statten gehen, um die Legitimität des Kindes als Thronfolger zu beweisen. Also ließ man auf dem Markplatz in Jesi kurzerhand ein großes Zelt aufstellen und alle Damen des oberen Gesellschaftsstandes wurden gebeten, der Geburt, quasi als Zeugen, beizuwohnen. Allerdings gibt es für diese hübsche Geschichte über die Umstände der Geburt von Friedrich II. bis heute keinen handfesten Beweis. Verbürgt ist nur, dass der spätere Stauferkaiser in Jesi das Licht der Welt erblickte.

Nach einigen politischen Wirren und einem Thronstreit um die Nachfolge Heinrichs VI. wurde auf Betreiben von Papst Innozenz III. Friedrich II. im Mai 1198 im Alter von grade mal 4 Jahren in Palermo zum König von Sizilien, im Dezember 2012, im Alter von 16 Jahren, in Mainz zum römisch-deutschen König und acht Jahre später, im November 1220, zum Kaiser gekrönt.

Kaiser Friedrich II. – von den deutschen Fürsten auch als „Kind von Pülle“ bezeichnet – gelang es während seiner Regierungszeit, die einzelnen rivalisierenden Regionen Italiens, die teils mehr der Herrschaft der Päpste zuneigten, andere wiederum lieber die Sache des Kaisers und des Heiligen Römischen Reiches vertraten, zusammen zu halten.

Zeit seines Lebens hatte sich Friedrich II. mit den Machtbestrebungen der Päpste auseinander zu setzen. Die Päpste verteufelten den Kaiser als Ketzer und Antichristen und exkommunizierten ihn 1227 zeitweise. Befürworter des Kaisertums aber sehen in Friedrich II. den „größten Fürsten der Erde“ und nannten ihn „stupor mundi“, das „Staunen der Welt“.

Da der Zusammenhalt des Staatswesens des damaligen Italiens aber sehr mit der starken Persönlichkeit des Kaisers zusammenhing, brach die Einigkeit nach dem Tode Friedrichs II. 1250 bald wieder auseinander. Was blieb, war die mehr oder weniger bis zur Gründung der Republik Italien im 19. Jh. währende Rivalität zwischen Kirchenstaat/Papsttum und dessen Anhängern, den Guelfen, und den Ghibellinen, den Parteigängern des Heiligen Römischen Reiches.

Kaiser Friedrich II. sollte als bedeutendster römisch-deutscher Kaiser in die Geschichte eingehen. Deutschland ließ Friedrich allerdings von seinem Sohn Heinrich VII. regieren. Er selbst zog sich lieber nach Sizilien zurück, wo er sich offenbar wesentlich wohler fühlte, das Stauferreich festigte, Sizilien von den Sarazenen befreite, sich wissenschaftlichen Studien widmete und seine Verbindungen zum Islam und dessen Kunst und Wissenschaft pflegte. Das Reich Friedrichs II. war damals das unumstrittene Zentrum des Abendlandes.

An Friedrichs Hof gingen Künstler und Wissenschaftler aus und ein. Es wurden Musik, die Dichtkunst, Mathematik, Astronomie, Philossophie und vor allem die Beizjagd gepflegt, die Lieblingsbeschäftigung des Kaisers. Friedrich II. studierte die Natur, beschäftigte sich aber auch mit Fragen der Medizin und setzte neue Maßstäbe bzgl. moderner Gesetzgebung.

Mit den Päpsten in Rom konnte Friedrich II. aber Zeit seines Lebens nicht in Frieden leben. 1227 wurde der Kaiser von Papst Gregor IX. sogar exkommniziert, was Friedrich II. angeblich mehr traf, als so mancher andere Stolperstein, der ihm von Seiten des Heiligen Stuhls in den Weg gelegt wurde. Kaiser Friedrich II. hatte zwar dem Papst gegenüber seine Teilnahme an Kreuzzügen zugesagt, aber immer wieder verschoben. Die Exkommunikation schien dem Papst wohl als letztes Mittel, den Kaiser zu zwingen, seiner Zusage nachzukommen. Als Exommunizierter musste der Kaiser in den Augen des Klerus als Ungläubiger, als „Heide“ gelten, was den Papst aber offenbar nicht störte und nicht davon abhielt, Friedrich II. auf dem Kreuzzug 1228 heilige Stätten in Jerusalem wieder für die katholische Kirche erobern zu lassen. Prompt wurde Friedrich II. 1230 nach Beendigung des Kreuzzuges rehabilitiert, die Exkommunikation aufgehoben.

Überall in Süditalien stößt man auf Zeugen aus der Zeit Friedrichs II. Das Land ist übersäht mit Burgen und Kastellen, die auf Veranlassung des Stauferkaisers entstanden. Als Glanzstück aller Stauferburgen in Süditalien gilt das Castel der Monte.

Dass Kaiser Friedrich II., der „Puer Apuliae“ (Knabe Apuliens), sich sehr zu Apulien und zu Süditalien, der damaligen Nahtstelle zwischen Orient und Okzident, hingezogen gefühlt haben muss, lässt ein überliefertes Zitat von ihm vermuten: „Wer den Hebräern das Gelobte Land vor Augen führte, hatte offensichtlich noch nie Sizilien, Kalabrien, Kampanien und Apulien gesehen“.

Auf Abbildungen in Büchern wird der Stauferkaiser Friedrich II. oft mit einem Falken dargestellt. Eine der liebsten Beschäftigungen des Kaisers war nämlich die Jagd mit Falken. Und über diese Art zu jagen, über die Beizjagd also, und über die Falknerei schlechthin schrieb Friedrich II. das bis heute in Fachkreisen geschätztes Standardwerk „De arte venandi cum avibus“ (Über die Kunst mit Vögeln zu jagen).

Friedrich II. starb im Dezember 1250 wahrscheinlich an Darmkrebs im Castel Fiorentino (heute Ruine) bei Lucera bei Foggia. Er wird in Sizilien im Dom zu Palermo neben seiner ersten Frau, Konstanze von Aragon, und seinen Eltern, Heinrich VI. und Konstanze d'Hauteville, beigesetzt. Kaiser Friedrichs II. Herz allerdings soll angeblich in Foggia in einer längst verschollenen Urne eine letzte Ruhestätte gefunden haben.

Nach Friedrich II. sank die staufische Macht in Süditalien und auf Sizilien zusehends.

Ruvo di Puglia (Markttag: Samstag) ist bekannt als Stadt der Keramikherstellung. Lange pflegte man den Stil antiker Vasen, die bei Liebhabern und in Fachkreisen bald als „Apulische Vasen“ bekannt waren.

Bei Interesse an diesem Keramikstil empfiehlt sich ein Besuch im **Museo Archeologico Nazionale Jatta [N41° 6′ 49.52″ E16° 29′ 9.36″]** an der Piazza Bovio 35, das im ehemaligen Palazzo Jatta eingerichtet ist *(geöffnet Mo - Fr 8.30 - 13.30 Uhr, Sa 14.30 - 19.30 Uhr, Eintritt frei; www.musei.puglia.beniculturali.it/en/musei/museo-archeologico-nazionale-jatta/)*. Giovanni Jatta war im 19. Jh. Kurator des Museums. Der größte Schatz des Museums, ist eine prächtige Sammlung von nicht weniger als über 2.000 Vasen, die einstmals in der Gegend hergestellt worden sind. Zu den Glanzstü-

PRAKTISCHE HINWEISE – RUVO DI PUGLIA

Touristeninformation Pro Loco Ruvo di Puglia [N41° 6′ 52.82″ E16° 29′ 9.45″], Via Vittorio Veneto 44, 70037 Ruvo di Puglia, Tel. +39 080 361 54 19; www.prolocoruvodipuglia.it. *Geöffnet Mo - Fr 9.30 - 12.30 + 17.30 - 20.30 Uhr, Sa + So 9 – 13 Uhr.*

WOHNMOBIL-STELLPLATZ

Wohnmobil-Stellplatz Area Sosta CampeRUVO [WP 036 / N41° 6′ 51.57″ E16° 29′ 26.04″], Via Alessandro Scarletti 1. **Zufahrt/Lage:** Am Ostrand der Innenstadt/Altstadt. **Geöffnet:** Ganzjährig. **Gebühr:** Gebührenpflichtig. **Ausstattung:** Ebener, schattenloser, von Hecken und Häusern umgebener Platz für ca. 20 Wohnmobile. Wasser, Strom, V & E-Station. Noch in Gehnähe zum Dom und zum Archäologischen Museum. Weiterbestand fraglich!

cken zählt der sog. „attische Krater", ein wunderschön geformtes Henkelgefäß aus dem 5. Jh. v. Chr. mit Abbildungen zum „Tod von Talos", einem Riesen von der Insel Kreta, der vor Urzeiten das Eiland bewacht haben soll.

Sehenswert in Ruvo di Puglia ist der romanische **Dom Santa Maria Assunta [N41° 7' 1.09" E16° 29' 10.14"]** und dort vor allem das reich mit Ornamenten verzierte mittlere Portal aus dem 13. Jh. Rechts und links des Portals sind Löwen zu sehen, die von Atlanten getragen werden. Auf den Löwen stehen zierliche Säulchen, die von Greifen abgeschlossen werden. Und ganz oben sieht man über einem kleinen Doppelfenster eine prächtige Fensterrosette. Und darüber, ganz oben am Giebel, eine Christusfigur mit Fahne.

In der Gegend von Ruvo di Puglia wird noch heute eine edle Pferderasse gezüchtet, die „Murgese", von der im 13. Jh. schon Kaiser Friedrich II. begeistert gewesen sein soll.

Wer sich für frühgeschichtliche Altertümer interessiert, findet rund 12 km nördlich von Ruvo di Puglia jenseits der Autobahn A14/E55 und unweit östlich der Raststätte Dolmen di Bisceglie Ovest am Rande eines Olivenhains das prähistorische Ganggrab **Dolmen di Chianca [Parkplatz, WP 037 / N41° 11' 37.41" E16° 29' 17.62"]**. Der erst 1910 entdeckte und noch mit einem mächtigen Deckstein versehene Dolmen zählt zu den besterhaltenen Meghalitgräber Italiens.

*ROUTE: Von Ruvo di Puglia auf der Schnellstraße SS98 über **Bitonto** (romanische Kathedrale mit bemerkenswerter Krypta) nach **Bari**, ca. 34 km.*

Bari, eine Stadt mit heute annähernd 325.000 Einwohnern, ist Hauptstadt der Region Apulien, bedeutende Universitätsstadt und wichtiger Handels- und Fährhafen an der italienischen Adriaküste. Und eigentlich ist Bari zu schade dazu, um nur durchzufahren auf dem Weg zur Fähre nach Griechenland.

Die ursprünglich römische Gründung wurde Mitte des 9. Jh. sarazenische Provinzmetropole. Später dann, als das Gebiet unter byzantinischer Herrschaft war, wurde Bari Sitz des Gouverneurs für ganz Süditalien. In der zweiten Hälfte des 12. Jh. bemächtigten sich dann die Normannen der Hafenstadt, die Bari zu einer bedeutenden Handelsmetropole machten, die sich sogar mit dem mächtigen Venedig messen konnte.

Nach Jahrhunderten der Misswirtschaft durch Byzantiner, Aragonier und späteren Herrschern erlebte die Entwicklung der Stadt Bari und ihr Hafen erst wieder zu Beginn des 19. Jh. einen Höhepunkt. Damals war Joachim Murat (1767 – 1815), der Schwager Napoleons, von Napoleon als Herrscher über das Königreich Neapel eingesetzt worden. Murat sorgte u. a. für die Erweiterung der Stadt. Das „Quartiere Murat" (oder Muratiano) erinnert daran. Das Viertel entstand im 19. Jh. Die Stadtplaner verwirklichten damals ein rechwinkliges, regelmäßiges Straßenraster, das ganz im Gegensatz zur verwirrend verwinkelten Altstadt für ein modernes Stadtbild sorgte.

Die bedeutendsten Sehenswürdigkeiten von Bari findet man innerhalb der **Altstadt Bari Vecchia** östlich des Hafens und nördlich des breiten Boulevards Corso Vittorio Emanuele. Südlich davon erstreckt sich die Neustadt mit dem Viertel Quartiere Murat. Hier findet man neben dem Opernhaus Teatro Petruzzelli, der Universität Aldo Moro, einem Kasino und Hotels viele elegante Geschäfte, Cafés und Restaurants.

*BARI – **1** Information – **2** Stazione Marittima, Fährhafen – **3** Castello Normanno Svevo, Museum – **4** Basilica di San Nicola, Dom – **5** Museo Nicolaiano – **6** Museo Acheologico di Santa Scolastika – **7** Piazzale Cristoforo Colombo – **8** Piazza Mercantile – **9** Piazza di Ferrarese – **10** Basilica Cattedrale Netropolitano di San Sabiano – **11** zur Pinacoteca di Bari Corrado Giaquinto – **12** Lungomare di Bari, Piazza a Diaz – **13** Teatro Petruzelli – **14** Bahnhof Bari Centrale – **15** Bahnhof Bari Nord, Quintino Sella – **16** Postamt*

Allerdings sind die engen Altstadtgassen für den allgemeinen Autoverkehr gesperrt. Einen größeren, aber fast immer stark frequentierten **Parkplatz [WP 038 / N41° 7′ 44.82″ E16° 52′ 2.66″]** findet man zwischen Hafen und Westrand der Altstadt und gleich neben den gewaltigen Festungsmauern des Castello Normanno Svevo.

Das **Castello Normanno Svevo (3)**, ursprünglich eine Normannenfestung, wurde um 1235 vom Stauferkaiser Friedrich II. erweitert. Das heutige Aussehen des Inneren der Burg ist späteren Burgherren zu verdanken, die im 16. Jh. aus der trutzigen Burg ein wohnliches Renaissancepalais zu machen versuchten. Es muss eine Zeit des Umdenkens gewesen sein. Was einst als unbezwingbare Festung gedacht war, sollte nun eine Residenz der Muße und der Kultur werden, in der sich auch standesgemäß „Hof halten" ließ.

Heute beeindrucken den Besucher die Gemächer und Säle in der im 16. Jh. im Renaissancestil umgestalteten Etage Piano nobile, zu der eine Freitreppe an der Südecke im Innhof des Kastells hinaufführt. In den Räumlichkeiten sind heute Ausstellungen mit Exponaten aus der Geschichte der Stadt, ihres Hafens und der Festung ausgestellt. Im Südturm des Kastells ist die sog. Gipsoteca eingerichtet. Hier werden u. a. Gipsabdrücke antiker Statuen und religiöser Skulpturen gezeigt *(geöffnet Mi - Mo 9 - 19 Uhr)*.

Auf einem Spaziergang, ausgehend vom Castello Normanno Svevo, hinein in die Altstadt von Bari, sieht man in den Gassen gelegentlich Frauen, le signore delle orecchiette, vor ihren Haustüren sitzen, die mit nichts anderem beschäftigt sind, als Massen handgemachter **Orcchiette** zu produzieren oder zu trocknen, eine typische und überaus beliebte muschel- oder ohrenförmige Teigware der Stadt und und der Region.

Als im 12. Jh. an der Piazza dell'Odegitria unweit östlich des Castello Normanno-Svevo mit dem Bau des Doms von Bari, der **Basilica Cattedrale Metropolitana di San Sabino (10) [N41° 7′ 42.74″ E16° 52′ 7.35″]**, nur ein paar Gassen weiter südlich der Basilica di San Nicola, begonnen wurde, sollen sich die Bauherren an Stil und Aussehen der Basilica di San Nicola orientiert haben.

Als Standort wurde der Platz gewählt, an dem schon vorher ein Gotteshaus stand.

Und damit der Dom nicht einfach als Kopie der Basilica di San Nicola angesehen werden kann, wurde er mit einer Kuppel über der Vierung versehen. Markant sind der schon von weitem sichtbare, oben schlanker werdende Glockenturm und die Rosette über dem Mittelportal der Westfassade *(geöffnet tgl. 8 - 13 + 16 - 20 Uhr)*. Keine Besichtigung während der Gottesdienste.

Im dreischiffigen Dom di San Sabino sind Portal, der Baldachin des Hochaltars, Bodenmosaiken und die Taufkapelle „Trulla" sehenswert.

In den von zahlreichen Säulen getragenen Gewölben der Krypta des Doms werden die Reliquien des hl. Sabino de Canosa aufbewahrt, dem ehemaligen Schutzheiligen der Stadt. Später wurde der hl. Nikolaus von Myra, dessen Gedenktag in Bari am 9. Mai mit einer großen Schiffsprozession gefeiert wird, zum Schutzpatron von Bari erkoren.

Noch weit vor der Zeit Kaiser Friedrichs II. entstand Ende des 11. Jh. die romanische **Basilica di San Nicola (4) [N41° 7′ 49.17″ E16° 52′ 10.96″]**. Die mächtige Kirche mit ihren beeindruckenden viereckigen, aber so gut wie schmucklosen Türmen, diente später vielen Gotteshäusern in Süditalien als Vorbild. Allerdings stürzte der linke Turm bei einem Erbeben Anfang des 17. Jh. teilweise ein.

Vor allem das Kirchenportal, in dem sich arabische und byzantinische Stilelemente mischen, diente anderen Baumeistern als Vorbild. Bemerkenswert sind die beiden Stierskulpturen, die als Säulenbasis dienen und das Hauptportal flankieren.

Im Inneren verdienen, neben dem Chorgestühl und der prächtig gestalteten Decke im Hauptschiff, der **Silberaltar** mit säulengestütztem Baldachin, der Bischofssitz **Cattedra di Elia** aus dem 11. Jh. dahinter, die Statue des hl. Nikolaus, sowie die Krypta, in der die Reliquien des hl. Nikolaus von Myra aufbewahrt werden, Beachtung.

Der hl. Nikolaus von Myra (ca. 270 – ca. 350), Bischof in der Stadt Myra (heute Demre, Türkei) ist Schutzpatron der Seeleute.

Eine der vielen Legenden, die sich um den hl. Nikolaus von Myra ranken berichtet, dass der Heilige in Not geratene Seeleute, die ihn in ihrer Verzweiflung angerufen hatten, aus Seenot rettete und Stürme besänftigte.

Seine Gebeine wurden 1087 von italienischen Kauffahrern aus dem steineren Sarkophag in Myra in einem „heiligen Diebstahl" geraubt und nach Bari gebracht. Hier fanden die sterblichen Reste des Bischofs eine letzte Ruhestätte.

In Bari feiert man jedes Jahr vom 7. bis 9. Mai ein großes Fest. Anlässlich des Festes werden die Reliquien des heiligen Nikolaus in einer feierlichen Prozession durch die Gassen der Altstadt zum Hafen San Giorgio getragen und durch die Hafenbucht gerudert. Man vermutet, dass damals im 11. Jh. die Gebeine des Heiligen Anfang Mai nach Bari gebracht wurden und im Hafenbecken San Giorgio anlandeten.

Gedenktag des hl. Nikolaus von Myra ist der 6. Dezember, der vermutliche Todestag des Heiligen. Der Nikolaustag am 6. Dezember wird in vielen Ländern mit unterschiedlichen Bräuchen gefeiert. Der selbstlose Kirchenmann soll seinen ganzen Besitz den Armen geschenkt haben und immer wieder Bedürftige durch Geschenke, die er ihnen unerkannt zukommen ließ (in manchen Bildern wirft er nächtens Goldklumpen durch die Türen der Armen) und sie so vor Unheil bewahrte. Die Heiligenattribute des Nikolaus von Myra sind denn auch drei goldene Kugeln oder Äpfel.

Ein Straßenzug nördlich der Nikolaus-Basilika liegt an der Largo Papa Urban II das **Museo Nicolaiano (5)**, das u. a. den Kirchenschatz der Basilika, kostbare Messgewänder, Goldkelche und liturgische Kunstgegenstände sowie Ausstellungsstück über Geschichte und Legende des hl. Nikolaus präsentiert.

Nördlich der Basilika di San Nicola und ganz am Nordende der Altstadt findet man an der Uferstraße Lungomare Imperatore Augusto und neben einem archäologischen Ausgrabungsfeld das **Museo Archeologico di Santa Scolastika (6) [N41° 7′ 58.57″ E16° 52′ 15.69″]**. Das Museum ist zwar in einem ehemaligen Kloster aus dem 12. Jh. eingerichtet, seine Exponate präsentiert das Museum aber recht neuzeitlich unter Zuhilfename moderner Informationstechniken. Die hauptsächlichen Ausstellungen informieren über die Geschichte der Stadt, die Großregion der Metropolitanstadt Bari und über Apulien.

Nördlich gegenüber der Straße liegt der **Parkplatz Piazzale Cristoforo Colombo (7) [N41° 8′ 0.31″ E16° 52′ 13.25″]**.

Auf dem Weg zurück lohnt ein Umweg über die **Piazza Mercantile (8) [N41° 7′ 41.18″ E16° 52′ 18.50″]**, am Ostrand der Altstadt gleich hinter dem Jachthafen Porto Vecchio. Die Piazza war einstmals – leicht zu erraten – das Zentrum der Händler und Kaufleute und wichtiger Warenumschlagsplatz in Hafennähe.

Heute ist die Piazza Mercantile der abendliche Treffpunkt der Baresi. Man trifft sich vor oder in den vielen, vielen Bars, Restaurants und Pizzerias die den Platz umgeben. Gerne trifft man sich am kleinen Brunnen an der Westseite des Platzes vor dem Ristorante La Cecchina oder an der mittelalterlichen, steinernen Prangersäule auf einem kreisrunden Treppensockel mit Löwenskulptur an der Ostseite der Piazza.

Gleich südlich der Piazza Mercantile schließt die **Piazza di Ferrarese (9)** an. Hier liegt die ehemalige Fischmarkthalle, in der sich heute Bars, Ca-

PRAKTISCHE HINWEISE – BARI

Agenzia di Promozione Turistica di Bari [N41° 7' 7.62" E16° 52' 15.25"], Piazza Aldo Moro 33/a, 70100 Bari, Tel. +39 080 524 23 61; www.pugliaturismo.com/apt-bari/. *Geöffnet tgl. 8 - 17 Uhr.*

WOHNMOBIL-STELLPLATZ – BARI

Wohnmobil-Stellplatz Area Sosta Camper Gran Parccheggio Alberotanza [WP 039 / N41° 5' 43.06" E16° 52' 43.39"], Via Alberotanza 43a. **Zufahrt/Lage:** Am Südrand der Innenstadt. Zufahrt von der SS16 (Ausfahrt 12, Bari Carrossi) und über den Corso Alcide de Gasperi nordwärts bis zur Via Alberotanza, die rechts (ostwärts) abzweigt. **Geöffnet:** Ganzjährig. **Gebühr:** Gebührenpflichtig. **Ausstattung:** Ebener, schattenloser, großer Parkplatz mit über 100 Stellplätzen. Wasser (Gebühr), Strom (Gebühr), Abwasserentsorgung (Gebühr). Toiletten. Restaurants und Einkaufsmöglichkeiten in Gehnähe.

fés und diverse Läden, ein Büro der Touristeninformation und das Veranstaltungszentrum Teatro Margherita niedergelassen haben.

Kunstliebhaber werden in ihren Stadtspaziergang gewiss die **Pinacoteca di Bari Corrado Giaquinto (11) [N41° 7' 17.39" E16° 52' 54.51"]** mit einbeziehen. Die Bildergalerie zeigt Kunstwerke regionaler Künstler des Mittelalters, aber auch der Neuzeit. Das Kunstmuseum liegt am Ostrand der Neustadt an der entlang der Küste verlaufenden Ausfallstraße Lungomare Nazzario Sauro.

Folgt man den verkehrsreichen Straßen Lungomare Nazzario Sauro und Corso Trieste weiter nach Südosten, kommt man zum wenig einladenden Stadtstrand **Spiaggia Pane e Pomodore**.

Am Strand liegt der große **Park & Ride Parkplatz [WP 040 / N41° 6' 58.12" E16° 53' 57.80"]** gleichen Namens. Von hier verkehren Busse in die Stadt. Parkplatzzufahrt nur von Südosten kommend, deshalb U-Turn an markierter Stelle auf dem Corso Trieste!

Weiter südwestlich von Bari erstreckt sich Richtung Matera (Basilikata) die karstige Hochebene **Murge**. Das wellige, kalksteinreiche Gebiet der Murge-Landschaft, von Einheimischen auch schon als „Wüste" bezeichnet, deren „wahre Seele Stein" sei, fällt sanft Richtung Adria ab und ist heute in weiten Teilen von Feldern und Olivenhainen übersäht. Ab und zu sieht man einfache Trulli, die den Landarbeitern früherer Tage als Schutzhütten dienten. Oberirdische Flüsse sucht man hier vergebens. Dennoch ist die Gegend dank zahlreicher unterirdischer Wasseradern recht fruchtbar. Wichtige Zentren der landwirtschaftlichen Aktivitäten hier sind Altamura und Gravina in Puglia.

Weite Teile der Murge sind aber karg und wild geblieben. Markant sind die „gravine" und „lame", meist längst ausgetrockente Flussbette, die sich tief in die steinige Landschaft eingegraben haben.

In der ländlichen Abgeschiedenheit der Murgelandschaft existieren, ähnlich wie im Tavoliere di Puglia um Foggia, noch viele Masserie, alte Gutshöfe, die schon in der Stauferzeit des 13. Jh. bestanden haben sollen.

*ROUTE: Von Bari auf der Schnellstraße SS100 südwärts nach **Gioia del Colle**, ca. 39 km. Dort ostwärts nach **Putignano**, ca. 21 km. Wenig Kilometer weiter nördlich liegt die **Grotte di Castellana**.*

Mitten im Zentrum von **Gioia del Colle** findet man an der Piazza dei Martiri (Straße Corso Vittorio Emmanuele) das **Castello Normanno Svevo di Gioia del Colle [N40° 48' 0.91" E16° 55' 22.68"]** *(geöffnet tgl. 8.30 - 19.30 Uhr; https://musei.puglia.beniculturali.it/musei/museo-archeologico-nazionale-castello-di-gioia-del-colle/)*, das einst auf den Mauern einer byzantinischen Festung errichtet wurde.

Eindrucksvoll im Kastell, das die Jahrhunderte recht wohlbehalten überstanden hat, sind der große Thronsaal und die imposante Freitreppe im Innenhof.

Einer der beiden viereckigen Türme wird „Torre dell'Imperatrice", „Turm der Kaiserin", genannt. Kaiser Friedrich II. soll hier seine Geliebte und Mutter seines Sohnes Manfred, Bianca Lancia, gefangen gehalten haben. Es heißt, Friedrich II. habe Bianca Lancia erst auf deren Totenbett geehelicht, um ihren Sohn Manfred zu legitimieren. Ob Kaiserin Bianca Lancia auch in Gioia del Colle verstorben und begraben ist, ist nicht belegt. Heute beherbergt das Stauferschloss das Museo Nazionale Archeologico Gioia del Colle; https://musei.puglia.beniculturali.it/musei/museo-archeologico-nazionale-castello-di-gioia-del-colle/.

Schon seit dem Mittelalter treffen sich in **Putignano** jedes Jahr vor der Fastenzeit Gleichgesinnte, um den **Carnevale di Putignano** zu zelebrieren. Er gilt als ältestes Karnevalsfest zumindest in Italien, wenn nicht ganz Europas. U. a. werden bei diesem turbulenten Fest bei den Umzügen am Fastnachtsdienstag riesige Pappmachégiganten (Pappmaché - ital. cartapesta) duch die Straßen getragen. Der Karneval von Putignano beginnt bereits am 26. Dezember, dem Gedenktag des heiligen Stephan, mit dem traditionellen Umzug der „Propaggini", das sind in Ruten und trockene Weinreben gepackte Umzugsteilnehmer. Der Brauch erinnert an eine Legende, die erzählt, dass im 14. Jh. Bauern in einem Haufen von Weinreben versteckt, heimlich die Reliqien des hl. Stefan nach Putignano gebracht haben sollen.

Eine große Sehenswürdigkeit in der Karstlandschaft Murge sind die **Grotte di Castellana [Parkplatz/ Stellplatz, WP 041 / N40°52'32.04" E17°9'5.54"]**. Der gebührenpflichtige Parkplatz/Stellplatz liegt einen Straßenzug östlich des Eingangs zur Grotte.

Die Grotten von Castellana, vor Jahrtausenden von unterirdischen Flüssen in den Karst gegraben und erst Mitte des vergangenen Jahrhunderts entdeckt, zählen mit ihren Wunderwelten aus Tropfsteingebilden zu den schönsten Höhlen in ganz Süditalien.

Besucher können wählen ob sie an einem großen Rundgang von 3 km Länge und einer Dauer von zwei Stunden, oder an einem kurzen Rundgang von 1 km Länge und 50-minütiger Dauer teilnehmen wollen. Es werden auch Besuche der Höhle bei Dunkelheit durchgeführt.

Besucher werden über einen langen Treppengang hinab in die beleuchtete Tropfsteinhöhle geführt. Beeindruckend sind die Tropfsteingebilde z. B. in der „Caverna della Lupa" (Höhle der Wölfin) oder in der 40 m hohen „Caverna dei Monumenti". Von hier geht man durch den „Engelsgang" (Corridoro dell Angelo) in

WOHNMOBIL-STELLPLATZ – GROTTE DI CASTELLANA

Wohnmobil-Stellplatz Area Sosta Camper Grotte di Castellana [WP 041 / N40° 52' 32.04" E17° 9' 5.54"], Via Vito Matarese. **Zufahrt/Lage:**

Am Südwestrand von Castellana Grotte, östlich gegenüber des Grottenzugangs. **Geöffnet:** Ganzjährig. **Gebühr:** Gebührenpflichtig. **Ausstattung:** Der hintere Platzteil des erdigen, so gut wie schattenlosen Parkplatzes wird als Stellplatz für Wohnmobile genutzt. Ca. 15 Plätze für Wohnmobile. Außer Mülltonne keinerlei Einrichtung. Übernachten ist auf dem Parkplatz gestattet.

Monopoli

Wer lieber am Meer übernachtet, findet in **Monopoli**, ca. 16 km nordöstlich von Castellana Grotte, folgenden Stellplatz:

Wohnmobil-Stellplatz Area Sosta Camper Lido Millenium [WP 042 / N40° 54′ 11.59″ E17° 21′ 7.66″], Contrada Capitolo, SP 90. **Zufahrt/Lage:** Im Ortsteil Capitolo, Ausfahrt von der Umgehungsstraße SS16 und über die schnurgerade Straße Contrada Capitolo meerwärts, am Meer rechts. **Geöffnet:** Anf. Juni - Mitte Sept. **Gebühr:** Gebührenpflichtig. **Ausstattung:** Ebener Platz mit durch Hecken und Laubbäume getrennte Stellplätze. Ca. 90 Stellplätze, zum Strand hin Parkplatz mit Mattendächern und Häuser vorgelagert. Strom, Wasser, Toiletten, Duschen. V & E Möglichkeit. Zum öffentlichen Badestrand Lido Millenium über die Küstenstraße.

die „Höhle des Abgrunds“ (Caverna del Precipizio). Hier endet der „kurze Rundgang“.

Die Führung des „großen Rundgangs“ geht weiter in die „Caverna dell'Altare“ (Höhle des Altars) in der die Stalagmiten aussehen wie riesige Altarkerzen. Über den „Wüstengang“ und vorbei an der „Madonna“ gelangt man schließlich in die Alabasterhöhle „Grotta Bianca“, die „Weiße Grotte“.

In den Höhlen herrscht das ganze Jahr über eine Temperatur um 15° Celsius. Nehmen Sie also etwas zum Überziehen mit. Und mit bequemen Schuhen mit rutschhemmender Gummisohle geht es sich am leichtesten durch die Höhlen. Am Ende der langen Führung bringt Sie ein Aufzug wieder ans Tageslicht.

Das angeschlossene **Höhlenkundemuseum** erinnert an den Entdecker der Höhle, Franco Anelli, und es informiert über die Entstehung der Höhle.

Die **Grotten von Castellana** sind *(geöffnet Apr. - Juli + Sept. tgl. 8.30 - 19 Uhr; Aug. tgl. 8.30 - 22 Uhr; März tgl. 9.30 - 17 Uhr; Okt. + Nov. tgl. 9.30 - 18 Uhr; Nov. - Feb. nach Vereinbarung; www.grottedicastellana.it/de/. Führungen starten immer zur vollen Stunde. Führungen auch in Deutsch).*

*ROUTE: Von Grotte di Castellana auf der SS172 ostwärts nach **Alberobello**, ca. 14 km.*

Alberobello, mitten in einer weiten Landschaft mit Weinfeldern, Obst- und Olivenhainen gelegen, gilt als Zentrum der **Zona dei Trulli**. Dieser Umstand verschafft dem Städtchen, das seit 1996 auf der Liste des UNESCO-Weltkulturerbes steht, ganzjährig einen nicht Enden wollenden Touristenstrom.

Und natürlich wird Alberobello seinem Ruf gerecht, überall sieht man Trulli. Vor allem in der Via Monte San Michele sind sie schön restauriert zu sehen, wenn sie nicht hinter einer Wand aus Touristensouvenirs verschwinden. Und in Werbebroschüren des Ortes wird man darauf hingewiesen, dass man sich im „charakteristischsten Dorf der Welt“ befindet. Weniger feinfühlige Besucher haben die Trulli auch schon als „steingewordene Bienenstöcke“ bezeichnet.

In der Zona dei Trulli

Größere, in der Regel gebührenpflichtige **Parkplätze [WP 043 / N40° 46‘ 55.95“ E17° 14‘ 20.99“]** findet man am südöstlichen Stadtrand an der Via Indipendenza in Gehnähe zu den historischen Trulli. Eine der meistbesuchten Gassen an denen sich die Trulli reihen ist die Via Monte San Michele und die weiterführende immer betriebsamen Via Monte San Michele, an deren Ende die „Trulli-Kirche“ Sant'Antonio di Padova liegt.

Mein Tipp: Wohnmobilfahrer machen sich das Leben leichter, wenn sie zur Stadtbesichtigung gleich den **Parkplatz/Wohnmobilstellplatz Area Sosta Camper „Nel Verde“ [WP 044 / N40° 46‘ 57.05“ E17° 14‘ 2.96“]** (Details siehe unten) in der Via Cadore ansteuern und die entsprechende Parkgebühr bezahlen.

Die für diese Gegend so überaus typischen Trulli sind weißgetünchte, meist runde eingeschossige, ursprünglich in Trockenbauweise errichtet Gebäude mit unverkennbaren Kegeldächern. Diese Dächer sind immer mit flachen, roh behauenen Steinen, den „chiancarelle“, gedeckt und werden oben durch eine steinerne Kugel abgeschlossen. Gelegentlich sind die Kegeldächer außen mit großen weißen Symbolen verziert. Man sieht Kreuze, Mondsicheln, Sternzeichen, weltliche Symbole u. ä. Als Baumaterial diente der überall in der Region reichlich vorhandene Kalkstein.

Ursprünglich dienten die oft fensterlosten Trulli der ländlichen Bevölkerung als Behausung, als Lager oder Stallung. Der Name „trulli“ soll früher für römische Grabstätten verwenden worden sein, bürgerte sich dann im Laufe der Jahrhunderte auch für diese ländlichen Rundbauten ein.

Die Frage aber bleibt: „Wer hat's erfunden?“ Woher kommt diese Art, Behausungen zu errichten? Geht die Bauart weit zurück, bis in die Antike vielleicht? Kaum, denn es sind keine Trulli nachgewiesen, die älter als drei- oder vierhundert Jahre sind. Die an-

Alberobello

dere Geschichte die zu hören ist, ist wohl in den Bereich „Legende und Volkserzählung" zu verweisen. Trulli sind ja aus kunstvoll und mörtellos aufeinander gefügten Steinen errichtet. Und da offenbar niemand so recht über die Entstehungsgeschichte der Trulli nachgeforscht hat, behilft man sich halt mit einem Griff in die Legendenkiste. Es geht nämlich die Mär, dass die gewitzten Bauern früherer Zeiten ihre Behausungen kurzerhand einwarfen, um Steuern zu sparen, wenn ein Steuerinspektor im Dorf angekündigt war. Nach Abzug der Geldeintreiber wurde das Gemäuer wieder errichtet. Nette Geschichte, aber wohl kaum wahr.

Es heißt übrigens, dass es erst ausgangs des 18. Jh. erlaubt wurde, beim Bau von Trullihäusern auch Mörtel zu benutzen, als Alberobello von höchster Stelle zur Stadt erhoben worden war.

In Alberobello konzentrieren sich die Trulli im südlichen Stadtteil vor allem südlich des Platzes und der gleichnamigen Straße Largo Martellotta, sowie an der Via Monte Pertica und der weiterführenden Via Monte San Michele, Viertel, die fest in der Hand der Touristen aus aller Welt sind und die eigentliche romantische Eigenheit der Trulli hinter den bunten Souvenirauslagen etwas vermissen lassen.

Wer's genau wissen möchte besucht das **Museo del Territorio „Casa Dottor Giacomo Pezzolla"[N40° 47' 2.67" E17° 14' 20.18"]** an der Piazza XXVII Maggio mitten im neueren Stadtteil. Das Regional- und Heimatmuseum *(geöffnet tgl. 10 – 13 + 15.30 – 19 Uhr; Eintritt frei)*, das in einer Ansammlung restaurierter Trulli eingerichtet ist, informiert über die Geschichte der Stadt und der Region. Darüber hinaus erfahren Besucher anhand von Modellen und eingerichteten Trulli-Wohnungen alles über Kultur und Architektur der Trulli. Eine separate Abteilung befasst sich mit der Olivenölproduktion in der Region.

PRAKTISCHE HINWEISE – ALBEROBELLO

Alberobello Tourist Info [N40° 47′ 2.91″ E17° 14′ 15.78″], Piazza del Popolo, 70011 Alberobello, Tel. +39 80 43 25 171; www.prolocoalberobello.it. *Geöffnet tgl. 9 - 13 Uhr + 15 - 19 Uhr.*

CAMPING

Camping dei Trulli [WP 045 / N40° 48′ 6.44″ E17° 14′ 59.61″], Via Castellana, Tel. +39 0804 32 36 99; www.campingdeitrulli.it; 1. Apr. – 31. Okt.; ca. 3 km nördl. von Alberobello an der Straße SP113 Richtung Monopoli bei KM 1,5; kleiner, überschaubarer Platz in ländlicher Umgebung, steinige, ebene Wiese unter Laubbäumen neben einem Ballspielplatz und hinter dem Rezeptionsgebäude in einer Discoanlage (angeblich nur im Winter in Betrieb), teils an ein Wäldchen grenzend. Ca. 2 ha – 80 Stpl.; Standardsanitärausstattung. Sehr einfache Sanitäranlagen, besonders die Duschen. Restaurant, Bar, Kiosk. Öffentliches Schwimmbad. V & E für Wohnmobile.

Camping Bosco Selva [WP 046 / N40°46′15.60″ E17°14′11.16″], Via Bosco Selva 27, Tel. +39 0804 32 37 26; www.campingboscoselva.it; 1. Jan. – 31. Dez.; knapp 1 km südlich der Stadt gelegen, Zufahrt über Via Vittorio Veneto, neben dem Nachtclub „La vie est belle“; überschaubares Platzgelände in naturbelassenem Pinienwäldchen, Schatten auch durch hochstämmige Eichen; ca. 1,5 ha – 40 Stpl.; einfache Standardsanitärausstattung. Laden, Waschmaschine, Bar, Tennis. Mietbungalows.

WOHNMOBIL-STELLPLÄTZE – ALBEROBELLO

Wohnmobil-Stellplatz Area Sosta Camper „Nel Verde“ [WP 044 / N40° 46′ 57.05″ E17° 14′ 2.96″], Via Cadore; www.areasostaalberobello.it. **Zufahrt/Lage:** Im Südosten der Stadt. **Geöffnet:** Ganzjährig. **Gebühr:** Gebührenpflichtig. **Ausstattung:** Unebener, leicht ansteigender, erdiger Platz mit Reihen von Laubbäumen/Olivenbäumen, die die Stellplätze begrenzen. Zentrale Lage, günstige Entfernung zur historischen Trullizone. Strom, Wasser, V & E-Säule.

Wohnmobil-Stellplatz Area Sosta Camper Alberobello [WP 047 / N40° 46′ 49.0″ E17° 14′ 42.0″], Via Niccolò Piccinni. **Zufahrt/Lage:** Am südöstlichen Stadtrand und westl. der Zufahrtsstraße SS172. **Geöffnet:** Ganzjährig. **Gebühr:** Gebührenpflichtig. **Ausstattung:** Leicht geneigter, geteerter, schattenloser Parkplatz mit blau markierten Stellflächen vor dem Palazzo dello Sport. Keine Einrichtungen.

TOUR 3: ALBEROBELLO – MARINA DI LEUCA

Länge der Tour: Rund 210 km.

Die Route: Straße SS172 bis **Locorotondo** – Landstraßen über **Ostuni** nach **Marina di Ostuni** – Schnellstraße SS379/E55 bis **Brindisi** – Schnellstraße SS613 bis **Lecce** – Landstraße über **Acaia** und Küstenstraße SP366 bis **Otranto** – Küstenstraße SP358 bis **Marina di Leuca**.

Alternativroute: Umweg über **Maglie**.

Reisedauer: Mindestens zwei Tage.

Höhepunkte: Die Altstädte von **Locorotondo** ** und **Ostuni** * – **Brindisi** – die **Barockstadt Lecce** *** – das Kastell in Acaia – die **Strände** bei **San Foca** oder bei **Sant'Andrea** –der **Dom in Otranto** *** – Bootsausflug in Castro zur **Tropfsteinhöhle Zinzulusa** ** – **Leuchtturm und Seegrotten von Marina di Leuca** *.

ROUTE: Von Alberobello auf der SS172 südostwärts nach Locorotondo.

Das kaum 10 km südöstlich von Alberobello erhöht gelegene Weinbaustädtchen **Locorotondo** (runder Ort) mit seiner fast kreisrunden Altstadt Centro Storico lässt es sich gerne gefallen, wenn es als eines der einladendsten Dörfer in der Zona dei Trulli bezeichnet wird. Schließlich ist die Stadt in den illustren Kreis der „borghi più belli d'Italia", die „schönsten Orte Italiens" aufgenommen. Überragt wird die Altstadt mit ihren weiß getünchten Hausfassaden von Turm und Kuppel der Kirche San Giorgia Martire aus dem 19. Jh.

Einen **Parkplatz [WP 048 / N40° 45′ 11.17″ E17° 19′ 51.73″]** findet man evtl. an der Piazza Antonio Mitrano am Ostrand der Altstadt. Touristische Informationen erfährt man im

Büro der **Associazione Turistica Pro-Loco Locorotondo [N40° 45' 10.66" E17° 19' 42.45"]**, Piazza Vittorio Emanuele 27, am Westrand der Altstadt, 70010 Locorotondo, Tel. +39 0804 31 30 99. *Geöffnet tgl. 9 - 19 Uhr.*

Und das nahe, nur 6 km weiter südlich gelegene **Martina Franca** mit seinen engen, verwinkelten Gässchen in der Altstadt, lohnt nicht nur in der Zeit von Ende Juli bis Anfang August einen Besuch, wenn dort das Musikfestival **Festivale della Valle d'Itria** stattfindet.

Zu besichtigen gibt es in Martina Franca, neben der dem hl. Martin geweihten **Kathedrale San Martino [N40° 42' 20.33" E17° 20' 12.11"]** an der Piazza Plebiscito, das **Museo della Basilica di San Martino (MuBa)**, *geöffnet Di - So 10 - 13 Uhr; www.mubasanmartino.it/#.* Das Museum in der Via Stabilo am Nordrand der Altstadt, ist im barocken Palazzo Stabile eingerichtet, der zu den schönsten Stadtpalais in Martina Franca zählt.

Der Bischof von Venafro, Francesco Saverio Stabile, der einer der einflussreichsten Familien in Martina Franca entstammte, hatte sich das Palais Ende des 18. Jh. errichten lassen. Die Salons sind mit Stuckarbeiten, Wand- und Deckengemälden ausgestattet.

Zu den Ausstellungsstücken des Museums zählen u. a. sakrale Kunstgegenstände (Monstranzen, Weihrauchgefäße, Silberleuchter, Ikonen, Gemälde u. ä.) sowie kostbare Messgewänder.

Unweit östlich, am Rande des alten Stadtviertels, liegt der **Palazzo Ducale dei Caracciolo [N40° 42' 18.57" E17° 20' 20.54"]** an der zentralen Piazza Roma. Das mächtige Barockpalais, der wahrscheinlich größte Profanbau in Martina Franca, stammt aus dem 14. Jh. Zu Beginn des 16. Jh. kam der gewaltige Bau an die Herzöge Caracciolo, eine der mächtigsten Adelsfamilien aus Neapel. Heute sind in dem Palazzo das Rathaus, Büros der Stadtverwaltung, die Stadtbibliothek und kulturelle Einrichtungen untergebracht.

Touristeninformation: **Agenzia Regionale Promozione del Turismo Martina Franca [N40° 42' 17.24" E17° 20' 21.33"]**, Piazza XX Settembre 3, 74015 Martina Franca, Tel. +39 080 41 16 554. *Geöffnet Mo - Sa 10.30 - 12.30 + 15 - 18 Uhr, So 10 - 13 + 15 - 18 Uhr.*

*ROUTE: Von Locorotondo weiter ostwärts über **Cisternino** nach **Ostuni**, 24 km.*

Ostuni (Markttag: Samstag), die „weiße Stadt Apuliens" am Beginn der Salentolandschaft gelegen, wartet ganz am Nordrand er Stadt mit einem hübschen Altstadtviertel, dem Centro Storico auf.

Die engen, verschlungenen Gassen der Altstadt gruppieren sich um die zentrale **Kathedrale** an der Piazza Beato Giovanni Paolo II. Die gotische Katherale wurde im 15. Jh. errichtet und ist Santa Maria Assunta (Mariä Himmelfahrt) geweiht. Beeindruckend sind die eigenwillig gestaltete Westfassade mit schöner Fensterrosette über dem Portal sowie die hübschen kleinen Rosetten an den Seitenflügeln.

Gleich neben der Kathedrale ist das **Museo Diocesano** zu finden. Und gegenüber der Westfassade sieht man den barocken **Arco Scoppa**, einen markanten Torbogen mit vier Fenstern darüber. Geht man durch den Bogen, stellt man fest, dass nur die Seite des Torbogens, die zur Katherale hinweist, mit Ornamenten verziert ist.

*ROUTE: Von Ostuni nordwärts an die Küste bei **Marina di Ostuni** (ca. 6,5 km) und über die Schnellstraße SS379/E55 nach **Brindisi**, ca. 36 km.*

Ostuni

PRAKTISCHE HINWEISE – OSTUNI

Informazioni Turistiche di Ostuni, Info-point Ostuni [N40° 43' 57.04" E17° 34' 40.30"], Corso Mazzini 8, 72017 Ostuni, Tel. +39 831 19 82 471; www.viaggiareinpuglia.it. *Geöffnet Mo - Mi 10 - 21 Uhr, Do - So 9 -23 Uhr.*

CAMPING

Marina di Ostuni

Camping Il Pilone [WP 049 / N40° 48' 12.05" E17° 32' 20.44"], Tel. +39 0831 35 01 35; www.villaggioilpilone.it; 1. Apr. - 1. Okt.; nordwestlich von Marina di Ostuni, Abzweig von der Schnellstraße SS379/E55 bei KM 14 (Ausfahrt Pilone) meerwärts; weitläufiges Mischwaldgelände, zum Meer hin flache Düne vorgelagert, stark mit Dauercampern und Mobilheimen belegt; ca. 10 ha – 250 Stpl. + zahlr. Dau.; Standardsanitärausstattung. Laden, Restaurant, Waschmaschine, Schwimmbad, Beachvolleyballfeld, WLAN. V & E für Wohnmobile. Sandstrand vor allem an der Nordwestseite des Platzes.

Torre Canne

Camping Villaggio Turistico Le Dune [WP 050 / N40° 49' 29.17" E17° 29' 0.56"], Via Appia Antica 56, Tel. +39 0804 82 98 21; www.villaggioledune.it; Ende Mai – Ende Sept.; SS379 Ausfahrt Torre Canne Sud; ebenes Gelände mit erdig-steinigem Untergrund, Baumreihen markieren die Stellplätze, Dünengürtel am Meer; ca. 8 ha – 100 Stpl. + großes Bungalowdorf; gute Standardsanitärausstattung. Laden, Restaurant, Schwimmbad, Waschmaschine, Trockner, Fahrradverleih, Bootsverleih, Beachvolleyballfeld, WLAN. V & E für Wohnmobile. Langer Sandstrand.

Specchiolla di Carovigno

Camping Villaggio Pineta al Mare [WP 051 / N40° 44' 27.37" E17° 44' 10.31"], Viale Tamerici 33, Tel. +39 0831 98 78 03; www.campingpinetamare.com; 28. Mai –30. Sept.; an der Schnellstraße SS379/E55 beschilderter Abzweig; meist ebenes Gelände mit Grasbewuchs und Baumschatten, durch Büsche und Bäume unterteilte Stellplatzkojen, durch die Uferstraße Viale Tamerici vom Meer getrennt; ca. 6 ha – 130 Stpl. + zahlr. Standardsanitärausstattung. Supermarkt, Imbiss, Restaurant, Schwaschine, Schwimmbad mit Wasserrutsche, Beachvolleyballfeld, WLAN. V & E für Wohnmobile. Mietcaravans und Bungalows.

Brindisi, Endpunkt der historischen Römerstraße Via Appia, ist seit der Antike bedeutender Adriahafen, vor allem für den Warenverkehr mit nahöstlichen Staaten. Aber nicht nur Handelsfahrer nutzten den Hafen, auch viele der Kreuzfahrer stachen von hier aus in See, um ins Heilige Land zu segeln. Heute ist Brindisi mit seinen rund 86.000 Einwohnern auch einer der wichtigsten Fährhäfen Italiens an der Adriaküste.

Gegründet worden sei Brindisi, glaubt man den Legenden, angeblich von einem Sohn eines antiken griechischen Helden. Sicher dagegen scheint Altertumsforschern zu sein, dass Brindisi im 8. vorchristlichen Jahrhundert gegründet worden ist.

Seit dem 3. vorchristlichen Jahrhundert hatten die Römer das Sagen in Brindisi, dem damaligen *Brundisium*. Natürlich nutzen auch sie die Vorteile des natürlichen Hafens und verlängerte die Reichsstraße Via Appia direkt bis an den Hafen von Brindisi. Das römische Brundisium blühte auf und profitierte sehr von seinem Hafen, dem damals wichtigsten Hafen in ganz Süditalien.

Nach den Römern stritten sich Lombarden, Sarazenen und Normannen um Brindisi bis Friedrich II. Brindisi für das staufische Kaiserreich eroberte und die Stadt zu einer neuen Blütezeit führte.

Gleich südlich des vom Stauferkaiser Friedrich II. erweiterten Castello Svevo am alten Hafenbecken (heute teils Militärhafen) erstreckt sich die **alte Innenstadt von Brindisi**. Vor allem im nördlichen Teil bei der Piazza Santa Teresa (Via Pasquale Camassa) [N40° 38′ 26.22″ E17° 56′ 35.09″] gibt es in der Altstadt Interessantes zu sehen. Die beiden natürlichen Hafenbecken, zwischen denen die Altstadt Brindisis liegt, waren wohl mit ein wichtiger Grund für die Entwicklung der Stadt, die im späten Mittelalter einen neuerlichen Höhepunkt erreichte. Damals war der Hafen u. a. ein wichtiges strategisches Drehkreuz während der Kreuzzüge. Kaiser Friedrich II. startete hier 1228 zum 6. Kreuzzug. Und nicht umsonst hatte sich hier auch der Orden der Tempelritter niedergelassen (s. u. Portico die Cavalieri Templari).

Aber ihr wichtiger Hafen hatte für die Stadt Brindisi in unseren Tagen auch negative Auswirkungen. So wurde die Stadt z. B. im Zweiten Weltkrieg stark in Mitleidenschaft gezogen.

Man wird aber auch in Brindisi einen Besuch des alten Stadtteils tunlichst zu Fuß antreten. Einige der Straßen (Einbahnstraßensystem in der Altstadt) sind für den allgemeinen Autoverkehr gesperrt. Und Parkplätze sind auch hier extrem rar.

Auf der Suche nach einem Parkplatz wird man evtl. auf dem **Parkplatz [WP 052 / N40° 37′ 55.40″ E17° 56′ 50.79″]** an der Via Spalato südöstlich der Altstadt fündig.

Der Johannes dem Täufer geweihte **Dom Basilica Cattedrale della Visitazione e San Giovanni Battista [N40° 38′ 25.56″ E17° 56′ 43.28″]** an der Piazza Duomo würde in den engen Häuserschluchten kaum ins Auge fallen, würde man nicht durch seine mit Heiligenfiguren und eckigen Halbsäulen geschmückte Westfassade darauf aufmerksam *(geöffnet tgl. 8 - 12.30 + 16.30 - 20.30 Uhr, keine Besichti-*

gung während der Gottesdienste; www. cattedralebrindisi.it).

Das Innere des Doms ist eher schlicht gestaltet. Bemerkenswert sind das **Chorgestühl** mit prächtigem Schnitzwerk, **Bodenmosaiken** im Altarraum und die erst im 18. Jh. an die Südseite des Doms angefügten, kuppelgekrönten **Seitenkapellen**. Die Wände der Kapellen sind mit großen Wandgemälden dekoriert.

Hier im Dom zu Bari wurde Friedrich II. 1225, damals 31 Jahre alt, wohl auf Druck von Papst Honorius III. mit der erst 14 Jahre alten Jolanda von Brienne (1212 – 1228) verheiratet, der Erbin des Königreichs Jerusalem. Friedrich II. stimmte der Ehe aus „dynastischen Gründen" zu, nahm die Gelegenheit wahr und machte sich nach der Heirat zum König von Jerusalem. Drei Jahre zuvor war Friedrichs erste Frau, Konstanze von Aragón (1184 – 1222), gestorben. Jolanda von Brienne verstarb schon 1228, kurz nach der Geburt ihres Sohnes Konrad.

Gegenüber vom Dom liegt gleich hinter dem Portico dei Cavalieri Templari (Vorhalle der Tempelritter, Ritter des Templerordens hatte sich zu Zeiten der Kreuzzüge im 12. und 13. Jh. in Brindisi niedergelassen) das **Museo Archeologico Provinziale Francesco Ribezzo [N40° 38′ 26.07" E17° 56′ 42.88"]**, *(geöffnet Di - So 9 - 19.15 Uhr, Eintritt frei)*. Interessant sind u. a. eine große Abteilung mit Exponaten aus der Römerzeit, weiter Ausstellungsstücke aus der antiken Seefahrt, Säulenkapitelle, Münzen, aber auch griechische Vasen und andere Keramiken.

Zu den seltenen Ausstellungsstücken des Museums zählen Fragmente antiker Bronzefiguren, die vor einiger Zeit aus dem Meer geborgen werden konnten. Besonders stolz im Museum ist man auf die Bronzestatue, die einen gewissen Lucius Emilius Paulus, einen griechischen Heerführer aus dem nordgriechischen Makedonein darstellen soll. Die Statue stammt aus dem 2. Jh. v. Chr. und wurde aus Bruchstücken zusammengesetzt, die im Meer vor Brindisi entdeckt wurden.

Das Spitzbogenportal unter dem Turm links vom Dom und hinter der Mariensäule führt zur Via Colonna. Am Ende der Gasse sieht man eine hohe Rundsäule, die **Colonna Romana [N40° 38′ 27.97" E17° 56′ 48.50"]** und einen Säulenstumpf. Die beiden Säulen aus der Römerzeit markierten einstmals das Ende der antiken Via Appia.

Eine breite Freitreppe führt hier hinab zur Viale Regina Margherita und zur Uferpromenade am Jachthafen.

Das markante hohe Denkmal auf der anderen Seite des weiten Hafenbeckens ist das von neuzeitlichen Geschützen flankierte **Monumento al Marinaio d'Italia [N40° 38′ 41.04" E17° 56′ 48.88"]** an der Via Ammiraglio Millo. Das Ehrenmal für italienische Seeleute kann besichtigt werden. Und wer sich die Mühe des Aufstiegs bis zur Aussichtsplattform macht, wird mit einem weiten Blick auf die Stadt und ihren Hafen belohnt.

Einige Straßenzüge südlich der Piazza Santa Teresa findet man im Gewirr der Altstadtgassen die Via San Giovanni al Sepolcro und dort den **Tempio di San Giovanni al Sepolcro [N40° 38′ 20.04" E17° 56′ 34.50"]** aus dem frühen 12. Jh. *(geöffnet tgl. 8 - 14 Uhr, Do auch 14.30 - 20.30 Uhr)*. Angeblich soll der Ordenstempel auf den Resten einer römischen Villa stehen. Im Inneren des Rundbaus, der aus der Hochzeit der Tempelritter in Brindisi stammt und den man durch ein von schon etwas verwitterten Löwen bewachtes und schön skulptiertes Portal betritt, sieht man eine säulengestützte Rotunde und an den Wänden Reste von Fresken mit Motiven, die bedeutende Ereignisse in der

PRAKTISCHE HINWEISE – BRINDISI

Ufficio di Informazioni e di Accoglienza Turistica (IAT) Brindisi [N40° 38' 30.89" E17° 56' 43.36"], Lungomare Regina Margherita 44, 72100 Brindisi, Tel. +39 0831 56 21 26, +39 0831 52 30 72; www.visititaly.it/info/203182-i-a-t-ufficio-informazioni-e-di-accoglienza-turistica-brindisi.aspx. *Geöffnet tgl. 10 - 13 + 15 - 20 Uhr.*

Puglia Promozione, Via C. Colombo 88, 72100 Brindisi, Tel. +39 0831 56 21 26.

WOHNMOBIL-STELLPLÄTZE

Bei Brindisi findet man drei Stellplätze für Wohnmobile, deren Lage und Umgebung aber einen nicht sehr einladenden Eindruck machten. Beide Plätze sind ganzjährig zugänglich, videoüberwacht und beide sind kostenpflichtig.

Wohnmobil-Stellplatz Garage Minnuta Brindisi [N40° 38' 6.45" E17° 55' 4.49"], Strada per Minnuta 6, westlich von Brindisi an der Auffahrt zur SS16. Der vordere von einer hohen Mauer umgebene, befestigte Platzteil einer Autoverwertungsanlage wird als Lkw-Abstellplatz und Wohnmobilstellplatz genutzt.

Wohnmobil-Stellplatz Area di sosta e parcheggio Freeland [N40° 36' 7.37" E17° 57' 23.14"], Strada Statale 16 14a, südöstlich von Brindisi an der SS16 Richtung Lecce. Teil eines Wohnmobilabstellplatzes.

Wohnmobil-Stellplatz Parcheggio Comunale [N40° 37' 57.02" E17° 56' 51.57"], Via Spalato. **Zufahrt/Lage:** Von der Umgehungsstraße SS613 (Brindisi -Lecce) nordwärts Richtung Hafen und rechts ab in die Via Spalato abzweigen, nach ca. 100 m Einfahrt zum Parkplatz. **Ausstattung:** Asphaltierter Parkplatz mit 6 markierten Stellflächen. Frischwasser, Strom und V & - Einrichtung. **Gebühr:** Kostenlos. Geöffnet: Ganzjährig. In der Nähe Einkaufs- und Stadtzentrum.

bewegten Geschichte des Ordens zeigen.

Hinter dem Tempio liegt ein kleiner Park. Wenn zugänglich, kann man hier einen Hort der Ruhe inmitten der lauten Großstadt genießen.

Aber irgendwie wird man bei einem Spaziergang durch die Altstadt von Brindisi den Eindruck nicht los, dass die Stadtverwaltung für die Erhaltung der alten Bausubstanz wenig übrig hat.

*ROUTE: Von Brindisi auf der Schnellstraße SS613 nach **Lecce**, 38 km.*

Südöstlich von Brindisi erstreckt sich die karstige Landschaft des **Salento**, die nahezu 100 km lange und bis zu 40 km breite Halbinsel, die bis zur Spitze des Stiefelabsatzes bei Marina di Leuca reicht. Sehr aufregend ist diese Landschaft allerdings nicht, wären da nicht Städte wie Lecce oder Otranto. Aber aus der Gegend kommen die Salice Salantino Weine, Weine mit DOC Prädikat (Denominazione di origine controllata). Die Weine mit kontrollierter Herkunftsbezeichnung werden als Rot-, Weiß- und als Roséweine angeboten.

Fast am Ostende der Halbinsel Salentina, quasi auf dem Absatz des „Italienischen Stiefels", liegt **Lecce**, eine Stadt mit fast 95.000 Einwohnern, von manchen Besuchern auch als „Florenz

Reste des römischen Amphitheaters an der Piazza Sant'Oronzo mitten in Lecce

des Barock" gefeiert. Übrigens ist der barocke Architekturstil nach der Romanik der in Apulien am meisten verbreitete Stil.

Die Parkmöglichkeiten im ganzen Stadtgebiet, geschweige denn in der verwinkelten, engen Altstadt von Lecce, sind extrem schlecht. Einer der wenigen recht zentrumsnahen Parkplätze ist der **Parkplatz [WP 053 / N40° 21' 18.63" E18° 10' 1.78"]** am westlichen Rand der Altstadt zwischen dem breiten Boulevard Viale del'Università und der Via Adua. Die Piazza Sant'Oronzo und die Piazza del Duomo sind von hier aus zu Fuß zu erreichen.

Entstanden ist auch Lecce, die Metropole des Salento, wie so viele Städte in Süditalien, aus einer von Griechen gegründeten Siedlung. Später wurde Lecce, damals *Lupiae*, zu einer bedeutenden Metropole im Römerreich.

Eine römisches **Amphitheater (2) [N40° 21' 10.32" E18° 10' 21.26"]** aus dem 1. Jh. v. Chr., von dem ein Teil der Zuschauerränge (einstmals für 20.000 Zuschauer) noch gut erhalten ist, wurde 1938 an der Via Ernesto Alvino mitten in der Stadt ausgegraben.

Und nur wenige Gassen weiter südwestlich konnten an der Via del Teatro Romano, mitten im Häusergewirr der verwinkelten Innenstadt, die Reste eines römischen **Theaters (3) [N40° 21' 4.57" E18° 10' 14.46"]** freigelegt werden, das einstmals mehr als 5.000 Zuschauern Platz geboten haben soll.

An der Nordseite des Amphitheaters schließt die **Piazza Sant'Oronzo (4) [N40° 21' 11.44" E18° 10' 20.30"]** an, ein Mittelpunkt der Innenstadt. Dort haben die Leccesi, die Bewohner von Lecce, dem Heiligen Oronzo, seit Mitte des 17. Jh. Schutzpatron der Stadt, um 1665 ein würdiges Denkmal gesetzt. Lt. Heiligenlegende soll Oronzo die Stadt vor einer Pestepidemie bewahrt haben.

Auf einer schlanken hohen Säule ist der Heilige im Bischofsornat zu sehen. Der Überlieferung nach war

*LECCE – **1** Information – **2** Amphitheater – **3** römisches Theater – **4** Piazza Sant'Oronzo, Palazzo del Seggio (Sedile) – **5** Castello Carlo V, Museo della Cartapesta – **6** Giardini Pubblico, Villa Comunale, Caffe del Parco, Parco Giochi – **7** Basilica di Santa Croce – **8** Palazzo die Celestini – **9** Basilica di Santa Maria Assunta – **10** Seminar, Museo Diocesano d'Arte Sacra – **11** Chiesa del Rosario (Basilica di Giovanni Battista), Porta Rudiae – **12** Chiesa del Carmine – **13** Chiesa San Matteo – **14** Chiesa del Gesù – **15** Postamt – **16** Museo Sigismondo Castromediano – **17** Chiesa di Sant'Irene – **18** Museo Faggiano*

der aus Tunesien stammende Oronzo (Orontius) um 60 n. Chr. Bischof von Lecce, angeblich vom Apostel Paulus persönlich eingesetzt. Unter Nero musste Oronzo den Märtyrertod erleiden.

Jedes Jahr am 26. August feiern die Leccesi ihren Patron mit einem großen Fest. Der hl. Oronzo ist aber nicht nur Schutzheiliger von Lecce. Auch Ostuni, weiter nordwestlich gelegen, nimmt den Heiligen dafür in Anspruch. Und bevor der hl. Oronzo zum Schutzpatron von Lecce erkoren wurde, hielt die heilige Irene von Thessaloniki schützend die Hand über Lecce.

Städtebaulich ist Lecce eine Stadt des Barock. Dem Stil wurde hier vor allem im 17. Jh. gehuldigt. Chronisten gehen davon aus, dass der angeblich leicht zu bearbeitende Stein pietra di lecce nicht unwesentlich dazu beigetragen hat, dass in Lecce diese prächtigen reich mit Ornamenten und Figurenschmuck verzierten Stadtpaläste entstehen konnten.

Zu den größten Bildhauern und Baumeistern des Barock, die in Lecce ihre Spuren hinterlassen haben, zählt Giuseppe Zimbalo (1620 – 1710), der als Vater des barocco leccese in die Stadtgeschichte einging. U. a. zählen zu seinen Werken die Chiesa del Rosario, der Palazzo Vescovile samt Dom und die Giebelfassade der Kirche Santa Croce.

Einen **Stadtspaziergang** durch das historischen Zentrum von Lecce beginnt man am besten an der zentralen **Piazza Sant'Oronzo (4) [N40° 21' 11.44" E18° 10' 20.30"]**. Viele der Altstadtstraßen um die Piazza Sant'Oronzo sind für den allgemeinen Autoverkehr gesperrt.

Wesentlich einfacher ist es, sich für eine erste Stadtbesichtigung des centro storico, der Altstadt von Lecce, dem Touristenbähnchen „trenino" anzuvertrauen, das Sie recht bequem durch die engen Altstadtgässchen bringt. An den diversen Stopps, z. B. an der Piazza Duomo, kann man aussteigen und mit einem der nächsten Bähnchen weiterfahren.

Auf der Piazza Sant'Oronzo fällt unmittelbar an den oberen Rängen des Amphitheaters die Bogenhalle des ehemaligen **Palazzo del Seggio (4)** oder Sedile ins Auge. Im 15. Jh. war es Tagungsort der Stadtoberen. Heute ist hier ein **Büro der Touristeninformation** der Stadt eingerichtet.

Ausgangs des 16. Jh. soll ein damals in Lecce ansässiger Venezianer den Bau veranlasst haben. Dass die Dogen von Venedig damals offenbar größeren Einfluss in Lecce gehabt haben müssen, lässt auch die kleine Kapelle San Marco gleich neben dem Palazzo del Seggio vermuten, über deren Portal eine geflügelter Löwe, das Wappentier der Rupeblik Venedig, zu sehen ist.

Nur einen Straßenzug weiter östlich der Piazza Sant'Oronzo, an der Via XXV Luglio, sieht man das **Castello Carlo V (5) [N40° 21' 9.09" E18° 10' 27.79"]** aus dem 16. Jh. *(geöffnet tgl. 9 – 21 Uhr; bislang freier Eintritt; www.castellocarlov.it)*. Heute liegt die Festung mit ihren vier spitz zulaufenden Verteidigungsbastionen am Übergang zu den neueren Stadtvierteln. Kaiser Karl V. (1500 – 1558) aus dem

Das Castello Carlo V in Lecce

Die prächtige Barockfassade der Kirche Santa Croce in Lecce

Hause Habsburg soll den Auftrag zum Bau der Festung gegeben haben. Mit dem Bau des Kastells sollte eine weitere Bastion geschaffen werden, um den Kampf gegen die Osmanen, den der Kaiser auch in Süditalien vorantrieb, erfolgreich zu bestehen.

Interessent ist das im Kastell eingerichtete **Museo della Cartapesta**, das sich in erster Linie mit aus Pappmaché kunstvoll gefertigten Figuren und Gegenständen örtlicher Künstler befasst.

Die Kunst aus Pappmaché Figuren für Umzüge religiöser oder profaner Art zu machen hat in Lecce lange Tradition. Aber nicht alle Auftraggeber hatten die finanziellen Mittel eine Figur in Stein in Auftrag zu geben, also griff man auf das wesentlich billigere Pappmaché zurück.

Pappmaché wird gewöhnlich aus kleinen, eingeweichten Papierschnitzeln und Kleister hergestellt. Die so gewonnene Masse wird auf ein Drahtgitter, das die grobe Form der zu modelierenden Figur vorgibt, aufgetragen. Beim Trocknen schwindet die Masse und muss evtl. nachgebessert werden.

Nun kann die Figur mit Messern bearbeitet und mit Schleifpapier in die endgültige Form gebracht werden. Nach entsprechender Bemalung können perfekt gemachte Pappmachéfiguren kaum noch von Stein- oder Holzplastiken unterschieden werden.

Nur das Gewicht zeigt dann den Unterschied, was gerade bei Figuren, die auf Prozessionen oder Festumzügen mitgeführt werden, von Bedeutung sein kann. Entsprechend behandelte Pappfiguren können überaus haltbar sein.

Geht man die Via XXV Luglio nach Norden, kommt man kurz darauf zum weitläufigen, baumreichen Stadtpark **Giardini Pubblico (6) [N40° 21′ 18.31″ E18° 10′ 25.96″]**.

Westlich des Parks, in der Via Umberto I, liegt die **Kirche Santa Croce (7) [N40° 21′ 16.89″ E18° 10′ 22.24″]**, ein prächtiger Barockbau mit Kuppel. Mit der Errichtung der Kirche wurde Mitte des 16. Jh. begonnen *(geöffnet tgl. 9 – 12 Uhr, 17 – 20 Uhr, keine Besichtigung während der Gottesdienste)*. Es dauerte aber noch mehr als hundert Jahre bis das Gebäude

Der Dom Santa Maria Assunta in Lecce

endlich fertiggestellt war. Mehrere Baumeister waren im Laufe der Jahre hier beschäftigt. So Giuseppe Zimbalo, der für die imposante und sehr üppig dekorierte Fassade mit prächtiger Fensterrosette verantwortlich zeichnet. Auch das Kircheninnere ist reich mit Barockschmuck versehen.

Geht man zurück bis zur Piazza Sant'Oronzo und dort über die Hauptstraße Via Vittorio Emanuele weiter nach Südwesten kommt man zum linkerhand gelegenen Dom **Basilica di Santa Maria Assunta (9) [N40° 21' 6.67" E18° 10' 8.83"]** *(geöffnet tgl. 8.30 - 12.30 + 16 - 18 Uhr, keine Besichtigung während der Gottesdienste)* und zum benachbarten Bischofspalais Palazzo Vescovile. Das ganze Gebäudeensemble hier um die kleine Piazza Duomo entstand unter der Federführung des berühmten Meisters des Lecce-Barock, Giuseppe Zimbalo, und ist natürlich im schönsten Barockstil gestaltet.

Gleich gegenüber des Doms liegt das sog. **Seminario (10)**, ebenfalls mit opulenten Barockverzierungen. Es heißt, dass aus dem Seminar viele Eunuchen gekommen sein sollen, die dann im Vatikan mit ihren hohen Stimmen als Kastratensänger Furore machten.

Heute ist im Seminario das **Museo Diocesano d'Arte Sacra** (sakrale Kunstgegenstände, Messgewänder, liturgische Gerätschaften) sowie das Touristeninformationsbüro „Salento-4You" untergebracht.

Fast am Südwestende der von der Via Vittorio Emanuele weiterführenden Via Giuseppe Libertini kommt man an der **Chiesa del Rosario (11)** vorbei. Diese Barockkirche, auch als Basilica di Giovanni Battista bekannt, mit ihrer prächtigen Fassade aus dem ausgehenden 17. Jh. wird als Meisterstück von Giuseppe Zimbalo angesehen.

Abgeschlossen wird die Straße durch die **Porta Rudiae (11) [N40° 21' 4.84" E18 °9' 52.66"]**, eine altes Stadttor, das in den ersten Jahren des 18. Jh. restauriert wurde. Ganz oben über dem von vier Säulen flankierten Portal sieht man den hl. Oronzo segnend die rechte Hand heben. Darunter links die hl. Irene von Thessaloniki, die frühere Schutzheilige der Stadt und auf der rechten Seite eine Figur, die den hl. Dominikus darstellt.

Das Seminario, Museo Diocesano Lecce

Wer sich für Kirchenkunst interessiert, sollte auf eine Besichtigung der **Chiesa del Carmine (12) [N40° 20' 58.45" E18° 10' 3.34"]** an der Piazza Tancredi/Via R. Caracciolo oder der **Kirche San Matteo (13) [N40° 21' 1.89" E18° 10' 18.09"]** in der Via del Perroni, Ecke Via Del Palazzo die Conti di Lecce, nicht verzichten.

Interessante Museen in Lecce

MUSA Museo Storico-Archeologico dell'Univeristà de Salento [N40° 21' 30.72" E18° 9' 59.15"], Via di Valesio angolo, Viale San Nicola; www.musa.unisalento.it. Das Museum am Nordwestrand der Stadt zeigt Grabungsfunde, Schaubilder, aber auch Ausgrabungstechniken (*geöffnet Mo + Fr 9.30 - 13.30 Uhr, Di - Do 9.30 - 13.30 + 15 - 17.30 Uhr; www.unisalentoit/musei/museo-storico-archeologico. Das Museum ist im August und während der Universitätsferien geschlossen!).*

Das Regionalmuseum **Museo Sigismondo Castromediano (16) [N40° 20' 48.36" E18° 10' 12.48"]**, Via Gallipoli, präsentiert archäologische und antike keramische Sammlungen, darunter wunderschöne griechische Vasen, sowie sakrale Kunst (*geöffnet Di - So 8.30 - 20 Uhr*).

Das **Museo Faggiano (18) [N40° 21' 0.29" E18° 10' 20.57"]**, Via Ascanio Grandi 56; www.museofaggiano.it; liegt im Zentrum der Stadt ein gutes Sück südlich der Piazza San'Oronzo. Das archäologische Museum spiegelt mit seinen Ausstellungsstücken eine 2000-jährige Geschichte, vom 5. Jh. v. Chr. über die Römerzeit, das Mittelalter bis zur Renaissance in Italien, wider (*geöffnet tgl. 9.30 - 20 Uhr; www.museofaggiano.it/en/home/*).

Wenn Sie nach einem langen Stadtspaziergang zur Piazza Sant'Oronzo zurückkehren, können Sie sich an der Nordwestecke des Platzes im viel gelobten Eiscafé **Caffetteria Tentazioni [N40° 21' 12.06" E18° 10' 20.16"]**, bei Kaffee und Kuchen oder bei einem Eis, von den Anstrengungen der Stadtbesichtigung erholen.

Und wenn sie von der Piazza Sant'Oronzo die Via Salvatore Trinchese noch ein kurzes Stück nach Osten gehen, kommen Sie zur **Gelateria Pisticceria Natale [N40° 21' 12.30" E18° 10' 24.26"]**, die Institution in Sachen Eis und Gebäck in Lecce

PRAKTISCHE HINWEISE – LECCE

Infopoint Corso Vittoria Emanuele II (1), Salento4you, Corso Vittorio Emanuele II 24, nahe Piazza Duomo, Tel. +39 0832 68 29 85, 73100 Lecce.
Infopoint Sedile (1), Piazza Sant'Oronzo, Tel. +39 0832 24 20 99, 73100 Lecce.
Infopoint Carlo V Castle (1), Viale XXV Luglio, Tel. +39 0832 24 65 17, 73100 Lecce.

Markttage sind Montag und Freitag.

Feste, Folklore: Sant'Oronzo Fest 24. - 26. August.
Festa dei Pupi e Pastori vom 13. bis 24. Dezember. Eine Art von Weihnachtsmarkt mit einem Riesenangebot an Pappmachéfiguren.
Fòcara di Novoli, großes Feuerfest 16. - 18. Januar in Novoli (siehe Beschreibung unten).

CAMPING

Torre Rinalda bei Lecce
Camping Torre Rinalda Beach & Resort [WP 054 / N40° 28' 52.45" E18° 8' 48.70"], Küstenstraße Litoranea Salentina Sud (SP133), Tel. +39 0832 38 21 61; www.torrerinalda.it; 27. Mai – 16. Sept.; rund 17 km nordwestlich von Lecce, zwischen Küstenstraße SP 133 und Adriaküste; ausgedehntes, ebenes Gelände mit Laubbaumbestand, neben dem Bungalowdorf „Futura Club"; ca. 15 ha – 700 Stpl. + Dau. und zahlr. Mietcaravans. Gute Standard-Sanitärausstattung. Supermarkt, Restaurant, Waschmaschine, Trockner, Fahrradvrleih, Beachvolleyballfeld, Windsurf- und Kiteschule, Schwimmbad (auch für Nicht-Platzgäste), V & E für Wohnmobile. Langer, schmaler Sandstrand hinter einem Dünengürtel.

schlechthin, deren Ruf weit über die Stadt hinaus reicht.

Weitere Cafés, Restaurants, Imbissshops und Bars findet man u. a. westlich der Piazza Sant'Oronzo entlang des Corso Vittorio Emanuele II.

Wie in so vielen Orten Italiens, wie z. B. in Bari oder Taranto, wird natürlich auch in Lecce die Karwoche mit großen Prozessionen gefeiert. Gewöhnlich werden auf den feierlichen Umzügen Misteri, das sind aus Pappmaché kunstvoll gestaltete Figuren und Motivgruppen aus der Passionsgeschichte durch die Straßen getragen.

Im nur wenige Kilometer nordwestlich von Lecce gelegenen Ort Novoli findet jedes Jahr vom 16. Januar drei Tage lang das große Feuerfest „Fòcara" statt (www.placeinpuglia.com/event/the-focara-of-novoli, www.comune.novoli.le.it/il-fuoco-e-il-culto/storia-della-focara - in italienischer Sprache).

Das Fest mit Ursprung in byzantinischer Zeit, mit dem heute der Heiligen Antonia Abate gedacht wird, zieht jedes Jahr Scharen von Besuchern an. Dann wird ein riesiger Turm aus Weinreben von der vergangenen Weinernte, mit dessen Errichtung schon Wochen vorher begonnen wurde, feierlich entzündet. Die Entzündung des Feuerturms ist Anlass für ein großes Stadtfest.

Nach den Feierlichkeiten allerdings ist traditionsgemäß Fasten angesagt. Fleisch ist dann tabu. Auch in den Res-taurants werden nach dem Feuerfest hauptsächlich Fischgerichte serviert.

ROUTE: *Auf der schnurgeraden Schnellstraße SP364 hinaus ans*

Am Strand von San Foca

WOHNMOBIL-STELLPLÄTZE

Lecce

Wohnmobil-Stellplatz Camperpark Fuori le Mura [N40° 23' 38.72" E18° 9' 50.13"], Via Sant Oronzo Fuori le Mure. **Zufahrt/Lage:** Von der Tangenziale Est Ausfahrt Torre Chianca und weiter nordwärts Richtung SP131 und nach ca. 2 km zur Via Sant' Oronzo Fuori le Mure abzweigen, Platz liegt am Ende dieser Straße. Ebener Platz mit Grasteilen und durch wenige Palmen unterteilt mit 30 Sellplätzen. Ca. 3 km nördlich von Lecce. **Geöffnet:** Ganzjährig. **Gebühr:** Gebührenpflichtig. **Ausstattung:** Wasser, Strom, V & E-Einrichtung Dusche. Bushalteselle in 100 m Entfernung.

Wohnmobil-Stellplatz Sosta Camper Jennery Farm [N40° 21' 41.07" E18° 7' 57.64"], Via G. Pergolesi 20, Tel. +39 320 27 55 177; www.celiblubeb.it/agriturismo/jenneryfarm/appartamenti.html. **Zufahrt/Lage**: Von der Tangenziale Ovest (SP694) westlich von Lecce Ausfahrt 15 Novoli und weiter zur Via G. Pergolesi zu einem Bauernhof mit Ferienapartements und einem geschotterten Stellplatz für ca. 30 Wohnmobile. **Geöffnet:** Ganzjährig. **Gebühr:** Gebührenpflichtig. **Ausstattung:** Wasser, Strom, Dusche, WC, V & E-Einrichtung, WLAN, Restaurant, Kiosk. In der Nähe Verkauf von landwirtschaftlichen Produkten.

Lequile bei Lecce

Wohnmobil-Stellplatz Area Camper Salento [N40° 16' 56.58" E18° 7' 53.08"], Via Preti di Campi. **Zufahrt/Lage**: Von Lecce auf der SS101 südwestwärts Richtung Gallipoli. Nach ca. 6 km zum Caravanhändler SalentoCaravan ostwärts abzweigen. Platz liegt bei Caravanhändler. **Geöffnet:** Juni - Okt. **Gebühr:** Gebührenpflichtig. **Ausstattung:** Sandiges, ebenes Gelände mit ca. 25 Stellplätzen mit einigen alten Olivenbäumen. Wasser, Strom, V & E-Einrichtung, WLAN, Schwimmbad. Shuttleservice nach Lecce.

Sant'Andrea bei Lecce

Wohnmobil-Stellplatz Area Sosta Camper I Faraglioni [WP 056 / N40° 15' 18.25" E18° 26' 36.75"], Via Lungomare Matteotti 12. **Zufahrt/Lage:** Zufahrt von der Küstenstraße SP366 (San Cataldo - Otranto) über die Stra-

ße Via Lungomare Matteotti zum Strand von Sant'Andrea mit großem Parkplatz. **Geöffnet:** Ganzjährig. **Gebühr:** Gebührenpflichtig. **Ausstattung:** Ebener, eingezäunter, erdiger, schattenloser Platz mit Grasresten, hinter dem Hotel-Restaurant Alba Chiara, Platz für ca. 25 Wohnmobile. Wasser, Strom, WC, Dusche, V & E-Einrichtung.

*Meer bei **San Cataldo**. Dort auf der SP366 südostwärts nach **Otranto.** Ca. 2 km südöstlich von San Cataldo lohnt ein Abstecher landeinwärts nach **Acaia**.*

Acaia, ein etwas verschlafen wirkendes, kleines Dorf, fällt durch sein rechtwinkliges Straßenraster, seine teilweise noch vorhandene Stadtmauer und durch seine kubischen Gebäude auf. Interessant ist das gewaltige **Castello [N40° 20' 1.89" E18° 17' 45.80"]**, das mit seinen Dimensionen in dieser Gegend etwas überrascht.

Am Südrand des Ortes, außerhalb der Stadtmauer, findet man das urige Lokal „Trattoria Nonno Pici", das für seine rustikale, herzhafte Küche und seine regionalen Gerichte bekannt ist.

Auf dem Wege nach Otranto passiert die Küstenstraße SP366 verschiedentlich lange einladende Strände (Bars, Restaurants) und buchtenreiche felsige Küsten, wie z. B. bei **San Foca**.

Und am Strand von **Sant'Andrea** findet man am Leuchtturm Fraglioni einen großen Parkplatz.

Alternativroute

Etwas schneller ist der Weg nach Otranto, wenn man sich ab Lecce der Schnellstraße SS16 nach Süden bedient und bei Maglie ostwärts nach Otranto abzweigt.

Maglie ist der Geburtsort von Aldo Moro (1916 – 1978), dem italienischen Politiker und ehemaligen Ministerpräsidenten. Am 9. Mai 1978 wurde Aldo Moro nach seiner Entführung durch

Die Küste bei Sant'Andrea

die Brigate Rosse (Roten Brigaden) in einem Auto in Rom ermordet aufgefunden. Über die wahren Hintergründe der Tat wird bis auf den heutigen Tag spekuliert.

Auf der Piazza Aldo Moro beim Rathaus von Maglie erinnert ein Denkmal an den Politiker der Partei Democrazia Cristiana.

HAUPTROUTE

Otranto (Markttag: Mittwoch) – übrigens Italiens östlichste Stadt - hatte in der Zeit des Römischen Imperiums die Funktion eines Bindeglieds mit den jenseits der Adria gelegenen Regierungen und Handelshäuser in Kleinasien, Griechenland und besonders auch zum „goldenen" Byzanz (Istanbul). Später im 11. Jh. war Otranto, das „Tor zum Orient", ein wichtiger Handelshafen im Normannenreich.

Auch Friedrich II. hielt sich in Otranto auf, allerdings musste er den Hafen von Otranto unfreiwillig anlaufen. Obwohl exkommuniziert, befand sich der Stauferkaiser 1228 endlich auf dem den Päpsten in Rom seit Jahren verbindlich zugesicherten Kreuzzug. Auf Grund eines in Süditalien grasierenden Fiebers, oder einer Seuche, musste die ganze Armada, die in Brindisi gestartet war, allerdings in Otranto schon wieder Station machen, denn auch der Kaiser war erkrankt.

Lange Zeit war dieser Teil Süditaliens von Kleinasien beeinflusst. Kunst und Kultur strahlten von Byzanz bis nach Apulien und Kalabrien. Erst mit dem Einluss der Normannen soll auch die westlich geprägte Kultur und mit ihr der Stil der Romanik nach Süditalien gekommen sein, der sich in erster Linie in Sakralbauten zeigt. Waren es bislang eher kleine orthodoxe Kirchen, baute man nun große, meist dreischiffige Basiliken.

Ende des 15. Jh. war auch Otranto, wie so viele Städte an der italienischen Adriaküste, Ziel von Überfällen und Plünderungen durch türkische Piraten. Fast alle Einwohner der Stadt wurden damals ermordet. Berichtet wird von 800 Überlebenden, denen aber der Tod oder die Versklavung nur erspart blieb, wenn sie sich vom christlichen Glauben lossagten, was aber angeblich niemand tat. Die Gebeine der Märtyrer sind im Dom bestattet.

Noch heute sind Teile der Innenstadt um den Hafen von der alten Stadtmauer umgeben und die sehenswerte Altstadt hat fast unverändert die Zeiten überdauert.

Größere Parkplätze, von denen aus die Altstadt zu Fuß zu erreichen ist, ist einmal der **Parkplatz [WP 057 / N40° 08′ 52.8″ E18° 29′ 07.1″]** am Nordrand der Altstadt an der Via Pantaleone, Ecke Via Papa Giovanni Paolo II, und zum anderen **Parcheggio Via Orte [N40° 8′ 34.57″ E18° 29′ 43.07″]** am Südostrand der Stadt an der Via Orte. Von diesem Parkplatz aus liegt vor allem die Burg in Gehnähe.

Noch aus der Normannenzeit stammt der Dom **Cattedrale di Santa Maria Annunziate [N40° 8′ 44.61″ E18° 29′ 26.90″]**, Apuliens größter Sakralbau in Form einer dreischiffigen Basilika an der Piazza Basilica *(geöffnet tgl. 8 - 12 + 15 - 18 Uhr)*. Die Westfassade beidruckt durch ein stattliches Portal und eine prächtige Fensterrosette darüber.

Im Dom sind in einer eigenen Kapelle, der Capella die Martiri, die sterblichen Überreste der nach den Türkenüberfällen als Märtyrer gestorbenen Bewohner beigesetzt, deren Schädel und Gebeine hinter drei hohen Scheiben hinter dem Altar zu sehen sind.

Beachtung verdienen die Kassettendecke im Kirchenschiff, der berühmte Mosaikboden und der „Säulenwald" in der Krypta *(geöffnet 8 12 + 15 - 18 Uhr)*. Es fällt auf, dass die Säu-

Berühmt, der Mosaikboden im Dom von Otranto

len unterschiedlicher Art und mit unterschiedlichen Kapitellen versehen sind. An den Kryptawänden sind Fresken erhalten.

Vor allem für den **Mosaikboden** ist der Dom von Otranto berühmt. Das Kunstwerk ist die Arbeit eines Geistlichen namens Pantaleone, der Mitte des 12. Jh. mit dem monumentalen Motiv eines „Lebensbaums" den ganzen Kirchenboden bedeckte. Man erkennt eine Art Baum, an dessen Seiten und Ästen sich die Bildmotive gruppieren. Zum Beispiel erkennt man Theman aus dem Alten Testament, Motive aus der Welt des Rittertums und der Apokalypse, aber auch Darstellungen aus der Alltagswelt der damaligen Zeit.

Schreitet man vom Eingang Richtung Altar über den im Mosaik dargestellten Stamm, kommt man von der alltäglichen irdischen Mühsal, der Hölle quasi, in die eines jeden guten Christenmenschen seligmachenden Höhen, den Himmel.

Von der Großartigkeit dieses steinernen Bodenteppichs waren offenbar selbst die Horden aus dem Morgenland beeindruckt, denn sie hinterließen das Bodenmosaik nach ihren Überfälllen so gut wie unbeschädigt.

Am Südostend der Altstadt liegt das **Castello Aragonese [N40°8'40.50" E18°29'31.71"]** *(geöffnet tgl. 10 - 20 Uhr; www.viaggiareinpuglia.it/at/castellotorre/83/de/Castello-di-Otranto-125-(LE).*

Die Burg stammt aus der Zeit um 1490 und wurde wohl in erster Linie deshalb gebaut, um die Stadt vor weiteren türkischen Angriffen zu schützen. Der Zugang zur Festung liegt an der Westseite der Anlage an der Piazza Castello. Noch heute sind die drei gewaltigen Türme und die zum Hafen hin ausgrichtete trutzige Bastion recht beeindruckend. Zusammen mit der Stadtmauer muss die Festung auf jeden Angreifer einmal einen recht abschreckenden Eindruck gemacht haben.

ROUTE: *Von Otranto nach Südosten und auf der SP366 zum* ***Capo d'Otranto****, ca. 5 km. Die Küstenstraße führt entlang der Felsküste südwärts vorbei an kleinen, zum Baden und Schnorcheln einladenden Buchten, Stränden und an am*

Meer gelegenen Tavernen. Man passiert ***Porto Badisco*** *(enge Ortsdurchfahrt) und folgt der Küstenstraße SP358 weiter zunächst bis* ***Santa Cesarea Terme*** *und* ***Castro****.*

Kurz vor dem Küstenkurort **Santa Cesarea Terme** kommt man an einem markanten **Rundturm** vorbei, der oberhalb des Meeres steht. Dieser mächtige Torre „Minervino", der an der Basis einen Durchmesser von gut 9 m erreicht, stammt aus dem späten 16. Jh. Zusammen mit weiteren Türmen, die einstmals im Abstand von 3 km an der süditalienischen Küste standen, diente er zur Sicherung der Küste. War Gefahr im Verzuge, tauchten verdächtige Schiffe am Horizont auf, wurde auf der obersten Plattform des Turms ein Feuer entfacht und so die Bedrohung in Windeseile weitergemeldet.

Schöne Fahrt oberhalb des Meeres nach **Santa Cesarea Terme** das mit stattlichen Kurhotels aufwartet. Ins Auge fällt die Kuppel eines im maurischen Stil errichteten Anwesens, des **Palazzo Sticchi** an der Via Umberto I. (in Privatbesitz). Der Bauherr hatte lange in Nordafrika gelebt und wollte mit dem Palazzo etwas vom morgenländischen Flair nach Südtitalien bringen.

Einen großen **Parkplatz [WP 062/ N40° 1‘ 55.84“ E18° 26‘ 57.86“]** findet man im Südwesten des Ortes bei einer Badelandschaft und gleich daneben auf staubigem Gelände oberhalb der Steilküste bei den Resten eines alten Wehrturmes.

Heute werden in den Thermen von Santa Cesarea neben Wellnessangeboten auch Therapien bei Atemwegserkrankungen, Rheuma, Allergien u. a. angewendet.

PRAKTISCHE HINWEISE – OTRANTO

Informazione Accoglienza Turistica (IAT) [N40° 8‘ 41.19“ E18° 29‘ 30.67“], Piazza Castello, 73028 Otranto, Tel.+39 0836 80 21 27 45. *Geöffnet Mo - Sa 9 - 13 + 16 - 20 Uhr.*

CAMPING

Camping Borgo Mulino d'Acqua [WP 058 / N40° 10‘ 1.74“ E18° 28‘ 34.45“], Via Santo Stefano, Tel. +39 0836 80 21 91; www.mulinodacqua.it/; 1. Juni – 31. Aug.; rund 2 km nördlich von Otranto, beschilderte Zufahrt von der SP366; weitläufiger Olivenhain beiderseits der Zufahrtsstraße, teils parzelliert, in Meeresnähe (Bademöglichkeit, Steilufer mit Seehöhlen); ca. 6 ha – 150 Stpl. + Dau., gute Standardsanitärausstattung. Supermarkt, Restaurant, Waschmaschine, Trockner, der Allgemeinheit zugängl. Schwimmbad, Fahrradverleih, Beachvolleyballfeld, WLAN im Receptionsbereich. V & E für Wohnmobile. Zahlr. Mietbungalows. Bademöglichkeit im Meer.

WOHNMOBIL-STELLPLÄTZE BEI OTRANTO

Wohnmobil-Stellplatz Area Sosta Camper Parco Nelson Mandela [WP 059/ N40° 8‘ 51.93“ E18° 28‘ 52.50“], Via Presbitero Pantaleone. **Zufahrt/Lage:** Westlich von Otranto an der SS16, Einfahrt nahe der AGIP-Tankstelle. **Geöffnet:** Ganzjährig. **Gebühr:** Gebührenpflichtig. **Ausstattung:** Drei durch dichte, hohe Heckenreihen unterteilte, leicht geneigte, geteerte, schattenlose, unbewachte Parkplatzflächen für ca.

20 Wohnmobile. Strom, Wasser, Grauwasserausguss. Von Vorteil ist es, wenn man Räder dabei hat, um von diesem Platz aus zu einer Stadtbesichtigung aufzubrechen, ca. 3-4 km entfernt.

Wohnmobil-Stellplatz Area Camper Agriturismo Due Palme [WP 060 / N40° 11' 26.67" E18° 27' 15.90"], Tel. +39 330 27 64 66; www.parcheggioduepalme.it. **Zufahrt/Lage:** Ca. 5 km nördlich von Otranto, Zufahrt von der Küstenstraße SP366 (Ortranto - Torre dell'Orso). **Geöffnet:** Anf. Juni - Ende Sept. **Gebühr:** Gebührenpflichtig. **Ausstattung:** Langgestrecktes, ebenes Grasgelände mit Laubbaumreihen für 40 Wohnmobile, durch ein Waldstück vom Strand (Sand, Fels) getrennt. Wasser, Strom, WC, Duschen, V & E-Einrichtung, videoüberwacht.

In der Nähe findet man mehrere Strandparkplätze und Agritursimo-Stellplätze.

Wohnmobil-Stellplatz Camper Service Oasy Park [WP 061 / N40° 8' 16.48" E18° 29' 21.17"], Via Renis 8. **Zufahrt/Lage:** Südlich der Stadt und etwas landeinwärts gelegen. Zufahrt von der SS695 Tangenziale Sud. **Geöffnet:** Ganzjährig. **Gebühr:** Gebührenpflichtig. **Ausstattung:** Ebenes, schattenloses, langgestrecktes und eingefriedetes Wiesengelände mit Platz für etwa 50 Wohnmobile. Im hinteren Teil des langen Platzes Baumschatten und Abstellplatz für Boote. Zwischen Friedhof und der Hotelanlage Basiliani Spa & Resort. Wasser, Strom, WC, Dusche (Gebühr), V & E-Einrichtung.

Castro fällt u. a. durch seine mächte Burg auf. Entstanden ist die Festung im 11. Jh. Bei Restaurierungen der Burg stieß man auf Hinweise darauf, dass Castro einstmals aus der römischen Siedlung Castrum Minervae entstanden ist.

Lohnend ist ein Bootsausflug zur **Zinzulusa-Tropfsteingrotte** einer Karstgrotte unterhalb der steilen Uferfelsen am Nordostrand von Castro Marina *(geöffnet Juni - Sept. tgl. 10 - 18 Uhr; Apr. + Mai tgl. 10 - 17 Uhr; Juli + Aug. tgl. 9.30 - 19 Uhr; Okt. - März*

Fällt durch seinen maurischen Baustil auf, der Palazzo Sticchi in Santa Cesarea Terme

tgl. 10 - 16 Uhr; www.grottazinzulusa.it/zinz2b.html#LINKS).

Die Seegrotte ist nicht nur mit Booten sondern auch zu Fuß zu erreichen. Mit dem Auto fährt man bis zum kostenpflichtigen Parkplatz **Parcheggio Zinzulusa [WP 063 / N40° 0' 45.76" E18° 25' 58.12"]** neben dem Schwimmbad Piscina Zinzulusa und dem Ristorante La Zinzulusa. Am Parkplatz kauft man auch die Tickets für den Höhlenbesuch (Führungen, Wartezeiten sind möglich!) und/oder fürs Schwimmbad.

Über einen Treppenweg gelangt man dann hinab zum Meer und unterhalb der steilen Küstenfelsen auf einem schmalen, durch Geländer gesicherten Pfad bis zum Höhleneingang.

In der Höhle geht man von der Eingangshalle, vor der auch die Ausflugsboote anlegen, hinein in die erst 1957 für Besucher zugänglich gemachten Grotta della Zinzulusa.

Der Name der Grotte soll von einem apulischen Dialektwort (zinzuli) für Lumpen, oder Kleiderbündel entlehnt sein. Den Entdeckern der Grotte, die die Höhlen 1793 erstmals begingen, kamen die Tropfsteingebilde wohl wie hängende Lappen oder Lumpenbündel vor.

Die Besucher gehen nach der Eingangshalle durch einen engen, niederen Gang weiter bis zur großen Domhöhle und von dort auf dem gleichen Weg zurück zum Ausgang.

Die wirkliche Ausdehnung der Höhle ist an der Domhöhle aber nicht zu Ende. Die Grotte setzt sich unter dem Meerespiegel noch weiter fort und ist dort nur noch für Höhlentaucher zugänglich.

Wer etwas Zeit mitbringt kann am Höhlenausgang auch eines der Boote besteigen und sich entlang der Küste zu weiteren Seehöhlen fahren lassen.

*ROUTE: Von Castro auf der kurvenreichen Küstenstraße SP358 über **Porto Tricase**, einem hübschen Hafen mit Stadtschlösschen weiter südwärts nach **Marina di Leuca**.*

In der Region um **Marina di Leuca**, einer Küstenstadt am äußersten Südende Apuliens, sollen sich schon in frühgeschichtlicher Zeit Menschen niedergelassen haben, wie Funde in einigen der zahlreichen Seehöhlen an der Küste belegen. Die Menschen der

Der Treppenweg entlang der Küste zur Grotte Zinzulusa

Porto Tricase

damaligen Zeit kamen sich an dem vom Meer umspülten Landvorsprung – hier treffen sich Adriatisches und Ionisches Meer – wohl wie am Ende der Welt vor. Später sprach man vom Cabo Santa Maria di Leuca auch vom „finibus terrae", vom Landende. Davor breitet sich nur noch das damals als unendlich betrachtete Meer aus.

Die wenigen Menschen, die in den späteren Jahrhunderten hier an der Küste lebten wurden immer wieder Opfer von Piraten- und Türkenüberfällen. Dieser Geisel des Mittelalters waren fast alle Orte an der Adriaküste ausgesetzt. In einigen Regionen behalfen sich die Menschen, die es leid waren, ihre Siedlungen immer wieder neu aufbauen zu müssen, damit, dass sie das neue Dorf weiter im Inland errichteten.

In der Gegend um Marina di Leuca und entlang der Adriaküste veranlasste der Adel vor allem im 16. Und 17. Jh. den Bau von Wehrtürmen. Die Besatzungen dort sollten Piratenangriffe melden und den im Mittelalter hier überall marodierenden Räuberbanden das Leben schwer machen. Gefahren konnten durch auf den Türmen entzündete Feuer rasch weitergemeldet werden.

Einer dieser Wehrtürme ist der **Torre dell'Omo Morto [N39° 47' 37.90" E18° 21' 3.72"]** ein gedrungener Turm an der Via Torre an der Küste im Süden der Stadt, der im 16. Jh. errichtet wurde.

Erst im ausgehenden 19. Jh. wurde die hiesige Küste wieder stärker besiedelt. Diesmal waren es aber weniger Fischer, Handwerker oder Bauern, die sich niederließen, sondern es waren wohlhabende Leute aus Apulien, die sich hier ihre Sommervillen, um 1900 gerne im Jugendstil, errichten ließen. Später entwickelte sich ein reger Sommertourismus, der aus Marina di Leuca ein ansehnliches Städtchen werden ließ.

Die Herkunft des Ortsnamens ist übrigens nicht eindeutig geklärt. Man vermutet, dass er mit dem Namen der „weißen Sirene" Leucàsia zusammenhängt. Sirenen sind weibliche, einer Meerjungfrau ähnliche, Fabelwesen der griechischen Mythologie, deren liebste Beschäftigung es war, mit ihrem verführerischen Gesang Seefahrer auf gefährliche Klippen zu locken. Glaubt man einer Legende, dann starb die Sirene Leucàsia nach einer

Blick auf Marina di Leuca vom Santuario Santa Maria aus

unglücklichen Liebschaft. Und ihre Knochen formen angeblich die hellen Klippen von Marina di Leuca.

Einen prächtigen Blick auf die Küste und die Stadt hat man vom erhöht im Nordosten der Stadt gelegenen **Santuario Santa Maria de Finibus Terrae di Leuca [Parkmöglichkeit, WP 064 / N39° 47' 46.49" E18° 22' 4.08"]**. Vor der Marienkirche, einem bekannten Wallfahrtsort in Süditalien, erstreckt sich die weite Piazza Giovanni XXIII mit einer hohen Mariensäule.

Und hinter einer Arkadenreihe sieht man den hohen weißen **Leuchtturm**. Der mehreckige Leuchtturm, eines der Wahrzeichen von Marina di Leuca, ist 47 m hoch, wurde 1864 installiert und gilt als einer der höchsten in ganz Italien.

Die Basilika Santa Maria de Finibus Terrae di Leuca entstand Mitte des 18. Jh. an der Stelle, an der schon in der Antike am – nach damaligen Verständnis – „Ende der Welt" ein Minervatempel und später im 4. Jh. ein christliches Bethaus gestanden haben soll. Der Legende nach soll hier der Heilige Petrus auf einer Reise nach Rom gerastet haben.

An der Westseite der Anlage sieht man noch die Anlage der künstlich angelegten Kaskaden Cascata Monumentale di Leuca, die, wie man hört, bei Stadtfesten gelegentlich noch aktiviert wird.

Die Küstenszenerie ist vor allem am südlichen Kap **Punta Ristola**, dem südlichsten Punkt Apuliens, besonders reizvoll.

An der überaus zerklüfteten Felsküste bei Marina die Leuce findet man viele **Grotten und Seehöhlen**, die mit Ausflugsbooten angesteuert werden. Einige der Grotten können besichtigt werden.

Zu den größeren und bekannteren Seegrotten zählen die **Caverna delle Ossa [N39° 47' 26.16" E18° 20' 43.70"]**, die **Grotta del Diavola [N39° 47' 24.38" E18° 20' 44.47"]** (beschilderter Abzweig von der SP214) oder die Grotte di Ponente. Etwas weiter westlich findet man an der felsigen Steilküste die **Grotta delle Tre Porte [N39° 47' 45.89" E18° 20' 14.85"]**.

Eine andere, allerdings von Menschenhand geschaffene Grotte, ist die **Grotta Porcinara [N39° 47' 31.65"**

E18° 20' 45.28"] die schon in der Antike von Menschenhand in den Kalkfels der Küste gegraben worden sein soll. Im Inneren sind eine Art Altar und Reste von altgriechischen Inschriften zu sehen. Archäologen vermuten, dass der Ort in alten Tagen als Kultstätte genutzt wurde.

CAMPING – SANTA MARIA DI LEUCA /GAGLIANO DEL CAPO

Camping Santa Maria di Leuca [WP 065 / N39° 49' 28.32" E18° 22' 7.89"], Tel. +39 0833 54 81 57; www.campingsmleuca.com/de/; 1. Jan. – 31. Dez.; etwa 3 km nördlich von Marina di Leuca gelegen. Von der Küste SP358 landeinwärts zur SS275 ca. 3,5 km Richtung Maglie bei KM 35,7. Der Platz liegt ca. 3,5 km nördlich von Santa Maria di Leuca und ca. 2 km südlich von Gagliano del Capo. Ebener, erdiger Eukalyptus- und Pinienhain an der Straße SS275, teils etwas beengt durch engstehende Bäume; ca. 4 ha – 200 Stpl.; Standardsanitärausstattung. Laden, Restaurant, Waschmaschine, Schwimmbad, Fahrradverleih, 2 Sportfelder, WLAN. Mietbungalows. V & E für Wohnmobile. Pendelbus zum 2,5 km entfernten Strand.

WOHNMOBIL-STELLPLATZ – MARINA DI FELLONICHE

Wohnmobil-Stellplatz Area di Sosta Attrezzata Marcheddhu Parking Village [WP 066 / N39° 47' 50.00" E18° 20' 1.81"], www.marcheddhu-parking-village.business.site. **Zufahrt/Lage:** An der Küste westlich von Marina di Leuca an der SP214. **Geöffnet:** Mai – Mitte Okt. **Gebühr:** Gebührenpflichtig. **Ausstattung:** Von einer Natursteinmauer umgebenes, zum Meer hin leicht geneigtes gekiestes Gelände mit einzelnen niederen Tamarisken und Pinien. Ca. 20 Stpl., Wasser, Strom, WC, Dusche, V & E. Durch die Küstenstraße vom Meer getrennt.

Der Torre dell'Omo Morto in Marina di Leuca

TOUR 4: MARINA DI LEUCA (APULIEN) – METAPONTO (BASILIKATA)

Länge der Tour: Rund 200 km. Abstecher von Metaponto nach Matera 68 km (einfach).

Die Route: Straße SP214 bis **Torre San Giovanni** – SP221 über **Torre Suda** bis **Gallipoli** – SP286 bis **Porto Cesareo** – SP122 bis **Marina di Pusano** – Landstraße zur SS7 – SS7 bis **Taranto** – SS106/E90 bis Metaponto. **Abstecher von Metaponto** auf der Schnellstraße SS407/E847 und der SS7 nach **Matera** (Basilikata).

Reisedauer: Mindestens ein Tag. Separater Tag für den Abstecher nach Matera.

Abstecher: Von Gallipoli nach **Galatina**. Von Metaponto nach **Matera**.

Alternativroute: Von Taranto über Massafra und Matera nach Metaponto.

Höhepunkte: Hafen, Festung und Altstadt von **Gallipoli** ** – die Altstadt und das Archäologische Museum von **Taranto** ** – der **Heratempel** * bei Metaponto – die **Sassi di Matera** ***.

Was auf der Weiterfahrt auffällt, ist die ziemlich andere Küstenlandschaft. War sie an der Ostseite südlich von Otranto bis Marina di Leuca felsig, zerklüftet und oft auch steil, ist die Westküste am Golfo di Taranto weniger buchtenreich und oft mit langen Sandstränden versehen, wie z. B. bei Pescoluse, Torre San Giovanni oder in

der Bucht vor Gallipoli um Baia Verde. Die schöne Meeresgestade bei Riva di Ugento sind Teil des Parco Naturale Regionale Litorale di Ugento.

Die Badesaison beginnt spätestens dann, meist Ende Mai, Anfang Juni, wenn die Stranddiscos bis in die frühen Morgenstunden öffnen und die Strände bedeckt sind mit einem dichten Wald

CAMPING - UGENTO

Camping Resort Riva di Ugento Beach [WP 067 / N39° 52' 23.9" E18° 08' 32.6"], Contrada Fontanelle, Tel. +39 08 33 93 36 00; www.rivadiugento.it; 20. Mai – 2. Okt.; beschilderte Zufahrt von der Küstenstraße SP274 (Gallipoli – Marina di Leuca); weitläufiges, unübersichtliches, naturbelassenes Gelände, teils in niederem Buschwald, teils Pinienwald, oft unebene Stellplätze. Viele Stellplätze sind wegen niederer Bäume und Äste nur schwer zugänglich. Zum Meer hin Dünen vorgelagert; ca. 30 ha – 1.000 Stpl.; gute Standardsanitärausstattung. Supermarkt, Imbiss, Restaurant, Schwimmbad, Sportmöglichkeiten, Fahrradverleih, V & E für Wohnmobile, zahlr. Mobilehomes und Mietcaravans. Langer, breiter Sandstrand.

Große, kommerzielle Ferienanlage mit großem Sicherheitsschwerpunkt: Am Checkpoint der Wachmannschaft Ausweiskontrolle und Abgabe der Ausweise aller Mitreisender! Ausgabe einer Nummer. Anmeldung in der Rezeption. Dann Halten an einem bestimmten zugewiesenen Punkt. Wird dieser Punkt nicht exakt eingehalten, wird man zurechtgewiesen! Warten auf einen Einweiser. Einweiser führt einen zu dem zugewiesenen Platz. Viel Kontrolle, aber offenbar unprofessionelles Management. Unsere Ausweise waren bei Abreise zunächst nicht und erst nach längerer Sucherei wieder auffindbar!

WOHNMOBIL-STELLPLATZ - TORRE SAN GIOVANNI

Wohnmobil-Stellplatz Area Sosta Camper Pista Salentina [WP 068 / N39° 53' 21.91" E18° 7' 53.83"]; Tel. +39 0833 93 13 11; http://www.pistasalentina.it/area-camper/. **Zufahrt/Lage:** Östlich von Torre San Giovanni beim Ristorante Morfeo und der Gokartbahn, Zufahrt von der SP91 (Torre San Giovanni – Pescoluse). **Geöffnet:** 1. Juni - 1. Okt. **Gebühr:** Gebührenpflichtig. **Ausstattung:** Fast schattenloses, teils von Hecken begrenztes erdiges Stellplatzareal für ca. 20 Wohnmobile, befestigte Platzwege, in ländlicher Umgebung, hinter einer großen, geräuschvollen Gokartbahn-Anlage, in Meeresnähe; Wasser, Strom, WC, Dusche (Gebühr), V & E, Platzbeleuchtung.

von überaus exakt ausgerichteten bunten Sonnenschirmen, die Strandbesucher dann mieten können.

*ROUTE: Auf dem Weg über die Küstenstraße SP214/SP91 nach Nordwesten passiert man herrlich lange Sandstrände bei Marina di Pescoluse oder beim Torre San Giovanni. Man kommt vorbei am Torre Suda, bei Mancaverso an einer großen Ansammlung von Ferienhäusern, später am Camping Baia di Gallipoli und an der langen Sanbucht bei Torre del Pizzo und Baia Verde, bevor man nach rund 25 km schließlich **Gallipoli** erreicht.*

Gallipoli am Golf von Tarent ist die „schöne Stadt", wie erste griechischen Siedler früher ihre Stadt nannten. Im dritten vorchristlichen Jahr-

Gallipolis Hafenfestung

hundert dann hatten die Römer das Sagen in Gallipoli. Sie machten aus Gallipoli einen strategisch wie wirtschaftlich wichtigen Hafen.

Nach den Römern sah auch Gallipoli, wie viele andere Städte und Regionen in Süditalien auch, eine häufig wechselnde Reihe von Herrschern, von den Langobarden über die Byzantiner, Normannen und Staufer bis hin zu den aus Frankreich stammenden Anjou. Und ausgangs des 15. Jh. bemächtigte sich Venedig der Stadt und ihres wichtigen Hafens.

Der alte Stadtteil von Gallipoli, das **Centro Storico**, mit seinen engen, verwinkelten Gassen und Straßen, deren Charme schon etwas verwelkt wirkt, liegt auf einer Insel, die mit der Straßenbrücke Ponte Papa Giovanni Paolo II. aus dem 17. Jh. mit der Neustadt verbunden ist. Die Altstadt auf der Insel ist „zona traffico limitato", für den allgemeinen Autoverkehr also gesperrt.

Parken – Am Südwestrand von Gallipolis Neustadt findet man an der Piazza Malta **Parkplätze [WP 069 / N40° 3' 17.90" E17° 58' 59.96"]** mit Parkuhren mit ungewohnter Bedienung. Zuerst gibt man nur die Zahlen des eigenen Autokannzeichens ein, dann wirft man die Münzen ein und zieht das Parkticket. Die Parkplätze liegen ganz in der Nähe des Fischereihafens, der Fontana Greca und der Brücke zur Altstadt mit Kastell.

An den Kaimauern des Fischereihafens sieht man, wie in alten Tagen, auch heute oft noch Fischer vor einem Berg von Netzen sitzen, die zu reparieren sind, nachdem der Trubel des frühmorgendlichen Fischmarkts vorüber ist.

Die **Fontana Greca [N40° 3' 21.07" E17° 58' 51.80"]** oder auch „fontana ellenistica" am Fischereihafen und kurz vor der Brücke zur Altstadtinsel weist – leider schon arg verwittert – Reliefs auf, die Szenen aus der griechischen Mythologie darstellten.

Der ehemalige Brunnen entstand Mitte des 16. Jh. Damals setzte man antike Reliefs, die drei mythologische Metamorphosen (Verwandlung auf Grund von Verwünschungen von Gottheiten oder Menschen in Tiergestalten oder in Gewässer) zeigen, zu einer Brunnenwand zusammen.

Dominierend fällt auf der anderen Seite des Fischereihafens, auf der Alststadtseite, die wehrhaften Mauern der **Hafenfestung Castello Angionino [N40° 3' 21.13" E17° 58' 44.21"]** an der Piazza Matteo Renato Imbriani, gleich neben der einladenden Markthalle (Restaurants) auf.

Karl I. von Anjou veranlasste im 15. Jh. den Bau des mächtigen Kastells, der im Grunde die Erweiterung einer staufischen Festung war. Die trutzige Anlage, in der heute u. a. wechselnde Ausstellungen gezeigt werden, kann besichtigt werden *(geöffnet tgl. a. Mo 10 – 18 Uhr)*.

Nicht weit westlich vom Kastell entfernt liegt mitten im Centro Storico an der Via Antonietta de Pace/Ecke Via Duomo die **Basilica di Sant'Agata [N40° 3' 17.03" E17° 58' 34.55"],** die Kathedrale von Gallipoli. Sie stammt aus dem 17. Jh., ist im Barockstil errichtet, weist eine viel dekorierte Westfassade auf und ist der Heiligen Agatha von Catania geweiht. Das Kircheninnere ist reich mit Decken- und Wandgemälden versehen. Beachtung verdient auch das Chorgestühl.

Das **Museo Diocesano di Gallipoli [N40° 3' 18.07" E17° 58' 37.07"]**, liegt neben dem Dom in der Via Antonietta de Pace 51, *(geöffnet Juni - Sept. Di - Fr 10.30 - 13 + 17.30 - 21 Uhr, Sa + So 10.30 - 13 + 17.30 - 21.30 Uhr,; Okt. - Mai Di - Do 9.30 - 13 Uhr, Fr + Sa 9.30 - 13 + 16 - 19 Uhr, So 16 - 19 Uhr; www.museodiocesanogallipoli.it/en/the-museum)*. Zu sehen sind auf mehreren Etagen kostbare Messgewänder, liturgische Gegenstände, Gemälde, historische Grab- und Gedenksteine, Glocken und kunstvoll aus Pappmaché gefertigte Figuren.

Geht man vom Dom die Via Antonietta de Pace weiter nach Westen, kommt man wenig später zur linkerhand gelegenen (Hausnummer 87) zur **Frantoio Oleario Ipogeo di Palazzo Granafei [N40° 3' 16.56" E17° 58' 31.02"]**, einer untertage gelegenen Ölmühle *(geöffnet Sommerhalbjahr tgl. 9 - 13 + 17 - 22 Uhr; www.gallipolisalento.it/frantolo-oleario.ipogeo/)*. Die niedrigen Räume wurden aus dem Felsen unter dem Palazzo gehauen. Man sieht große, handbetriebene Mühlsteine zum Zerkleinern der Oliven, Ölpressen, Auffangbecken für das Olivenöl und andere Arbeitsutensilien, mit denen sich Tagelöhner in den fensterlosen Höhlen abmühen mussten.

Schräg gegenüber vom unterirdischen Ölmuseum findet man das **Museo Civico Amanuele Barba [N40° 3' 17.01" E17° 58' 31.33"]**, Via Antonietta de Pace 108. Ausgestellt sind archäologische Funde aus der Antike (Amphoren, Keramiken) sowie Präparationen prähistorischer Tiere.

Geht man weiter nach Westen bis zur Uferstraße Riviera Nazario Sauro ganz am Westrand der Altstadt und wendet sich dort nach rechts (nordwärts) kommt man zum langen **Spiaggia della Puritate**, dem Stadtstrand von Gallipoli in einer weiten halbmondförmigen Bucht.

Zu den traditionellen Stadtfesten in Gallipoli zählt z. B. die **Prozession auf dem Meer**, die jedes Jahr am 24. Ju-

PRAKTISCHE HINWEISE – GALLIPOLI

Ufficio di Informazioni e Accoglienza Turistica Gallipoli (IAT) [N40° 3' 19.22" E17° 58' 51.16"], Piazza Aldo Moro, 73014 Gallipoli, Tel: +39 0833 26 25 29.

CAMPING

Die Campingplätze um Gallipoli werden in der Sommersaison stark besucht.

Baia di Gallipoli

Camping Baia di Gallipoli Resort [WP 070 / N39° 59' 55.42" E18° 1' 33.50"] Tel. +39 0833 27 32 10; www.baiadigallipoli.com; 27. Mai – 30. Sept.; etwa 8 km südlich von Gallipoli, Zufahrt von der SP215 (Gallipoli – Leuca); fast ebenes, weitläufiges, oft naturbelassenes, landeinwärts langgestreckte Campinggelände mit Baumschatten (Olivenhain, Pinien) und Mattendächern, in ländlicher Umgebung östlich des Naturparks Punto Pizzio, nicht direkt am Meer; ca. 30 ha – 350 Stpl. + zahlr. Dau.; gute Standardsanitärausstattung. Supermarkt, Imbiss, Restaurant, Waschmaschine, Schwimmbad, Fahrradverleih, WLAN. Diskothek. Mietmobilheime/Bungalows. Von der Küstenstraße über einen Feldweg zum Meer (großer Parkplatz), schmaler Strand am Lido Punta della Suina (steinige Küste) vor einem Piniengürtel.

Gallipolli

Camping Agricampeggio & Glamping Torre Sabea [WP 071 / N40° 4' 22.05" E18° 0' 22.79"], Tel. +39 34 69 47 35 65; www.torresabea.it/de/; 1. Jan. – 31. Dez.; Zufahrt nördlich von Gallipoli von der Küstenstraße SS108 (Gallipoli – Sta. Maria al Bagno); überschaubare, relativ einfache Campinganlage; 3 ha – 50 Stpl. + Dau.; Laden, Imbiss, Waschmaschine, Trockner, WLAN. Mietbungalows, Komfortzelte; über die Küstenstraße zum Meer. Landeinwärts grenzt die Badelandschaft des Acquaparks an.

Rivabella di Gallipoli

Camping La Masseria [N40° 4' 26.92" E18° 0' 32.23"], Via Tenuta di Torre Sabea, Tel. +39 0833 20 22 95; https://www.lamasseria.net/; 1. Jan. - 31. Dez.; Zufahrt von der SS101 (Lecce - Gallipoli) bei KM 34,5 ca. 3 km nördlich von Gallipoli, neben dem Splash Acquapark gelegen. Ebenes, sandiges Gelände mit Pinien- und Eukalyptusbäumen und einige Schattendächer ; 20 ha – 330 Stpl.; gute Standardsanitärausstattung. Laden, Restaurant, Waschmaschine, Fahrradverleih, Beachvolleyballfeld, WLAN. V & E für Wohnmobile. Zahlreiche Mietbungalows. Dazu gehörendes Weingut, Busshuttle nach Gallipoli, freier Eintritt in einige Museen in Gallipoli. Nebenan große Badelandschaft

Camping La Vecchia Torre [WP 072 / N40° 4' 57.30" E18° 0' 39.47"], Tel. +39 0833 20 90 83; http://www.lavecchiatorregallipoli.com/de/; 19. Mai – 30. Sept.; nördlich von Gallipoli; Zufahrt an der SP108 (Gallipoli – Sta. Maria al Bagno); weitläufiges Gelände unter hochstämmigen Pinien, beiderseits der Küstenstraße, neben einer großen Badelandschaft (Acquapark) ; ca. 8 ha – 300 Stpl.; gute Standardsanitärausstattung. Laden, Restaurant, Waschmaschine, Trockner,Faherradverleih, Beachvolleyballfeld, Inigolf, WLAN. V & E für Wohnmobile. Zahlr. Mietbungalows.

WOHNMOBIL-STELLPLATZ

Baia di Gallipoli

Wohnmobil-Stellplatz Area Sosta Camper Nuovi Orizzonti [WP 073 / N40° 0' 16.18" E18° 1' 57.51"], Strada Vicinale L'Ariò. **Zufahrt/Lage:** Etwa 9 km südlich von Gallipoli, Abzweig von der SP221, Zufahrtsstraße unbefestigt. Hinter Camping Baia di Gallipoli Resort gelegen. **Geöffnet:** Ganzjährig. **Gebühr:** Gebührenpflichtig. **Ausstattung:** Fast ebener, eingefriedeter Platz, nicht direkt am Meer, ca. 35 Stellplätze unter hochstämmigen Nadelbäumen, bei einem Privatanwesen. Wasser, Strom, WC, Dusche, V & E. Transport zum Strand.

Rivabella di Gallipoli

Wohnmobil-Stellplatz Area Sosta Camper Campo delle Bandiere [N40° 5' 56.73" E18° 0' 58.72"], Zona Padula Bianca, Tel. +39 380 41 14 137; www.campodellebandiere.it/de/. **Zufahrt/Lage:** Von Gallipoli auf der Strandstraße SP108 ca. 5 km nordwärts. Sandiges, ebenes Gelände, schattig durch niedere Bäume, zwischen Straße und Sandstrand. **Geöffnet:** Mai - Sept. **Gebühr:** Gebührenpflichtig. Extragebühr für Strom, Wasser und Abwasser.**Ausstattung:** Wasser, Strom, Duschen, WC, V & E-Einrichtung, Kiosk-Bar.

Wohnmobil-Stellplatz Area Sosta Camper Sisa Gallipoli [WP 074 / N40° 3' 17.15" E17° 59' 48.28"], Via Cimitero. **Zufahrt/Lage:** Am Ostrand der Innenstadt von Gallipoli, an der Hauptstraße Via Francesco Zacà (SS274), Ecke Via Cimiterio. **Geöffnet:** Ganzjährig. **Gebühr:** Gebührenpflichtig. **Ausstattung:** Großer, ebener, schattenloser, befestigter Parkplatz vor dem Friedhof Cimiterio Comunale di Gallipoli und neben dem Supermarkt Sisa. Keine wohnmobilspezifischen Einrichtungen! Bushaltestelle vor dem Parkplatz.

Santa Maria al Bagno

Wohnmobil-Stellplatz Area Sosta Camper Mondonuovo [WP 075 / N40° 7' 47.76" E17° 59' 52.82"], Via dei Benedettini. **Zufahrt/Lage:** Mitten im Ort, unweit östlich des Stadtstrandes Spaggia di Santa Maria al Bagno. **Geöffnet:** Ganzjährig. **Gebühr:** Gebührenpflichtig. **Ausstattung:** Ebener, schattenloser, asphaltierter Parkplatz. Außer Wasserhahn keine Einrichtungen.

Rivabella bei Gallipoli

li zu Ehren der Heiligen Christina, der Schutzpatronin der Stadt, stattfindet.

Abstecher nach Galatina

Galatina im Zentrum des Südteils des Salento liegt rund 25 km nordöstlich von Gallipoli.

Auch Galatina (Markttag: Donnerstag) ist eine griechische Gründung. Heute ist das Städtchen ein Zentrum

Wie von der Tarantel gestochen

„Wie von der Tarantel gestochen" gilt als eine volkstümliche Bezeichnung für Menschen, die sich überaus schnell, ja unkontrolliert bewegen.

Woher kommt dieser Ausspruch? Und warum wird hier darauf verwiesen?

In Italien gibt es einen sehr beliebten Volkstanz, die „Tarantella" oder „Pizzica Taranta". Eine der vielen Erklärungen über die Herkunft des Volkstanznamens ist, dass sich der Tanz aus einer antiquierten Behandlungsmethode nach einem Biss durch Taranteln (Apulische Tarantel aus der Familie der Wolfspinnen) entwickelt haben soll. Die Tarantela-Spinne kommt in Apulien, in Süditalien und im ganzen Mittelraum vor.

Tarantismus, das Krankheitsbild mit Vergiftungserscheinungen und Fieber nach einem Tarantelbiss, soll sich früher, vor der Zeit der modernen Medizin, angeblich in hysterischem Gebaren des Patienten geäußert haben. In manchen Gegenden sprach man dabei auch vom „Veitstanz". Und in der Gegend um Tarent (Taranto) soll vor allem um das 16. Jh. und besonders bei Frauen vermehrt Tarantismus aufgetreten sein. Kein Wunder, schließlich waren es vor allem Frauen, die Feldarbeit verrichteten und so am ehesten einen Biss von einer Tarantel davontrugen, was angeblich vor allem zur Erntezeit geschehen ist.

Die Doctores der damaligen Zeit folgten gerne dem im Volk verbreiteten Aberglauben und verschrieben den Erkrankten „wildes Tanzen" als Behandlungsmethode. Durch den Schweiß glaubte man, dass das Tarantelgift aus dem Körper zu entfernen sei und die Genesung beschleunigt würde. Es soll spezielle Musikgruppen gegeben haben, die die Erkrankten aufsuchten und mit ihren Musikstücken und mit Tamburin, Gitarre und Geige dem Patienten zu einem „wilden Tanz" verhalfen.

Und aus diesem „wilden Tanzen" soll sich der Tanz „Tarantella" (auch „pizzica") im Laufe der Zeit entwickelt haben. Heute bewegen sich die Tänzer aber keineswegs „wie von der Tarantel gestochen", die Tanzschritte sind zwar schnell, aber dennoch elegant und anmutig.

Heute weiß die Wissenschaft längst, dass Tarantelbisse, die „hysterisches Gebaren" hervorrufen, in das Reich des Aberglaubens und der Legenden gehören. Jedenfalls ist heute nachgewiesen, dass ein Trantelbiss zwar schmerzhaft sein kann, aber gewiss nicht der Auslöser für „wildes Tanzen" ist. Mitunter wird auch der giftige Biss der Europäischen Schwarzen Witwe für einen Tarantelbiss gehalten.

Übrigens in den letzten Junitagen werden beim Peter-und-Pauls-Fest in Galatina in der „Notte della Taranta" an die Herkunft des Tanze Tarantella erinnert.

Wenn Sie des Italienischen mächtig sind, lohnt ein Besuch im **Museo Centro Sul Tarantismo** an der zentralen Piazza Dante Alighieri/Corso Porta Luce. Dort erfahren Sie anhand von Bilddokumenten noch mehr über den Tarantismus (*geöffnet Di – Sa 10 – 12 Uhr, 17 – 19 Uhr; ob das Museum an dieser Stelle weiter existieren wird, war bis Drucklegung dieser Ausgabe leider nicht verlässlich in Erfahrung zu bringen!*).

der Weinproduktion. Ein feiner Tropfen aus der Gegend ist z. B. der „Galatina Rosso".

In früheren Zeiten hatten die Herren des Hauses Orsini das Sagen in Galatino.

Ein Spross des Hauses, Raimondello del Balso Orsini, Fürst von Tarent, veranlasste ausgangs des 14. Jh. u. a. den Bau der **Kirchen Santa Caterina d'Alessandria [N40° 10' 21.18" E18° 10' 27.92"]**, die im gotischen Stil an der Piazzetta Raimondello Orsini erbaut und zur Grabkirche einiger Mitglieder der Orsini wurde.

Das Kircheninnere ist seit dem 15. Jh. komplett mit Fresken ausgemalt, die Szenen und Motive aus dem Alten und aus dem Neuen Testament, der Apokalypse, der Passionsgeschichte und aus dem Leben der hl. Katharina von Alexandria zeigen. Dazu wurden eigens Künstler aus Vendedig und Neapel nach Galatina beordert. Heute sind die Fresken eine der großen Sehenswürdigkeiten in Galatina.

Der Kirche ist ein Klosterhof und das **Basilikamuseum** angeschlossen *(geöffnet tgl. 8.30 - 12.30 + 16 - 18.45 Uhr)*.

Aber schon das romanische **Portal** an der Westseite ist bemerkenswert. Es ist eingerahmt von einem reich mit Ornamenten verzierten Bogen und wird von zwei schlanken Säulen flankiert, die von Greifen abgeschlossen werden, die ihrer Köpfe beraubt sind. Über der Tür Christus und die zwölf Apostel.

Noch bekannter ist Galatina als Herkunftsort des von schnellen Musikweisen und Tamburins begleiteten Volkstanzes **Tarantella** (siehe auch Text im Kasten „Wie von der Tarantel gestochen").

Der Tanz wurde in ganz Süditalien bald so beliebt, dass in jeder Region eigene Varianten des Tarantella-Tanzes entstanden. So kennt man eine Tarantella del Gargano oder eine Tarantella Lucana, die man in der Basilikata tanzt. Und unter den sizilianischen Volkstänzen gibt es die Maranzanata malandrina oder die Quadriglia, beides Varianten des Tarantella-Tanzes.

Am 28. und 29. Juni ist in Galatina anlässlich des Peter-und-Pauls-Festes u. a. auch der Volkstanz Tarantella zu sehen.

HAUPTROUTE

ROUTE: Von Gallipoli auf der küstennahen Straße SP286/SP122 über ***Porto Cesareo*** *(30 km) und* ***San Pietro in Bevagna*** *bis* ***Marina di Pulsano*** *(41 km). Dort nordwärts zur SS7 (ca. 12 km), der wir westwärts nach* ***Taranto*** *folgen (ca. 13 km).*

Der Küstenstrich hier ist bei Einheimischen ein überaus beliebter Aufenthaltsort im Sommer. Der Verkehr kann in den Küstenorten dann zeitweise chaotische Ausmaße annehmen. In manchen engen Ortsdurchfahrten geht dann nichts mehr. Manche Gemeinden begegnen den Verkehrslawinen aus Pkws, Caravans und Wohnmobilen damit, dass sie kurzerhand ihre Ortsdurchfahrten sperren. Vor allem in der Zeit von Mitte Juli bis Mitte/Ende August sollten Sie mit solchen Behinderungen rechnen.

Auf dem Weg von Gallipoli nach Porto Cesareo passiert die Straße SP286 die **„Riviera Nardò"** und bei Santa Catarina den **Parco Naturale Regionale di Porto Selvaggio e Pelude del Capitano**. Das ausgedehnte Waldgebiet mit Kiefern, Pinien, Eukalyptus und Macchia erstreckt sich bis an die felsige Küste. An der Küste finden sich Seegrotten wie die Grotte Verde und die Grotta Gaia am Südrand des Parks, oder die Grotta del Cavallo weiter nördlich, die beliebte Ziele von Tauchern und erfahrenen

Torre Uluzzo an der Küste bei Porto Cesareo

CAMPING

Torre Lapillo bei Porto Cesareo

Camping Torre Castiglione [WP 076 / N40° 17' 31.13" E17° 49' 5.48"], Via Torre Colimena, Tel. +39 0833 56 54 62; www.torrecastiglione.it; 3. Juni – 7. Sept.; westlich von Torre Lapillo, bis fast an den Strand reichender Campingplatz zwischen Küstenstraße SP340 und Meer, am Strand kleine Bungalowsiedlung, Schatten vielfach durch Mattendächer; ca. 5 ha – 250 Stpl., gute Standardsanitärausstattung. Supermarkt, Restaurant, Waschmaschine, Minigolf, WLAN, V & E für Wohnmobile, Beachvolleyballfeld. Zahlreiche Mietcaravans. Kleine, von Steinen begrenzte Sandbucht.

WOHNMOBIL-STELLPLÄTZE

Torre Lapillo bei Porto Cesareo

Wohnmobil-Stellplatz Area Sosta Camper Santa Chiara-Porto Cesareo [WP 077 / N40° 17' 27.46" E17° 52' 4.26"], Tel. +39 392 081 61 55; www.sostacampersantachiara.it. **Zufahrt/Lage:** Nordöstlich von Torre Lapillo an der SP359 (Nardó-Avetrana). **Geöffnet:** Juni - Sept. **Gebühr:** Gebührenpflichtig. **Ausstattung:** Ebenes, erdig-steiniges, eingezäuntes Gelände mit weit auseinander stehenden Pinien und Laubbäumen. Ca. 110 Stellplätze. Bar/Cafeteria, Strom, Wasser, Duschen, WC, Waschmaschinen, Chemikaltoiletten- und Grauwasserausguss, WLAN.

Wohnmobil-Stellplatz Area Sosta Camper Caliente Azul [N40° 17' 13.44" E17° 51' 25.17"], Via Torre Lapillo. **Zufahrt/Lage:** Östlich des Zentrum von Torre Lapillo an der SP340 (Via Torre Lapillo). Schattenloser Parkplatz für 20 Wohnmobile. **Geöffnet:** Anf. Juli - Anf. Sept.. **Gebühr:** Gebührenpflichtig. **Ausstattung:** Außer Wasser und dusche keine Einrichtungen. Nahegelegener Strand.

San Pietro in Bevagna

Wohnmobil-Stellplatz Area Sosta Camper Brezza di Mare [WP 078 / N40° 18' 15.34" E17° 41' 28.64"], Via Litoranea Salentina SP122, Tel.

+39 392 54 85 629; www.brezzadimarecamper.it. **Zufahrt/Lage:** Via Litoranea Salentina (SP122). **Geöffnet:** 15. Mai – 15. Okt. **Gebühr:** Gebührenpflichtig, Gebühr inkl. V&E. Teurere Gebühr an Wochenenden und höherer Preis für Womos über 9 m Länge. **Ausstattung:** Langestreckter, eingezäunter, ebener, gekiester, schattenloser Platz für ca. 50 Wohnmobile, videoüberwacht. Strom (Gebühr), Wasser, V&E-Station, WC, Duschen mit Münzautomat, Cafeteria. Über die Uferstraße SP122 zum langen, schmalen Sandstrand.

Schnorchlern sind. Darüber hinaus wird der Naturpark von Wanderwegen durchzogen.

Markant über der zerklüfteten Felsküste im nördlichen Bereich des Parks ist der **Torre Uluzzo [N40° 9' 35.2" E17° 57' 27.4"]** an einem im Sommer viel besuchten Felsstrand. Von der SP286 führt gegenüber des Restaurants „Ficodindia" ein Fußweg zum nahen halb verfallenen Turm.

Porto Cesareo, ein Küstenstädtchen mit kaum 6.500 Einwohnern, war zur Römerzeit von gewisser strategischer Bedeutung und ist heute vor allem bei Tauchern beliebt und bekannt. Grund ist die Area Marina Protetta di Porto Cesareo, die schon vor Jahren dazu eingerichtet wurde, um Flora und Fauna in den Meeresgewässern vor Porto Cesareo zu bewahren.

Sandstrände in geschützten Buchten findet man auch etwas weiter nördlich bei Scala di Furno und bei Torre Lapillo. Alternativroute

Alternatiroute
Taranto - Massafra - Matera

Taranto (deutsch Tarent; Markttage: Montag und Freitag).

Auf den ersten Blick präsentiert sich Taranto, die „Stadt der zwei Meere" mit seinen annähernd 200.000 Einwohnern eher als Industriestadt. Werftindustrie war hier lange der große Arbeitgeber. Heute tut sich Taranto auch als wichtiger Containerumschlaghafen und Marinestützpunkt hervor. Am Westrand der Stadt sieht man riesige Raffinerieanlagen. Wenn man sich aber bis zur Città Vecchia vorgearbeitet hat, ändert sich das Bild positiv.

Taranto, das antike *Taras*, im 8. vorchristlichen Jahrhundert von griechischen Kolonisten gegründet, war schon zu Zeiten von Magna Graecia ein bedeutendes Zentrum des Handels, das seine Lage zwischen den Meeren klug nutzte.

Ende des 3. Jh. eroberten Römer die Stadt, die sie *Tarentum* nannten.

Im Laufe der Jahrhunderte sah Taranto viele Herren – Sarazenen, Normannen, Staufer, Fürsten aus dem Hause Anjou und schließlich Aragoner. Später, zu Beginn des 19. Jh., als Napoleons Schwager Joachim Murat das Sagen über das Königreich Neapel und damit über ganz Süditalien hatte, wurde Taranto wichtige Marinebasis, die es bis heute blieb.

Parkplätze auf der Altstadtinsel findet man am ehesten noch auf dem **Parcheggio San Giuseppe [WP 079 / N40° 28' 35.04" E17° 13' 52.02"]** am Nordrand der Altstadt an der Via G. Garibaldi am Lungomare vor dem Fischerhafen. Vor allem im Mare Piccolo nordöstlich der Altstadt werden in größerem Stil Muscheln gezüchtet.

Vom Parkplatz vor dem Fischereihafen führt die Treppengasse Vicolo Vianuovo hinauf ins Altstadtzentrum zur Via Duomo und rechts zum Dom.

Tarentos Altstadt Città Vecchia liegt auf der langgestreckten Insel Isola del Borgo Antico zwischen den Lagunen des Mare Piccolo im Osten und dem Mare Grande, einem durch schmale Landzungen geschützten

Meeresarm des Golfo di Taranto, im Westen der Stadt.

Gleich an der Südostecke der Altstadt sieht man an der Drehbrücke **Ponte Girevole „San Franceso da Paola" (2)**, dem einzigen Straßenzugang zur Altstadt von Osten her, das **Castello Aragonese (3)**. Friedrich I. von Aragonien hatte die Festung im 15. Jh. errichten lassen. Die eiserne Drehbrücke stammt übrigens aus dem Jahre 1887. Sie wurde notwendig, als der Kanal vom Golfo di Taranto ins Mare Piccolo durchstochen wurde.

Zu besichtigen ist das Kastell auf Führungen, die kostenlos sind und ab 9.30 Uhr etwa alle zwei Stunden starten. Die Führungen sind in Italienisch und zeitweise auch in Englisch.

Startpunkt ist das **Touristeninformationsbüro (1)**, das praktischerweise im Castello Aragonese untergebracht ist.

Nicht weit vom Castello entfernt, in der Südosthälfte der Altstadt Borgo Antico sind die dürftigen Reste eines **Tempio dorico (4) [N40° 28′ 25.92" E17° 13′ 59.37"]**, zu sehen, der in den Anfängen der Stadt um das 6. vorchristliche Jahrhundert entstand. Als um 1975 hier die ehemalige Casa Mastronuzzu und die angrenzende Dreifaltigkeitskirche niedergerissen wurden, kamen diese beiden dorischen Säulen wieder zur Geltung.

Von Bedeutung in der Altstadt ist der **Dom San Cataldo (5) [N40° 28′ 33.15" E17° 13′ 44.67"]**, *geöffnet tgl. 8.30 - 12.45 + 16.30 - 19.30 Uhr. Keine Besichtigungen während der Gottesdienste.*

Der Dom liegt mitten in der verwinkelten, ziemlich marode wirkenden Altstadt von Taranto an der Via Duomo und stammt ursprünglich aus dem späten 11. Jh., wurde aber im Laufe der Jahrhunderte mehrfach umgebaut und erweitert. In der Zeit zwischen dem 17. und 18. Jh. wurden Teile der Basilika im Stil des Barock umgebaut. Beachtung im Dom verdienen die Marmorsäulen, die das Mittelschiff tragen und die Krypta des Doms, in der Sarkophage berühmter Persönlichkeiten der Region zu sehen sind.

Die Domfassade im Barockstil an der Piazza Duomo zeigt ein relativ

In Tarantos Altstadt Cità Vecchia

*TARANTO – **1** Information – **2** Ponte Girevole – **3** Castello Aragonese – **4** Tempio dorico – **5** Dom San Cataldo – **6** Chiesa di San Domenico Maggiore – **7** Museo Ipogeo Spartano di Taranto – **8** MARTA-Museo Archeologico Nazionale, Chiesa San Pasquale*

schlichtes Portal, das von zwei Nischen mit Statuen der Heiligen Markus und Petrus flankiert wird. Darüber ein Fries, ein Fenster mit floralem Schmuck und abermals zwei Nischen mit den Heiligen Irene und Rocco. Und über dem Fenster schließlich der Schutzpatron San Cataldo im Bischofsornat.

San Cataldo (Cataldus) war ein aus Irland stammender Priester bzw. Ordensmann, der im 7. Jh. eine Wallfahrt ins Heilige Land unternahm. Auf seiner Rückreise kam er nach Taranto, wo er zum Bischof geweiht wurde und in einem Gotteshaus an der Stelle des heutigen Doms seine letzte Ruhestätte fand.

Mehrfach wurde dieser Kirchenbau während Sarazenenattacken zerstört. Das Grab des Bischofs Cataldo geriet in Vergessenheit.

Als dann ausgangs des 11. Jh. mit dem Bau des heutigen Doms begonnen wurde, fand man auch das Grab Cataldos wieder, der nach Fertigstellung des Dombaus zum Schutzpatron des Doms und der Stadt Tarento erkoren wurde.

Eine große Silberstatue des Heiligen wird im Dom in einer wunderbar mit Marmor ausgekleideten Seitenkapelle aufbewahrt. Die Kapelle zählt zu den schönsten Barockkapellen in Apulien. Die Statue wird jedes Jahr in einer feierlichen Prozession durch die Gassen der Altstadt getragen.

Vor allem in Süditalien wird der hl. Cataldo noch heute verehrt. Außer in Taranto ist San Cataldo Schatzpatron von Carato (Apulien), Carati (Kalabrien) sowie einiger Städte der Regionen Basilikata, Kampanien und auf Sizilien.

Beeindruckend ist das Innere der langgestreckten, dreischiffigen Basilika mit schöner Kassettendecke, Resten von Bodenmosaiken und Fresken aus dem 13. und 15. Jh. – dargestellt sind u. a. der hl. Cataldo, Maria Magdalena und die hl. Maria –mit sehenswerter Altarapsis und der prächtig gestalteten San Cataldo Kapelle mit einem monumentalen ovalen Deckenfresko darüber. Das Deckenfresko „Die Herrlichkeit des San Cataldo" ist ein Werk von Paolo de Matteis, der es zu Beginn des 18. Jh. schuf.

In der Nähe der kleinen Kuppel über der Vierung des alten Kirchenteils findet man den Zugang zur Krypta, deren Gewölbe auf relativ niederen Säulen ruht.

Der Dom San Cataldo in Tarantos Altstadt

Ein weiteres bemerkenswertes Gotteshaus in der Città Vecchia ist die **Chiesa di San Domenico Maggiore (6) [N40° 28' 39.59" E17° 13' 36.21"]** unweit vom Dom an der Nordwestseite der Altstadt. Ins Auge fällt an dem Bau aus dem 11. Jh. die monumentale barocke Freitreppe, die hinauf zum Portal führt.

Und an der Westseite der Altstadt, unmittelbar an der Uferstraße Corso Vittorio Emanuele II., liegt das **Museo Ipogeo Spartano di Taranto (7) [N40° 28' 28.30" E17° 13' 48.51"]**, *nur So 11 - 12 geöffnet.*

Hier findet man Zugang zu Gewölben unter dem ehemaligen Palais der Familie Ipogeo Bellacicco, die einen unterirdischen direkten Zugang zum Meeresufer haben. In den Gewölben aus dem 8. Jh., die damals als heidnische Nekropole genutzt wurden, ist heute ein Sammelsurium von Exponaten zu sehen.

Auch wenn vom antiken, im 8. vorchristlichen Jahrhundert von aus Sparta eingewanderten Griechen gegründeten Taras, dem Ursprung der Stadt Taranto, und von der späteren römischen Festung Tarantum heute kaum noch etwas zu sehen ist, lässt sich die Frühgeschichte der Stadt im besuchenswerten **Museo Archeologico Nazionale di Taranto MARTA (8) [N40° 28' 25.50" E17° 14' 19.76"]** anhand von Grabungsfunden gut nachvollziehen.

Das Archäologische Nationalmuseum ist in der Via Cavour 10, Ecke Corso Umberto, im neueren Stadtteil Città Nova unweit östlich der Altstadt zu finden *(geöffnet tgl. Sa 8.30 - 19.30 Uhr, letzter Einlass 30. Min. vor Schließung; www.museotaranto.benikulturali.it).*

Das schon Ende des 19. Jh. gegründete Museum gilt als eines der bedeutendsten seiner Art in ganz Süditalien. Neben dem **„Gold von Tarent"**, „ori di Taranto", Glanzstücken des Museums in Form von wunderbar filigran gearbeitetem hellenistischem Goldschmuck aus der Hochzeit Großgriechenlands Magna Graecia, sind – verteilt auf drei Etagen – herrliche antike Keramiken, Vasen zum Beispiel, dann prächtige Mosaiken aus der Römerzeit, Skulpturen und Stauten, Bronzefiguren, Sarkophage, antike Münzen und vieles mehr zu sehen.

PRAKTISCHE HINWEISE – TARANTO

Ufficio Informazioni Turistichi Taranto (1) [N40° 28' 23.72" E17° 14' 4.40"], Piazza Castello, 74100 Taranto, +39 099 284 40 98. *Geöffnet Mo - Sa 9 - 13 + 15 - 18 Uhr.*
Puglia Promozione Taranto [N40° 28' 21.30" E17°14' 33.54"], Corso Umberto I 113, 74100 Taranto, Tel. +39 099 453 23 97; www.viaggiareinpuglia.it .

Ein großes Fest während der Karwoche (Settimana Santa) in Tarento ist die **Prozession der „Perdoni"** am Gründonnerstag.

Barfüßige Kapuzenmänner, meist sind es Mitglieder der Bruderschaften einzelner Kirchensprengel, ziehen dann feierlichen, gemessenen Schrittes, begleitet von Trauermärschen, durch die Gassen der Altstadt und der Neustadt zu den bedeutendsten Kirchen der Stadt. Die „Perdoni", „die um Vergebung bitten", sind immer mit einem Pilgerstab ausgestattet. Damit erinnern sie an eine Tradition aus dem 17. Jh., als Gläubige zu Ostern nach Rom pilgerten, um dort um den Erlass ihrer Sünden zu bitten.

Alternativ zur hier vogeschlagenen Hauptroute kann man von Taranto aus auch den direkteren Weg nach Matera wählen. Unsere Hauptroute sieht einen Abstecher nach Matera von Metaponto aus vor (siehe weiter hinten).

ALTERNATIVROUTE: *Man verlässt Taranto über die historische Via Appia SS7/E843 in nordwestlicher Richtung. 5 km hinter **Massafra** zweigt man westwärts ab (Via Appia SS7/E843) und fährt über **Castellaneta** nach **Matera** (ca. 53 km ab Massafra). Ab Matera fährt man später südwärts zur SS407 und zur Küste bei **Metaponto**. Hier kann steigt man wieder in die Hautroute (s. u.) ein.*

Kaum 15 km nordwestlich von Taranto liegt die Stadt **Massafra**. Mitten durch die Stadt zieht sich eine bewaldete Senke, die Gravina San Marco. An den Felshängen der Senke gibt es **Höhlenkirchen** zu sehen. Vor allem die **Cripta della Candelora [N40° 3' 17.03" E17° 58' 34.55"]** an der Westseite der Senke ist einen Besuch wert. Die in den Tuffstein gegrabenen rustikalen Kirchenräume und Nischen sind noch mit Fresken ausgemalt, die vermutlich aus dem 10. Jh. stammen.

Am Ende der Via Candelora am Rand des westlichen Stadtteils führt eine schmale aus dem Stein gehauene Treppe hinab zur Höhlenkirche. Die Kirche ist nur auf Führungen zu besichtigen. Anmeldung dazu im Touristenbüro an der Südostecke der Piazza Garibaldi.

Bei großem Interesse an Höhlenkirchen lohnt von Massafra ein Abstecher nordwestwärts Richtung Mottala. Südlich von Mottala liegt die mit dem Auto schlecht zu erreichende, aber wegen ihrer prächtigen Fresken nicht nur für besonders Interessierte besuchenswerte Höhlenkirche **Chiesa Rupestre di San Nicola [N40° 36' 23.38" E17° 0' 55.00"]**. Die von Enthusiasten auch schon als „Sixtinische Kapelle von Apulien" bezeichnete Kirche samt ihren ikonenhaften Fresken im byzantinischen Stil stammt aus dem 10. oder 11. Jahrhundert.

Letztenendes ist die Höhlenkirche nur zu Fuß zu erreichen. Am einfachsten noch erscheint der Weg, wenn man nordwestlich von Massafra auf der Autobahn A14/E843 7 km nach

Westen bis zur erstmöglichen Ausfahrt fährt. Hier endet die Bequemlichkeit. Ab hier gilt es nämlich entweder zu Fuß oder auf Feldwegen zwischen Olivenhainen sich einen Weg nordwärts bis zur Bahnlinie zu suchen. Die Höhlenkirche liegt unmittelbar südlich der Bahnlinie.

Man muss also schon ein großer Fan von Höhlenkirchen sein, wenn man sich diese Mühe antut, zumal nicht in Erfahrung zu bringen war, ob die Höhlenkirche auch künftig uneingeschränkt zugänglich sein wird.

Wer noch mehr Höhlenkirchen und dramatische Landschaften sehen möchte, zweigt auf dem Weg von Castellaneta nach Matera von der SS7 (Via Appia) rund 12 km westlich von Castellaneta südwärts ins nahe **Laterza** ab. Das Städtchen liegt am Rande der größten und tiefsten Erosionsschlucht in ganz Apulien, der annähernd 10 km langen und teils mehrere hundert Meter tiefen, meist bewaldeten Gravine di Laterza. Freiliegende Felsen in der Gravina di Laterza sind ein beliebtes Kletterrevier.

Ein schöner Wanderweg für alle, die sich nicht scheuen, auch mal an steil abfallenden Felswänden vorbei gehen zu müssen, führt an der Ostseite der Gravine di Laterza nach Süden.

Eine interessante und besondere Sehenswürdigkeit liegt am Südwestrand von Laterza, die **Cantina Spagnola [N40° 37′ 21.98″ E16° 47′ 41.05″]**, Via Crispi 36. Diese halb einer Höhlenkirche, halb einer ehemaligen Spelunke gleichende Höhlenbehausung soll im 17. Jh. entstanden sein als Spanier aus dem Hause Aragon über Süditalien herrschten. Die Besonderheit der Cantina Spagnola sind ihre Wandmalereien mit eher weltlichen Motiven und vor allem die aus der Wand herausmodelierten Skulpturen.

Rund 20 km weiter westlich liegt – bereits in der Region Basilikata – **Matera.** Eine detaillierte Beschreibung von Matera und ihrer Sehenswürdigkeiten finden Sie weiter hinten unter „Abstecher nach Matera".

HAUPTROUTE

*ROUTE: Weiter von Taranto über die SS106/E90 Richtung Reggio di Calabria. Nach 48 km verlassen wir die Schnellstraße, um ostwärts ans Meer und nach **Metaponto** abzuzweigen, das bereits in der Region Basilikata liegt.*

Das eher belanglose Städtchen **Metaponto** liegt zwischen der Fernstraße S106/E90 und dem Küstenort **Lido di Metaponto** an der Küste des Golfo di Taranto. Beliebt sind die weiten, kilometerlangen Sandstrände von Lido di Metaponto. Zu den Sehenswürdigkeiten zählt hier die **Zona**

PRAKTISCHE HINWEISE – MASSAFRA

Massafra Turismo [N40° 35′ 18.01″ E17° 6′ 44.16″], Piazza Giuseppe Garibaldi/Ponte Garibaldi, 74016 Massafra, Tel. +30 099 880 46 95; www.massafratusismo.it/en/. *Geöffnet tgl. 10 - 13 Uhr, 16 - 19 Uhr.*

WOHNMOBIL-STELLPLATZ

Wohnmobil-Stellplatz Area Sosta Camper „La Stella" [WP 080 / N40° 35′ 31.40″ E17° 5′ 56.66″]. Zufahrt/Lage: Westlich von Massafra Zufahrt von der SS7 (Taranto-Massafra) **Geöffnet:** 1. Apr. - 15. Sept. **Gebühr:** Gebührenpflichtig, plus Gebühr für Wasser, Strom und Duschen. **Ausstattung:** Ebener, eingefriedeter Olivenhain, ca. 10 Stellplätze, Strom, Wasser, sanitäre Einrichtungen mit WC, Duschen.

Archeologica Metapontum [Parkplatz, WP 081 / N40° 22′ 59.81″ E16° 49′ 19.76″] *(geöffnet tgl. 9 Uhr bis Sonnenuntergang; www.sitiarcheologicidiitalia.it/en/metaponto/).* Der antike Ort Metaponto/Metapontum entstand bereits im 7. vorchristlichen Jahrhundert und war damals Mittelpunkt eines größeren Stadtstaates in Magna Graecia. Über den Hafen von Metapontum wurde damals vor allem Getreide aus dem Hinterland verschifft.

Als Stadtgründer gelten aus der griechischen Region Achaia eingewanderte Kolonisten. Glaubt man Mythologie und Sagen, dann war ein gewisser Epeios, der als genialer Erbauer des Trojanischen Pferdes gilt, einer der Anführer der Kolonisten.

Ein namhafter Bewohner von Metapontum soll der Philosoph und Mathematiker, aber auch Verkünder religiöser Ansichten, *Pythagoras von Samos* gewesen sein, der hier nach seiner Vertreibung aus Kroton eine Zuflucht in Kreisen der Pythagoreergemeinschaft (Anhänger der religiösen Ansichten des Pythagoras) gefunden hatte. Erstrebenswertes Ziel der Pythagoreer, nachdem sie ihre ganze Lebenseinstellung ausrichteten, war es, ohne Luxus in Harmonie zu leben. Pythagoras starb 510 v. Chr. in Metapontum.

Weiter sind Reste des Tempels des Apollo Lycius, ein dorischer Tempel aus dem 6. vorchristlichen Jahrhundert und eines Theaters zu sehen. Es könnten noch weit mehr antike Gebäude und Tempel in Metapontum zu sehen sein, wenn das Areal im Mittelalter und auch noch danach nicht als willkommener Steinbruch zweckentfremdet worden wäre.

Markant ist der antike **Tempel Tavole Palatine [Parkplatz, WP 082/ N40° 24′ 52.45″ E16° 49′ 3.20″]**. Der dorische Tempel, aus dem 6. Jh. v. Chr., der einst der Göttin Hera geweiht war und von dem noch zwei imposante Säulenreihen erhalten blieben, liegt etwas weiter nordwestlich jenseits der Fernstraße an der Brücke über das Flüsschen Bradano, das die „Grenze" zur Nachbarregion Apulien markiert. Um zum Tempel zu kommen zweigt man bei KM 452 („Tavole Palatine") von der SS106 ab.

Die Grabungsfunde aus Metapontum sind im **Museo Nazionale di Metaponto [Parkplatz, WP 083 / N40° 22′ 26.38″ E16° 48′ 26.81″]** *(geöffnet Mo 14 - 20 Uhr, Di - So 9 - 20 Uhr),* am Ende der Viale Aristea im Ort Metaponto Borgo ausgestellt.

Abstecher nach Matera

ROUTE: Von Metaponto auf der SS407/E847 rund 37 km entlang des Flüsschens Basento nach Westen. Dann Abzweig nordwärts und auf der SS7 (Via Appia) nach ***Matera*** *in der Region Basilikata, ca. 30 km.*

Matera (Markttag: Samstag), Hauptverwaltungsort der gleichnamigen Provinz Matera, sollte man gesehen haben.

Alleine die Lage des Ortes in der karstigen Hochebene Murgi am Rande eines steilen Geländeeinschnittes, der Gravina di Matera, ist imposant und lohnt auf jeden Fall einen Besuch.

Und seine nachgewiesene und lange Geschichte macht Matera zu einer der ältesten Städte der Welt. Nicht umsonst war Matera 2019 Kulturhauptstadt Europas.

Vor allem vormittags hat man vom östlichen und jenseits des schroffen Taleinschnitts des Torrente Gravina gelegenen **Aussichtspunkt Belvedere di Murgia Timone [N40°39′51.18″ E16°37′3.65″]** einen schönen Blick auf die Altstadt von Matera und die Sassi-Behausungen. Die Zufahrtsstraße Contrada Murgia Timone (Strada del Belvedere) [N40° 40′ 39.12″ E16° 37′ 50.15″] zum Aussichts-

Metaponto, Heratempel

punkt zweigt von der SS7 (Via Appia) nordöstlich von Matera ab.

Der Aussichtspunkt Belvedere selbst ist aber nur zu Fuß, an Wochenenden auch mit einem Shuttlebus, zu erreichen, also nicht direkt mit dem eigenen Auto anzufahren. Etwa einen Kilometer vor dem Aussichtspunkt Belvedere gibt es **Parkmöglichkeiten [WP 087 / N40° 40' 19.37" E16° 37' 43.23"]** und das Café Centro Visito Jazzo Gattini mit Infos zur Umgebung. Im Café meldet man sich auch an, wenn man auf dem Wohnmobilstellplatz Area Sosta Camper Masseria Radogna „Parco della

CAMPING

Lido di Metaponto

Camping Internazionale [WP 084 / N40° 21' 31.14" E16° 50' 1.33"], Viale Magna Grecia, Ecke Viale Nereidi, Tel. +39 0835 74 19 16; www.villageinternazionale.com; 1. März – 30. Okt.; im Ort beschildert; kleines, farbenfrohes, fast ebenes, gekiestes, eingezäuntes Campinggelände mit vielen bunten Bungalows und 15 relativ kleinen, durch niedere Hecken unterteilte Stellplatzparzellen, einige Laubbäume, die die Stellplätze zusätzlich begrenzen. Lt. Beschilderung ein offenbar dem ADAC huldigender Platz. Fahrzeuge die sehr viel länger als 6 m sind, haben bei vollbelegtem Platz Rangierschwierigkeiten; ca. 0,5 ha – 15 Stpl.; sehr einfache Standard-Sanitärausstattung. Ausgangstor zum etwa 300 m entfernten Meer.

Marina di Ginosa

Camping Internazionale Ginosa [WP 085 / N40° 25' 24.29" E16° 53' 2.93"], Viale Mare delle Antille; Tel. +39 0998 27 71 53; www.campingmarinadiginosa.it; 1. Mai – 30. Sept.; von der SS106/E90 (Ausfahrt Ginosa) meerwärts abzweigen, noch gut 4 km und über die Bahnlinie zum Platz;

ausgedehntes, naturbelassenes Pinienwaldgelände zwischen Bahnlinie und Strand, von Dauercampern geprägte und in der Ferienzeit stark belegte Campinganlage; ca. 4 ha – 200 Stpl. + zahlr. Dau.; Standard-Sanitärausstattung; Cafeteria, Tennis, Mietbungalows. Langer Sandstrand.

WOHNMOBIL-STELLPLATZ – LIDO DI METAPONTO

Wohnmobil-Stellplatz Area di Sosta Camper Parking Nettuno [WP 086 / N40° 21' 25.10" E16° 49' 56.90"], Viale Magna Grecia; http://www.pianetanettuno.eu/metapontomare/camper-parking.html. **Zufahrt/Lage:** Am südlichen Ortsrand am Ende der Viale Magna Grecia nach dem großen Kreisverkehr. **Geöffnet:** Ganzjährig. **Gebühr:** Gebührenpflichtig. **Ausstattung:** Ausgedehntes, ebenes Parkplatzgelände mit Baumbestand im hinteren Platzteil, zum Strand hin fast schattenlos, unbefestigte Platzstraßen, Platz für ca. 50 Wohnmobile, Strom (Gebühr), Wasser, WC, Dusche (Gebühr). Naher, langer Sandstrand „Lido di Gabbiani".

Murgia Materana" (Details siehe weiter hinten) ganz in der Nähe östlich des Cafés nächtigen will.

Ab der Weggabelung an der Parkmöglichkeit/Café und der Teerstraße zum Aussichtspunkt verkehrt auch der Shuttlebus. Zu Fuß geht man vom Café etwa 20 Minuten bis zum Aussichtspunkt.

In der Stadt Matera selbst ist die Parkplatzsituation, besonders in der engen, verwinkelten Altstadt von Matera, sehr schlecht. In der Altstadt sind einige Straßen, z. B. um die Piazza Vittorio Veneto, für den allgemeinen Autoverkehr gesperrt und nur für Anlieger zugänglich.

Einen der wenigen öffentlich Parkplätze ist der gebührenpflichtige Parkplatz **Parcheggio Piazza della Visitazione (2) [WP 088 / N40° 39' 56.47" E16° 36' 3.18"]** neben dem Busbahnhof an der Viale Aldo Moro. Ansonsten hilft evtl. der Wohnmobilstellplatz Parco Serra Venerdi [WP 091 / N40° 40' 3.97" E16° 35' 22.00"] (s. u.) an der Via dei Normanni weiter.

In früheren Zeiten lebten die Bewohner von Matera in aus dem relativ weichen Gestein gegrabenen Höhlenwohnungen, die den großen Vorzug hatten, dass es im Inneren im Sommer nie zu warm und im Winter nicht zu kalt wurde.

Solche Höhlenwohnungen, die **Sassi di Matera**, entstanden vor allem in der frühen Zeit des 10. und 12. Jh., als Mönche aus östlichen Gebieten des Osmanenreiches in Matera Zuflucht suchten. Im östlichen Anatolien waren unterirdische Siedlungen damals in Kappadokien (Göreme) bekannt.

Damals entstand in Matera ein unterirdisches Labyrinth aus Klöstern und Kirchen. Über 120 von diesen chiese rupestri soll es gegeben haben. Später wurden die Räumlichkeiten von der ärmeren Landbevölkerung als Wohnungen und Stallungen genutzt.

In späteren Jahrhunderten dann entstanden über den Höhlen Wohnhäuser der wohlhabenderen Bevölkerung. Und auch der Klerus zog es vor, Kirchen und Klöster nun überirdisch zu bauen.

Wie in so vielen Städten Süditaliens hatten im 11. Jh. die Normannen das Sagen über Matera, das damals noch zu Apulien gehörte. Den Normannen folgten die Staufer und ihnen die Anjou. Es muss für Matera eine gute Zeit gewesen sein, denn 1270 konnte man z. B. die Kathedrale einweihen.

Aber wie so oft, waren sich adelige Herren über ihre Besitzungen nicht ei-

Matera

nig, was zu Revolten und zu Repressalien für die Bevölkerung führte. Und als Anfang des 16. Jh. Gian Carlo Tramontano, ein Graf aus Neapel, der als gewalttätiger Despot verschrien war und in Matera zwar in einem mächtigen Kastell residierte, aber auch für Unruhen sorgte, entledigten sich die Materani des Grafen und ermordeten ihn während der Wirren eines Aufstandes.

1806 wurde Matera sogar zeitweilig Hauptstadt der Region Basilika. Später dann aber Hauptstadt der Provinz Matera, eine der beiden Provinzen der Basilikata – Potenza und Matera.

Bis in die Mitte des vergangenen 20. Jh. lebte ein großer Teil der ärmsten Einwohner von Matera noch in Höhlenwohnungen. Die Situation, was Zerfall und Schmutz anbelangt, muss zum Schluss aber so schlimm gewesen sein, dass sich die Stadtverwaltung dazu entschloss – nicht zuletzt auch auf Betreiben des Schriftstellers *Carlo Levi* hin –, die Höhlenbewohner von Matera in neu gegründete Ortsteile wie La Martella oder Venusio umzusiedeln.

Die Situation der Sassi-Bewohner muss am Ende so trostlos und das Elend der Bauern so groß gewesen sein, dass sich der 1902 in Turin geborene und 1975 in Rom verstorbene politisch engagierte Schriftsteller Carlo Levi in seinem Roman „Cristo si è fermato a Eboli", „Christus kam nur bis Eboli", des Themas annahm.

U. a. schildert Levi die erbärmlichen Lebensumstände der Sassibewohner und die Resignation der Einwohner über Politik und Klerus. Die Sassi di Matera vergleicht Levi mit der Hölle (Inferno) in Dante Alighieris „Göttlicher Komödie". Das Buch „Christus kam nur bis Eboli" ist 2003 auf Deutsch erschienen und zwar bei dtv München, ISBN 3-423-13039-3. 1978 wurde das Buch von Francesco Rosi verfilmt.

Heute zählen die Sassi, die Wohnhöhlenbezirke in Matera, zu den großen Sehenswürdigkeiten in Italiens

Sassi di Matera-Viertel

Süden. Sie sind seit 1993 als UNESCO Welterbe gelistet.

2019 war Matera Kulturhauptstadt.

Vor allem in den Ortsbezirken, heute eher Museumsstädte, **Sasso Barisano** und **Sasso Caveoso**, sind solche Sassi-Behausungen noch erhalten. Und über allem thront an der höchsten Stelle der Altstadt der Dom.

Ein Spaziergang durch die Altstadt von Matera mit ihren vielen malerischen Winkeln, gestaltet sich durch das Auf und Ab über teils recht steile Treppengassen etwas mühsam.

Ausgangspunkt kann die **Piazza Vittorio Veneto [N40° 39‘ 59.79“ E16° 36‘ 23.71“]** sein. Der Platz am Westrand der Altstadt ist umgeben von Bars und Geschäften. An der Westseite findet man z. B. ein **Touristeninformationsbüro (1)**. Unter dem Platz wurden Ausgrabungen freigelegt, die teils als Markt, teils als Zisternen dienten.

An der Ostseite des Platzes genießt man vom **Belvedere L. Guerricchio (20)** aus einen prächtigen Blick nach Osten über das Häusergewirr der Altstadt bis hin zur Kathedrale darüber.

Geht man von der Piazza Vittorio Veneto die Via del Corso nach Süden, passiert man wenig später die linkerhand gelegene Piazza San Francesco und die nördlich anschließende Piazza Sedile, die belebte Schnittstelle zwischen den Stadtvierteln Sasso Barisano im Norden und Sasso Caveoso im Süden.

Eine schöne Zusammenfassung über Geschichte und Kultur der Sassi di Matera findet man im **Museo Archeologico Nazionale (3) „Domenico Ridola“ [N40° 39‘ 50.04“ E16° 36‘ 33.54“]**, etwas weiter südlich in der Via Domenico Ridola 24, *(geöffnet Di - So 9 - 20 Uhr, letzter Einlass 1 Stunde vor Schließung; www.museimatera.it/museo-ridola/)*. Die ausgestellten Grabungsfunde, z. B. aus antiken Gräbern, reichen zurück bis in die Jungsteinzeit.

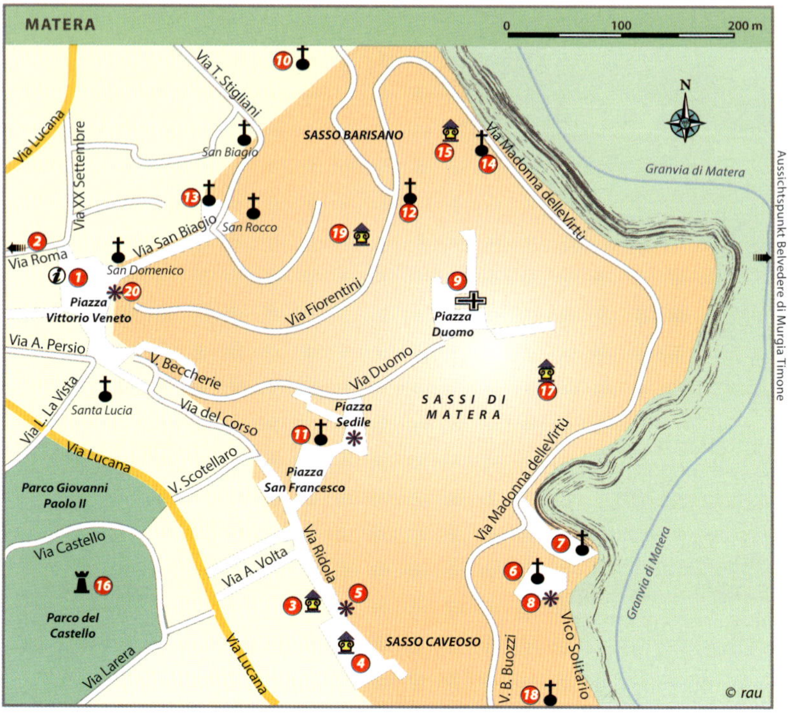

*MATERA – **1** Information – **2** zum Parkplatz und Busbahnhof – **3** Museo Archeologico Nazionale „Domenico Ridola" – **4** Museo Nazionale d'Arte Medievale e Moderne della Basilicata, Palazzo Lanfranchi – **5** Belvedere, Aussichtspunkt an der Piazzetta Pascoli – **6** Chiesa Rupestre di Santa Maria dell'Idris – **7** Chiesa di San Pietro Caveoso – **8** Casa Grotta nei Sassi – **9** Cattedrale di Maria Santissima della Bruna – **10** Chiesa San Pietro Barisano – **11** Chiesa San Francesco d'Assisi – **12** Chiesa di San Antonio Abate al Sasso Barisano – **13** Chiesa San Giovanni Battista – **14** Chiesa Madonna della Virtù, Chiesa San Nicola die Greci – **15** Casa Ortega, Museo delle Arti applicate – **16** Castello Tramontano di Matera – **17** MUSMA - Museo della Scultura Contemporanea – **18** Chiesa di Santa Lucia alle Malve – **19** Museo Laboratorio della Città Contadina – **20** Belvedere L. Guerricchio*

Weitere Exponate skizzieren Materas Geschichte von der Zeit der Griechen bis hin zur byzantinischen Epoche und der Zeit der Normannen und Staufer. Besondere Erwähnung verdient die schöne Sammlung griechischer Vasen und weiterer Keramiken. Untergebracht ist das Museum in den Räumlichkeiten des ehemaligen Klosters Santa Chiara, das im 17. Jh. aktiv war.

Nur wenige Schritte auf der Via Ridola weiter südlich kommt man an der **Piazetta Pascoli (5)** vorbei. Von hier ist ein überwältigender Blick über die Dächer der Altstadt Sasso Caveoso möglich.

Gleich neben dem Aussichtspunkt ist im Stadtpalais Palazzo Lanfranchi (4) das **Museo Nazionale d'Arte Medievale e Moderna della Basilicata (4) [N40° 39' 45.38" E16° 36' 39.10"]** untergebracht *(geöffnet tgl. 9 - 20 Uhr, letzter Einlass 1 Stunde vor Schließung; https://www.museimatera.it/)*. Neben der Gemäldesammlung des Museums ist vor allem die Ausstellung über Leben und Werk des Schriftstellers, Arztes und Politikers Carlo Levi interressant.

Levi, der sich auch als Maler hervortat und im Museum mit einigen seiner Werke vertreten ist, musste einige Zeit seines Lebens zwangsweise in der Basilikata verbringen.

Das faschistische Regime hatte Levi 1935 in des kleine abgeschiedene Dorf Aliano verbannt. Carlo Levi starb 1975 in Rom, wurde aber auf seinen ausdrücklichen Wunsch in Aliano (siehe dort) beigesetzt.

Eingerichtet ist das Museum in einem ehemaligen Seminargebäude, das nach Monsignore Vincenzo Lanfranchi benannt ist, der im 17. Jh. Bischof in Matera war.

Weiter östlich kommt man über einen breiten Treppenweg hinauf zur **Chiesa Rupestre di Santa Maria dell'Idris (6) [N40° 39' 51.02" E16° 36 ,43.59"]**, einer dieser in den Tuffstein gehauenen Kirchen hoch über dem Ort.

Nordöstlich davon findet man die Felskirche **Chiesa di San Pietro Caveoso (7)**. Die Kirche fällt in den Sassi von Matera auf, da sie, nicht wie viele andere Kirchen hier, keine Höhlenkirche ist.

Und nur wenig weiter südlich der Kirche Santa Maria dell'Idris liegt in der Vico Solitario die **Casa Grotta nei Sassi (8) [N40° 39' 49.50" E16° 36' 44.09"]**, eine noch original möblierte und ausgestattete Höhlenwohnung, die für Matera so typisch sind und in denen einst Mensch und Tier zusammen hausten. Angeblich war diese Behausung bis Mitte des vergangenen Jahrhunderts bewohnt *(geöffnet tgl. 9.30 - 20 Uhr; www.casagrotta.it/index.php?lang=de)*. Der Besucher erhält hier einen guten Einblick in das einfache Alltagsleben der Sassibewohner.

Ein gutes Stück weiter nördlich, schon in der Nähe des Doms, liegt in der Via San Giacomo gleich neben dem Palazzo Pomarici das **MUSMA - Museo della Scultura Contemporanea (17) [N40° 39' 57.88" E16° 36' 44.31"]** *(geöffnet tgl. 10 - 18 Uhr, letzter Einlass 1 Stunde vor Schließung; www.musma.it)*. Ausgestellt ist eine große Sammlung von Skulpturen und Bildhauerarbeiten vor allem von in Süditalien tätigen Künstlern.

Matera ist Sitz eines Erzbischofs. Die **Cattedrale di Maria Santissima della Bruna (9) [N40° 40' 0.42" E16° 36' 38.89"]** liegt an der Piazza Duomo.

Der Dom, mit seinem die Stadt überragenden Turm, wurde im 13. Jh. im apulisch-romanischen Stil errichtet. Der Kirchenbau mit seiner bemerkenswerten, imposante Westfassade mit schöner Fensterrosette und einem reich mit Steinmetzarbeiten verziertem Portal (auch die Seitenportale sind sehr schön skulptiert), weist einen dreischiffigen, durch Säulen unterteilten barocken Kirchenraum mit überschwänglich dekorierter Decke auf. U. a. verdient eine in Stein gehauene Krippe (davor Ausgrabungen einer früheren Kirche), Beachtung. Ein Gemälde im Dom stellt die Madonna della Bruna dar, die Schutzpatronin der Stadt. Ihr zu Ehren wird jedes Jahr am 2. Juli ein großes Fest gefeiert.

Zu den Sehenswürdigkeiten im Altstadtviertel Sasso Barisano von Matera zählt auch die ehemalige Klosterkirche **Madonna della Virtù (14) [N40° 40' 6.13" E16° 36' 40.76"]** aus dem 10. Jh. und die darüber liegende **Chiesa San Nicola dei Greci**. Die Kirchen liegen einige Gassen nördlich vom Dom am Ostrand der Altstadt an der Via Madonna delle Virtù *(geöffnet Juni - Sept. tgl. 10 - 20 Uhr; Apr., Mai, Okt. tgl. 10 - 13.30 + 15 - 18 Uhr; Nov. - März tgl. 10 - 13.30 Uhr; www.visitmatera.it/madonna-delle-virtu-e-san-nicola-dei-greci.html)*. Interessant sind die Kirchen wegen ihres leider schon etwas verwitterten Freskenschmucks. Selten sieht man - wie in der Kirche Madonna della Virtù – die Andeutung von Kuppelgewölben in Felskirchen. Einige der in den Fels gehauenen Räume werden für wechselnde Kunstaustellungen genutzt.

Gleich nebenan kann man in der **Casa di Ortega (15) [N40° 40′ 6.45″ E16° 36′ 39.45″]** an der Via San Nicola del Sole Sasso Brisano, die übrigens der früheren Stadtmauer folgt, das **Mueso delle Arti applicate**, ein Museum für angewandte Kunst, u. a. mit einer interessanten Sammlung von modernen Reliefbildern, besichtigen *(geöffnet Di - So 10 - 14 Uhr, letzter Einlass 30 Min. vor Schließung; www.casaortega.it/)*.

Wer sich sehr für die Felskirchen von Matera interessiert, findet in der Via San Pietro Barisano, weiter nördlich des Doms, die **Chiesa San Pietro Barisano (10) [N40° 40′ 7.66″ E16° 36′ 33.54″]**.

Geht man dagegen über die Via Duomo nach Südwesten, kommt man zur **Kirche San Francesco d'Assisi (11) [N40° 39′ 55.53″ E16° 36′ 33.32″]**. Sie ist das Einzige was von der früher hier existierenden Franziskanerabtei geblieben ist. Die Kirche wurde im 13. Jh. in Erinnerung an eine Visite des Heiligen Franziskus in Matera errichtet, später dann, Mitte des 18. Jh., im Barockstil umgestaltet. Imposant ist die geschwungene Freitreppe an der Piazza San Francesco, die zur reich dekorierten Westfassade hinaufführt. Und im Kircheninneren ist u. a. die Kassettendecke beeindruckend.

Zu den sehenswerten Kirchen in Matera zählen außerdem die **Chiesa di San Antonio Abate al Sasso Barisano (12)** in der Via Sant'Antonio Abate, nordwestlich vom Dom und die Pfarrkirche **San Giovanni Battista (13) [N40° 40′ 3.77″ E16° 36′ 28.39″]** in der Via Biagio am Nordwestrand der Altstadt.

Über der Altstadt ist das **Castello Tramontano di Matera (16) [N40° 39′ 51.96″ E16° 36′ 20.87″]** mit seinen gewaltigen Rundtürmen auf dem Lapillo-Hügel an der Via del Castello kaum zu übersehen. Die Grafen von Matera aus dem Hause Tramontano hatten sich die Festung zu Beginn des 16. Jh. errichten lassen. Gian Carlo Tramontano wollte damals von dem Kastell aus die Region kontrollieren. Den in der Bevölkerung wegen seines „einnehmenden Wesens" verhassten Burgherrn ereilte 1514 ein jähes Schicksal. Herr Tramontano wurde nach dem Kirchgang auf offener Straße erdolcht. Das Kastell blieb deshalb auch unvollendet.

Und verschiedentlich diente die pittoreske Altstadt von Matera als Kulisse bei Dreharbeiten zu renommierten Filmen, z. B. 1964 zu Pier Paolo Pasolinos „Matthäusevangelium", oder 2014 zu Mel Gibsons „Die Passion Christi".

Zuletzt wurden 2018 einige Szenen zu dem Film „Maria Magdalena" von Garth Davis in Matera gedreht.

Reste uralter Felskirchen, die aber nicht immer einfach zugänglich sind, findet man östlich außerhalb von Matera am Felshang des Taleinschnitts des Flüsschens Gravine. Mit dem Auto erreichbar ist die **Chiesa Rupestre Madonna delle Vergini [Parkplatz, WP 089 / N40° 40′ 15.20″ E16° 37′ 4.00″]** am Ende der Via Maria delle Vergini. Ganz in der Nähe liegt die Capella di San Giovanni da Matera, die zu Fuß erreicht werden kann.

__ROUTE:__ Von Matera zurück nach __Metaponto__.

Reste uralter Höhlenkirchen bei Matera

PRAKTISCHE HINWEISE – MATERA

Info Matera, Informazioni Turistichi (1) [N40° 39' 59.79" E16° 36' 23.71"], Piazza Vittorio Veneto 39, 75100 Matera, Tel. +39 0835 68 02 54, Tel. +39 329 44 61 059. *Geöffnet tgl. 9 - 20 Uhr.*
Infos zu Stadtführungen sowie zu Stadtbesichtigungen mit tuk-tuk (dreirädrige Kleintaxis) erfährt man unter https://www.infosassitour.com.

Feste, Folklore
Stadtfest zu Ehren der Madonna della Bruno, der Schutzpatronin von Matera, mit großem Festcorso, jedes Jahr am 2. Juli. Ein beliebter, uralter Brauch, von dem viele Materani schon in ihrer Kindheit träumen, ist es, ein Stück von den Pappmachéfiguren auf den Festwagen zu stibitzen und damit für den Rest des Jahres Glück und Frieden im Haus zu haben.

CAMPING – MATERA

Camping Masseria del Pantaleone Azienda Agrituristica [WP 090 / N40° 39' 9.24" E16° 36' 26.56"], Contrada Chiancalata 27, Tel. +39 0835 33 52 39; http://www.agriturismopantaleonematera.it/area-camper; 1. Jan. – 31. Dez.; südlich der Stadt, beschildert; kleinere Campinganlage (mehr ein Stellplatz als ein richtiggehender Campingplatz), drei durch Bewuchs unterteilte Stellplatzreihen mit festem, erdig-staubigem Untergrund, markierte Flächen für ca. 20 Wohnmobile, zwischen dem Restaurant und einem Feld mit Solarpanelen; ca. 1 ha – 30 Stpl., einfache Standardsanitärausstattung. Schlüssel zu den Duschen gegen Gebühr; Stromanschlüsse, Restaurant, WLAN im Receptionsbereich. Reitmöglichkeit. U. a. wird hier auch Olivenöl produziert.

WOHNMOBIL-STELLPLÄTZE – MATERA

Wohnmobil-Stellplatz Area Sosta Camper Parco Serra Venerdi [WP 091 / N40° 40′ 3.97″ E16° 35′ 22.00″], Via dei Normanni, Tel.+39 327 11 35 220. **Zufahrt/Lage:** Am Westrand der Stadt. **Geöffnet:** Ganzjährig. **Gebühr:** Gebührenpflichtig. **Ausstattung:** Ebener, langgestreckter asphaltierter Parkplatz an einer Mauer mit Treppenaufgang zu einem begrünten, bewaldeten Hang. 12 durch Bordsteinreihen unterteilte, befestigte Stellplätze. Toiletten, Duschen, V & E Station, videoüberwacht, beleuchtet. Weiterbestand fraglich.

Wohnmobil-Stellplatz Area Sosta Camper Matera [WP 092 / N40° 40′ 47.56″ E16° 37′ 17.04″], Tel. +39 347 53 57 798; ; Via Appia, SS7, KM 582. **Zufahrt/Lage:** Ca. 4 km nordöstlich außerhalb der Stadt an der Straße SS7 (Matera-Taranto). **Geöffnet:** Ganzjährig. **Gebühr:** Gebührenpflichtig. **Ausstattung:** Stellplatzmöglichkeit für ca. 14 Wohnmobile auf befestigtem, schattenlosen Platz unmittelbar an der SS7 und neben dem Restaurant-Pizzeria da Peppone und der Gokartbahn Kartodromo della Palomba (dort ebenfalls Stellplatzmöglichkeiten für Wohnmobile). Wasser, Strom, WC, V & E, WLAN; Shuttle nach Matera. Unweit östlich des Stellplatzes zweigt von der SS7 die Zufahrtsstraße Contrada Murgia Timone [N40° 40′ 39.12″ E16° 37′ 50.15″] zum Aussichtspunkt Belvedere [N40° 39′ 51.18″ E16° 37′ 3.65″] ab.

Wohnmobil-Stellplatz Area Sosta Camper Masseria Radogna „Parco della Murgia Materana" [WP 093 / N40° 40′ 14.88″ E16° 37′ 55.21″], Tel. +39 0835 33 22 62; www.ceamatera.it; Contrada Murgia Timone (Strada del Belvedere). **Zufahrt/Lage:** Zufahrt von der SS7, Via Appia (Matera – Taranto) bei KM 583 südwärts Richtung Aussichtspunkt Belvedere Murga Timone, zuletzt unbefestigte Zufahrt von der Straße Contrada Murgia Timone (Strada del Belvedere). **Geöffnet:** Ganzjährig, Anmeldung im Café Centro Visito Jazzo Gattini etwa 300 m westlich vom Stellplatz. **Gebühr:** Gebührenpflichtig. **Ausstattung:** Auf schatten- und baumloser Hochfläche ebenes, steiniges, von einer Mauer umgebenes Gelände mit Grasresten, bei einem kubusartigen ehemaligen Bauernhaus, Platz für ca. 40 Wohnmobile; Strom, Wasser, WC, Dusche (Gebühr), V & E Station, Picknickbänke/-tische.

KALABRIEN

3 Touren – ca. 9 Tage

Tropea, Santa Maria dell'Isola

TOUR 5: METAPONTO (BASILIKATA) – CROPANI MARINA (KALABRIEN)

Länge der Tour: Rund 300 km. Abstecher nach Craco 36 km (einfach).

Die Route: Straße SS106/E90 über **Policoro, Capo Spulico, Sybaris** und **Crotone** bis **Cropani Marina**.

Alternativroute: Durch die Berglandschaft **Sila Grande**.

Abstecher: Von Policoro in die **„Geisterstadt" Craco**. Abstecher von Craco nach **Aliano**, Exilort und Grab von Carlo Levi.

Reisedauer: Mindestens ein Tag, besser zwei Tage. Mit Abstechern mindestens ein weiterer Tag.

Höhepunkte: Die **Ruinenstätte Eraclea** ** – die **„Geisterstadt" Craco** * – **Aliano** *, der Exilort von Carlo Levi – das **Castello Fredriciano** * – das antike **Sybaris** –Lage und Mosaiken der Abteikirche **Santa Maria del Partire** ** – **Lakritz** in Rossano naschen – Fahrt durch die Berglandschaft **La Sila** ** – Reste des Heratempels am **Capo Colonna** * – Küste, Kastell und Strand bei **Le Castella** **.

Tourenkarte siehe nächste Seite

ROUTE: *SS106/E90 von Metaponto südwärts Richtung Reggio di Calabria bis **Policoro**, ca. 24 km.*

Wenn man auf der SS106/E90 auf Policoro zufährt, sieht man am Nordrand des Ortes, rechts (westlich) der Straße das Castello Baronale di Policoro [N40° 12′ 58.91″ E16° 40′ 51.22″] an der Via degli Artigiani 12. Heute wird das Anwesen aus dem 13. Jh. als Veranstalungsort genutzt. Es haben sich dort diverse Restaurants niedergelassen.

Policoro in der Region Basilikata war einst als *Herakleia* oder *Eraclea* bekannt. Am nordwestlichen Ortsrand von Policoro, an der Via Cristoforo Colombo 8, liegt das **Museo Nazionale della Siritide [Parkplatz, WP 094 / N40° 13′ 5.14″ E16° 40′ 8.85″]**. Dort sind die Funde ausgestellt, die bei den Ausgrabungen im antiken Eraklea gemacht wurden, darunter Keramiken, griechische Vasen, Goldschmuck, Bronzen, Terrakottafiguren, Skulpturen etc.

200 m vom Museum entfernt findet man einen Parkplatz [N40° 13′ 7.96″ E16° 40′ 7.88″]. Von dort führt ein Treppenweg hinauf zum **Parco Archeologico Siris-Heraklea/Eraklea.** Fragmente von Grundmauern des antiken, im 5. vorschristlichen Jahrhundert entstandenen Eraklea sind erhalten. Ein Besuch der archäologischen Stätte ist eigentlich nur für den wirklich an antiken Ausgrabungsstätten Interessierten eine Bereicherung.

WOHNMOBIL-STELLPLATZ – LIDO DI POLICORO

Wohnmobil-Stellplatz Area Sosta Camper Oasi d'Oriente [WP 095 / N40° 11′ 16.72″ E16° 42′ 48.34″], Via del Lido. **Zufahrt/Lage:** An der Via del Lido, der Straße zum Strand. **Geöffnet:** April – Sept. **Gebühr:** Gebührenpflichtig. **Ausstattung:** Ebener, schattenloser, direkt an der Straße gelegener, eingezäunter Platz für ca. 14 Wohnmobile, befestigte, durch niedere Heckenansätze unterteilte Stellplätze, an zwei Seiten von Wäldchen umgeben, neben einem Parkplatz; Strom, Wasser, V & E. Naher Strand mit Restaurants.

Abstecher in die „Geisterstadt" Craco und nach Aliano

Wer Interesse daran hat, verlassene Orte zu sehen, wird nordwestlich von Policoro in Craco fündig.

ROUTE: Man folgt drei Kilometer nördlich von Policoro der Straße SS598 knapp 17 km nach Westen, zweigt dann nordwärts ab auf die SS103 nach ***Peschiera*** *(ca. 9 km) und zweigt dort westwärts ab, um nach 8 km kurvenreicher Bergfahrt schließlich* ***Craco*** *zu erreichen. Auf dem letzten Wegstück hat man von der Straße [Aussicht, N40° 22' 34.2" E16° 26' 50.3"] einen prächtigen Blick auf das bizarr an einem Felskegel gelegene Craco.*

Gleich unten am Ortsrand von **Craco** findet man Parkmöglichkeiten [N40° 22′ 36.1″ E16° 26′ 32.7″] und dann noch einmal weiter oben am westlichen Ortsrand **[Parkmöglichkeit, WP 096 / N40° 22′ 37.1″ E16° 26′ 23.9″]**.

Gewaltige Erdbeben und Erdrutsche ließen den einstmals stolz an einer Bergflanke gelegenen Ort um 1969 als „Geisterstadt" zurück. Die Einwohner mussten ihr Heimatdorf verlassen.

Eigentlich ein trauriges, aber auch pitoreskes Bild, das der zerstörte Ort heute bietet. Die Behörden warnen vor dem Betreten der Ruinenstadt ohne Führer. Die Einsturzgefahr der lädierten Häuser ist zu groß.

In der Vergangenheit diente Craco schon mehrfach als Filmkulisse. Zum Beispiel ließ Regisseur Francesco Rosi einige Szenen der Verfilmung von Carlo Levis Roman „Christus kam nur bis Eboli" in Craco drehen.

Im **Info-Zentrum Parco Museale Scenografico di Craco [Parkmöglichkeit, WP 097/ N40° 22′ 53.56″ E16° 26′ 5.50″]**, am Nordwestrand des Ortes, erfährt man mehr über das Drama von Craco. Dort kann man sich auch zu Führungen durch den Ort anmelden.

Und am Südostrand von Craco ist im ehemaligen Convento di San Pietro das leider nicht immer regelmäßig geöffnete **Museo Emozionale di Craco [Parkmöglichkeit, N40° 22′ 34.66″ E16° 26′ 35.05″]** eingerichtet.

Wer sich für Leben und Werk von Carlo Levi (1902 – 1975) interessiert,

Die markante Silhouette des verlassenen Craco

kann den Abstecher noch etwas ausdehnen und nach Aliano fahren.

ROUTE: *Von Craco fährt man zurück bis zur Hauptstraße SS598. Dort wendet man sich nach Westen, verlässt nach knapp 19 km die Hauptstraße (ab Policoro sind es 38 km) und folgt der Landstraße SP2 nach Nordwesten. Nach 13 km kommt man zum Abzweig, der südwärts und sehr kurvenreich hinauf in den kleinen, abgelegenen Ort* ***Aliano*** *führt.*

Auf dem **Friedhof von Aliano [Parkplatz, WP 098 / N40° 18' 42.74" E16° 13' 36.70"]**, am Südwestrand des Ortes, hatte sich Carlo Levi schon zu Lebzeiten häufig und gerne aufgehalten. Levis Grab und Grabplatte ist in der Nordostecke des Friedhofs zu finden.

Unter der Schirmherrschaft der UNESCO wurde Aliano zum „Parco Letterario Carlo Levi" („Literaturpark Carlo Levi") ernannt. Zu sehen gibt es am Südrand des Ortes, in der Nähe der Straße nach Alianello, die **Casa Carlo Levi [N40° 18' 36.37" E16° 13' 54.68"]**, Via Collina, in der Levi während seiner Verbannung wohnte (Videopräsentation über Levis Leben und Museum mit Fotos, Dokumenten und Gemälden von Levi). In der Nähe sieht man ein Denkmal mit Levibüste.

HAUPTROUTE

ROUTE: *Auf der Weiterfahrt von Policoro auf der SS106/E90 über* ***Rocca Imperiale Marina****, sieht man westlich den Ort Roc-*

WOHNMOBIL-STELLPLATZ – ALIANO

Wohnmobil-Stellplatz Area Sosta Camper Aliano [WP 099 / N40° 18' 46.6" E16° 13' 43.2"], 31 Via Piave. **Zufahrt/Lage**: Am südwestlichen Ortsrand. Zufahrt vorbei am Friedhof und hinab zum Stellplatz. **Geöffnet:** Ganzjährig. **Gebühr:** Gebührenfrei. **Ausstattung:** Fast ebene, betonierte Fläche an einer Stützmauer mit Platz für ca. 10 Wohnmobile. In Halbhöhenlage am Hang. V & E Station. Frischwasser gegen Münzeinwurf, Nichttrinkwasser umsonst.

Carlo Levi

Carlo Levi (siehe auch unter Matera), der aus einer gutsituierten jüdischen Familie stammte und der als Schriftsteller, Maler und Arzt auch politisch tätig war, hatte es sich mit dem faschistischen Regime in Rom verdorben. Levi hatte nämlich, zusammen mit Zeitgenossen, die antifaschistische Gruppe „Giustizia e Libertà" („Gerechtigkeit und Freiheit") gegründet. Das war der Anlass, dass Levi 1935 im September in den hintersten Winkel der Region Lucania (heute Basilikata) verbannt wurde.

Carlo Levis Grab in Aliano

Hier in Aliano, das Carlo Levi in seinem Roman „Christus kam nur bis Eboli" als „Gagliano" erwähnt, lernte er nicht nur das karge, erbarmungswürdige Leben der Landbevölkerung hier, sondern auch die resignierte, tief enttäuschte Sicht auf ihre Zukunft und auf ihre trostlose Lebensweise kennen.

Levi fühlte sich offenbar mit den Menschen in der Region eng verbunden und solidarisch. Er praktizierte als Arzt z. B. unentgeldlich für die Bevölkerung, die ansonsten auf ärztliche Betreuung ganz hätte verzichten müssen.

Im Rahmen einer Generalamnestie anlässlich der erfolgreichen Einnahme von Addis Abeba, Äthiopiens/Abbesiniens Hauptstadt, durch Italien, wurde Levis Verbannung in Aliano 1936 vorzeitig beendet.

Carlo Levi starb am 4. Januar 1975 in Rom. In seinem Letzten Willen hatte er aber verfügt, in Aliano begraben zu werden.

*ca Imperiale liegen, der sich malerisch zu einem Stauferkastell hinaufstuft. Südwärts davon passiert man bei **Marina Spulico** am Capo Spulico das **Castello Fredericiano**, das auf einem schroffen Felsen über dem Meer bereits in der Region Kalabrien liegt und heute ein Restaurant beherbergt. Ca. 30 km weiter passiert die in Küstennähe verlaufende Straße das antike **Sybaris**.*

Sybaris (Scavi di Sibari), eine antike griechische Siedlung nahe der ionischen Küste, wurde schon im frühen 6. Jh. v. Chr. zerstört. Sybaris, im 8. Jh. v. Chr. an der Mündung der Flüsse Crati und Coscile durch vom Peloponnes stammenden Achaiern gegründet, war damals eine der wohlhabendsten und größten Städte in der Region, die ihren Bewohnern ein geradezu luxuriöses Leben erlaubte. In ihrer Blütezeit lebten mehr als 100.000 Menschen in Sybaris.

Das Castello Fredericiano am Capo Spulico bei Marina Spulico

CAMPING – SIBARI

Camping Village Pineta di Sibari [WP 100 / N39° 46′ 46.78″ E16° 28′ 46.50″], Contrade Fuscolara, Tel. +39 0981 74 135; www.pinetadisibari.com/?lang=de; 1. Mai – 24. Sept.; ca. 3 km südlich des Ortes gelegen. Zufahrt von der SS106radd und über die Bahnlinie zum Platz. Achtung! Fahrzeuge über 2,7 m Höhe nicht die Bahnunterführung, sondern schon vorher den Bahnübergang nehmen! Meist naturbelassenes Misch- und Pinienwaldgelände bis an den langen, breiten Sandstrand reichend; ca. 15 ha – 350 Stpl. + zahlr. Dau.; Standardsanitärausstattung. Laden, Imbiss, Restaurant, Waschmaschine, Fahrradverleih, Beachvolleyballfeld, WLAN im Receptionsbereich; V & E für Wohnmobile; Mietbungalows und Mobilehomes.

Grund für die Zerstörung der Stadt waren Streitigkeiten mit einer anderen griechischen Kolonie, nämlich mit dem weiter südöstlich gelegenen Küstenort Crotone (Kroton). Man liest, dass Sybaris den Zwist mehr oder weniger vom Zaun gebrochen habe. Und angeblich haben Kreise um den damals in Kroton ansässigen Mathematiker und Philosophen *Pythagoras* mit dazu beigetragen, dass in der kriegerischen Auseinandersetzung, die letzten Endes mit der Zerstörung von Sybaris endete, nicht vermittelt werden konnte.

Das Ausgrabungsfeld wird als **Area archeologica Parco del Cavallo** bezeichnet und kann besichtigt werden *(geöffnet Di - So 10 - 16 Uhr, letzter Einlass eine Stunde vor Schließung; www.parcosibari.it/?page_id=376/)*.

Funde (Schmuck, Keramiken, Vasen, Amphoren, Bronzefiguren u. a.) aus dem antiken Sybaris sind im interessanten, modernen **Museo archeologico nazionale di Sibaritide [Parkplatz, WP 101 / N39° 43′ 36.23″ E16° 29′ 45.05″]** ausgestellt *(geöffnet Di - So 9 - 19.30 Uhr, letzter Eintritt 30 Min. vor Schließung; www.parcosibari.it)*. Das Museum liegt süd-

CAMPING – CORIGLIANO CALABRO

Camping Villaggio Thurium [WP 102 / N39° 41′ 28.61″ E16° 31′ 20.24″], Contrada Ricota Grande, Tel. +39 0983 85 11 01; www.campingthurium.com/de/; 27. Mai - 30. Sept.; ca. 10 km nordöstlich von Corigliano Calabro, Zufahrt von der SS106r bei KM 21, beschildert; ausgedehntes, langgestrecktes, parallel zum breiten Sandstrand verlaufendes, naturbelassenes Gelände im hochstämmigen Pinienwald, die Baumstämme beschränken die Stellplatzmöglichkeiten für große Campingeinheiten; ca. 15 ha –450 Stpl. + zahlr. Dau., gute Standardsanitärausstattung. Laden, Imbiss, Restaurant, Schwimmbad, Waschmaschine, Fahrradverleih, Bootsslip, Beachvolleyballfeld, WLAN; V & E-Station für Wohnmobile ganz am Ende des Platzes. Von einigen Stellplätzen weite Wege zu den Sanitäranlagen. Mietbungalows. Bei unserem Besuch erlebten wir ein ungastliches Management/Rezeptionspersonal. Langer, breiter Sandstrand.

Camping Onda Azzurra [WP 103 / N39° 42′ 10.18″ E16° 31′ 32.48″], Contrada Foggia, Tel. +39 0983 85 11 57; www.ondaazzurra.com/de/; 1. Jan. – 31. Dez.; ca. 10 km nordöstlich von Corigliano Calabro, Zufahrt von der SS106r, beschildert; ebenes, langgestrecktes, insgesamt ansprechendes Gelände, teils Sand, teils steiniger Untergrund, Pinienwaldgelände im hinteren Platzteil, in Strandnähe weniger Baumschatten durch weitstehende Eukalyptus- und Laubbäume, parzelliert; ca. 4 ha – 180 Stpl.; Komfortsanitärausstattung. Laden, Imbiss, Restaurant, Imbiss, Waschmaschine, Trockner, WLAN; V & E für Wohnmobile. Mietbungalows. Sandstrand.

östlich des heutigen Sibari im Ortsteil Casa Bianca.

Ca. 2 km vom Museum entfernt liegt rechts der Straße SS106 das Ausgrabungsfeld von Sybaris [N39° 43′ 5.75″ E16° 29′ 28.04″].

Umweg über Corigliano Calabro

*ROUTE: Abzweig von der SS106/E90 nach **Corigliano Calabro Stazione** und weiter hinauf nach **Corigliano Calabro.***

Der hübsche Ort **Corigliano Calabro** wird vom mächtigen **Castello Ducale [N39° 35′ 46.96″ E16° 31′ 2.79″]** *(geöffnet im Sommer Di - So 10 - 13 + 16.30 - 20.30 Uhr; im Winter Di - So 9.30 - 13 + 15 - 18.30 Uhr; www.castellodicoriglianocalabro.it/eng/lastoria.aspx)* in der Via Francesco Compangna überragt. Am besten macht man sich zu Fuß auf den Weg hinauf zur Herzogenburg, denn die Gassen und Sträßchen durch den Ort sind sehr eng und steil. Das Kastell stammt in seinen Ursprüngen aus dem 15. Jh. und beeindruckt durch seine prächtigen Salons, die in späteren Jahrhunderten eingerichtet wurden.

Einen Besuch lohnt für Interessierte auch die **Chiesa di Sant'Antonio [N39° 35′ 54.80″ E16° 31′ 9.89″]** in der Via Barnaba Abenante am Nordrand der Stadt, die durch ihre mit glasierten Ziegeln gedeckte Kuppel zu erkennen ist.

ROUTE: Von Corigliano Calabro fährt man auf kurvenreicher Straße wieder hinab zur SP106 und wendet sich dort ostwärts Richtung Rossano.

Die Wallfahrtskirche Santa Maria del Patire

Abstecher nach Santa Maira del Patire

6 km östlich von Corigliano Calabro bietet sich Gelegenheit zu einem Abstecher südwärts zum sehr abgeschieden gelegenen Wallfahrtsort **Santa Maria del Patire [Parkmöglichkeit, WP 104 / N39° 34‘ 16.35“ E16° 34‘ 13.56“]** *(geöffnet im Sommer Mo, Mi, Fr 7 - 14 Uhr, Di + Do 7 - 16 Uhr, Sa + So 8 - 14 Uhr)*. Ein recht gut befahrbares Bergsträßchen führt 8 km hinauf, teils sehr steil und in vielen Kurven und auf den letzten 3 km in mehreren Haarnadelkurven zum über 600 m hoch gelegenen Klosterkirchlein. In den Pinienwäldern um die Kirche sind Picknickplätze angelegt.

Für an Kirchenarchitektur Interessierte wird der Besuch sicher besonders wertvoll sein. Der romanische Kirchenbau mit seinen drei markanten Apsiden an der Ostseite ist nämlich seit seiner Entstehung Mitte des 11. Jh. völlig unverändert geblieben. Bemerkenswert im dreischiffigen Inneren sind Bodenmosaiken aus dem 12. Jh.

Aber auch alle anderen, die den Weg hierher auf sich nehmen, werden mit einer prächtigen Aussicht belohnt, die weit über die Ebene Piana di Sibari noch Norden reicht.

*ROUTE: Von Santa Maria del Patire wieder hinab zur SP106. Dort wendet man sich nach Osten und kann wenig später ins 6 km südlich gelegene **Rossano** abzweigen.*

HAUPTROUTE

Rossano (Markttage erster und dritter Freitag im Monat) liegt sehr ansprechend an den nördlichen Ausläufern der Bergzüge der Sila Greca.

Und wie so oft in süditalienischen Städtchen ist die verwinkelte Altstadt für den allgemeinen Autoverkehr und für Ortsunkundige, die mit Wohnmobilen unterwegs sind, nicht geeignet.

Man parkt da besser am großen **Stadtparkplatz [WP 105 / N39° 34‘ 24.59“ E16° 37‘ 51.97“]** an der Westseite der Altstadt in der Via Luigi Rizzo (SP188) unmittelbar vor dem Portal des Stadttunnels. An der Ostseite des Parkplatzes sind sechs Stellplätze für Wohnmobile markiert. Allerdings ist lt. Beschilderung das Parken für Wohnmobile am ersten und dritten Freitag eines jeden Monats nicht erlaubt.

Unmittelbar vor dem Tunnelportal geht rechts die Via del Portello, ein Treppenweg ab, der hinauf in die fast 300 m über dem Meer gelegene Altstadt führt.

Den Weg zur Kathedrale an der Piazza Duomo durch die Gassen muss man sich ein wenig suchen – hinauf zur Hauptstraße Via Vittorio Emanuele, die Straße überqueren und rechts gehen zur nahen Via Gelso. Sie führt weiter in die Altstadt zur Piazza Steri mit dem markanten Uhrturm **Torre dell'Orologio [N39° 34' 28.61" E16° 38' 4.36"]**.

Weiter bis zur nahen Kathedrale an der **Piazza Duomo [N39° 34' 29.94" E16° 38 ,6.17"]**. Gleich rechts sieht man die **Cattedrale di Maria Santissima Achiropita**, eine dreischiffige Basilika mit barocker Westfassade und Glockenturm mit Kuppel. Im Inneren der dreischiffigen Basilika sind byzantinische Elemente und Wandgemälde zu sehen, darunter eine von den Gläubigen hochverehrte Ikone aus dem 9. Jh.

Bei Besuchern hat sich der hübsche Ort den Ruf eines Zentrums für byzantinische Kunst in Süditalien erworben. Schmuckstück des **Museo Diocesano e del Codex** in der Via Arcivescovado gleich neben dem Dom ist denn auch ein Meisterwerk byzantinischer Buch-illustration, die illuminierte Prunkhandschrift „Codex Purpureus Rossanensis", ein Evangeliar aus dem 6. Jh. Das Museum ist im Palazzo Arcivescovado untergebracht und zeigt außerdem kostbare Messgewänder, liturgische Gegenstände, Reliquiare, Marien- und Heiligenstatuen u. a.

Und die byzantinische Kirche **Panaghia** aus dem 11. Jh. in der Vicolo Remina an der Südseite der Kathedrale weist im Inneren sehenswerte Fres-

WOHNMOBIL-STELLPLÄTZE – ROSSANO

Wohnmobil-Stellplatz Area Sosta Camper Rossano [WP 105 / N39° 34' 24.59" E16° 37' 51.97"], Via G. Rizzo (SP188). **Zufahrt/Lage:** Am Westrand der Altstadt, neben dem Stadtparkplatz. **Gebühr:** Gebührenfrei. **Geöffnet:** Ganzjährig, aber nicht am ersten und dritten Freitag jeden Monats wegen Markt. **Ausstattung:** Leicht geneigter, asphaltierter Parkplatz vor dem Stadttunnel für ca. 6 Wohnmobile. V & E Station mit Chemikalausguss plus Spülung und Frischwasserhahn. Bar/Restaurant vis-à-vis.

Wohnmobil-Stellplatz Area Sosta Camper „Agriturismo Il Faro da Franco" [WP 106 / N39° 37' 17.34" E16° 45' 5.91"], Contrada Marinetta, Tel. +39 338 98 76 365; www.agriturismoilfaro.it. **Zufahrt/Lage:** Ca. 8 km östl. von Rossano Stazione Abzweig von der SS106 nordwärts und noch ca. 2 km Richtung Capo Trionto. **Geöffnet:** Juni - Sept. **Gebühr:** Gebührenpflichtig. **Ausstattung:** Ebener, erdiger, von Büschen und Bäumen umgebener Platz für ca. 10 Wohnmobile. Strom, Wasser, WC, Dusche, V & E.

CAMPING – CIRÒ MARINA

Camping Punta Alice [WP 107 / N39° 23' 6.86" E17° 8' 33.69"], Via Punta Alice, Tel. +39 0962 311 60; www.puntalice.it; Jan. – Dez.; beschilderte Zufahrt von der SS106 bei KM 280; ebenes Campinggelände mit Laubbaumbestand, bis an den Strand reichend; ca. 6 ha – 300 Stpl. + zahlr. Dau.; Standardsanitärausstattung. Laden, Imbiss, Restaurant, Schwimmbad, Waschmaschine, Trockner, Fahrradverleih, Beachvolleyballfeld, Tauchkurse, Windsurf- und Kitesurfschule; V & E für Wohnmobile, Mietbungalows und Ferienwohnungen. Langer grobsandiger Strand.

ken auf. Beachtung verdient auch die Außenansicht der aus groben Feldsteinen aufgeführten Altarapsis mit einem Schmuckband mit Fischgrätmuster und einem hübschen Doppelfenster darunter.

Sehenswert ist die aus dem 10. Jh. stammenden byzantinische Kirche **San Marco [N39° 34' 16.39" E16° 38' 10.74"]**, unverkennbar mit ihren fünf ziegelgedeckten Kuppeln. Im Inneren der Kirche, die ganz am Südrand der Altstadt am Ende der Gasse Corso Giuseppe Garibaldi liegt, sind Fresken aus der Entstehungszeit der Kirche erhalten.

Und wen es nach Lakritz gelüstet, ist in Rossano genau richtig. Der Ort ist nämlich eine Hochburg der Lakritzproduktion in ganz Süditalien. In der Gegend kommt der Echte Süßholzbaum vor, dessen lange Wurzeln den Rohstoff für Lakritz liefert.

Und natürlich gibt es ein **Museo della Liquirizia** und jede Menge Geschäfte, die Lakritz anbieten. Vor allem das Süßwarengeschäft Amarelli Fabrica di Liquirizia an der Straße Contrada Amarelli produziert seit 1731 Lakritzverführungen.

*ROUTE: Von Rossano zurück zur Küstenstraße SS106/E90 und weiter südostwärts über **Mirto Crosia** (Abstecher durch die Berglandschaft La Sila, siehe weiter unten) und **Cirò Marina** nach **Crotone**.*

Um Cirò dehnt sich ein bekanntes kalabrisches Weinanbaugebiet. Hier werden feine Weiß-, Rot- und Roséweine angebaut.

Falls Sie dem Umweg über die Bergregion La Sila Grande nicht folgen wollen, bitte weiter mit **Hauptroute** weiter hinten.

Alternativroute über die Bergregion La Sila Grande

Auf dem weiteren Weg nach Crotone kann man zwischen zwei Varianten wählen. Der einfachere und auch schnellere Weg führt weiter über die SS106/E90 entlang der Küste über Cirò Marina nach Crotone.

Der weitere, etwas schwierigere, landschaftlich reizvollere, aber auch zeitraubendere Weg führt landeinwärts durch die **Berglandschaft der Sila Grande**. Wählt man diese zweite Variante, wird man im Interesse des Reiseerlebnisses zumindest einmal unterbrechen. Gelegenheit dazu bietet sich in **Lorica** am Lago Arvo, einem Stausee (Camping siehe nebenan). Es empfiehlt sich sehr, diese Alternativroute mit vollem Kraftstofftank zu starten!

*ALTERNATIVROUTE: In Mirco Crosia verlassen wir die Küste und die SS106/E90 und fahren südwärts auf der kurvenreichen, holprigen SS531 durch das breite Tal des Trionto hinauf nach **Cropalati** (15 km). Weiter auf der SS177 bis zur Straßengabelung unterhalb von **Longobucco**. An der Flussbrü-*

CAMPING – LORICA

Camping del Lago Arvo [WP 108 / N39° 14' 45.48" E16° 31' 51.02"], Tel. +39 0984 53 70 60; 1. Jan. – 31. Dez.; Zufahrt ca. 1,3 km östlich von Lorica, im Ort beschildert. Rund 1.350 m hoch gelegenes, bewaldetes Hanggelände oberhalb des Lago Arvo; Standardsanitärausstattung. Miethütten. Angebot von geführten Wandertouren gegen Gebühr.

*cke weiter Richtung **Cosenza**! Man durchquert Longobucco (steile und enge Ortsdurchfahrt, für Caravangespanne m. E. nicht geeignet!). Die folgende Passstraße führt in unendlichen Kehren hinauf auf fast 1.600 m Höhe. Man passiert den Stausee Lago di Cecita o Mucone. Auf weniger kurvenreicher Straße SS177 erreicht man schließlich **Camigliatello** (ca. 60 km). Hier Abzweig Richtung Crotone und San Giovanni in Fiore und nach ca. 12 km südwärts ab auf die SP211 nach **Lorica** (16 km).*

Große Teile der teils dicht bewaldeten Bergregion La Sila sind zum **Parco Nazionale della Sila** ernannt worden. Höchste Erhebung des Sila-Massivs (Sila Grande, Sila Piccola und Sila Greca) ist der nicht ganz 2.000 m hohe Monte Botto Donato nordwestlich von Lorica.

Im Nationalpark gibt es Wanderwege und Mountainbiketrails, über die die Infozentren, z. B. in Lorica, Auskunft geben.

Lorica liegt hübsch am Nordufer des von dicht bewaldeten Hängen umgebenen Lago Arvo.

ALTERNATIVROUTE: *Von Lorica über **Ramundo** nordostwärts zur Hauptstraße SS107/E846 und weiter ostwärts bis **San Giovanni in Fiore**.*

San Giovanni in Fiore liegt in waldreicher Umgebung fast 1.050 m hoch und besitzt eine hübsche Altstadt.

In der **Abbazia Fiorense**, im 12. Jh. von Joachim von Fiore, einem aus dem kalabrischen Celico stammenden Kirchenmann, gegründeten Kloster, ist heute ein **Volkskundemuseum** eingerichtet, das vor allem mit Fotos über die Zeit im 20. Jh. berichtet, als der Ort mehr Einwohner hatte als heute (etwas mehr als 17.000 Ew.).

Zu Beginn des 20. Jh. wurden die Stauseen Lago Arvo und Lago Ampollino angelegt und es wurde an der heute längst wieder eingestellten Schmalspurbahn Cosenza – Crotone weitergebaut, was viele Arbeiter mit ihren Familien nach San Giovanni in Fiore zog.

Aus San Giovanni in Fiore kommen handgewobenen Teppiche mit kunstvollen Mustern, die hier noch heute hergestellt werden.

ALTERNATIVROUTE: *Von San Giovanni in Fiore weiter auf SS107/E846 ostwärts zur Küste bei **Crotone**.*

Wer gerne kleine, abgelegene Orte besichtigt, dem bietet sich rund 20 km östlich von San Giovanni in Fiore Gelegenheit dazu. Man zweigt von der SS107/E846 südostwärts ab und erreicht auf kurvenreicher Landstraße nach rund 13 km den Abzweig hinauf ins 326 m hoch gelegen **Santa**

Severina, das aber seine besten Tage offenbar schon gesehen hat. Parken ist allerdings sehr problematisch, zumal mit Wohnmobilen. Einen Bummel durch den Ort wird man also zu Fuß antreten müssen.

Aber die Mühe eines kleinen Fußmarsches wird belohnt. Zu sehen gibt es an der Via Silvio Bernardo das **Castello di Santa Severina [N39° 8' 49.56" E16° 54' 53.09"]**, aus der Stauferzeit *(geöffnet tgl. 9 - 13 + 15 - 19 Uhr)*. In dem gewaltigen, rechteckigen Kastell mit beeindruckenden Wehrmauern und vier mächtigen Rundtürmen an den Ecken, ist heute das **Museo Archeologico** untergebracht, in dem Ausstellungen zur Vergangenheit des Ortes präsentiert werden.

Und das kleine byzantinische Kirchlein **Santa Filomena [N39° 8' 49.47" E16° 54' 55.75"]**, heute Chiesa del Pozzoleo, stammt aus dem 11. Jh. und wird von Kennern als besonders schönes Beispiel byzantinischer Kirchenarchitektur bezeichnet.

Die Kirche liegt gleich gegenüber vom Kastell am Südostrand der Altstadt. Bemerkenswert sind die kleine, säulengestützte Kuppel und die beiden seitlichen Portale, deren Bögen mit Ornamenten reich verziert sind.

Weiter ist in den stattlichen Salons des ehemaligen erzbischöflichen Palais ein **Diözesanmuseum [N39° 8' 52.33" E16° 54' 54.87"]** zu besichtigen. Das Museo Diocesano liegt mitten im Ort an der schön gepflasterten Piazza Campo, gegenüber vom Rathaus, das an seinem viereckigen Turm zu erkennen ist. Im Museum sind in erster Linie sakrale Kunst, Kelche und liturgische Gerätschaften zu sehen.

In der ehemaligen, schon etwas ramponierten **Kathedrale [N39° 8' 57.39" E16° 54' 58.95"]** von Santa Serverina, ganz am Nordrand des alten Stadtteils, sind noch (falls geöffnet) Reste uralter Fresken zu sehen. Die Kirche, die aus dem 13. Jh. stammt, ist heute als Chiesa dell'Addolorata, Kirche der schmerzensreichen Madonna, bekannt.

HAUPTROUTE

Crotone hieß früher einemal *Kroton*, war wichtige griechische Kolonie und Teil von **Magna Graeca**. Um 530 v. Chr. hielt sich der Philosoph und Mathematiker *Pythagoras von Samos* (570 – 510 v. Chr.) in Kroton auf. Ihm wird der „Pythagoräische Lehrsatz" ($a^2 + b^2 = c^2$) zugeschrieben. In Kroton allerdings betätigte sich der sittenstrenge Pythagoras nicht als Mathematiker, sondern mehr politisch und religiös, was ihm letztlich die Verbannung aus Kroton einbrachte. In Metaponto in der Basilikata, fand Pythagoras damals eine neue Heimat.

Das Hinterland von Crotone, das Marchesato, war schon in der Antike und in der Zeit der ersten griechischen Siedler ein überaus fruchtbarer Landstrich. Vor allem Weine wurden damals hier angebaut.

Allerdings ging die immer intensivere landwirtschaftliche Nutzung mit einer Entwaldung der Landschaft einher. Das Resultat war Erosion, die tiefe, zerklüftete Täler in der Landschaft hinterließ, die „Calanchi". Erst in jüngerer Zeit werden wieder Olivenhaine und Weinfelder angelegt, um eine weitere Zerstörung des Landes zu stoppen.

Sehenswert in Crotone, dem wichtigen Fischereihafen in der Region Kalabrien, ist u. a. der **Dom Santa Maria Assunta [N39° 4' 53.08" E17° 7' 42.52"]**. Der der heiligen Jungfrau Maria geweihte Dom stammt aus dem 16. Jh. und beherbergt ein berühmtes Madonnengemälde, die Madonna della Capocolonna. Glaubt man der Überlieferung, dann soll das Gemälde vom hl. Lukas, einem der vier Evangelisten, geschaffen worden sein. *Im Sommer ist der Dom täglich zwischen 8 und 12 Uhr und dann wieder von 17 bis 20 Uhr geöffnet.*

Das **Museo Civico**, ein städtisches Museum, das über die Geschichte von Crotone informiert, ist im Castello di Carlo V. [N39° 4′ 53.61″ E17° 7′ 52.12″] am Hafen an der Piazza Castello eingerichtet.

Und das **Museo Archeologico Statale [N39° 4′ 48.79″ E17° 7′ 51.61″]** in der Via Risorgimento unweit südlich des Kastells, zeigt Funde, die bei Ausgrabungen in der Gegend, z. B. am Capo Colonna, gemacht wurden. Zu den Prachtstücken des Museums zählt ein kunstvoll gearbeitetes Golddiadem, das bei Grabungen im Heratempel am Kap Colonna entdeckt wurde.

Ein Abstecher südostwärts führt von Crotone an die einladende Küste des **Capo Colonna**, dem östlichsten Punkt Kalabriens, ca. 11 km.

In der Antike hatten Griechen im Zuge der Kolonisierung Unteritaliens hier im 5. Jh. v. Chr. einen Tempel zu Ehren der Hera Lacinia an der Küste über dem Ionischen Meer errichtet, von dem eine Säule noch steht.

*ROUTE: Weiterreise auf der SS106/E90 Richtung Catanzaro durch wenig ansprechende Landschaft mit vielen Bauruinen über **Isola di Capo Rizutto** bis **Cropina Marina**, ca. 45 km.*

Capo Rizzuto ist einerseits eine Hochburg des Sommertourismus, andererseits ist das Küstengebiet hier schon seit über 20 Jahren ein geschütztes Naturreservat, Area Naturale Marina Protteta di Isola Capo Rizzuto. In Teilen des in drei Zonen eingeteilten Meeres-Schutzgebietes ist nur Schwimmen, Schnorcheln und Tauchen, aber kein anderer Wassersport erlaubt. Die artenreiche Unterwasserwelt vor der Küste soll möglichst geschützt und erhalten werden. Delphine und Seeschildkröten und viele selten gewordene Fischarten fühlen sich hier wohl.

Mehr über Fauna und Flora der Unterwasserwelt vor dem Capo Rizzuto erfährt man in den Aquarien des **Cen-**

Das Castello Aragonese in Le Castella

tro Educazione all'Ambiente Marino [Parkplatz, N38° 54' 19.47" E17° 5' 50.23"] südlich der Piazza des Santuario am nördlichen Ortsrand von Capo Rizzuto *(geöffnet tgl. 9.30 - 13 + 16 - 20 Uhr)*.

Westlich von Capo Rizzuto liegt **Le Castella**. Die Küste und einige der kleinen Inseln hier waren einstmals befestigt. Nur eine Festung hat die Zeiten überdauert, das aus dem 16. Jh. stammende **Castello Aragonese [N38° 54' 25.83" E17° 1' 16.83"]**, das schön auf einer schmalen länglichen Insel an der Westseite des Ortes liegt, die mit einem Landsteg mit Le Castella verbunden ist. Das Kastell kann gegen Eintritt besichtigt werden *(geöffnet Di, Mi, Fr 8.30 - 13 Uhr, Do + Sa 14.30 - 19 Uhr, So 14.30 - 19.30 Uhr; www.prolococastella.it/index.php?id=18)*. Von den Mauern der Festung hat man einen schönen Blick auf Stadt und Küste.

Das trutzige Kastell war schon verschiedentlich Filmdrehort. Zum Beispiel drehte Paolo Pasolini hier Szenen zum Film „Das 1. Evangelium – Matthäus".

Parkplätze [WP 109 / N38° 54' 31.93" E17° 1' 33.70"] findet man am ehesten an der Via del Porto an der Ostseite des Ortes vor dem Freizeithafen.

1519 wurde in Le Castella Kılıç Ali Pascha geboren, der eigentlich Giovanni Dionigi Galeni hieß, in seiner Jugend zeitweise als Galeerensklave sein Leben fristete, später zum Islam konvertierte und dann als osmanischer Korsar und Admiral das Mittelmeer, auch die Küsten Kalabriens, unsicher machte. Eine Denkmalsbüste an der Piazza Ucciali [N38° 54' 27.94" E17° 1' 21.96"] erinnert an diesen Sohn der Stadt.

In Le Castella, dank der Strände vor allem im Sommer ein viel besuchter Ferienort, werden Ausflüge mit Glasbodenbooten angeboten, auf denen man die Unterwasserwelt, Fauna und Flora in den Gewässern vor der Küste beobachten kann.

Auch an Tauch- oder Schnorchelausflügen kann man teilnehmen.

Denkmal für Kiliç Ali Pascha

PRAKTISCHE HINWEISE – LE CASTELLA

Touristeninformation Pro Loco Le Castella [N38° 54‘ 34.95“ E17° 1‘ 22.09“], Via Duomo 27, 88841 Le Castella, Tel. +39 0962 79 51 60; www.prolocolecastella.it.

CAMPING

Le Castella bei Isola di Capo Rizzuto
Camping Costa Splendente [WP 110 / N38° 54‘ 54.15“ E17° 1‘ 36.52“] Tel. +39 0962 79 51 31; www.costasplendente.it; 1. Mai – 30. Okt.; Zufahrt von der SS106 bei Le Castella beschildert; ebenes Campinggelände mit Pinien und Eukalyptus; ca. 3 ha – 200 Stpl. + Dau.; Standardsanitärausstattung. Laden, Imbiss, Restaurant, Waschmaschine, Fahrradverleih. V & E für Wohnmobile. Mietbungalows. Zum Meer ca. 100 m, kleiner Sandstrand und steiniges Ufer.

Cropani Marina

Camping Casa Vacanze Lungomare [WP 111 / N38° 54‘ 32.20“ E16° 48‘ 34.43“], Viale Venezia, Tel. +39 0961 96 11 67; www.campinglungomare.com/de/; 1. Mai - 1. Okt.; ca. 2 km südlich von Coprani Marina Zufahrt von der SS106; ebenes, naturbelassenes, eingezäuntes, sandiges Gelände unter Pinien und Eukalyptusbäumen auf zwei unterschiedlichen Geländestufen; nummerierte Stellplätze; ca. 2 ha – 100 Stpl. + Dau.; Standardsanitärausstattung. Imbiss, Restaurant. V & E Station. Mietcaravans. Durch ein Tor und über die Küstenstraße zum Strand.

WOHNMOBIL-STELLPLATZ

Cropani Marina
Wohnmobil-Stellplatz Area Sosta Camper Sena Park [WP 112 / N38° 54‘ 39.83“ E16° 48‘ 35.11“], Viale Venezia 34, Tel. +39 0961 960958; www.senapark.it. **Zufahrt/Lage:** Zufahrt von der Viale Venezia, der Straße zum Strand in Cropani Marina. **Geöffnet:** Ganzjährig. **Gebühr:** Gebührenpflichtig, Preise ja nach Saison. **Ausstattung:** Ebenes, langgestrecktes, von Hecken begrenztes Grasgelände. Schüttere Büsche und Bäume begrenzen die etwa 30 Stellplätze. Strom (Gebühr), Wasser, WC, Duschen (Gebühr), WLAN. Restaurant, Fremdenzimmer. Strand in Gehnähe, ca. 500 m.

TOUR 6: CROPANI MARINA – TROPEA

Länge der Tour: Rund 380 km.

Die Route: Straße SS106/E90 „Jonica“ bis **Catanzaro Lido** – SS19 bis **Catanzaro** und zurück – SS106/E90 über **Soverato** bis **Monasterace Marina** – SS110 bis **Stilo** und zurück – SS106/E90 über **Siderno**, **Locri**, **Galati** und **Melito di Porto Salvo** bis **Reggio di Calabria** – A3/E45 oder SS18 über **Palmi** und **Rosarno** bis **S. Costantino Caladari** – Landstraße nach **Tropea**.

Abkürzende Alternativroute: Nördlich von **Sidarno** SS281 vom Ionischen Meer quer durch Kalabrien nach **Rosarno** am Tyrrhenischen Meer.

Abstecher: Von Catanzaro Lido nach Catanzaro. Von Monasterace Marina nach Stilo. Nach Bova, Amendolea und Roghudi Vecchio im Aspromonte-Massiv.

Umweg: Über **Gambarie** im Aspromonte-Massiv.

Reisedauer: Mindestens zwei, besser mehr Tage.

Höhepunkte: Die **byzantinische Kirche von Stilo** *** – Museum und archäol. Stätte **Locri Epizefiri** * – das **Nationalmuseum in Reggio di Calabria** ** – die Berglandschaft des **Aspromonte** * – **Tropea und seine Strände** **.

ROUTE: *SS160/E90 Richtung **Catanzaro Lido**, ca. 20 km. In Catanzaro Lido nach Nordwesten auf der SS19 nach **Catanzaro**, ca. 12 km.*

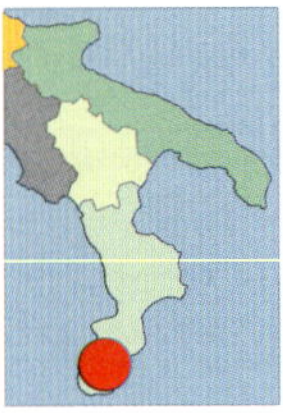

Abstecher nach Catanzaro

Catanzaro, eine Stadt mit rund 90.000 Einwohnern, ist erst seit 1970 offiziell Hauptstadt von Kalabrien und löste damals Reggio di Calabria in dieser Funktion ab.

Gegründet wurde Catanzaro schon im 10. Jh. Die „Stadt auf drei Hügeln“ (Colle San Trifone, Colle Vescovato und Colle Castello) ist in der Region auch bekannt als die „Stadt der drei V“. Die drei V’s stehen für vento (Wind), velluto (Samt) und Vitalianus. Vitalianus ist der Schutzheilige der Stadt.

Wie so manche Stadt in Süditalien, war auch Catanzaro eine mittelalterliche Gründung von Küstenbewoh-

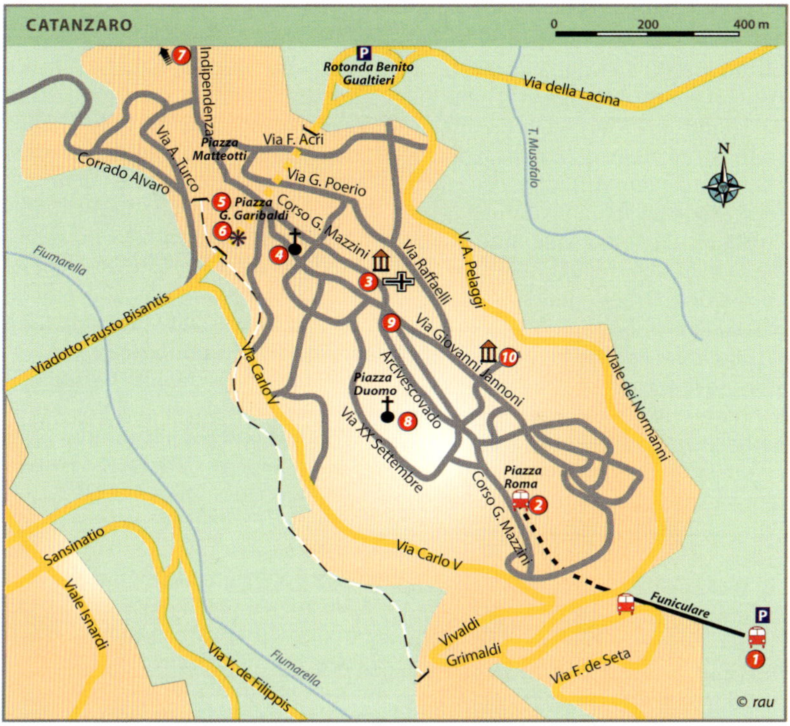

*CATANZARO – **1** Funiculare-Talstation, Stazione di Valle Piè Sala – **2** Stazione di Monte, Piazza Roma – **3** Basilica dell'Imacolata, Provinzverwaltung, Piazza Luigi Rossi – **4** Chiesetta di Sant'Omobono – **5** Fontane del Cavatore – **6** Camplesso Monumentale del San Giovanni, Kirche Giovanni Battista – **7** zum MARCA Museo delle Arti Catanzaro und zum Parco della Biodiversità Mediterranea – **8** Santa Maria Assunta – **9** Park Giardini Nicolas Green – **10** Teatro Politeama*

nern, die im 11. Jh. ihre Stadt nach Piratenüberfällen weiter landeinwärts auf einer alten byzantinischen Siedlung neu aufbauten.

Später kamen Normannen und Staufer nach Catanzaro. Damals brachte der Handel mit Samt und Seide Wohlstand in die Stadt. Und im 16. Jh. wurde Catanzaro mit dem Privileg eines Münzrechts versehen, als Dankesgeste von Kaiser Karl V., der die Stadt für ihr Engagement für Spanien und gegen Frankreich belohnte.

Gut zweihundert Jahre später wurde Catanzaro 1783 von einem Erdbeben stark zerstört und vieler seiner alten Bauwerke beraubt. Bei der Neuplanung der Stadt entstand der Corso Mazzini, die Hauptstraße in der Innenstadt.

Um es gleich vorweg zu nehmen: Ein „Spaziergang" ist ein Besuch von Catanzaro mit dem Auto nicht gerade. Die Straßenführung ist verwirrend und das Parkplatzproblem allgegenwärtig.

Seit den Renovierungsarbeiten, die die Standseilbahn von Catanzaro bis auf weiteres stilllegen, ist Catanzaro für alle Autotouristen und noch mehr für Wohnmobilfahrer eine wahre Herausforderung, besonders was die Parkmöglichkeiten anbetrifft.

Als Startpunkt einer Stadtbesichtigung bot sich bislang der große **Park-**

platz [WP 113 / N38° 54' 1.56" E16° 36' 3.90"] an der Talstation Stazione di Valle Piè Sala der Standseilbahn **Funicolare di Catanzaro (1)** an. Mit ihr konnte man hinauf in die Innenstadt zur Stazione di Monte an der Piazza Roma, dem Ausgangspunkt unseres Stadtspaziergangs, fahren

Bei unserem jüngsten Besuch war die Standseilbahn außer Betrieb! Leider war bis Drucklegung dieser Ausgabe nicht in Erfahrung zu bringen, ob die Renovierungsarbeiten an der Standseilbahn abgeschlossen werden konnten und ob die Bahn wieder in Betrieb ist!

Unser Stadtspaziergang durch Catanzaro startet an der **Piazza Roma (2)**. Von dort gehen wir über den Paradeboulevard der Stadt, den Corso Giuseppe Mazzini, stadteinwärts (nordwestwärts).

Unterwegs kommt man zur **Basilica dell'Immacolata (3) [N38° 54' 27.25" E16° 35' 30.42"]**, dem Dom der Stadt. Im Inneren ist die Basilika aus dem 18. Jh. reich mit Stuckwerk ausgestattet. Bemerkenswert sind der Marmoraltar, gestaltet von neapolitanischen Künstlern, sowie das Gemälde Immacolata Conception (Mariä unbefleckte Empfängnis) aus dem 17. Jh.

Später passiert man die etwas westlichdes Corso Giuseppe Mazzini gelegene **Chiesetta di Sant'Omobono (4) [N38° 54' 30.27" E16° 35' 22.65"]**, ein uraltes byzantinisches Bethaus, das einstmals Teil der Stadtmauer war und der Zunft der Seidenwebern als Versammlungsort diente. Die Seidenweberei wurde in Catanzaro schon seit dem 11. Jh. betrieben. Später kamen die Herstellung von Samt und Damast hinzu.

Weiter zur Piazza Giuseppe Garibaldi. An der Nordseite des Platzes sieht man den monumentalen **Brunnen „Fontane del Cavatore" (5)** mit der Bronzefigur eines Steinbrucharbeiters. Der kalabrische Künstler Giuseppe Rito wollte damit allen Arbeitern ein Denkmal setzen.

An der Westseite der Piazza Guiseppe Garibaldi liegt neben der Kirche Giovanni Battista der **Complesso Monumentale del San Giovanni (6) [N38° 54' 32.36" E16° 35' 19.63"]**. Eingerichtet ist dieses Kultur- und Ausstellungszentrum in einem Kastell aus dem 11. Jh. Interessant ist auch das dahinter gelegene Altrove Freilichtmuseum, das Stahlskulpturen des Künstlers Borondo zeigt.

Von der Freifläche hier hat man einen schönen Blick auf die imposante, 110 m hohe und fast 500 m lange Straßen-Hochbrücke **Viadotto Fausto Bisantis**, die das Tal des meist ausgetrockneten Fiumarella zwischen zwei Stadtteilen in einem kühnen, 231 m weiten Bogen überspannt.

Noch etwas weiter nördlich kommt man am Westrand der Stadt in der Via Alessandro Turco 63 zum Kunstmuseum **MARCA Museo delle Arti Catanzaro (7) [N38° 54' 37.84" E16° 35' 9.46"]** *(geöffnet Di - So 9.30 - 20.30 Uhr; www.museomarca.info.it)*. Das Museum stellt sowohl moderne Kunst, wie auch Gemälde und Skulturen seit dem 17. Jh. aus. Dazu kommen wechselnde Ausstellungen nationaler und internationaler Künstler.

Ganz am Nordende der Stadt liegt der **Parco della Biodiversità Mediterranea [N38° 55' 4.79" E16° 34' 53.62"]**, ein sog. Ökopark mit Militärmuseum, Skulpturenausstellung und hübsch angelegten Gärten, die zum Spazieren einladen.

Abstecher nach Stilo

*ROUTE: Von Catanzaro zurück zur SS106/E90, die als vierspurig ausgebaute SS106/VAR/A Catanzaro Lido umgeht, durch mehrere Tunnels (mautfrei) und weiter südwärts über **Soverato bis Monasterace Marina** führt. Hier landeinwärts auf der SS110 nach **Stilo**, ca. 15 km.*

CAMPING – ISCA MARINA

Camping Mimosa [WP 114 / N38° 36' 16.98" E16° 33' 53.80"], Via del Mare, Tel. +39 33 83 70 57 39; www.mimosacamping.com; Mitte Juni – Mitte Sept.; ca. 12 km südl. von Soverato beschilderter Abzweig meerwärts von der SS106/E90; ebenes, naturbelassenes Gelände, teils erdig-sandig, Schatten durch Laubbäume, bis an den langen Sandstrand reichend; ca. 3,5 ha – 170 Stpl. + zahlr. Dau.; einfache Standardsanitärausstattung. Laden, Imbiss, Restaurant. V & E für Wohnmobile. Mietcaravans und Mobilheime.

In **Monasterace Marina** kann das **Museo Archeologico Antico Kaulon „Antiquarium" [Parkplatz, WP 115 / N38° 27' 3.05" E16° 34' 43.47"]** besichtigt werden *(geöffnet Di - So 9 - 20 Uhr, letzter Einlass 1 Stunde vor Schließung; https://www.coopculture.it/it/poi/museo-e-parco-archeologico-antica-kaulon/)*. Das Museum liegt westlich der SS106/E90 und stellt vor allem Funde aus, die bei Ausgrabungen im antiken Caulonia gemacht wurden.

Vom Parkplatz beim Museum führt ein Fußweg durch eine Straßenunterführung zur antiken Stätte **Parco Archeologico di Kaulon**, die sich zwischen Bahnlinie und Strand nach Süden erstreckt.

Gegründet wurde Kaulonia im achten vorchristlichen Jahrhundert von griechischen Kolonisten, die sich später mit Siedlern aus Crotone verbanden. Kaulonia erlebte eine lange Periode des Wohlstandes bis es vierhundert Jahre später von den Tyrannen von Syracuse Dionysius I. erobert wurde. Die Bewohner wurden deportiert und versklavt. Um 200 vereinnahmten die Römer Kaulonia, die es zu einem wichtigen Handelsplatz an der ionischen Küste machten.

Erst Ende des 19. Jh. wurde mit der wissenschaftlichen Untersuchung des antiken Kaulonia begonnen. Bis heute wird gelegentlich in der archäologischen Stätte gegraben und geforscht, wobei auch die Küste und die Gewässer davor untersucht werden. Bei den Untersuchungen stellte sich u. a. heraus, dass das alte Kaulonia eine recht ausgedehnte Kolonie gewesen sein muss, die an der Landseite von einer mächtigen Mauer vollkommen umgeben gewesen sein muss. Und man fand Reste einer Agora, den zentralen Platz der Stadt, dorische Tempelfragmente, eine Nekropolis, eine Schiffsmole, sowie große Anwesen bzw. Gebäude wie das „Haus des Drachens" mit prächtige Bodenmosaiken, die u. a. ein Seeungeheuer darstellen.

Stilo (Markttag: Dienstag), ein Bergdorf mit kaum 3.000 Bewohnern, wurde schon mehrfach von Erdbeben heimgesucht. Der Ort, der erst kürzlich in den Kreis der „hübschesten Dörfer Italiens" aufgenommen wurde, liegt rund 16 km landeinwärts an den Ostausläufern eines den gesamten Südteil Kalabriens durchziehenden Bergrückens und ist über die recht kurvenreiche Straße SS110 zu erreichen.

Gegründet wurde Stilo im 10. Jh. von Flüchtlingen aus dem an der Küste gelegenen Kaulon und entwickelte sich rasch zu einem byzantinischen Zentrum der Religion.

Eine große Sehenswürdigkeit und ein Kleinod byzantinischer Architektur in Kalabrien ist **La Cattolica di Stilo [Parkmöglichkeit, WP 116 / N38° 28' 46.4" E16° 28' 02.9"]**, ein Katholikon, ein Kirchlein, in exponierter, aussichtsreicher Lage über dem Ort an der Via Cattolica *(geöffnet Mo - Sa 8 - 18 Uhr, So 12 - 18 Uhr, freier Eintritt am 1. Sonntag im Monat; www.cattolicadistilo.it)*. Der von Mönchen im 10. Jh. aus Backsteinen errichtete

La Cattolica di Stilo

und Mariä Himmelfahrt geweihte Kirchenbau fällt durch seine fünf runden, kurzen Türmchen auf. Das mittlere, etwas höhere Türmchen ist Christus, die vier kleineren sind den vier Evangelisten gewidmet. Das überraschend kleine Innere der aus roten Backsteinen errichteten Kirche mit quadratischem Grundriss und drei kleinen Apsiden mit Fensterchen wird durch Säulen unterteilt. Auffallend an den Säulen ist, dass sich die Säulenkapitele an der Säulenbasis und nicht, wie sonst üblich, an der Säulenspitze befinden. An zwei der vier Säulen wurden arabische Inschriften gefunden, die evtl. darauf hinweisen, dass die Kirche im 11. Jh. als muslimische Betstätte gedient haben könnte. Bei Restaurierungsarbeiten nach dem Ersten Weltkrieg wurden Fresken wiederentdeckt, die aus der Entstehungszeit der Kirche stammen.

Ein leidlich gesicherter Fußweg führt an den steilen Talhängen vom Nordrand von Stilo zu **La Grotta**, einer kleinen Höhlenkirche.

Weitere bemerkenswerte Sakralbauten in Stilo sind der mittelalterliche **Dom [N38° 28′ 47.67″ E16° 28′ 10.21″]** an der Piazza Duomo im alten Stadtteil, das **San Domenico Kloster [N38°28′48.33″ E16°28′20.02″]**, Via XXIV Maggio 10, ganz am Nordrand der Altstadt und die **Kirche San Francesco [N38°28′38.02″ E16°28′8.11″]**, im neueren Stadtteil. In der Chiesa di San Francesco, die dem hl. Franz von Assisi geweiht ist, verdienen der Altar mit reichem Schnitzwerk, der Chor und eine Madonnenskulptur aus dem frühen 17. Jh. Beachtung.

Vor der Kirche steht ein Denkmal für *Tommaso Campanella* (1568 – 1639), einem Sohn der Stadt, eigenwilliger Dominikanerpater, Dichter und Politiker, der u. a. über die Utopie einer „Idealgesellschaft“ philosopierte. Campanella starb nach einem bewegten Leben, das er jahrzehntelang, wegen Anfeindungen durch die Inquisition, in Kerkern verbringen musste, im Exil in Paris.

Gegenüber der Kirche liegt auf der anderen Straßenseite mitten im Ort die **Piazza del Palio**, ein großes Festgelände, auf dem jedes Jahr am ersten Sonntag im August der Palio di Ribusa, begleitet von einem vielbesuchten bunten Mittelalterfest, abgehalten wird. Mit diesem historischen Reiterfest wird an eine alte mittelalterliche Tradition aus der Normannenzeit Robert Guiskards erinnert.

Nicht weit von der San Franziskuskirche entfernt liegt an der Durchgangsstraße Via Roma die **Chiesa di San Giovanni Therstis [N38° 28' 33.05" E16° 27' 57.87"]**. Die Kirche wurde Mitte des 17. Jh. von Flüchtlingen aus der Basilikata erbaut, um den Reliquien des Heiligen Giovanni Therstis eine würdige Stätte zu geben.

Das Freigelände vor der Kirche und dem angrenzenden Klostertrakt ist jedes Jahr in der Karwoche Schauplatz von weit über die Stadt hinaus bekannten Riten und Prozessionen.

Nordwestlich außerhalb des Ortes liegen die Ruinen des **Castello Normanno**, das – ausgehend vom Friedhof in Stilo – nur über einen steilen, schmalen, unbefestigten Feldweg in steilen Serpentinen und auf dem letzten Wegstück nur zu Fuß zu erreichen ist.

Wer sich wirklich sehr für Kirchenbaukunst aus der Normannenzeit interessiert und die etwas umständliche Anfahrt über enge, kurvenreiche Bergsträßchen nicht scheut, findet einige Kilometer nördlich von Stilo (Anfahrt zunächst westwärts über Pazzano und Bivongi und weiter über die Brücke über das steinige, fast ausgetrocknete Flussbett des Stilaro) in der weltvergessenen Abgeschiedenheit wunderschöner bewaldeter Berglandschaft die normannisch-byzantinische **Basilika San Giovanni Therestis [Parkmöglichkeit, WP 117 / N38° 29' 43.40" E16° 28' 14.86"]**. Kirche und Kloster wurden schon im 11. Jh. gegründet. Geweiht ist die Kirche einem lokalen Heiligen, der hier einst gelebt haben soll. Im Inneren der kunstvoll aus Feldsteinen errichteten Kirche sind Reste byzantinischer Fresken erhalten. Das altgriechisch-orthodoxe Kloster wurde von den Mönchen im 17. Jh. aufgegeben, als in Stilo ein neues Kloster zu beziehen war. Erst 1994 kamen Mönche vom Heiligen Berg Athos in Griechenland ins Kloster, das heute von der Rumänisch-Orthodoxen Kirche in Italien verwaltet wird.

*ROUTE: Von Stilo auf der SS110 zurück an die Küste bei Monasterace Marina und auf der SS106/E90 weiter südwärts über **Riace Marina**, **Siderno** und **Locri**.*

Des Städtchen **Riace**, das rund 7 km landeinwärts in den Bergen westlich von Riace Marina liegt, hat sich in jüngster Vergangenheit einen Namen als „Stadt der Gastfreundschaft" gemacht, als man Flüchtlinge und Emmigranten aus Afrika und dem Nahen Osten willkommen hieß.

Bei **Locri** und Siderno ist man an einer der schmalsten Stelle von Kalabrien. Auch in dieser Gegend Süditaliens liegen viele Orte zwar recht malerisch auf Hügeln, sind aber für den Besucher mit Auto nicht immer einfach zu erreichen. Noch problematischer sind mitunter die Parkmöglichkeiten. Oft sieht man sich gezwungen, sein Auto vor dem Ort abzustellen und sich zu Fuß aufzumachen.

Abkürzende Alternativroute nach Rosarno

Nördlich von Siderno bietet sich Gelegenheit, den Reiseweg durch Kalabrien erheblich abzukürzen. Allerdings unter Auslassung des südlichen Teils Kalabriens mit dem Bergmassiv des Aspromonte und der Hafenstadt Reggio di Calabria.

Folgt man dieser abkürzenden Alternativroute, bedient man sich der

SS682, die nördlich von Siderno vom Ionischen Meer quer durch Kalabrien nach **Rosarno** am Tyrrhenischen Meer führt, 41 km.

Nach 13 km passiert die SS682 den Ort **Mammola**. Und einige Kilometer südlich von Mammola liegt beim ehemaligen Kloster Santa Barbara, das Freilichkunstmuseum **MuSaBa Fondazione Spatari/Maas [Parkplatz, WP 118 / N38° 20‘ 55.81“ E16° 15‘ 21.92“]** *(geöffnet tgl. 10 - 14 Uhr; www.musaba.org)*. Will man die Kunstausstellung besuchen, verlässt man bei Mammola die Straße SS682 und folgt der SP5 südwärts. Das Kunstmuseum liegt zwar unmittelbar an der SS682, hat aber leider keine eigene Ausfahrt, weswegen der Umweg notwendig ist.

Zu sehen gibt es auf dem Gelände einer ehemaligen byzantinischen Einsiedelei aus dem 10. Jh. vor allem modere Kunst wie Skulpturen, Keramiken, Mosaik- und Kunstobjekte der erstaunlichsten Art. Selbst die Betonstützen, auf denen die Hochstraße am Museumsgelände vorbeiführt, wurden von Künstlern bemalt.

HAUPTROUTE

*ROUTE: Von Stilo zurück bis **Monasterace Marina** und auf der SS106/E90 über **Marina di Caulonia** und **Sidarno** bis **Locri**. Ab Locri bietet sich Gelegenheit zu einem Abstecher landeinwärts über der SS1 hinauf nach **Gerace**, ca. 7 km.*

Gerace, ein Bergdorf anscheinend fern aller Alltagshektik, liegt etwa 10 km landeinwärts vom Küstenort Locri an der Straße SS111.

Spätestens seit dem 9. Jh. sahen sich viele Orte an den italienischen Küsten immer wieder brutalen Überfällen durch Sarazenen und Piraten ausgesetzt. Irgendwann beschlossen die Bewohner von Locri Epizefiri, denen es leid war, ihren Ort nach Überfällen immer wieder neu aufbauen zu müssen, sich weiter landeinwärts an einer weniger gut zugänglichen Stelle anzusiedeln. So entstand Gerace an den Osthängen der Ausläufer des Aspromonte.

Die Legende berichtet, dass die Bewohner von Locri nach einem Piratenüberfall wieder einmal auf der Flucht waren, als sie von einem Habicht auf ein Hochplatteau geführt worden seien, die ihnen so sicher erschien, dass sie hier ihre neue Stadt anlegten. Ein Habicht im Stadtwappen erinnert angeblich an diese Geschichte. Auf ein altes griechisches Wort für Habicht oder Falke soll auch der Stadtnamen zurückzuführen sein.

Zur Besichtigung der Altstadt, deren engen Gassen oft nur für den Anliegerverkehr frei sind, parkt man am besten auf dem **Parkplatz [WP 120 / N38° 16‘ 18.01“ E16° 13‘ 20.86“]** am Ostrand der Stadt an der SS111.

Die Stadt wurde durch Stadtmauern und in der Zeit der Normannen durch ein Kastell fast uneinnehmbar gemacht. Die Ruinen des als unbe-

CAMPING – MARINA DI CAULONIA

Camping Villaggio Calypso [WP 119 / N38° 21‘ 14.77“ E16° 29‘ 5.38“], Via Trifone d'Egina, Tel. +39 33 91 96 98 30; www.calypsocamping.it; 1. Juni - 2. Sept.; nördlich von Marina di Caulonia beschilderter Abzweig von der SS106/E90 bei KM 123, Zufahrt durch ein trockenes Flussbett und unter der Eisenbahnlinie durch; langgestrecktes, ebenes Campinggelände mit teils sandigem Untergrund mit Grasresten, in einem Eukalyptuswäldchen, zwischen Straße, Bahnlinie, ausgetrocknetem Flussbett und Kiesstrand; ca. 2 ha – 110 Stpl., Standardsanitärausstattung; Imbiss, Restaurant, Waschmaschine, Beachvolleyballfeld, WLAN. Mietbungalows. V & E für Wohnmobile.

zwingbar geltenden Kastells liegen erhöht am Rande eines steilen Hangs an der Westseite des Ortes. Heute ist hier der Aussichtspunkt Vista Castello Città di Gerace eingerichtet, von dem aus man prächtige Ausblicke ins Umland hat.

Die **Cattedrale Santa Maria Assunta di Gerace [N38° 16' 21.68" E16° 13' 4.07"]** *(geöffnet 9.30 - 13 Uhr, 15 - 18 Uhr; www.turismo.reggiocal.it/de/ballungsraum/locride/gerace)* an der Via Duomo, mit angeschlossenem Museo Diocesano, sollte bei einem Besuch des alten Städtchens mit auf dem Programm stehen.

Die Ursprünge des Kirchenbaus reichen zurück ins 11. Jh. Später wurde der Dom mehrfach restauriert und umgebaut. So z. B. Anfang des 13. Jh., als sich Kaiser Friedrich II. in Gerace aufhielt. Und im 18. Jh. erhielt der Dom das Erscheinungsbild, das der Besucher heute sieht und das den Dom von Gerace zu einer der schönsten und größten Kathedralen in Kalabrien machte.

Aus der Gründerzeit des Doms stammt die bemerkenswerte Krypta, deren Gewölbe von Marmorsäulen gestützt wird. Archäologen gehen davon aus, dass die Säulen von Tempeln aus dem nahen antiken Locri Epizefiri stammen. Beachtung verdient auch die Kapelle Madonna dell'Itria aus dem 17. Jh. mit ihrem ungewöhnlichen Tonnengewölbe mit skulptierten Marmorkasetten.

Gleich neben der Kathedrale steht die Porta dei Vescovi. Das Bischofstor war eines der drei Stadttore, die einst den Zugang in die Stadt ermöglichten.

Geht man durch das Tor, kommt man zur Piazza Tribuna mit eleganten alten Palazzi.

Ein weiterer Kirchenbau in Gerace ist das kleine, unscheinbare Kirchlein **San Giovanello**. Die Kirche stammt aus dem 12. Jh., zeigt Stilelemente aus der byzantinischen und aus der normannischen Epoche und ist in der Via Balilla an der Piazza delle Tre Chiese nur ein kurzes Wegstück nördlich vom Dom zu finden.

An der Nordseite des Platzes liegt die Kirche **San Francesco d'Assisi,** die einstige Grabkirche der vor allem im 14. Jh. namhaften kalabrischen Familie Ruffo. Das Grabmal von Niccolò Ruffo, der 1372 hier beigesetzt wurde, ist in der Kirche zu sehen.

Die dritte Kirche an der Piazza delle Tre Chiese ist die Chiesa del Sacro Cuoro di Gesù an der Südseite des Platzes.

Locri Epizefiri, eine antike griechische Siedlung, hatte sich dem Kult zu Ehren der Persephone verschrieben. In der griechischen Mythologie ist Persephone die Göttin der Toten, der Unterwelt, aber auch der Fruchtbarkeit. Die antike Stätte liegt rund 5 km südwestlich von Locri an der SS106/E90. Reste von Tempeln und Gräbern aus griechischer und aus römischer Zeit sowie die Ruinen eines Theaters sind zu sehen *(geöffnet Di - So 9 - 20 Uhr, letzter Einlass 1 Stunde vor Schließung;)*.

Locri Epizefiri, um das 8. vorchristliche Jahrhundert von Kolonisten aus Mittelgriechenland gegründet, erstreckte sich einstmals über ein Gebiet, das von einer Ebene am Ionischen Meer bis in die Nähe einer Hügelkette reichte.

Das antike Locri Epizefiri blieb bis ins 8. nachchristliche Jahrhundert eine prosperierende Stadt, bis die Bewohner – genervt von wiederholten Überfällen arabischer Piraten – ihre Stadt verließen, weiter landeinwärts siedelten und Gerace gründeten.

Bei Interesse an der Geschichte von Locri Epizefiri lohnte ein Besuch im angeschlossenen, *leider ist das Museum wegen Restaurieringsrbeiten bis auf weiteres geschlossen,* **Museum [Parkplatz, WP 121 / N38° 12' 36.43" E16° 14' 28.03"]** mit Grabungsfunden und

Exponaten aus griechischer wie aus römischer Zeit

ROUTE: Von Locri bzw. von Locri Epizefiri weiter auf der SS106/E90 über ***Melito di Porto Salvo*** *Richtung Reggio di Calabria, ca. 95 km.*

Mein Tipp: Die Campingplatzsituation entlang der Ionischen Küste, etwa ab Marina di Caulonia südwärts, aber auch im Hinterland, bis hinab an die italienische „Stiefelspitze" ist überaus schlecht! Akzeptable Campinganlagen findet man erst wieder an der Küste des Tyrrhenischen Meeres westlich von Rosarno.

Südlich von Bovalino Marino liegen bei KM 82 der SS106/E90 „Jonica" beiderseits der Straße die Reste einer römischen Villa, der **Villa Romano di Casignana [N38° 7' 7.56" E16° 9' 29.69"]** *(geöffnet Mo - Fr 9 - 11.30 + 17 - 19.30 Uhr, Sa + So 17 - 19.30; https://turismo.reggiocal.it/cultura/archeologia-e-storia/villa-romana-di-casignana).* Verblüffend gut erhalten sind Bodenmosaiken, mit denen viele Räume ausgestattet sind.

Umweg über Gambarie im Aspromonte-Massiv

Um es vorweg zu nehmen: Dieser Umweg lohnt eigentlich nur für den, der mit einem kleineren Van-Camper unterwegs ist und im Aspromonte-Massiv Wanderungen unternehmen will.

Wer auf den nachfolgend beschriebenen Umweg verzichtet, fährt besser schon nördlich von Siderno auf der SS682 nach Rosarno an der Westküste Kalabriens (siehe auch weiter vorne unter „Abkürzende Alternativroute").

Mein Tipp! Die Erfahrung unserer jüngsten Reise veranlasst uns dazu, der **Route von Melito di Porto Salva hinauf nach Gambarie** nicht mehr zuzuraten! Vor allem gilt das m. E. für große Wohnmobile und noch mehr für Caravangespanne!

Die desolate „Straßentrasse" wird – wie uns ein Hotelbesitzer in Gambarie wissen ließ – nicht mehr gepflegt und repariert! Die Ränder der kurvenreichen Bergstraße waren teilweise abgebrochen. Mitunter verengten kleine Erdrutsche und tiefhängende Äste die Fahrbahn auf ein Minimum.

Wer auf den Umweg über Gambarie aber nicht verzichten will, fährt besser bis Reggio di Calabria und dort von der beginnenden Autobahn A2/E45 ostwärts auf der SP10 **über Terreti hinauf nach Gambarie**. Die Straße ist zwar auch recht kurvenreich, aber wesentlich besser in Schuss als die Straße von Melito di Porto Salvo über Bagaladi nach Gambarie.

Sollten Sie der italienischen Sprache auch noch so gut mächtig sein, kann es durchaus passieren, dass Sie die Leute in dieser Region Italiens nicht verstehen. Hier spricht man nämlich vielfach immer noch den uralten **Dialekt Grekaniko**, der mit vielen Begriffen aus dem Altgriechischen angereichert ist.

In früheren Tagen übrigens waren die Berge und die abgeschiedenen, engen und schlecht zugänglichen Täler des Aspromonte ein beliebtes Rückzugsgebiet für Verfolgte, Freischärler und Briganten. Wobei Viele in Italien noch heute einen kleinen, aber feinen Unterschied in den Bezeichnungen Briganti und Banditi sehen. Während man mit Banditi einen gewöhnlichen Verbrecher bezeichnet, gilt ein Briganti eher als ein politisch motivierter Gesetzloser.

Gambarie mit seinem markanten Sendemasten ist ein fast 1.500 m hoch gelegener, vor allem zu Wintersportaktivitäten aufgesuchter Ort mitten im Aspromonte-Massiv.

Mitten im Ort gibt es eine Sessellift-Talstation [N38° 9' 59.38" E15° 50' 13.07"] und ganz in der Nähe die **Fontana Monumentale [N38° 10' 0.32"**

Der markante Springbrunnen Fontana Monumentale mitten in Gambarie

E15° 50‘ 12.20“], einen ungewöhnlichen gläsernen Springbrunnen an der Via degli Abeti rechts vom großen Kreisverkehr mitten im Ort.

Gambarie wird im Sommer in erster Linie als Basis für Wanderungen im Parco Nazionale della Calabria genutzt. Aber sehen Sie sich vor, wenn Sie Wanderungen vorhaben. Besorgen Sie sich möglichst gute Karten. Nicht alle Wanderwege sind gut ausgeschildert!

Parkplätze findet man in Gambarie in der Via degli Abeti beim Springbrunnen und neben der Sesselbahn-Talstation

Informationen zu Freizitaktivitäten oder Wanderungen im Aspromonte-Nationalpark erhält man im **Ente Parco Nazionale dell'Aspromonte [N38° 9‘ 53.86“ E15° 50‘ 28.20“]**, im östlichen Ortsteil, Via Aurora, Tel. +39 0965 74 30 60; www.parcoaspromonte.it. *Geöffnet Mo - Fr 9 - 13 Uhr, an zwei Tagen in der Woche auch nachmittags; Änderungen möglich!*

Etwa 2 km südlich von Gambarie führt ein Sträßchen ostwärts auf die Höhen des 1.955 m hohen **Montalto**, der höchsten Erhebung im Aspromonte-Massiv. Die Südflanke der Bergzüge sind zum Parco Nazionale della Calabria ernannt worden.

ROUTE: *Von Gambarie geht es zunächst knapp 4 km südwärts, dort am Abzweig der SS10 über **Terreti** kurvenreich hinab nach **Reggio di Calabria** und zur Autobahn A2/E45.*

HAUPTROUTE

Wer kalabrische Bergdörfer sehen möchte, zweigt etwa 3 km westlich von **Melito di Porto Salvo** von der SS106/E90 landwärts ab nach **Pentedattilo**. Das Dorf, eine spektakulär an den Bergstock Rocca di Pentedattilo (oder Monte Calvario) geschmiegte Geisterstadt an den Südausläufern des Aspromonte-Massivs wurde von seinen Einwohnern verlassen, da man zerstörerische Erd- und Bergrutsche befürchtete. Tatsächlich war der Ort, über dem die Reste eines Kastells thronen, mehrfach von Erdbeben in Mitleidenschaft gezogen, zuletzt 1908. Die letzten Einwohner verließen den Ort Mitte des vergangenen

Das verlassene Dorf Pentedattilo mit der markanten Chiesa dei Santi Pietro e Paolo

Jahrhunderts. Eine kleine neue Siedlung wurde etwas weiter südlich angelegt.

Der Ort Pentedattilo soll schon im 9. Jh. von griechischen Kolonisten gegründet worden sein. Diese gaben dem Felstock hinter dem Ort angeblich den Namen „Fünffingerfelsen" (penta daktylos) von dem der Ort seinen Namen haben soll.

Lange war es in Süditalien und besonders auch in den Dörfern und Weilern am Aspromontemassiv üblich, Meinungsverschiedenheiten zwischen Familien mit Blutrache und Familienfehden auszutragen. Eine solche blutige Familienfehde ging in die Analen von Pentedatillo ein, als es im 17. Jh. zwischen der Familie des Marquis Alberti und den damals in Pentedattilo dominanten Abenavoli wegen eines Heiratsversprechens zu tiefgreifenden Differenzen kam. Am Ende des Dramas soll die ganze Familie Alberti ausgelöscht worden sein.

Man kann bis zur Kirche **Chiesa dell Candelora [Parkmöglichkeit, WP 122 / N37° 57′ 8.08″ E15° 45′ 39.81″]** fahren, die links an der engen Zufahrtsstraße zwischen neuem und altem Ortsteil liegt. Vor der Kirche gibt es einige Parkplätze. Von hier geht man zu Fuß hinauf ins alte Pentedatillo mit der markanten Chiesa dei Santi Pietro e Paolo.

Falls Sie dem nachstehend beschriebenen Abstecher nicht folgen, bitte weiter mit **Hauptroute** weiter hinten.

Abstecher nach Bova, Amendolea und Roghudi Vecchio

Wer sich für abgelegene Bergdörfer begeistert, kann östlich von Melito di Porto Salvo von der Hauptstraße SS106/E90 auf engen, teils sehr kurvenreichen Ländsträßchen hinauf in die Südausläufer des Aspromonte-Massivs fahren. Für große Wohnmobile über Kastenwagengröße scheint mir dieser Abstecher aber ungeeignet. Die Orte selbst mit ihren engen, steilen Gassen, oft Treppengassen, sind nur zu Fuß zu besichtigen.

Alleine schon die Fahrt in die Bergwelt des Aspromonte, die hier von tiefen, breiten, im Sommer völlig ausgetrockneten Flusstälern durchfurcht wird, ist ein Erlebnis.

Besonders spektakulär liegen die Orte Bova und Amendolea hoch oben an den bewaldeten Berghängen.

Schon in **Bova** gibt es einiges zu sehen. So die Ruinen des **Castello Normanno [N37° 59' 46.57" E15° 55' 58.71"]** auf einem Felsen über dem Ort, dann die **Cattedrale di Santa Maria dell'Isida [N37° 59' 43.59" E15° 55' 55.34"]** an der Via Vescovado am Nordrand des Ortes, sowie die Museen (falls geöffnet) **Museo di Paleontologia e Scienza Naturali dell'Aspromonte [N37° 59' 42.35" E15° 55' 49.45"]**, am Westrand des Ortes an der Via Rimenbranza *(geöffnet Mo - Fr 8 - 14 Uhr; www.calabriagreca.it)* und das **Museo della Lingua Greco-Calabra „Gerhard Rohlfs"**, ein kleines Heimat- und Regionalmuseum am Südrand in der Via Sant'Antonio *(geöffnet So 9 - 13 + 15 - 18 Uhr, Di - Sa nach Vereinbarung; www.museogerhardrohlfs.it)*.

Bei einem Bummel durch Bova kommt man sicher auch am zentralen Punkt des Ortes an der Via IV Novembre/Via Antonio Gramsci vorbei. Dort steht man dann, ungläubig staunend, vor einer richtig großen **Dampflok mit Tender**, der FS 740 054. Wie kommt dieses schwere Teil hier herauf in die Berge des Aspromonte? Angeblich soll sie einst als Symbol des Fortschritts und der Entwicklung der ärmlichen Gegend nach Bova geschafft worden sein. Aber ganz offenbar waren diese Bemühungen mit dem Aufstellen der Lok erschöpft.

Amandolea liegt über dem bergumrahmten, weiten, von hellen Sandbänken geprägten Tal des meist ausgetrockneten Flusses Fiumara Amondolea.

Nördlich des heutigen kleinen Dorfes liegen die Ruinenreste des alten **Borgo Vecchio dell'Amandolea**. Dort findet man auch, hoch über dem Zufahrtsweg zum Ort gelegen, die Ruine des **Castello Ruffo [N37° 59' 31.98" E15° 53' 55.93"]**.

In der Umgebung von Amandolea wird bis auf den heutigen Tag der Anbau der Bergamotte, einer speziellen Zitrusfrucht, gepflegt (siehe auch unter Diamante weiter hinten).

Nochmals 18 überaus kurvenreiche Kilometer weiter – die Straße führt über einen 1.043 hohen Berg-

Bova

sattel nördlich von Bova – liegt das Bergdorf **Roghudi**.

Östlich der verwegen auf einem Felssporn über dem im Sommer zwar ausgetrockenten, im Winter aber von reißenden Fluten durchzogenen Tal des Fiumara Amendolea gelegenen, so gut wie verlassenen Geisterstadt **Roghudi Vecchio** ist das eigenartige Naturdenkmal **Caldaia del Latte [N38° 2' 57.57" E15° 56' 22.25"]**, die „Milchblasen", interessant, von Wind und Wetter im Laufe der Jahrtausende rund geformte, kopfähnliche Steingebilde.

Ein kurzes Stück weiter östlich findet man den sehr eigentümlich geformten Felsen **Rocca del Drago [N38° 2' 56.48" E15° 56' 25.28"]**. Man sieht einen einem Gesicht ähnlichen Felsblock mit kreisrunden Augen (ET lässt grüßen). Von der Straße führt neuerdings ein Bretterweg zum Felsen.

Der Legende nach soll der „Felsendrachen", der angeblich auf einem großen Schatz sitzt, eifersüchtig über die nahen „Milchblasen" wachen, von denen er sich ernährt.

Sollten Sie vorhaben, sich länger in dieser interessanten und landschaftlich überaus reizvollen Gegend aufzuhalten, evtl. Wandertouren oder den Besuch weiterer Bergdörfer vorhaben, empfiehlt sich sehr einen Blick auf die Webseite www.calabriagreca.it zu werfen, deren Einträge auch in englischer Sprache zu lesen sind.

HAUPTROUTE

*ROUTE: Von **Melito di Porto Salvo** auf der SS06/E90 weiter nach **Reggio di Calabria**, das nach rund 30 km erreicht wird.*

Reggio di Calabria, auch Reggio Calabria (Markttag: Freitag), eine Stadt mit annähernd 179.000 Einwohnern, ist Regierungssitz der Region Kalabrien, aber aufgrund ihres wenig einladenden Erscheinungsbildes und ihres turbulenten Straßenverkehrs, nicht gerade dazu geeignet, Besucher zu einer Visite zu verlocken.

Reggio di Calabria erlitt durch zwei Erdbeben in den Jahren 1783 und 1908 große Zerstörungen, denen viel von der alten Bausubstanz zum Opfer gefallen ist.

Auch Reggio ist eine griechische Gründung, die bereits im 8. vorchristlichen Jahrhundert entstand. Das berühmte Orakel von Delphi soll Griechen von der Insel Euböa angewiesen haben, die Stadt zu gründen. Seit seiner Gründung wurde die Stadt mehrfach nach Erdbeben wieder aufgebaut.

500 Jahre später bemächtigten sich die Römer der Hafenstadt an der Straße von Messina und nannten sie *Rhegium Julia*.

Später hatten Ostgoten, Byzantiner, Araber, Normannen und die Anjou das Sagen über Reggio.

Alle wollten über Reggio di Calabria herrschen und damit die wichtige Seestraße von Messina (Sizilien) und den Seeweg nach Neapel und Rom kontrollieren. Stadt und Region waren Teil des Königreiches Sizilien, später im 13. Jh. Teil des Königreiches Neapel. Und Mitte des 19. Jh. setzte Giuseppe Garibaldi von Messina/Sizilien nach Reggio über, marschierte von hier nach Neapel und bereitete den Anschluss an das junge vereinte Italien vor.

Eine der verheerendsten Naturkatastrophen musste Reggio di Calabria im Jahre 1908 erleben, als ein fürchterliches Erdbeben den größten Teile der Stadt dem Erboden gleich machte. Einem durch das Erdbeben auch verursachten Tsunami fielen zigtausend Menschen zum Opfer. Nach dem Erdbeben wurde die Stadt nun mit schachbrettartigem Straßenraster neu angelegt.

Lange war Reggio di Calabria Hauptstadt der Region Kalabrien. Das

*REGGIO DI CALABRIA – **1** zur Piazza Garibaldi, Touristeninformation – **2** Strandpromenade Lungomare Falcomatà – **3** Museo delle Strumente Musicale, Kulturzentrum – **4** Museo Nazionale della Magna Graecia – **5** Villa Genoese-Zerbi – **6** Arena dello Stretto, Monumento Victorio Amanuele III – **7** Monumendo ai Caduti di Tutte le Guerre – **8** Postamt – **9** Piazza Italia – **10** Teatro Francesco Cilea – **11** Kathedrale und Domplatz – **12** Diözesanmuseum – **13** Castello Aragonese – **14** Stazione di Reggio Calabria Lido – **15** Lido Comunale Zerbi – **16** Stadtverwaltung Comune di Reggio Calabria – **17** Chiesa San Domenico, Convento die Domenicani*

änderte sich, als 1970 wichtige Behörden nach Catanzaro verlegt wurden.

Reggio di Calabria hat sich im Laufe seiner langen und bewegten Vergangenheit verschiedene Beinamen erworben – Stadt der Bronzen, Stadt des Bergamottöls, aber auch Stadt des organisierten Verbrechens, dessen Kreise sich aber mit einkömmlicheren Geschäften befassen, als mit Touristen. Aber auf Ihre Habseligkeiten achten sollten Sie bei Stadtbummel auch in Reggio di Calabria.

Man sollte der Verlockung, rasch weiter zu fahren dennoch widerstehen, und sich durch den Verkehr bis in die Nähe der Piazza de Nava durchkämpfen.

Einen größeren **Parkplatz [WP 123 / N38° 6′ 53.21″ E15° 38′ 57.81″]** findet man am Westrand der Innenstadt zwischen Stadtstrand und Busbahnhof in der Via Guinchi.

Bei ausreichend zur Verfügung stehender Zeit lohnt auf jeden Fall auch ein Spaziergang entlang der hübschen Strandpromenade **Lungomare Falcomatà (2)** verbunden vielleicht mit einer Stippvisite in einer der einladenden Strandbars oder in einem der Restaurants dort.

Ein gutes Stück nördlich des Parkplatzes liegt das **Museo delle Strumento Musicale (3) [N38° 7′ 3.01″ E15° 38′ 57.38″]**, Viale Genoese Zerbi *(geöffnet tgl. 10 - 12 Uhr)*. Hier ist eine liebevoll zusammengestellte Sammlung von etwa 800 Musikinstrumenten aus aller Welt zu sehen.

Vom Parkplatz aus ist die Piazza de Nava, die jenseits der Umgehungsstraße liegt, zu Fuß zu erreichen.

An der Piazza de Nava ist nämlich das **Museo Nazionale della Magna Graecia (4) [N38° 6′ 52.45″ E15° 39′ 4.72″]** zu finden *(geöffnet Di - So 9 - 20 Uhr, letzter Einlass 30 Min. vor Schließung. Am ersten Sonntag eines jeden Monats freier Eintritt)*. Und ein Besuch des Museums lohnt sehr. U. a. ist hier eine große Zahl von Funden, die bei Grabungen in antiken Stätten der Umgebung gemacht wurden, zu sehen.

Besonders stolz im Museum ist man auf die beiden griechischen **Bronzestatuen von Riace**, die wohlgebaute bärtige Athleten oder Krie-

Die Bronzestatuen von Riace. Foto: Reggio calabria museo nazionale bronzi di riace, gemeinfrei

ge darstellen. Die Statuen sollen im 5. vorchristlichen Jahrhundert entstanden sein. Wiederentdeckt wurden sie 1972 vor der Küste von Riace Marina im Ionischen Meer durch Zufall.

Wissenschaftler sind der Ansicht, dass eine der Statuen dem Athener Bildhauer Phidias (490 - 420 v. Chr.) zuzuschreiben sei. Allerdings sollen alle Werke des Phidias, der auch die 12 m hohe Zeusstatue in Olympia gestaltete, eines der „Sieben Weltwunder der Antike", im Laufe der Zeit zerstört worden sein. Kein einziges Original sei erhalten geblieben. Würde die Annahme stimmen, eine der Bronzestatuen im Museo Nazionale in Reggio sei eine Originalarbeit des Phidias, wäre das eine sensationelle Seltenheit.

Nicht ganz sicher scheint zu sein, ob die beiden Statuen einst in den Tempeln von Delphi als Weihegeschenke der Athener über den Sieg bei Marathon aufgestellt worden waren, und von Auswanderern mit nach Süditalien, das damals Teil von Magna Graecia war, gebracht worden waren.

Die kunstgeschichtliche Bedeutung der beiden Statuen lässt sich auch daran ermessen, dass beide Statuen auf besonderen Sockeln stehen, die sie vor negativen Einwirkungen bei Erdbeben bewahren sollen.

Bei großem Besucherandrang können Besucherzahl und Aufenthaltsdauer im Ausstellungsraum der Bronzestatuen begrenzt sein!

Von ähnlicher Bedeutung ist der **Kouros von Reggio**, eine prächtig gearbeitete Marmorstatue mit der typisch strengen Körperhaltung griechischer Statuen des 8. vorchristlichen Jahrhunderts. Dargestellt ist ein siegreicher Athlet.

U. a. gehören noch zwei bärtige **Bronzeköpfe** zu den besonders wertvollen Exponaten des Museums, der des sog. „Philosophen", der an der Küste in der Nähe von Tropea wiedergefunden wurde, und der des sog. „Basileus".

Weitere Abteilungen des Museums befassen sich mittelalterlicher und moderner Kunst, mit Völkerkunde und mit Aspekten der Wiederherstellung der nationalen Einheit Italiens (Risorgimento) im 19. Jh.

Vom Nationalmuseum führt die Flaniermeile Corso Vittorio Emanuele schnurgerade nach Süden. Parallel dazu verlaufen rechts und durch einen anprechend bepflanzenten Grünstreifen getrennt der Lungomare Italo Falcomatà und links (östlich) der Corso Giuseppe Garibalde. Entlang des verkehrsberuhigten Boulevards haben sich viele elegante Geschäfte angesiedelt.

Auf dem Corso Vittorio Emanuele passiert man die linkerhand gelegene **Villa Genoese-Zerbi,** eine nach dem Erdbeben von 1908 entstandes Stadtpalais im Stil einer venezianischen Villa.

Rechts kann man über die Strandpromenade zur **Arena dello Stretto**

(6) [N38° 6′ 40.18″ E15° 38′ 41.83″] gehen. Hinter den Rängen dieses modernen Ampitheaters sieht man das einem Portal ähnliche Marmordenkmal für Victor Emanuele III mit einer sehr wehrhaft anmutenden Athene-Statue.

Später kommt man an der hohen Säule des Kriegerdenkmals **Monumento ai Caduti di Tutte le Guerre (7)** vorbei.

Geht man hier stadteinwärts, kommt man zur hübschen **Piazza Italia (9) [N38° 6′ 31.93″ E15° 38′ 38.63″]**, dem eigentlichen Zentrum der Stadt. Unterhalb des Platzes wurden Mauerreste aus den Anfängen der Stadt freigelegt. Mitten auf dem Platz sieht man das einem Pavillon ähnliche gläserne Treppenhaus, über das Sie hinab zu den Ausgrabungen **Area Archeologica Ipogea** steigen können.

Schräg gegenüber der Piazza Italia sieht man die Kuppel des **Teatro Francesco Cilea (10) [N38° 6′ 32.09″ E15° 38′ 41.75″]**. Das Konzerthaus entstand lange nach dem Erdbeben von 1908. Falls gerade zugänglich, sollten Sie (wenn möglich) einen Blick in den reich dekorierten Konzertsaal werfen. Darüber hinaus ist in dem Gebäudekomplex die **Pinacoteca Civica**, eine besuchenswerte Gemäldesammlung, untergebracht.

Noch ein Stück weiter südlich liegen an der Piazza Duomo neben Verwaltungsgebäuden, die **Basilica Cattedrale di Maria Santissima Assunto in Cielo (11) [N38° 6′ 20.06″ E15° 38′ 30.45″]**, die neuzeitliche (neoromanische) Kathedrale von Reggio di Calabria, das Diözesanmuseum, das im ehemaligen erzbischöflichen Palais untergebracht ist und in dem die kostbarsten Stücke des Domschatzes ausgestellt sind, und etwas weiter östlich das **Castello Aragonese [N38° 6′ 20.58″ E15° 38′ 40.37″]**, das schon zur Zeit der Normannen im 11. Jh. errichtet wurde. Die Festung mit ihren gewaltigen Türmen beeindruckt noch heute.

Einer der namhaften Söhne Kalabriens war *Carado Alvaro* (1895 – 1956), ein Schriftsteller und Journalist, dem Reggio di Calabria an der Viale Genoese Zerbi, nördlich der Piazza Indipendenza, ein Denkmal gesetzt hat. Regionale Berühmtheit erlangte Alvaros Roman „Gente in Aspromonte" („Menschen am Aspromonte").

Ufficio Informazioni Turistichi Reggio di Calabria (1), Corso Garibaldi 329, 89100 Reggio di Calabria, Tel. +39 0965 89 92 12; *https://turismo.reggiocal.it/*.

*ROUTE: Auf der Autobahn A2/E45 kann man entlang der tyrrhenischen Küste rasch nach Norden reisen. Alternativ dazu bietet sich die näher an der Küste verlaufende Straße SS18 an. Über **Villa San Giovanni** (Fähren nach Messina auf Sizilien, siehe auch Reiseführer „Mobil Reisen: Sizilien" aus unserer Buchreihe), **Scilla** und **Palmi**, einem beliebten Badeort am Golf von Gioia, und weiter über **Gioia Tauro** (riesiger Containerhafen) und über **Rosarno** (ca. 57 km) gelangt man nach **San Costantino Calabro** (ca. 23 km). Dort Abzweig westwärts nach **Tropea** (ca. 25 km).*

Die Meerenge „Straße von Messina" bei Scilla ist wegen ihrer starken Strömung berüchtigt und war bei Seefahrern nicht nur in der Antike gefürchtet.

Für die Seeleute der Antike galt es als sicher, dass man die Gewässer zwischen Kalabrien und Sizilien nur mit größter Vorsicht passieren konnte. Denn die Küsten wurden von Monstern bewacht, die Schiffe und Mannschaft verschlangen, kam man ihnen zu nahen. **Scylla** und **Charybdis** waren diese Ungeheuer.

Scylla hauste in einer Höhle an der Kalabrischen Küste. Sie hatte sechs Häupter und nicht weniger als 12 Füße. Und sie war die Tochter von Hekate, der Königin der Unterwelt und der Nacht.

Nach einem Techtelmechtel mit Poseidon wurde Scylla von der eifersüchtigen Gemahlin des Meeresgottes in ein Ungeheuer verwandelt, das fürderhin nichts anders im Sinne hatte, als Seefahrer zu verschlingen. Odysseus und seine Gefährten konnten ein Lied davon singen. Auf ihrer Irrfahrt nach dem Trojanischen Krieg kam ihr Schiff der Scylla zu nahe, die prompt fünf Gefährten des Odysseus verschlang.

An der sizilianischen Küste hauste Charybdis, dessen liebste Beschäftigung es war, dreimal täglich das Wasser der Meerenge auszutrinken und dann genüsslich wieder auszuspeien, was zu gefährlichen Strudeln und Strömungen führte, die von den Seefahrern sehr gefürchtet waren.

Heute weiß man natürlich längst, dass diese Strömungen natürlichen Ursprungs sind, kleineren Booten in gewissen Situationen aber durchaus gefährlich werden können. Aber verursacht werden sie natürlich nicht von mysteriösen Ungeheuern, sondern dadurch, dass auf- und ablaufende Wasser, auch bei den geringen Gezeiten im Mittelmeer, in der Meerenge von Messina diese Strömungen und Strudel erzeugen.

Das Küstenstädtchen **Scilla** ist ein Zentrum des Schwertfischfangs. Man macht sich den Zug der laichbereiten Schwertfische durch die Meerenge vor Messina zunutze. Schwertfisch wird an der Costa Viola zwischen Mitte April und Anfang Juni gefangen.

Noch vor Jahren war das ganze Unterfangen für die Fischer, die von Ruderbooten aus mit Harpunen die Fische jagten, nicht ganz ungefährlich. Oft wurden die Boote von Aussichtsposten auf Hügeln an der Küste zu den Fischschwärmen dirigiert. Heute werden spezielle Boote mit langem Brettausleger am Bug und meterhohem Aussichtsturm zum Schwertfischfang genutzt.

In **Palmi** findet man einen größeren **Parkplatz, Parcheggio Le Palme [WP 124 / N38° 21′ 28.40″ E15° 51′ 28.54″]**, am Ostrand der Stadt an der SS18 und neben dem Einkaufszentrum Centro Commerciale Le Palme.

Zu den Sehenswürdigkeiten zählt das **Antiquarium Nicola De Rosa [N38° 21′ 16.56″ E15° 51′ 15.06″]** (auch Casa della Cultura di Palmi) in der Via F. Battaglia am Südrand der Stadt. Es kann auf einem kurzen Spaziergang über die Viale Francesco Carbone vom Parkplatz am Einkaufszentrum Le Palme zu Fuß erreicht werden.

In dem modernen Museumsgebäude des Antiquariums sind Ausstellungen zur Volkskunde und zur Archäologie der Region untergebracht *(geöffnet Mo - Fr 8.30 - 13 Uhr, Do 8.30 - 13 + 15.30 - 18 Uhr)*. Das Antiquarium wird mit zu den bedeutendsten Museen in Kalabrien gezählt. Von der UNESCO ausgezeichnet wurde z. B. die Abteilung für Volkskunde und Folklore, die eine sehr reiche Sammlung aus dem bäuerlichen Alltag in Kalabrien früherer Tage besitzt. Desweiteren ist die Kunstsammlung des Museums mit Gemälden und Skulpturen bedeutender Künstler beachtlich.

Unweit südlich von Palmi liegt der fast 600 m hohe **Monte San Elia**, erkenntlich an dem hohen Rundturm. **Parkmöglichkeiten [WP 125 / N38° 20′ 44.14″ E15° 50′ 29.84″]** gibt es vor dem Pizzeria-Restaurant „Barone". Wer sich die Mühe macht und hinauf fährt und bis zum Aussichtspunkt Affaccio Sant Elia [N38° 20′ 50.36″ E15° 50′ 23.25″] geht, der auf einem Felsvorsprung liegt und über einem Treppenweg zu erreichen ist, wird bei klarem Wetter mit weiten Ausblicken übers Meer bis zum Ätna auf Sizilien belohnt.

Alle vier Jahre wird in Palmi am letzten Augustsonntag ein großes Fest zu Ehren der Heiligen Jungfrau Maria vom Heiligen Brief gefeiert. Das traditionreiche Fest **Varia di Palmi** wurde sogar in die Liste des immateriellen UNESCO-Kulturerbes aufgenommen.

Mittelpunkt des Festes ist die Varia, ein fast 16 m hohes turmartiges Gebilde, das die Aufnahme der Jungfrau Maria in den Himmel bzw. Mariä Himmelfahrt symbolisieren soll. Auf der Spitze des Turms stellt ein junges Mädchen Maria und ein männliches Wesen Gottvater dar. Außerdem gruppieren sich um die Varia Sonne, Mond, die Erde, Wolken sowie Kinder, die Engel darstellen.

Die ganze Konstruktion wird dann auf den Schultern von etwa 200 starken Männern in einer feierlichen Prozession und unter dem Beifall tausender Gläubiger und Besucher durch die Straßen der Stadt getragen.

Rosarno ist, wie das weiter nördlich gelegene Vibo Valentia, eine Gründung von aus Mittelgriechenland stammenden Kolonisten, die an der ionischen Küste schon das in der Antike bedeutende Locri Epizefiri gegründet hatten. Rosarno hieß damals *Medma* und Vibo Valentia hieß *Hipponion.*

Besichtigen in Rosarno kann man das nicht sehr bedeutsame Museo Archeologico Rosarno [N38° 29′ 12.57″ E15° 58′ 57.37″] in der Via Filippo Medma, in der Nähe des Rathauses (Museum geöffnet tgl. 16 – 19 Uhr). Ganz in der Nähe liegt in einem etwas verwildert anmutenden Park eine archäologische Ausgrabungsstätte, Schilder zu einem Radweg und einem Fitnessparcours.

Tropea (Markttag: Samstag) – Viele Besucher schwärmen von Tropea als eine der schönsten Städte an der kalabrischen Küste.

Nicht umsonst, und sicherlich nicht zuletzt wegen der herrlichen, blendend weißen Strände hat sich Tropea zu einem der meistbesuchten Ferienorte an der süditalienischen Mittelmeerküste entwickelt. Und im Sommer platzt Tropea, die „Perle des Tyr-

WOHNMOBIL-STELLPLÄTZE – PALMI

Wohnmobil-Stellplatz Area Sosta Camper Prajola [WP 126 / N38° 23′ 35.69″ E15° 51′ 45.94″], Lungomare Costa Viola. **Zufahrt/Lage:** An der Küstenstraße Lungomare Costa Viola und nördlich des Sportboothafens von Tonnara di Palmi. **Geöffnet:** Ganzjährig. **Gebühr:** Gebührenpflichtig. **Ausstattung:** Ebener, befestigter Parkplatz für etwa 25 Wohnmobile, Schatten durch Mattendächer, sonst so gut wie schattenlos; Frischwasser, Strom, WC, Dusche, V & E. Über die Küstenstraße zum Meer mit Strandrestaurants.

Wohnmobil-Stellplatz Area Sosta Camper Summerland Palmi [WP 127 / N38° 24′ 4.66″ E15° 51′ 59.23″]; www.summerlandpalmi.it; Via Domenico Topa. **Zufahrt/Lage:** Nördlich von Palmi, zwischen Strand, Uferstraße Via Domenico Topa (SS18) und einem Wohngebiet. **Geöffnet:** Juni – September. **Gebühr:** Gebührenpflichtig. **Ausstattung:** Ebenes, schattenloses, eingefriedetes Erdgelände mit ca. 50 Stellplätzen, neben einer Strandbar/Eisdiele mit Kinderspielplatz und einer „Arena" für abendliche Musik- und Tanzveranstaltungen. Frischwasser, Strom (Extragebühr), WC, Dusche, V & E. In der Ferienzeit sehr stark besucht!

CAMPING

Marina di Nicotera/Mortelletto

Camping Villaggio Mimosa [WP 128 / N38° 30' 39.01" E15° 55' 23.00"], Mortelletto, Tel. +39 0963 813 97; www.villaggiomimosa.com; 1. Jan. – 31. Dez.; Zufahrt über die SS682dir Richtung San Fernando Porto; fast ebenes Wiesengelände im Orangenhain, Schatten auch durch Mattendächer, in ländlicher Umgebung; ca. 2 ha – 70 Stpl.; Standardsanitärausstattung. Laden, Restaurant, Waschmaschine, Schwimmbad, Fahrradverleih, Beachvolleyballfeld, WLAN. V & E für Wohnmobile. Sandstrand.

Nebenan liegt **Camping Villagio Maris [N38° 30' 37.01" E15° 55' 22.20"]**, Motelletto, Tel. +39 0963 88 78 34; www.mariscalabria.it; 1. Mai – 30 Sept., ca. 2 ha – 50 Stpl.; Imbiss, Kiosk, Waschmaschine, Schwimmbad, Fahrradverleih. Sandstrand.

Capo Vaticano di Ricadi

Camping Villaggio La Scogliera [WP 129 / N38° 37' 36" E15° 49' 47"], Tel. +39 0963 66 30 02; www.villaggiocampinglascogliera.com; 1. Jan. – 31. Dez.; östlich von Tropea Abzweig meerwärts Richtung Ricadi und Capo Vaticano, beschildert; baumbestandenes Campinggelände, Schatten auch durch Mattendächer, bis ans Meer reichend; ca. 2,5 ha – 150 Stpl. + zahlr. Dau.; einfache Standardsanitärausstattung. Laden, Imbiss, Restaurant,Waschmaschine. V & E für Wohnmobile. Mietbungalows. Sandstrand, teils steinig.

rhenischen Meeres", aus allen Nähten. So zahlreich sind dann die Urlauber. Aber rechnen Sie nicht mit einem billigen Urlaubsziel. Geschäftsleute, Hotels und Restaurants wissen, wie sich der Zuspruch der Besucher in klingende Münze wandeln lässt.

Spektakulär ist alleine schon die **Lage der Altstadt** an der fast 50 m hohen Steilküste über dem Tyrrhenischen Meer. Die von der palastähnlichen **Kirche Santa Maria dell'Isola (2)**, einer überaus beliebten Hochzeitskirche, gekrönte Felsinsel Isola Bella gegenüber der Altstadt macht das mediterrane Bild komplett.

Wer sich die Mühe macht und über den Treppenweg hinauf zur Kirche steigt, kann nicht nur die Kirche und eine kleines angeschlossenes Museum gegen Eintritt besichtigen, sondern erlebt auch einen lauschigen kleinen Park hinter der Kirche mit prächtigen Ausblick auf Küste, Meer und Stadt.

Einen größeren, vor allem an Wochenenden aber immer stark frequentierten **Parkplatz [WP 130 / N38° 40' 45.03" E15° 53' 45.11"]**, findet an der Via Lungomare westlich unterhalb der Altstadt und unterhalb der Kirche Santa Maria dell'Isola, nur wenige Schritte vom Stadtstrand Spiaggia di Tropea entfernt.

Ganz in der Nähe des Parkplatzes, gegenüber von Camping Marina dell'Isola, führt ein **Treppenweg [N38° 40' 41.77" E15° 53' 42.70"]** hinauf in die Altstadt, die hoch über dem Meer auf einem steil abfallenden Felsplateau liegt.

Am Largo Viletta, gleich neben der Piazza Cannone (3) erreicht der Treppenweg die Altstadt. Der Ausblick von der **Piazza Cannone (Belvedere -3-) [N38° 40' 42.00" E15° 53' 45.00"]** hinüber zu den Stränden, dem Meer und zur stolz auf einem Felsen gelegene Kirche Santa Maria dell'Isola ist prächtig.

Von der Aussichtsterrasse Piazza Cannone kann man über die Via Indipendenza hinein in die Alstadt gehen.

Tropea, Kirche Santa Maria dell'Isola

An der zentralen Piazza Ercole (rechterhand liegt das Touristenbüro Pro Loco Tropea - 1 -) geht man links durch den Corso Vittorio Emanuele, die Haupt- und wichtige Einkaufsstraße, nordwärts.

Vorbei an Geschäften, Bars, Restaurants, Eiscafés und Meeresfrüchterestaurants kommt man schließlich, am Largo Migliarese ganz am Ende der Straße, zum **Aussichtspunkt L'Affaccio (4) [N38° 40' 46.82" E15° 53' 51.68"]**. Nur ein Eisengeländer am Ende der Häuserschlucht trennt einen vor dem Abrund, der senkrecht nach unten abfällt. Dafür ist die Aussicht prächtig, ja atemberaubend. Vor allem wer mit Höhenangst geschlagen ist wird tief durchatmen müssen, bevor an das Geländer herantritt, um Fotos zu machen.

Beachtung verdient auf einem Spaziergang durch die Stadt der **Duomo Maria Santissima di Romania (5) [N38° 40' 40.80" E15° 53' 55.21"]** (in der Regel zwischen 12 Uhr und 16 Uhr geschlossen) am Largo Duomo, am Ostrand der Altstadt am Ende der Via Roma. Die Domkirche stammt aus der Zeit der Romanik und der Zeit, als Normannen das Sagen über Süditalien hatten. Sie wurde aber im Laufe der Jahrhunderte mehrfach umgestaltet.

Zu den besonderen Schätzen im Inneren der Kathedrale zählt ein Gemälde aus dem 14. Jh. mit der Darstellung der „Madonna di Romania", der Schutzpatronin von Tropea. Aus den Ursprungszeiten des Doms sind drei romanische Altarapsiden an der Ostfassade des alten Kirchenteils erhalten.

Gleich neben der Kathedrale ist im Palazzo Vescovile das **Museo Civico Diocesano (6)** eingerichtet *(geöffnet Apr., Mai, Sept., Okt. tgl. 9.30 - 20 Uhr, Juni tgl. 10 - 22 Uhr, Juli + Aug. tgl. 19 - 24 Uhr, Okt. - März nach Vereinbarung)*. Ausgestellt sind Fresken, Skulpturen, Heiligenfiguren, Messgewänder, liturgische Gegenstände und profane Kunstwerke.

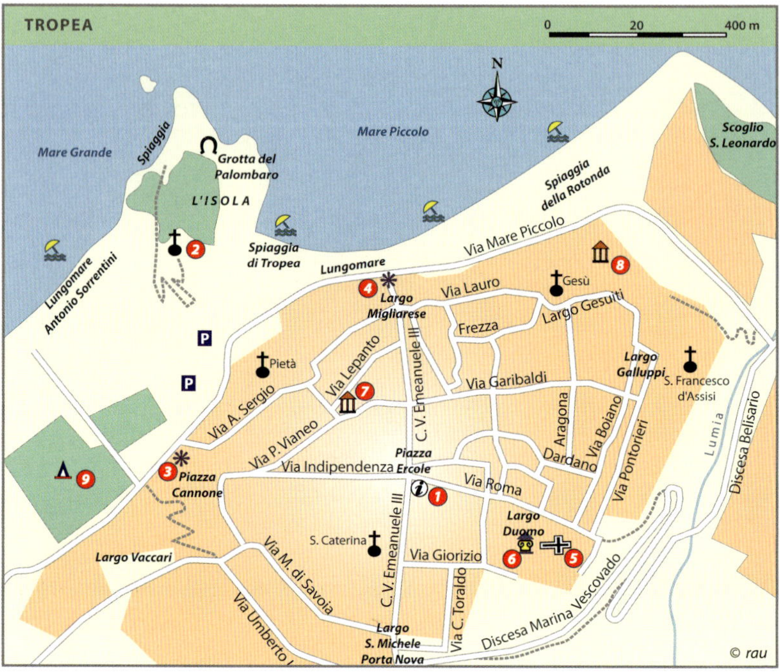

*TROPEA – **1** Information – **2** Santa Maria dell'Isola – **3** Piazza Cannone – **4** Aussichtspunkt L'Affaccio – **5** Duomo Maria Santissima di Romania – **6** Museo Civico Diocesano – **7** Palazzo Toraldo – **8** Rathaus – **9** Camping Marina dell'Isola*

Zu den historischen Stadtpalästen in der engen Altstadt zählt am Largo Galzerano z. B. der **Palazzo Toraldo (7) [N38° 40' 43.43" E15° 53' 49.11"]** mit seinem ansehnlichen Portal aus dem 18. Jh.

Im Bereich der regionalen Küche ist die „cipolle rosse", die rote Zwiebel, der Star. Und einige der wunderbaren Eisdielen in Tropea bieten sogar „Zwiebeleis", „gelato alla cippola" an.

Bootsauflug zu den Äolischen Inseln

Ein beliebtes Ausflugsziel vieler Besucher von Tropea ist eine Bootstour zu den Äolischen Inseln (Isole Eolie) Stromboli, Vulcano und Lipari.

Jeden Morgen kurz vor 8 Uhr macht sich eine kleine Armada von Ausflugsbooten vom Hafen unterhalb der Altstadt aus auf den Weg zu den rund 30 Seemeilen (ca. 55 km) vor Tropea gelegenen Inseln.

Abfahrt vom Hafen in Tropea ist meist um 7.45 Uhr, die Überfahrt dauert rund 1,5 Stunden, und gegen 19 Uhr ist man wieder zurück in Tropea.

PRAKTISCHE INFORMATIONEN – TROPEA

Touristeninformation Pro Loco Tropea Associazione Turistica (1) [N38° 40' 42.09" E15° 53' 50.86"], Piazza Ercole, 89861 Tropea VV, Tel. +39 0963 614 75; www.prolocotropea.eu, www.de.visititaly.com/information/tropea.aspx. *Geöffnet tgl. 10 - 13 + 18 - 21 Uhr.*

Der Stadtstrand Spiaggia di Tropea

CST Tropea Tourist Information, Veranstalter von Stadtrundfahren und Bootsausflügen, Largo S. Michele 8-9, 89861 Tropea VV, Tel. +39 0963 611 78; www.csttropea.it/de/. *Geöffnet 9 -20 Uhr.*
Feste, Folklore: Das große Stadtfest in Tropea, Festa della Madonna di Romania, am 27. März ist den Heiligen Santa Madonna di Romania und Santa Domenica gewidmet.

CAMPING – TROPEA

Bei der Anfahrt der nachstehenden Campingplätze in Tropea empfiehlt es sich, die Altstadt von Tropea im Osten zu umfahren und die Campingplätze von Norden her über die Via Mare Piccolo und die Uferstraße Lungomare Sorrentino (Einbahnstraße) anzufahren.

Camping Marina dell'Isola [WP 131 / N38° 40′ 43.50″ E15° 53′ 40.97″], Lungomare Sorrentino (Einbahnstraße nach Süden); Tel. +39 0963 619 70; www.campingmrinaisola.it/de/; 1. Apr. – 31. Okt.; am Westrand der Stadt; umfriedetes, ebenes Gelände mit Baumschatten, unterhalb der Altstadt von Tropea, am Strand gelegen; ca. 1 ha – 100 Stpl.; einfache Standardsanitärausstattung. Restaurant, Waschmaschine. Neben öffentlichem Parkplatz und Treppenaufgang zur Kirche Santa Maria dell'Isola. Gegenüber vom Platz Aufgang in die Altstadt.
Camping Marina del Convento [WP 132 / N38° 40′ 40.00″ E15° 53′ 38.57″], Lungomare Sorrentino (Einbahnstraße nach Süden), Tel. +39 0963 625 01; www.marinodelconvento.it; 1. Juni - 24. Okt.; neben Camping Marina dell'Isola; umfriedetes Gelände mit Baumschatten, unterhalb der Altstadt von Tropea, am Strand gelegen; ca. 1,5 ha – 130 Stpl., einfache Standardsanitärausstattung. Laden, Imbiss, Mietbungalows. In der Nähe Treppenaufgang in die Altstadt.

Marina di Zambrone

Camping Il Calabriano [WP 133 / N38° 42' 32.29" E15° 58' 13.46], Tel. +39 0963 39 20 96; www.ilcalabriano.it; 1. Juni – 30. Sept.; südlich von Marina di Zambrone, Zufahrt von der Küstenstraße SS522, steile Abfahrt mit Kehre zum Platz; ebenes Grasgelände mit Baumbestand, Schatten auch durch Mattendächer, bis an den Strand reichend; ca. 1,5 ha – 90 Stpl. + Dau.; Standardsanitärausstattung. Laden, Imbiss, Restaurant, Waschmaschine, Beachvolleyballfeld, WLAN. Mietbungalows. V & E für Wohnmobile. Sandstrand.

Camping Villaggio Sambalon [WP 134 / N38° 42' 22.14" E15° 58' 12.51"], Via del Mare 38, Tel. +39 0963 39 28 28; www.sambalon.it; Ende Mai – Ende Sept.; südlich von Marina di Zambrone, Zufahrt von der Küstenstraße SS522, kurze, abfallende Zufahrt, bei der Ausfahrt schwierig und riskant, weil ein Kuppe unmittelbar an der Straße zu überwinden ist; schmales, langgestrecktes, ebenes, eingefriedetes Grasgelände mit Laubbäumen, die die Stellplätze markieren, aber auch etwas beengen, mit Oleanderbüschen und Mattendächern, Stellplätze beiderseits der drei schmalen Platzstraßen, bis an den Sandstrand reichend, Tor zum Strand; ca. 1,5 ha – 100 Stpl. + Dau.; einfache Standardausstattung. Restaurant, Showbühne, Sandstrand.

WOHNMOBIL-STELLPLATZ – MARINA DI ZAMBRONE

Wohnmobil-Stellplatz Area Sosta Camper Baia di Zambrone [N38° 42' 18.04" E15° 57' 55.90"], Via del Mare 49. **Lage/Zufahrt:** Im südlichen Ortsbereich Zufahrt von der SS552 zur Via del Mare. Einfahrt beim Hotel Il Lungomare. **Geöffnet:** 1. Juli – 1. Sept. **Gebühr:** Gebührenpflichtig. **Ausstattung:** Ebene Wiese zwischen Hotel- und Ferienanlagen, für etwa 20 Wohnmobile. Wasser, Strom, WC, Duschen, V & E, Restaurant. Vorbei an den Hotel- und Bungalowbauten und über die Strandstraße zum hier relativ schmalen Strand Lido di Zambrone.

Strand von Tropea

TOUR 7: TROPEA (KALABRIEN) – PAESTUM (KAMPANIEN)

Länge der Tour:	Rund 370 km.
Die Route:	Landstraße nach **San Costantino Calabro** – SS18 über **Vibo Valentina** und **Pizzo** zur A2/E45 – Autobahn A2/E45 bis **Cosenza** – SS107 bis **Paola** – SS18 über **Maratea** (Basi likata) und **Sapri** (Kampanien) bis **Policastro Bussentino** – SS447 über **Foria** bis **Palinuro** – SS447r/SS447 und SS267 über **Caprioli** und **Ascea** bis zur SS18 – SS18 bis **Paestum**.
Alternativroute:	Autobahn A2/E45 bis **Battipaglia** und SS18 bis **Paestum**.
Reisedauer:	Mindestens ein Tag, besser mehr Tage.
Höhepunkte:	Fahrt und Landschaft im **Parco Nazionale del Cilento** – die Tempel und das Museum von **Paestum** ***.

*Von Tropea ostwärts zurück zur SS18 bei **Vibo Valentia** oder zur Autobahn A2/E45. Auf der Autobahn nordwärts bis **Cosenza** (ca. 125 km). Unterwegs passiert man **Pizzo Calabro**, einen weiteren sehr beliebten Badeort an der Küste des Tyrrhenischen Meeres.*

Auf dem Weg von Tropea zurück zur SS18 kann man nach ca. 15 km einen Abstecher nordwärts nach **Zungri** unternehmen.

Ganz am Südostrand des rund 600 m hoch gelegenen Ortes, in der Via Indipendenza, gibt es das interessante Höhlenmuseum von Zungri **Insediamento Rupestre di Zungri e Museo della Cività [N38° 39‘ 10.44“ E15° 59‘ 10.83“]** zu besichtigen *(geöffnet tgl. 9 - 17 Uhr; www.grottezungri.it)*. Das interessante Heimatmuseum präsentiert Ausstellungsstücke aus der Zeit der vergangenen Jahrhunderte, darunter Wohneinrichtungen von damals, Handwerkszeug, landwirtschaftliche Gerätschaften, Kleider und Textilien, Spinnräder, Schmiedearbeiten, ein voll eingerichtetes Schlafzimmer mit dem Komfort früherer Tage, sowie Fotodokumente über das Erdbeben von 1905, das den Ort in Mitleidschaft gezogen hat.

Ganz in der Nähe des Museums findet man die in die bewaldeten Tuffsteinhänge gegrabenen Höhlenwohnungen. Die Wege und Treppen durch die historische Felsen- und Grottenstadt sind ziemlich uneben. Nehmen Sie also bequeme Schuhe mit griffiger Sohle mit auf den Rundgang.

Bis auf den heutigen Tag sind sich Wissenschaftler nicht ganz einig darüber, woher die Menschen einst kamen, die sich diese Wohnstätten gruben.

Relativ sicher ist man sich, dass die Höhlen im frühen Mittelalter, so ab dem 8. Jh. entstanden. Aber nicht alle Höhlen sollen bewohnt gewesen sein. Einige dienten als Ställe, als Weinkeltern oder als Warenlager, andere entstanden schlicht dadurch, dass Baumaterial gewonnen wurde, und so Höhlen entstanden.

Lebensnotwendiges Trinkwasser wurde in eigens dafür geschaffenen Zisternen aufgefangen.

Im **Castello Murat [N38° 44' 8.18" E16° 9' 36.65"]** hoch über dem Golf von Sant'Eufemia in **Pizzo Calabro** war *Joachim Murat* (1767 – 1815), Schwager Napoleons und von 1808 bis 1815 König von Neapel, inhaftiert. Als Murat am Ende der Vorherrschaft Napoleons über Europa versuchte das Königreich Neapel zurück zu erobern, stieß er auf den energischen Widerstand von Ferdinand III., dem damaligen König von Sizilien und Widersacher Murats. Ferdinand (nun König beider Sizilien) ließ Murat festnehmen und am 13. Oktober 1815 standrechtlich erschießen. Beigesetzt wurde Murat sehr wahrscheinlich im **Duomo di San Giorgio [N38° 44' 10.06" E16° 9' 40.74"]** in Pizzo Calabro.

Sehenswert in Pizzo Calabro ist u. a. die **Chiesetta di Piedigrotta [Parkplatz, WP 135 / N38° 44' 28.29" E16° 10' 28.74"]**, eine in den relativ weichen Fels an der Küste unmittelbar oberhalb des Strandes nördlich des Ortes gehauene Kirche. Im Inneren wurde der Stein teils skulpturiert und mit Figuren von Heiligen versehen *(geöffnet Apr. - Juli + Sept. + Okt. tgl. 9 - 13 + 15 - 18 Uhr; Aug. tgl. 9 - 13 + 15 - 19.30 Uhr; sonst11 - 13 + 15 - 17 Uhr; www.chiesadipiedigrotta.it).*

An der Straße Via Riviera Prangi (SS552) ist ein kleiner Parkplatz [N38° 44' 28.26" E16° 10' 28.70"] zu finden. Von dort führt ein Fußweg unter der Bahnlinie hindurch zur Höhlenkirche.

ROUTE: *Der schnellere Weg nordwärts führt über die Autobahn A2/E45. Bei ausreichend zur Verfügung stehender Zeit lohnt der Weg über die küstennahe Straße SS18 mit Ausblicken auf die schöne Bucht des Golfo San Eufemia. Erst später wählt man dann die A2/E45 nach* ***Cosenza****.*

Cosenza, eine auf den ersten Blick nicht sonderlich einladende Universitätsstadt, wurde durch zahlreiche Erdbeben ihrer alten Bausubstanz beraubt. Die Erde bebte hier im 12. Jh., im 17. und 18. Jh. und zuletzt noch einmal im Jahre 1905. Die Stadt mit fast 68.000 Einwohnern liegt an den Westausläufern des Sila-Gebirges.

Gegründet wurde Cosenza schon im 4. vorchristlichen Jahrhundert von Bruttiern, die damals die Gegend des heutigen Kalabrien beherrschten und hier den Grundstein zu ihrer Hauptstadt *Consentia* legten.

Nach dem Niedergang des Weströmischen Reiches im 4. Jh. kam Cosenza an Byzanz und an das Oströmische Reich. Im 11. Jh. standen Stadt und Region unter der Herrschaft der Normannen und später, zu Beginn des 12. Jh., unter der der Staufer.

Im 15. Jh. wehrte man sich vergeblich gegen die Vorherrschaft der Herzöge von Anjou und Ende des 15. Jh. gegen Ferdinand von Aragòn, der als Herzog von Kalabrien über die Region herrschte.

Schwere Zeiten brachen für die Einwohner von Cosenza an, als die Stadt im 17. Jh. nicht nur von Erdbeben zerstört, sondern die Bevölkerung auch noch durch wiederholte Pestepidemien dezimiert wurde.

Mitte des 19. Jh. erlebte Consenza eine arge Hungersnot. Und um 1820 war die Stadt ein Zentrum der Revolten der *Carbonari* (Köhler, politischer Geheimbund). Schließlich gliederte sich Cosenza dem jungen Königreich Italien an.

Erinnern Sie sich noch an die Verszeilen „Nächtlich am Busento lispeln bei Cosenza dumpfe Lieder ..."?

Das Poem berichtet von *Alarich*, dem König der Westgoten, der in Cosenza ein nasses Grab im Flüsschen Busento fand.

Alarich zog 410 nach der Plünderung Roms mit seinen Getreuen durch Cosenza, damals noch *Cosentia*, wo er einem heftigen Fieber erlag. Seine Begleiter bestatteten den Heerführer der Legende nach mitsamt den Schätzen (darunter angeblich 2.000 Pfund Gold), die bei der Plünderung Roms 408 erbeutet wurden, an einer geheimen Stelle im Flüsschen Busento. Dazu wurde der Busento vorübergehend umgeleitet, um im Flussbett das Grab zu bereiten. Das Grab konnte bis heute nicht gefunden werden.

Im 19. Jh. verfasste ein gewisser Graf von Platen über das Begräbnis im Busento das romantische Gedicht „Das Grab im Busento". August Graf von Platen wurde 1796 in Ansbach geboren. 1835 starb der Dichter in Syrakus auf Sizilien.

In Cosenza erinnert nur noch die **Ponte Alarico [N39° 17' 36.18" E16° 15' 34.62"]** am Zusammenfluss des Busento und des Crati an das Ereignis.

Parkmögichkeiten für Wohnmobile sind in Cosenza ein Problem. Evtl. hat man ein gutes Stück nördlich der Altstadt, am Ostrand des neueren Stadtteils, zwischen Bahnhof Stazione Cosenza Centro und dem Einkaufszentrum „Centro Commerciale „I Due Fiumi", Piazza Giacomo Mancini 33, an der Via Cesare Baccelli, Glück und findet einen **Parkplatz [WP 136 / N39° 17' 43.03" E16° 15' 28.95"]**.

Cosenzas Dom [N39° 17' 20.63" E16° 15' 35.50"], Duomo di Santa Maria Assunta *(geöffnet tgl. 8 - 12.30 + 16 - 20 Uhr; www.duomo-di-santa-maria-assunta.business.site)*, der eingezwängt zwischen Hausfassaden an der Piazza Duomo liegt, stammt aus dem 12. Jh. Im Dom, zu dessen drei Portalen an der schlichten Westfassade eine breite Freitreppe hinaufführt, ist das Grab des Staufers Heinrich (VII.), einem Sohn Kaiser Friedrichs II., zu finden. Die römische Zahl Sieben in Klammern ist die offizielle Schreibart, um Verwechslungen, z. B. mit Kaiser Heinrich VII., zu vermeiden. Heinrich (VII.) war sowohl König von Sizilien, als auch deutsch-römischer König. Heinrich starb 1242 an den Folgen eines Sturzes von seinem Pferd.

Außerdem ist im Dom zu Cosenza *Isabella von Aragòn* (1243 – 1271), Königin von Frankreich, bestattet. Sie hatte auf dem Rückweg von einem Kreuzzug, auf den sie ihren Gemahl Philipp den Kühnen begleitet hatte, in schwangerem Zustand den Sturz von ihrem Pferd nicht überlebt.

Kurioserweise wurde der Leichnam der nur 28-jährigen Königin aber gleich zweimal bestattet, in Cosenza wurde Isabella nur „teilbestattet". Sprich, es wurde im Dom nur der Körper ohne Gebeine beigesetzt. Das zweite Grab von Isabella von Aragòn, in dem ihre Gebeine eine letzte Ruhestätte fanden, befindet sich in der Abteikirche von Saint-Denis nördlich von Paris.

In der Umgebung der Piazza Duomo liegen diverse alte Stadtpalais wie der Palazzo Compagna an der Südseite des Doms.

Nur ein paar Schritte weiter östlich kommt man zum **Museo Diocesano [N39° 17' 18.26" E16° 15' 39.93"]**, gleich neben dem ehemaligen Erzbischöflichen Palais *(geöffnet Mo - Sa 8.30 - 13.30 Uhr)*. Im Diözesanmuseum ist der Kirchenschatz des Doms ausgestellt. Darunter ist ein kostbares, von einem kaiserlichen Silberschmied aus Palermo gefertigtes Reliquiar, das einen Splitter des Heiligen Kreuzes enthält. Kaiser Friedrich II. hatte die hochverehrte Reliquie einst dem Dom von Cosenza vermacht. Das Museum war zuletzt nur an Wochentagen vormittags bis 12 Uhr geöffnet; www.museodiocesanocosenza.it/de/.

Wer sich sehr für Kirchenkunst interessiert findet nordwestlich vom Dom in den engen verwinkelten Gassen der Altstadt die Klosterkirche des **Konvents San Francesco d'Assisi**. Falls geöffnet ist in der Kirche vor allem die überschwänglich reich dekorierte Kapelle Santa Caterina mit prächtiger Decke und Holzvertäfelung an den Wänden sehenswert. Die Gemäldemotive zeigen Szenen aus dem Leben der hl. Katharina von Alexandria.

Die Ruinen des **Castello Svevo [N39° 17' 13.45" E16° 15' 27.56"]**, etwas abseits und hoch über dem Westrand der Altstadt von Cosenza gelegen, entstand schon im 5. Jh. unter byzantinischen Besatzern. Kaiser Friedrich II. hatte die Festung dann erweitert. Auffallend ist der achteckige Turm an der Südostseite

Unweit nördlich des Kastells liegt am Corso Vittorio Emanuele II. und oberhalb des Flüsschens Busento der Aussichtspunkt **Panorama Terrazza Cosenza [N39° 17' 21.85" E16° 15' 22.13"]**.

Östlich der Altstadt und jenseits des Fiume Crati findet man neben der Kirche San Agostino das **Museu dei Brettii e degli Enotri [N39° 17' 22.24" E16° 15' 49.88"]**, Via Sant'Agostino 3, *(geöffnet Juni - Sept. Di - Fr 9 - 13 + 16.30 - 19.30 Uhr, Sa + So 10 - 13 + 16.30 - 19.30 Uhr; Okt. - Mai Di - Fr 9 - 13 + 15.30 - 19.30 Uhr, Sa + So 10 - 13 + 15.30 -19.30 Uhr; www.museodeibrettiiedeglienotri.it)*. Die Ausstellungen dieses archäologischen Museums befassen sich in erster Linie mit Grabungsfunden aus der Zeit der Ureinwohner Kalabriens, den Bruttiern und Oinotriern.

Ganz in der Nähe des Museums liegt jenseits des Eisenbahnviadukts in der Via Vallone di Rovito versteckt in einem kleinen Park ein Denkmal [N39° 17' 22.24" E16° 15' 49.88"], das an die *Brüder Bandiera* und ihre Gefährten erinnert. Die Bandieras waren Freiheitskämpfer und Gründer eines Geheimbundes, der zusammen mit der Bewegung Giuseppe Mazzinis „Giovane Italia" (Junges Italien) das Ziel verfolgte, im Vorfeld des Risorgimento (Wiedererstehung Italiens) die Vorherrschaft der Bourbonen in Süditalien zu beenden. Die Bandieras wurden gefasst, zum Tode verurteilt und im Juli 1844 im Vallone di Rovito ganz in der Nähe hingerichtet.

Nahebei findet man in der Via Casali beim alten Bahnhof Cosenza Casali Parkmöglichkeiten [N39° 17' 17.11" E16° 15' 59.04"].

ROUTE: *Unser vorgeschlagener Reiseweg verlässt nördlich von Cosenza die Autobahn und führt westwärts auf der SS107 an die Küste des Tyrrhenischen Meeres bei **Paola** (ca. 35 km). Weiterreise auf der küstennahen SS18 nordwärts über **Cittadelle del Capo**, **Diamante**, **Scalea** und **Praia a Mare** bis **Maratea** (ca. 85 km).*

In **Paola** wurde 1416 *Franz von Paola* geboren, der später heiliggesprochen und zum Schutzheiligen Kalabriens erkoren wurde. Der Kirchenmann war Gründer des Paulanerordens und lebte lange zurückgezogen als Eremit in einer Höhle bei Paola. Seine Gemeinschaft „der minderen Brüder" gründete im 15. Jh. in Cosenza ein Mönchskloster.

Darüber, wer einst für die Gründung von Paola verantwortlich gewesen war, gehen die Meinungen auseinander. Die einen meinen, Paola sei eine Gründung der Oinotrianer, andere Quellen sind der Ansicht, Paola sei eine römische Gründung. Sicher jedenfalls scheint zu sein, dass die Stadt einerseits als Handelshafen gute Geschäfte machte und andererseits bis ins 16. Jh. hinein von der Seidenproduktion profitierte. Mitte des 17. Jh. dann leitete eine Pestepidemie den Niedergang der Gemeinde ein.

Besuchenswert in Paola ist die erst im Jahr 2000 entstandene moderne Wallfahrtskirche **Santuario di San Francesco da Paola [Parkplatz, WP 137 / N39° 22′ 4.20″ E16° 2′ 40.04″]**, die als Meisterwerk der italienischen Architektur der Neuzeit gilt und im Altarraum mit monumentalen Wandgemälden versehen ist. Die neue Wallfahrtskirche (Chiesa Nuova) liegt am Nordostrand der Stadt, gleich neben dem historischen Santuario di San Francesco da Paola (Chiesa Vecchia).

Die sterblichen Reste des wundertätigen Heiligen Francesco da Paola werden in einer reich dekorierten Kapelle in der Chiesa Vecchia aufbewahrt.

Auch ein Spaziergang durch die engen Gassen der Altstadt zum barocken Brunnen an der Piazza del Popolo lohnt.

Der **Parkplatz Sottomercato [WP 138 / N39° 21′ 36.43″ E16° 2′ 24.89″]** an der Via della Libertà in Paola ist ein guter Ausgangspunkt für Spaziergänge durch die Altstadt, z. B. zur Piazza del Popolo oder zu den Resten der Burg von Paola, die noch etwas weiter östlich nahe der SS18 liegen.

Diamante, ein kalabrisches Küstenstädtchen mit kaum 6.000 Einwohnern, wartet mit einer langen Uferpromenade am Kiesstrand an der Viale Glauco auf.

Ein Bummel durch die Gassen der Innenstadt lohnt schon wegen der **Murales** (Wandgemälde, angeblich sollen es über 200 sein), die manche Hauswände zieren. Seit den 80er Jahren hat sich der Brauch etabliert, Begebenheiten und Szenen aus dem Alltagsleben in Kalabrien an Hauswänden zu verewigen.

Einen günstig gelegenen **Parkplatz [WP 139 / N39° 40′ 43.73″ E15° 49′ 2.60″]** findet man am westlichen Ortsrand von Diamante an einem Flusslauf.

Diamante ist aber auch die Stadt des Chilipfeffers. Hier wird Pfeffer mit

Eines der zahlreichen Wandgemälde (murales) in Diamante

den Geschmacksnoten von fast süß bis extrem scharf produziert. Und zu Ehren des Pfeffers wird in Diamante jedes Jahr im September von der italienischen Chilipfeffer-Akademie ein großes fünftägiges Chilifestival mit kulturellen Veranstaltungen und viel Unterhaltung veranstaltet; www.peperoncinofestival.org.

Die Küste bei Diamante und bis hinauf nach Scalea ist auch als **Zederküste** bekannt. Der Name ist aber nicht dem Zeder-Baum entlehnt, sondern er bezieht sich vielmehr auf eine Zitrusfrucht, der Zitronatzitrone, die hier angebaut wird.

Die **Zitronatzitrone** (italienisch: cedri, von „cedri“ leitet sich unser Wort Zitrone ab), oder auch „Zedernapfel“, die vermutlich erste in Südeuropa angebaute Zitrusfrucht, zeichnet sich durch eine überaus dicke Schale aus. Die Früchte erreichen Durchmesser von über 10 cm. Sie werden hauptsächlich zu Zitronat verarbeitet. Aber auch Liköre und leckere Konfitüren werden daraus gemacht.

Und nach jüdischem Glauben ist die Zitronatzitrone ein unverzichtbarer Bestandteil des Laubhüttenfestes Sukkot, mit dem an den historischen Auszug aus Ägypten erinnert wird. Oft kommen Rabbiner zur Erntezeit an diesen Küstenstrich, um die vollkommensten Früchte für ihre Gläubigen auszuwählen.

Eine weitere spezielle Zitrusfrucht der Gegend ist die **Bergamotte** (citrus bergamia risso). Wie diese Zitronenart nach Kalabrien kam ist unklar. Auch der Namensursprung scheint nicht eindeutig geklärt. Vermutlich kommt der Name aus dem Osmanenreich, und wird mit der Stadt Pergamon in Verbindung gebracht. Einigermaßen verbürgt ist, dass die Bergamotte im 16. Jh. in Reggio di Calabria dazu verwendet wurde, aus der an ätherischen Ölen reichen Schale der Frucht in Handarbeit eine feine, wohlriechende, erfrischende und belebende Essenz zu gewinnen.

1844 erfand Nicola Barillà dann die „Macchina Calabrese“, die „Kalabrische Maschine“, mit der sich Bergamottöl schneller und effizienter gewinnen ließ.

Am Hofe König Ludwigs XIV. in Versailles soll Bergamottöl überaus geschätzt worden sein. Mit „Bergamott-Wasser“ ließen sich üble Gerüche, die wegen mangelnder Hygiene im Schloss wohl üblich waren, wunderbar kaschieren.

Und in Köln soll ein gewisser Gian Paolo Feminis Bergamottöl in seinem „Aqua Admirabilis“ verwendet haben, das ihm von der wohlhabenden Weiblichkeit buchstäblich aus den Händen gerissen worden sein soll. Später wurde das auf der Basis von Bergemottöl von Johann Maria Farina hergestellte Eau de Cologne ein Verkaufsschlager.

Noch heute ist Bergamottöl wichtiger Bestandteil bei der Herstellung von Parfüm. Es wird auch zur Aromatisierung von Earl-Grey-Tee, von Seife und vielen anderen Produkten werwendet.

Auf dem Weg nach Scalea passiert man rund 5 km nördlich von Diamante den Ort **Cirella**. Im Hinterland von Cirella sieht man auf einem Hügel die stattlichen Reste der **Burg von Cirella [N39° 43′ 0.44″ E15° 49′ 13.01″]**. Die Burg war einstmals Mittelpunkt des zu Beginn des 19. Jh. von französischen Truppen zerstörten Cirella Vecchia. Ganz in der Nähe liegt das moderne Amphitheater Teatro dei Ruderi.

Scalea, ein für die Region typisches mittelalterliches Küstendorf, gilt als eine der ältesten Siedlungen an der hiesigen Küste des Tyrrhenischen Meeres. Die Häuser des alten, engen Ortsteils mit seinen romantischen Treppengassen stufen sich einen Hügel hinauf.

Urlauber freuen sich über den kilometerlangen Strand von Scalea mit dem markanten **Talao-Turm [Parkplatz, WP 140 / N39° 48' 45.77" E15° 47' 21.64"]** an der Via Nazaria Sauro auf einem Felsen am Strand. Wehrtürme dieser Art wurden im 16. Jh. an der Küste Süditaliens zum Schutz vor Überfällen durch Türken, Sarazenen und Piraten angelegt.

Während der Wintermonate leben in Scalea etwas mehr als 10.000 Menschen. Allerdings verdoppelt, ja verdreifacht sich die Bewohnerzahl des Städtchens in der Sommerzeit. So groß ist der Touristenzuspruch.

Zu den Sehenswürdigkeiten zählt u. a. eine Kirche mit Fragmenten von Fresken aus byzantinischer Zeit.

Und die Kirche **San Nicola di Platea**, deren Kirchenschiff reich mit Stuckarbeiten verziert ist, beeindruckt die Besucher mit einer Krypta mit Spitzbogengewölbe, Freskenresten und einem Grabmal aus gotischer Zeit.

Gegenüber der Kirche San Nicola di Platea findet man an der Via Michele Bianchi einen größeren **Parkplatz [WP 141 / N39° 48' 55.83" E15° 47' 21.53"]**.

Praia a Mare am Fuße einer Hügelkette kurz vor der „Grenze" zur Region Basilikata, war bis zu Beginn des 19. Jh. der Hafenort der weiter landeinwärts gelegenen Gemeinde Aieta. Erst später wurde Praia a Mare eine eigenständige Gemeinde, in der heute annähernd 7.000 Menschen leben.

Wie so viele Orte an der tyrrhenischen Küste lebt auch Praia a Mare in erster Linie vom Tourismus. Vor allem der kilometerlange Strand am **Lido la Perla** hat es vielen Besuchern angetan.

Wer lieber in Pools schwimmt, kann im Erlebnisbad „Aquafans" nach Herzenslust Badefreuden erleben.

Eine große touristische Attraktion ist die südlich des Ortes unweit vor der Küste gelegene **Isola di Dino**. Zu den mystischen Seehöhlen der Insel mit ihren steilen Felsküsten werden Bootsausflüge angeboten.

Besonders die **Grotta Azzura**, die Blaue Höhle, an der Südwestseite der Insel, wird gerne angesteuert. Das Meerwasser hier bezaubert die Besucher wegen des besonders intensiven Blau.

Im Inneren der **Grotta del Leone**, der Höhle des Löwen, dagegen ist der einem liegenden Löwen ähnelnde Felsen die Sehenswürdigkeit.

Über einen Treppenweg am Nordostrand des heutigen Ortes Praia a Mare gelangt man zur Höhlenkapelle **Santuario della Madonna della Grotta [Parkplatz, WP 142 / N39° 53' 48.88" E15° 47' 2.38"]**, Via della Pace, an der Bahnlinie. Mönche aus der Basilikata sollen hier im 16. Jh. gebetet und gefastet haben.

Hier sollen übrigens die Ursprünge von Praia a Mare liegen, als sich unterhalb der Grotte einstmals erste Fischer niederließen.

Am Fuße des 525 m hohen Vingiolo liegt die **Große Höhle** mit drei Grotten, in denen schon in der Antike bis in die Römerzeit Menschen wohnten. Und eine Legende weiß, wie die Höhle schließlich zur Kirche wurde.

Im 14. Jh. soll ein türkisches Schiff, dessen Kapitän dem christlichen Glauben angehörte und der in seiner Kajüte eine hölzerne Madonnenfigur aufbewahrte, vor der Insel Dino in Seenot geraten sein. Die Besatzung dachte, dass die Figur für die missliche Lage verantwortlich sei und wollte die Marienfigur ins Meer werfen.

Um das zu verhindern, brachte der Kapitän die Figur heimlich in die hiesige Grotte und stellte sie auf einen Felsblock am Eingang. Und es dauerte nicht lange, bis Gläubige die Marienfigur verehrten und anbeteten. Später wurde die Grotte zur Pfarrkirche „Santa Maria della Grotta di Praia" geweiht.

Die historische Madonnenfigur soll übrigens 1979 von Unbekann-

CAMPING

Scalea

Camping il Gabbiano [WP 143 / N39° 47' 20.93" E15° 47' 38.32"], Tel. +39 0985 205 63; www.campingilgabbiano.it; 1. Juni – 15. Sept.; knapp 3 km südl. von Scalea an der SS18; von Dauercampern geprägtes, ebenes Campinggelände, teils Grasuntergrund, teils sandig, mit teils dichtem Baumbestand, zwischen Straße Corso Mediterraneo (SS18) und Meer; ca. 2 ha – 40 Stpl. + zahlr. Dau., gute Standardsanitärausstattung. Laden, Imbiss, Restaurant, Waschmaschine, Fahrradverleih, Beachvolleyballfeld, WLAN. V & E für Wohnmobile. Mietbungalows. Langer Sandstrand.

Camping Lao [WP 144 / N39° 46' 41" E15° 47' 45"], Tel. +39 0985 215 33; www.campeggiolao.it; 20. Mai – 20. Sept.; ca. 3 km südl. von Scalea an der SS18; ebenes Grasgelände mit Baumbestand, zwischen Corso Mediterraneo (SS18) und Meer; ca. 1 ha – 50 Stpl..; Standardsanitärausstattung. Imbiss, Restaurant, V & E für Wohnmobile, Mietbungalows. Langer Sandstrand.

Praia a Mare

Camping Village International [WP 145 / N39° 52° 55" E15° 47' 08"], Lungomare F. Sirimarco, Tel. +39 0895 722 11; www.campinginternational.it; 1. Mai – Ende Sept.; südlich von Praia a Mare Richtung Lungomare; ebenes Campinggelände mit Baumbestand, durch Hecken und Bäume parzellierte Stellplätze, bis an den Strand reichend, Blick zur nahe vorgelagerten Isola di Dino (Seehöhlen); ca. 5 ha – 250 Stpl. + Dau., Standard-Sanitärausstattung; Supermarkt, Bar-Restaurant-Pizzeria „l'Isola", Mietbungalows, Tennis, Tanzveranstaltungen, V & E für Wohnmobile. Langer, breiter Sandstrand. In der Nebensaison spezielle Angebote (Camper Stop) für Wohnmobile. Keine Haustiere in der Hochsaison.

WOHNMOBIL-STELLPLÄTZE

Cittadella del Capo

Wohnmobil-Stellplatz Area Sosta Camper Torre Parise [WP 146 / N39° 33' 56.79" E15° 52' 27.30"], Via Parise; www.torreparise.com/. **Zufahrt/Lage:** Nördlich des Ortes, zwischen SS18 und Küstenstraße. **Geöffnet:** Ganzjährig. **Gebühr:** Gebührenpflichtig, Höhe saisonabhängig. **Ausstattung:** Gepflegtes, eingezäuntes Wiesengelände für etwa 15 Wohnmobile. Schwimmbadbenutzung gegen Gebühr, Strom, Frischwasser, Sanitäranlagen, V & E. Nicht direkt am Meer gelegen. Durch ein Bahnunterführung zum schmalen Strand hinter der Bahnlinie.

Diamante/Cirella

Wohnmobil-Stellplatz Area Sosta Camper Lido Alexander [WP 147 / N39° 43' 18.05" E15° 48' 41.10"], Via Riviera Azzurra; www.lidoalexander.it/. **Zufahrt/Lage:** Nördlich von Diamante an der Straße SS18. **Geöffnet:** Ganzjährig. **Gebühr:** Gebührenpflichtig. **Ausstattung:** Naturbelassenes Gelände mit Büschen, direkt am Strand. Platz für ca. 40 Wohnmobile; Strom (Gebühr), Wasser, Duschen (Gebühr), WC, V & E, WLAN (Gebühr), Bar-Restaurant.

Wohnmobil-Stellplatz Area Sosta Camper Lido Tropical [WP 148 / N39° 41' 30.34" E15° 48' 55.54"], Viale Glauco; www.lidotropical.it/.

Zufahrt/Lage: Nördlich von Diamante zwischen SS18, Bahnlinie und dem Meer. **Geöffnet:** Ganzjährig. **Gebühr:** Gebührenpflichtig. **Ausstattung:** Ebenes, naturbelassenes, weitläufiges Stellplatzgelände für etwa 150 Wohnmobile, am Meer mit langem, breitem Sandstrand; Strom, Wasser, WC, Duschen, V & E, WLAN.

Wohnmobil-Stellplatz Area Sosta Camper Ulisse [WP 149 / N39° 43' 21.49" E15° 48' 41.66"]; www.areacamperulisse.it/. **Zufahrt/Lage:** An der Straße SS18, zwischen Straße und Meer. **Geöffnet:** 1. Apr. – 31. Okt. **Gebühr:** Gebührenpflichtig. **Ausstattung:** Ebenes, erdiges Gelände mit Grasresten und hochstämmigen Laubbäumen, teils durch Büsche unterteilt, unmittelbar am Strand; Platz für etwa 100 Wohnmobile, Caravans u. Zelte; Strom, Wasser, WC, Duschen, V & E, WLAN, Waschmaschine, Laden, Bar-Restaurant, Bungalows.

Scalea

Wohnmobil-Stellplatz Area Sosta Camper Dolce Vita Scalea [WP 150 / N39° 47' 46.54" E15° 47' 32.78"], Corso Mediterraneo. **Zufahrt/Lage:** Am Südrand von Scalea an der SS18, zwischen Straße und Meer. **Geöffnet:** Mai – Sept. **Gebühr:** Gebührenpflichtig. **Ausstattung:** Mehrere durch Platzstraßen unterteilte ebene Geländestreifen mit teils dichtem Baumbestand, unmittelbar am Strand. Strom (Gebühr), Wasser, WC, Dusche (Gebühr), WLAN. Langer, breiter Sandstrand.

Praia a Mare/Fiucci

Wohnmobil-Stellplatz Area Sosta Camper Nuova Playa [WP 151 / N39° 52' 2.92" E15° 47' 25.86"]. Zufahrt/Lage: Südlich von Praia a Mare zwischen Bahnlinie und Meer gelegen, Zufahrt über die Straße SP1. **Geöffnet:** Ganzjährig. **Gebühr:** Gebührenpflichtig, höhere Gebühr in der Hochsaison. **Ausstattung:** Kleine Stellplatzmöglichkeit für ca. 10 Wohnmobile. Teils von Mauer umgebenes, gekiestes Areal mit mediterraner Bepflanzung, unmittelbar an der Bahnlinie gelegen. Am Strand Spiaggia Fiucci. Blick zur Isola di Dino. Strom, Wasser, WC, Dusche, V & E. Strand mit dunklem Vulkansand.

Die Küste bei Praia a Mare mit Isola di Dino

ten gestohlen worden sein. Sie wurde seither nicht wieder gefunden. Heute steht eine Nachbildung der Marienfigur in der Höhlenkirche.

ROUTE: Die Küstenstraße SS18 ***Richtung Salerno*** *führt hoch über dem Meer entlang. Die schöne Küstenszenerie entschädigt etwas für die gelegentlich schmale Straße.*

Die Region Basilikata grenzt im Westen nur mit einem gerade mal 28 km langen Abschnitt bei Porto di Maratea ans Meer, an den Golfo di Policastro des Tyrrhenischen Meeres.

Die Küste ist hier ziemlich zerklüftet, bietet aber viele schöne Buchten mit einladend eingelagerten Sandstränden.

Und unweit im Hinterland, östlich der Küstenstraße SS18, liegt das Städtchen **Maratea** (Markttage: Erster und dritter Samstag im Monat).

Einen Besuch lohnt die **Altstadt von Maratea**. Vor allem wer Interesse an Kirchenkunst hat, kommt hier auf seine Kosten. Immerhin gilt Maratea als „Stadt der 44 Kirchen". Zu den ältesten Kirchen zählt San Vito.

Südlich hoch über der Stadt steht auf dem Monte San Biagio unübersehbar Christus der Erlöser, **Cristo Redentore [Parkplatz, WP 152 / N39° 59' 15.00" E15° 43' 34.59"]**.

Das Werk eines Florentiner Künstlers, der die monumentale Statue Mitte der 1960er Jahre schuf, misst 22 m in der Höhe. Und die Spannweite der ausgebreiteten Arme der Christusstatue misst stattliche 19 m.

Die mächtige Statue, die mit den Statuen Cristo Redentor (30 m hoch) von Corcovado in Rio de Janeiro in Brasilien und mit der 28 m hohen Christusstatue Cristo Rei im portugiesischen Lissabon konkurriert, beherrscht Stadt und Umgebung. Vor 1960 stand hier ein monumentales Steinkreuz.

In Maratea kann man sich entscheiden, ob man den Reiseweg ab-

PRAKTISCHE HINWEISE – MARATEA

APT Maratea, Piazza B. Vitolo 1, 85046 Maratea, Tel. + 39 0973 03 03 66; E-mail: maratea@aptbasilicata.it

Weithin sichtbar, die Monumentalfigur Cristo Redentore bei Maratea

kürzt und über Potenza (siehe nächste Tour 8) weiterreist, oder ob man den Umweg über das besuchenswerte Paestum in Kauf nimmt.

Bei ausreichend zur Verfügung stehender Zeit lohnt der Umweg an den Golf von Salerno und ins antike Paestum in der Region Kampanien.

Paestum ist auf der Liste des UNESCO-Weltkulturerbes zu finden.

Falls Sie auf die nachstehend geschilderte Routenalternative verzichten, bitte weiter mit **Hauptroute** weiter hinten.

Routenalternative über Padula

ROUTE: Von Maratea aus bieten sich mehrere Möglichkeiten zur Weiterreise. Z. B. kann man den Weg über die sehr sehenswerte archäologische Stätte von ***Paestum*** *wählen.*

Um Paestum zu erreichen, kann man die ***schnellere Variante über die mautfreie Autobahn A2/E45*** *und über* ***Battipaglia*** *nehmen, oder man wählt den etwas langwierigeren, dafür* ***küstennäheren Weg*** *von* ***Maratea*** *über* ***Sapri*** *und den Küstenort* ***Palinuro*** *(siehe* ***Hauptroute*** *weiter hinten).*

Wählt man zur Weiterreise den Weg über die Autobahn A2/E45, bietet sich Gelegenheiten zu Abstechern.

Rivello (Basilikata), ein malerisches Bergdorf auf einem Hügelrücken knapp 24 km nördlich von Maratea und östlich der SS585 gelegen, lohnt die etwas umständliche Anfahrt über enge kurvenreiche Landsträßchen wegen der recht ansprechenden Lage des Ortes dennoch.

Etwas einfacher ist der Weg nach Rivello, wenn man von Maratea 10 km zurück bis zum Abzweig der SS585 fährt und der SS585 nordwärts 20 km bis zum Abzweig nach Rivello folgt.

Schon von der Straße aus hat man einen schönen Blick auf Rivello **[Parkplatz, Aussicht, WP 153 / N40° 04‘ 22.4“ E15° 45‘ 02.2“]**.

Zu den bescheidenen Sehenswürdigkeiten in Rivello zählen die Kirche **San Nicola di Greci [N40° 4‘ 43.95“ E15° 45‘ 22.61“]** in der Via San Nicola hoch über dem Ort mitten in der Altstadt und die Cappella di Santa Barbara. Allerdings empfiehlt es sich sehr, eine Besichtigung des Ortes und besonders des Altstadtviertels zu Fuß anzutreten. In dem engen Gassengewirr finden sich nur einheimische Autofahrer zurecht. Zudem würde man vergeblich nach einer Parkmöglichkeit suchen.

Südöstlich von Rivello und jenseits der Autobahn A2/E45 erstreckt sich der **Parco Nazionale del Pollino**. Das bergige, bewaldete Naturschutzgebiet mit Höhen bis fast 2.250 m (Monte Pollino) reicht mit Ausläufer bis in die Region Kalabrien hinein.

Dieses nicht sonderlich gut erschlossene Gebiet ist historisches Siedlungssgebiet der sog. **Arbëresh**, einer christlichen Glaubensgemeinschaft aus Albanien (früher Arbëria), die im 15. Jh. von muslimischen Osmanen vertrieben wurde. In dieser albanischen Minderheit in Süditalien wird noch heute ein dem Albanischen ähnlicher Dialekt gesprochen. Darüberhinaus pflegen die Arbëresh bis auf den heutigen Tag ihr Brauchtum und ihrer Religion und tragen zu Festen, z. B. zu Ostern, ihre Trachten.

Eine andere Hochburg der Arbëresh-Siedler ist die Gegend südlich von Sibari bei Corigliano Calabre weiter östlich an der ionischen Küste. Dort findet man in der Abgeschiedenheit der Nordausläufer der Sila Greca Orte mit Namen wie San Giorgio Albanese, Spezzano Albanese, Avaccarizzo Albanese, San Cosmo Albanese u. a.

Auf dem Weg über Battipaglia nach Paestum kann man später von der Autobahn A2/E45 ins nur 3 km östlich der Autobahn gelegene **Padula** und zur dortigen Einsiedelei **Certosa di Padula San Lorenco [N40° 20′ 8.16″ E15° 39′ 7.25″]** abzweigen. Dazu verlässt man schon an der Ausfahrt Buonabitácolo-Padula die Autobahn, folgt der parallel zur Autobahn verlaufenden SS19 bis in die Nähe von Ascolese und zweigt dort ostwärts ab nach Padula.

Die Klosteranlage Cartosa di Padula wurde dem Heiligen Lorenzo (Laurentius) geweiht, der der Heiligenlegende zufolge im Jahr 258 als unbeugsamer Christ auf einem glühenden Eisenrost den Märtyrertod starb.

Das Grab des Heiligen befindet sich in der Kirche San Lorenzo fuori le mura in Rom, wo Laurentius zu Zeiten von Papst Sixtus II. (Pontifikat 257 - 258) die Gelder der Kirche verwaltete.

Auf Gemälden oder als figürliche Darstellung wird Laurentius immer mit seinem Heiligenattribut, einem Rost, gezeigt. Der Heilige gilt als Schutzpatron der Feuerwehrleute und aller Berufsgruppen, die mit Feuer zu tun haben.

Zu Beginn des 14. Jh. wurde das abgelegene Kloster als schlichte Kartause gegründet. Im Laufe der Jahrhunderte wurde das Kloster immer wieder umgebaut und erweitert bis aus der Einsiedelei eine gewaltige Klosteranlage im Barockstil mit schachbrettartigem Grundraster wurde, das einem Gitterrost ähneln soll.

Bemerkenswert sind u. a. die prächtige Klosterkirche, die zahlreichen Innenhöfe und säulengeschmückten Kreuzgänge und die teils monumentalen Treppenhäuser.

Das Kloster wurde Mitte des 19. Jh. aufgelöst, das Anwesen fiel an den Staat. Heute ist in den Räumlichkeiten – neben Verwaltungsbüros und Behörden – das **Museo Archeologico Provinciale della Lucania Occidentale** untergebracht *(geöffnet tgl. a. Di 9 – 19 Uhr)*.

Wer gerne Höhlen besichtigt, fährt von Padula nicht zurück auf die Autobahn, sondern folgt der SS19 weiter nach Nordwesten. Nach rund 28 km kann man zur **Grotta di Pertosa [Parkplatz, WP 154 / N40° 32′ 13.37″ E15° 27′ 15.56″]** abzweigen, die knapp 6 km weiter inmitten einer grünen Hügellandschaft an den Nordhängen der Monti del Maddalena liegt.

In der Gegend ist die Höhle, durch die ein Wasserlauf fließt, auch als Grotta dell'Angelo (Engelsgrotte) bekannt. Einheimische hatten die Grotte schon zu Beginn des Christentums dem hl. Michael geweiht. Noch heute befindet sich in der über 2 km langen Höhle eine Kapelle, die dem Erzengel Michael geweiht ist.

Die Besichtigung der illuminierten Höhle mit einigen Tropfsteingebilden geschieht per motorlosen Kähnen und zu Fuß auf gesicherten Wegen *(geöffnet Di – Fr 11 – 15 Uhr, Sa + So 10 – 16 Uhr)*. Die Besichtigungstour endet in einer Felshöhle mit Wasserfall.

*ROUTE: Der Autobahn A2/ E45 folgt man bis **Battipaglia** und zweigt dort südwärts ab auf die SS18, auf der man nach rund 23 km den Abzweig nach **Paestum** erreicht.*

HAUPTROUTE UND UMWEG ÜBER PAESTUM

ROUTE: Ab Matera folgt man der kurvenreichen, von steilen Felsen überragten imposanten Trasse der

CAMPING – VILLAMMARE

Camping Europa Unita [WP 155 / N40° 04′ 44.07″ E15° 34′ 33.59″], Tel. +39 0973 36 51 31; www.europaunitasolemare.com/; 15. Mai – 15. Sept.; westlich von Sapri gelegen, Zufahrt am Westrand von Villammare von der SS18; ebenes, eingezäuntes von Dauercampern geprägtes Campinggelände, mit Baumgruppen, durch schmale Platzwege unterteilt, zwischen Straße und Meer, durch die Versorgungsgebäude vom Strand getrennt; nur ca. 30 Stpl. für Touristen + zahlr. Dau.; gute Standard-Sanitärausstattung; Laden, Imbiss, Restaurant, Tennis, Discothek. V & E für Wohnmobile. Sand- und steiniger Strand.

*SS18 entlang der Cilento-Felsküste bis **Sapri** (18 km) in der Region Kalabrien. Auf dem Weg nach Sapri ist die Ortsdurchfahrt durch **Acquafredda** einspurig und ampelgeregelt.*

Sapri, ein Städtchen mit kaum 7.000 Einwohnern, ist nicht nur ein vielbesuchter Badeort, sondern auch die südlichste Stadt der Region Kampanien.

ROUTE: *Von Sapri auf der SS18 westwärts über **Villammare** und **Policastro Bussentino**. Im weiteren Streckenverlauf scheint es empfehlenswerter nicht den direkten, aber zeitaufwändigeren Weg über Foria zu wählen, sondern von der Schnellstraße SP430 Richtung **Palinuro** abzuzweigen.*

Palinuro, schön auf einer Halbinsel der Küste der Cilento-Region gelegen, zieht jedes Jahr aufs Neue Scharen von Sommerurlaubern an.

Besucher fühlen sich an den einladenden **Sandstränden** in den Badebuchten, von denen manche nur per Boot erreichbar sind, und im klaren, tiefen Meerwasser wohl. Es gibt Tauchzentren, Segel- und Windsurfschulen.

Glaubt man den Überlieferungen, dann soll Palinuro den Namen eines Steuermanns namens Polinurus tragen. Der gute Mann soll während des Dienstes eingeschlafen, von Bord gefallen und ertrunken sein. Hier an der Küste soll er beigesetzt sein.

Etwas romantischer und geheimnisvoller klingt die Version, dass der Steuermann von Sirenen bezirzt worden sei und ihrem verführerischen Gesang in die Fluten folgte.

Die Cilento-Küste bei Villammare

CAMPING

Marina di Camerota

Camping Porticello Village [WP 156 / N40° 00' 29.10" E15° 21' 05.71"], Tel. +39 0974 93 29 45; www.porticellovillage.com; Mitte Apr. – Ende Sept.; westl. von Marina di Camerota beschilderte Zufahrt von der Küstenstraße SS562; fast ebenes Gelände mit teils dichtem Baumbestand, zwischen Straße und Meer; ca. 5 ha – 90 Stpl. + Dau.; gute Standard-Sanitärausstattung; Imbiss, Pizzeria; Tennis, zum Sandstrand etwa 50 m; in der Nebensaison spezielle Preisangebote für Wohnmobile.

Palinuro

Camping Arco Naturale [WP 157 / N40° 02' 08.38" E15° 18' 23.93"], Tel. +39 0974 93 11 57; www.arconaturaleclub.it; Mitte Juni – Ende Sept.; südwestl. von Palinuro beschilderte Zufahrt von der SS562 meerwärts; etwas geneigtes Gelände im Olivenhain, mediterrane Vegetation, durch hohe Hecken vielfach unterteilt, Schatten auch durch Mattendächer, bis fast an die Mündung des Flüsschens Mingardo reichend; in der Umgebung prächtige Felsküste, Tauchrevier; ca. 10 ha –200 Stpl. + zahlr. Mietbungalows; Standard-Sanitärausstattung; Laden, Imbiss, Restaurant, Schwimmbad, Tennis, V & E für Wohnmobile; Sand- und Kiesstrand.

WOHNMOBIL-STELLPLÄTZE – PALINURO

Wohnmobil-Stellplatz Area Sosta Camper Palorcio [WP 158 / N40° 02' 17.79" E15° 18' 46.02"], Località Palorcio; www.sostacamperpalinuro.it. **Zufahrt/Lage:** Am Ostrand von Palinuro, Zufahrt von der SS562. **Geöffnet:** Juni – Sept. **Gebühr:** Gebührenpflichtig, im August fast doppelter Preis. **Ausstattung:** Eingezäunter Olivenhain; Wasser, Strom, einfache Sanitäranlagen, Waschgelegenheiten im Freien, Bar-Restaurant. Zum Meer über eine Flussbrücke ca. 1 km.

Wohnmobil-Stellplatz Area Sosta Camper Palinuro [WP 159 / N40° 02' 31.7" E15° 18' 21.2"], Via Palorico; www.sostacamperpalinuro.com. **Zufahrt/Lage:** Am Nordwestrand von Palinuro, Zufahrt von der SS447r. Neben Sosta Camper Madallena. **Geöffnet:** Ganzjährig. **Gebühr:** Gebührenpflichtig. **Ausstattung:** Überwiegend naturbelassenes, sandiges Gelände mit weit stehenden Olivenbäumen, Pinien und Eukalyptusbäumen, durch niedere Steinmäuerchen gestützte Geländestufen, ca. 30 Stellplätze für Wohnmobile, Strom, Wasser, WC, Dusche, V & E. Nicht direkt am Meer gelegen. Fußweg zum Strand.

Wieder eine andere Version der Legende berichtet davon, dass Polinurus das Land lebend erreicht habe, aber von den Küstenbewohner erschlagen worden sei.

Ziel beliebter Bootsausflugs sind das **Capo Palinuro** und die Seegrotten bei Palinuro, wie die Grotta Azzurra, die Blaue Grotte, eine durch die Reflektion des Meermassers blau schimmernde Seegrotte mit Tropfsteingebilden.

Wenn Sie an der Promenade Lungomare entlang schlendern, stoßen Sie auf viele Anbieter von Bootstouren.

ROUTE: *Ab Palinuro hat man die Wahl entweder auf der SS18/SS430 durch die Landschaft des reizvollen Cilento nach Paestum zu gelangen, oder über die Küstenstraßen SS447r und SS267 und über* ***Pisciotta*** *(enge Ortsdurch-*

CAMPING- CAPRIOLI

Camping Villaggio Costa del Mito [WP 160 / N40° 05' 12.9" E15° 15' 29.9"], Via Torracca; Tel. +39 0974 97 60 70; www.costadelmito.it; Mitte Apr. – Mitte Okt.; nordwestlich von Caprioli Zufahrt von der SS447r; ebenes, leicht terrassiertes, sonst naturbelassenes Gelände mit Olivenbäumen, Schatten auch durch Mattendächer, bis fast an den schmalen, steinigen Strand mit Sandeinlagerungen reichend; ca. 10 ha – 80 Stpl. + zahlr. Dau.; gute Standard-Sanitärausstattung; Minimarkt, Bars, Pizzeria, Restaurant, Animations- und Abendunterhaltungsprogramm, Tennis; V & E für Wohnmobile.

*fahrt) nach **Agropoli** zu reisen und von dort der SS18 nach **Paestum** zu folgen.*

Allerdings: Ca. 4 km westlich von Pisciotta wird die Trasse der Straße SS447r durch Betonblocks auf 2 m verengt. Im weiteren Straßenverlauf folgt ein Gefälle von 12%!

Will man dieses Wegstück und die Weiterfahrt auf der relativ engen Küstenstraße SS447/SS267 über **Caprioli** und **Ascea** vermeiden, fährt man von Palinuro besser nordwärts zur SS18 und folgt ihr Richtung Salerno und zweigt später nach Paestum westwärts ab.

Große Teile des Hinterlandes des **Cilento**, einer überaus einladenden Landschaft mit von Olivenhainen und Kastanienwäldern überzogenen Hügeln, wurde zum **Parco Nazionale del Cilento e Vallo di Viano** ernannt. Der Nationalpark, der zweitgrößte in ganz Italien, wurde zusammen mit Paestum, der Certosa di Padula und der antiken Stätte von Velia in die Liste des UNESCO-Weltkulturerbes aufgenommen.

Die Landschaftsregion des Cilento erstreckt sich von Paestum bis Sapri und schließt zerklüftete Felsküste mit eingelagerten Sandstränden, z. B. bei Marina die Camerota oder bei Palinuro, aber im Hinterland auch reich bewaldete Höhen bis fast 1.900 m (Monte Cervati) mit tiefen Tälern ein. Hier sollen noch Wölfe, Wildkatzen, Steinadler und andere selten gewordene Tierarten heimisch sein.

Die Cilento-Region ist uraltes Siedlungsgebiet. Aber noch heute sind weite Teile nur wenig erschlossen. Und frühen Reisenden kam die Gegend noch am Ende des 18. Jh. recht unwegsam und eher bedrohlich vor.

Heute ist die Gegend eine vor allem bei Naturliebhabern sehr geschätzte Landschaftsregion, die aber um den Monte Cervati nur wenig erschlossen und vom großen Touristenstrom noch nicht besonders stark heimgesucht ist. Ganz anders sieht es im Sommer in den Küstenorten aus.

Die abwechslungsreiche Landschaft des Cilento ist ein sehr beliebtes Refugium für Wander- und Radfreunde. Und Taucher und Schnorchler schätzen die Gewässer vor der Küste des Cilento.

An den Küsten dieses Landstriches, z. B. um das Capo Palinuro, finden sich lange, im Sommer viel besuchte Strände. Und Liebhaber archäologischer Stätten kommen im antiken **Velia**, nordöstlich des Küstenortes Marina di Ascea, auf ihre Kosten.

Paestum – Am besten steuert man in Paestum zunächst den gebührenpflichtigen **Parkplatz [WP 161 / N40° 25' 29.0" E15° 00' 25.5"]** an. Der hintere Teil des Parkplatzes wird auch als Wohnmobilstellplatz (Gebühr) genutzt.

Vom Parkplatz aus sind das Museum, in dem auch der Verkauf der Eintrittskarten stattfindet, und die archäologische Stätte von Paestum mit

Der Athenatempel, Paestum

ihren prächtigen Tempeln gut zu Fuß zu erreichen.

Ein weiterer Eingang in die archäologische Stätte von Paestum befindet sich an der Südostseite (auch Ticketverkauf) in der Nähe des Neptuntempels.

Die archäologische Stätte von Paestum ist täglich (außer 25. Dez. und 1. Januar) von 8.30 bis 19.30 Uhr geöffnet. Das Museum ist montags geschlossen. Ticketverkauf bis 40 Min. vor Schließung; www.museopaestum.beniculturali.it/.

Paestum war um 600 v. Chr. von Griechen in der Ebene des Flüsschens Sele gegründet worden, die ihre Tempelstadt *Poseidonia*, Stadt des Poseidon, nannten. Später, um 270 v. Chr., eroberten Römer die Stadt und benannte sie um in *Paestum*.

Deutlich getrennt waren im alten Paestum das Viertel für die Bevölkerung, der Stadtteil für politische und öffentliche Aktivitäten mit der großen Agora (in römischer Zeit das Forum, das eigentliche Zentrum der Stadt) und das Tempelareal.

Heute ist die attraktive Ausgrabungsstätte wegen der gut erhaltenen Tempel ein Magnet für Besucher aus der ganzen Welt. Seit 1998 steht Paestum auf der UNESCO-Liste des Weltkulturerbes.

Das Stadtgebiet des antiken Poseidonia war einst wesentlich größer als das heutige archäologische Paestum. Das ganze Areal war von einer gewaltigen, bis 7 m hohen, rund 5 km langen Steinmauer mit Wassergraben und 28 Wachtürmen umgeben.

Nur vier Tore gewährten Zugang in die Stadt – die Porta Marina im Westen, die Porta Giustizia im Süden, die Porta Sirena im Osten und die Porta Aurea im Norden. Die Porta Aurea ist längst verschwunden. Aber an dieser Stelle (Via Magna Graecia, SP276) gelangt man heute noch ins antike Paestum.

Übrigens: Für 50 Euro können Sie für ein Jahr die Patenschaft für einen

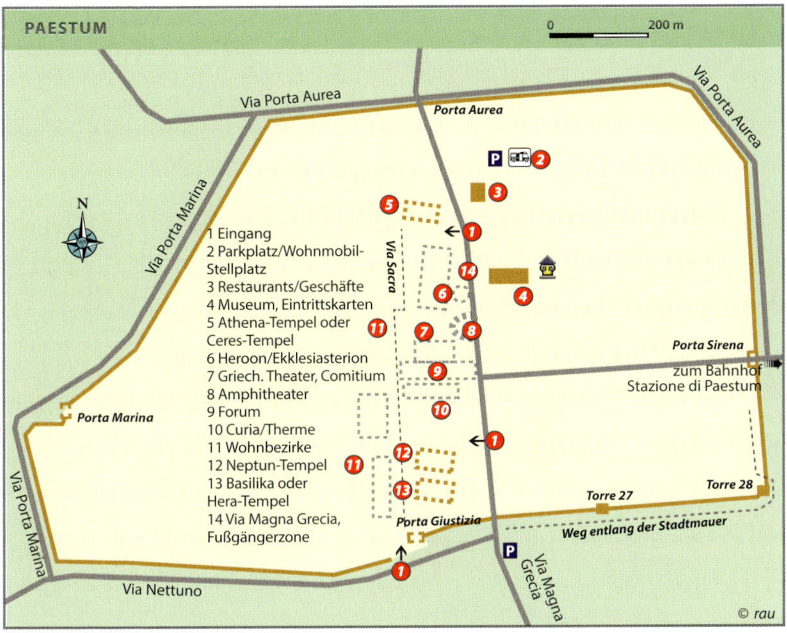

Steinblock in der antiken Stadtmauer von Paestum übernehmen.

Etwa im 6. Jh. kam das Christentum nach Paestum. Der Athenetempel, fälschlicherweise oft auch als Tempel der Ceres (römische Göttin des Ackerbaus und der Fruchtbarkeit) bezeichnet, wurde in ein Gotteshaus verwandelt und das Umfeld des Tempels als Friedhof genutzt.

Später bemächtigten sich Goten, Byzantiner und Lombarden der Stadt. Große Zerstörungen richteten im 9. Jh. sarazenische Horden an, die Paestum überfielen. Die Folgen des Überfalls, aber auch die Folgen einer Malariaepidemie, lange eine Plage in vielen Teilen Süditaliens, waren für die Stadt so gravierend, dass der größte Teil der überlebenden Bevölkerung Paestum verließ und weiter östlich den Ort Capaccio gründete.

In jener Zeit verfielen die grandiosen Tempelanlagen und man scheute sich nicht, die historische Stätte als Steinbruch für andere Bauten zu benutzen.

Erst so um die Mitte des 18. Jh. wurde Paestum quasi wieder entdeckt. Erste wohlhabende Reisende kamen auf ihrer „Grand Tour“ nun auch nach Paestum.

Schon seit dem 16. und 17. Jh. gehörte es zum guten Ton wohlhabender junger Männer aus gutem Hause, Europa auf längeren Reisen kennen zu lernen und sich zu bilden. Anfangs galt eine „Grand Tour“ als eine Mode an englischen Adelshäusern, die aber auch in anderen europäischen Ländern rasch Anhänger fand.

Johann Gottfried Seume (1763 – 1810), seines Zeichens Dichter und Schriftsteller, zum Beispiel besuchte auf seinem „Spaziergang nach Syrakus“ (1801 – 1802) auch Paestum. Seume: „Ich hielt mich hier nur zwei Stunden auf … in welcher nichts als die drei bekannten großen alten Gebäude … ein elendes Wirtshaus und noch ein andres jämmerliches Haus stehen. Das ist jetzt ganz Pästum“.

Und ein Herr namens *Goethe* machte auf seiner Grand Tour zwischen 1786 und 1788, über die der Dichterfürst in seiner „Italienischen Reise“ berichtet, im März 1787 Station in Paestum, bevor er sich in Neapel nach Sizilien einschiffte. In der „Italienischen Reise“ ist zu lesen: „Von einem Landmann ließ ich mich indessen in den Gebäuden herumführen …“ die Goethe als „… stumpfe, kegelartige, enggedrängte Säulenmassen“ beschreibt, die ihm „… furchtbar erscheinen“.

Paestums **Museum [N40° 25‘ 24.2“ E15° 00‘ 25.1“]**, Via Magna Graecia 918; *geöffnet tgl. a. Mo 8.30 – 18.50 Uhr (letzter Einlass)*. Ausgestellt sind wunderschöne griechische Vasen und andere Keramiken, Skulpturen und Statuen, Reliefs und Wandmalereien, bemalte Wandteile von Kammergräbern (z. B. „Grab des Turmspringers“, auch „Grab des Tauchers“, symbolisch für den „Übergang vom Leben (der Turm) in den Tod (das Meer)“), die in der Nekropolis außerhalb von Paestum entdeckt wurden, etc.

Die drei großen Tempel in Paestum sind im dorischen Stil errichtet. Eines der Prinzipien dieses Baustils ist die Gestaltung und Anordnung der Säulen. Dorische Säulen weisen eine bestimmte Anzahl von senkrechten Hohlkehlen (Kanneluren) auf und sie haben z. B. keinen Sockel auf dem sie stehen, sondern sie ruhen unmittelbar auf der gestuften Tempelbasis (Stylobat). Ein weiteres Kennzeichen ist ihr rundes, teller- oder schüsselförmiges Säulenkapitell. Archäologen haben herausgefunden, dass die Kapitelle dorischer Säulen dicker, voluminöser werden, je jünger der Tempel ist. Der Fries, ein Reliefband, das den Tempel über den Säulenkapitellen umgibt, ist eine weitere Besonderheit des dorischen Tempels.

Dorische Säulen am Heratempel, Paestum

Die Steinquader der Tempel sollen ohne Mörtel zusammengefügt sein und nur von metallenen dübelartigen Zapfen zusammengehalten werden. Dieser Technik ist es vermutlich zu verdanken, dass die Tempel von Paestum die Wirrnisse der Zeit und die zahlreichen Erdbeben so gut überstanden haben.

Der **Athenetempel**, auch Cerestempel genannt, gleich rechts vom Eingang in die archäologische Stätte von Pa-

Immer noch imposant, der Neptuntempel. Rechts im Hintergrund die Säulenreihen des Heratempels, Paestum

estum, war der Göttin Pallas Athene geweiht, der Göttin der Weisheit, der Kunst, des Kampfes und des Handwerks. Der monumentale, dennoch der kleinste der drei großen dorischen Tempel wurde im 5. Jh. v. Chr. an der höchsten Stelle des antiken Stadtgebiets errichtet.

An der Seite zur Straße hin erkennt man einen großen Stein, der als Altar für Tieropfer zu Ehren der Athene diente. Solche Opferungen waren immer ein großes Ereignis im antiken Paestum, das von rituellen Tänzen und Musik begleitet war.

Geht man vom Athene-/Cerestempel durch das Ruinenfeld nach Süden, passiert man zunächst die Fundamentsreste des **Sacello Sotterraneo**, ein unterirdisches Heiligtum.

Wenig später erreicht man, wieder links der sog. „Heiligen Straße", die Reste eines **griechischen Theaters**. Daneben sieht man die verbliebenen Fragmente des **Anfiteatro Romano**, das einstmals bis auf die andere Seite der heutigen Straße gereicht hat.

Man quert das **Forum** bzw. die griechische Agora und kommt zum unübersehbaren **Neptuntempel** oder **Poseidontempel**.

Der selbst als Ruine noch überaus eindrucksvolle Poseidontempel, Neptuntempel oder auch Apollotempel, ist der größte Tempel in Paestum. Archäologen datieren die Entstehungszeit in das 4. vorchristliche Jahrhundert.

Nach Poseidon, der griechischen Gottheit des Meeres und Bruder von Zeus, wurde in der Zeit der Griechen auch die ganze Stadt benannt – Poseidonia.

Aber so ganz einig scheinen sich Archäologen darüber nicht zu sein, wem der Tempel nun wirklich geweiht war. Man liest, dass der Tempel evtl. auch der Göttin Hera geweiht gewesen sein könnte oder gar dem Göttervater Zeus. Im Umfeld des Tempels wurde schließlich eine Zeusstatue ausgegraben. Wieder andere glauben, der Tempel sei Apollo, dem

Gott des Lichts und des Gesangs, aber auch der Heilkunst, geweiht gewesen. Dass die Römer den Tempel dann ihrem Gott des Meeres, Neptun, widmeten, dürfte als gesichert gelten.

Der einstmals bunt bemalte Neptuntempel ist fast 60 m lang und 25 m breit und weist an den Längsseiten je 14 und an den Giebelseiten je 6 dorische, 9 m hohe Säulen aus Travertinstein auf.

Im Inneren des Tempels sind noch Reste einer zweistöckigen Cella erhalten, ebenfalls mit dorischen Säulen, der vorne und hinten kleine Hallen vorgelagert waren, dem Pronaos und dem Opisthodom.

Gleich neben dem Neptuntempel sieht man den Säulenwald der Basilika, auch bekannt als Heratempel.

Der **Heratempel**, fast am Südende des weitläufigen, komplett von einer hohen Steinmauer umgebenen antiken Poseidonia (Paestum) gelegen, wurde zwischen 550 und 540 v. Chr. im dorischen Stil errichtet, einer Zeit, in der Poseidonia eine Blütezeit erlebte. Er gilt als der älteste der großen Tempel von Paestum.

Wissenschaftler gehen davon aus, dass beim Bau des Heratempels der Zeustempel in Olympia als Vorbild diente. Geweiht war der erstaunlich gut erhaltene Tempel Hera, der Gattin von Göttervater Zeus und Obergottheit von Paestum.

Die Basis des Tempels misst 25 mal 60 Meter. Die Längsseiten zieren je 16 und die Front- und Rückseite je 6 kannelierte dorische Säulen. Die Säulen verjüngen sich noch oben, was dem Bauwerk etwas von seiner Schwere zu nehmen scheint. Die Friese über den tellerrunden Säulenkapitellen waren verziert mit Palmenreliefs und mit bemalten Terrakotta-Löwenköpfen.

Erst im 18. Jh. bürgerte sich für den Heratempel die Bezeichnung *Basilika* ein, nachdem Archäologiestudenten und frühe Reisende den Tempel so bezeichnet hatten.

Später, als das Tempelareal von Paestum von Lukaniern, den damaligen Bewohnern der heutigen Basilikata, erobert wurde, kamen weitere Tempel, Altäre und Gebäude hinzu.

So z. B. ein kleiner Herkulestempel, oder das Asklepieion, ein dem Gott der Heilkunst geweihter Tempel nördlich des Forums.

Um die Tempel und auf dem Gelände des antiken Paestum waren einstmals Rosenstöcke zu sehen. Sie erinnerten daran, dass Paestum im Altertum berühmt war für seine Rosenzucht. Und Johann Gottfried Seume bedauert in seinem Reisebricht, dass er in Pästum 1802 nicht eine einzige „pästische Rose" gefunden habe.

CAMPING – PAESTUM

Camping Villaggio dei Pini [WP 162 / N40° 24′ 46.92″ E14° 59′ 27.67″], Via Torre di Paestum, Tel. +39 0828 81 10 30; www.campingvillaggiodeipini.com/de/index.asp; 1. Jan. – 31. Dez.; von der SS18 westwärts Richtung Paestum, ca. 2 km, beschildert; ausgedehntes Campinggelände durch einen Wasserlauf zweigeteilt, teils unter hochstämmigen Pinien und Eukalyptusbäumen, bis an den langen Sandstrand reichend. Stellplätze sind durch Hecken und Bäume markiert, die aber das Rangieren großer Fahrzeuge beim Einfahren in die Stellplätze behindern können; ca. 4 ha – 100 Stpl. + Dau.; gute Standard-

Sanitärausstattung; Supermarkt, Restaurant, Pizzeria, Mietbungalows, V & E für Wohnmobile. Tennis, Fahrradverleih. Zur archäologischen Stätte von Paestum rund 1 km.

Camping Athena [WP 163 / N40° 25 ' 43.49" E14° 58' 56.06"], Via Ponte di Ferro, Tel.+39 0828 85 11 05; www.campingathena.com/de/; 1. Apr. – 31. Okt.; von der SS18 westwärts Richtung Paestum, ca. 2 km, beschildert; nicht überall ebenes Campinggelände bis an das Meer reichend, teils unter Pinien, teils unter Laubbäumen; ca. 3 ha – 110 Stpl. + zahlr. Dau.; Standard-Sanitärausstattung; Laden, Pizzeria, Restaurant. V & E für Wohnmobile. Mietbungalows. Sandstrand. Zur archäologischen Stätte von Paestum rund 2 km. Organisierte Ausflüge.

Foce del Sele

Camping Villaggio Paestum [WP 164 / N40° 29' 33.51" E14° 56' 31.59"]; Via Gino Birindelli, Tel. +39 0828 69 10 03; www.campingpaestum.it; Mitte Mai – Mitte Sept.; ca. 12 km nordwestl. von Paestum an der Küstenstraße SP175, landeinwärts gelegen; ebenes Wiesengelände mit Laubbaumgruppen, durch niedere Hecken parzelliert, nicht direkt am Meer gelegen; ca. 8 ha – 180 Stpl. + sehr zahlr. Dau.; Komfort-Sanitärausstattung; Laden, Imbiss, Restaurant; Schwimmbäder, Tennis; V & E für Wohnmobile, Mietbungalows. Zum langen breiten Sandstrand über die Straße und durch einen Pinienwald, rund 500 m.

WOHNMOBIL-STELLPLÄTZE – PAESTUM

Wohnmobil-Stellplatz Area Sosta Camper Zona Archeologica [WP 165 / N40° 25' 07.22" E15° 00' 25.43"], Via Magna Grecia. **Zufahrt/Lage:** Bei der archäologischen Stätte von Paestum. **Geöffnet:** Ganzjährig. **Gebühr:** Gebührenpflichtig. **Ausstattung:** Erdgelände unter hohen Laubbäumen für etwa 25 Wohnmobile, im hinteren Teil des Parkplatzes für Besucher des antiken Paestum. Museum und archäologische Stätte liegen günstig in Gehnähe. Sandwichladen, Bars und Pizzerias am Zugang zur archäologischen Stätte.

Wohnmobil-Stellplatz Eolo Sosta Camper [N40° 25' 28.67" E15° 00' 26.33"], Via Magna Grecia 848; Tel. +39 333 42 51 850; https://www.eolosostacamperpaestum.com/. **Geöffnet:** 1. März – 31. Okt. **Gebühr:** Gebührenpflichtig. **Ausstattung:** Ebenes Gelände unter hohen Pappeln, außer Frischwassser und Strom keine Einrichtungen.

Wohnmobil-Stellplatz Mediterranea Camper Village [WP 166 / N40° 23' 45.72" E14° 59' 58.43], Via Linora (SP278). **Zufahrt/Lage:** Am Südrand von Paestum an der SP278. **Geöffnet:** Anf. März – Anf. Nov. **Gebühr:** Gebührenpflichtig. **Ausstattung:** Ebenes, lichtes Pinienwaldgelände zwischen Straße und Meer, Platz für ca. 35 Wohnmobile. Strom, Wasser, WC, Duschen (Gebühr). Langer, breiter Sandstrand.

Wohnmobil-Stellplatz Caper Park Mandetta[WP 167 / N40° 24' 55.29" E14° 59' 26.896"], Via Torre di Mare 22; www.mandetta.it. **Zufahrt/Lage:**zwischen der antiken Stätter von Paestum unMeer. **Geöffnet:** Ganzjährig. **Gebühr:** Gebührenpflichtig. **Ausstattung:** Parzelliertes, erdigesGrlände mit Bäumen und Schattendächer für ca. 20 Wohnmobile. Frischwasser, V & E, Strom, Dusche, Wc, Schwimmbad, WLAN. Zum antiken Paestum ca. 1,5 km.

An der Straße SP278 findet sich noch eine Reihe weiterer Stellplätze wie **Area Sosta Gli Eucalipti [N40° 23' 8.25" E15° 0' 11.22"]** (Apr. – Sept.) oder **Lido da Franca [N40° 23' 11.54" E15° 0' 10.36"]**.

BASILIKATA

1 Tour – ca. 2 Tage

Matera

TOUR 8: PAESTUM (KAMPANIEN) – POTENZA (BASILIKATA) – FOGGIA (APULIEN)

Länge der Tour:	Rund 270 km.
Die Route:	Straße SS18 bis **Battipaglia** – Autobahn A2/E45 und E847 bis **Potenza** – SS93 und SS658 bis **Melfi** – SS93 und SS168 bis **Venosa** und zurück bis Melfi – SS658 und SS655 bis **Foggia**.
Abstecher:	Von Melfi nach **Venosa**.
Reisedauer:	Mindestens ein Tag.
Höhepunkte:	Die Innenstadt von **Potenza** ** – die **Burg in Melfi** ** – Innenstadt und Kastell von **Venosa** *– die **Abbazia della Trinità** * bei Venosa.

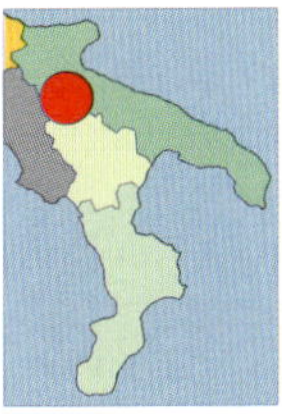

*ROUTE: Auf der SS18 nordwärts bis **Battipaglia**. Hier auf der Autobahn A2/E45, vorbei an Eboli, und auf der Schnellstraße E847 ostwärts nach **Potenza**, ca. 107 km.*

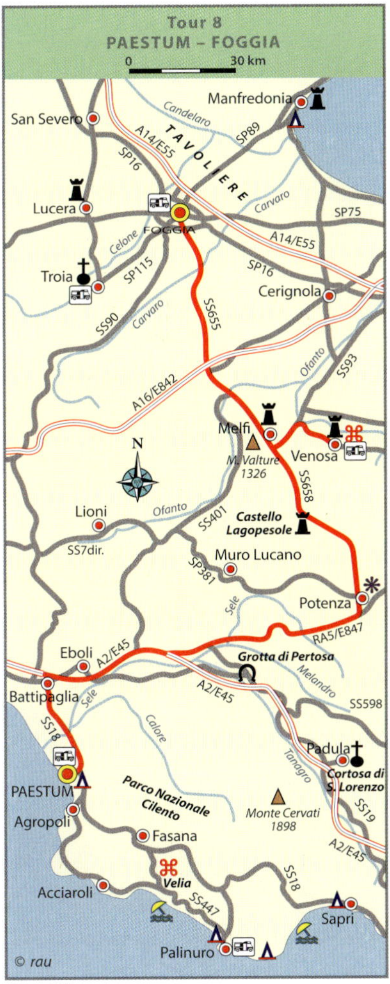

In der Gegend nördlich von Paestum wird traditionell **Mozzarella** aus Wasserbüffelmilch (Mozzarella di Bufala Campana) produziert und in vielen Käseläden, auch entlang der Straße, angeboten.

Das fast 820 m hoch gelegene **Potenza** ist die Hauptstadt der Region Basilikata und seit dem 19. Jh. auch Universitätsstadt.

Die an Ausläufern des Apeninn-Bergzuges und über dem Flüsschen Basento gelegene Stadt zählt heute annähernd 67.000 Einwohner. Ihre Lage beschert der höchstgelegenen Provinzhauptstadt Italiens im Winter nicht selten ergiebige Schneefälle.

Das alte *Potentia* war lange darauf stolz, unabhängig zu sein und keinen Herren dienen zu müssen. Das änderte sich allerdings, als die Römer die Hand nach Potentia ausstreckten und die Stadt dem Imperium Romanum einverleibt wurde.

Nach dem Zerfall des Römischen Reiches sank auch der Stern Potentias, bis im 5. nachchristlichen Jahrhundert Potenza zum Bischofsitz erhoben wurde und die Stadt nun wieder Macht und Einfluss gewann.

In späteren Jahrhunderten – 1273, 1649 und 1857 – wurde die Entwicklung der Stadt aber immer wieder durch die Folgen verheerender Erdbeben zurückgeworfen.

Nach dem Beben im 13. Jh. verfiel die Stadt mehr und mehr und geriet fast in Vergessenheit. Als im späten Mittelalter die Stadt auch noch von Truppen des Stauferkaisers Friedrich II. zerstört wurde, war ein Weiterbestehen der Gemeinde in Frage gestellt.

Das Erdbeben von 1857 schließlich war so zerstörerisch, dass die Stadt nicht an der früheren Stelle wieder aufgebaut werden konnten. Und selbst noch 1980 richtete ein Erdbeben große Schäden in Potenza an.

Im vereinigten Königreich Italien wurde Potenza das Privileg zuteil politisches und verwaltungstechnisches Zentrum der Basilikata zu werden.

Scala Mobile Santa Lucia, Potenza

Parkmöglichkeiten (2) [N40° 39′ 1.48″ E15° 48′ 8.72″] findet man südöstlich des großen Verkehrsverteilers in Potenza Superiore nördlich der Altstadt an der Viale dell'Ateneo Lucano, zwischen dem Bahnhof Potenza Macchia Romana und dem Regionalhospital San Carlo. Bushaltestelle vor dem Parkplatz. Von hier ist z. B. das südwestlich gelegene Archäologische Museum zu Fuß zu erreichen. Von der Altstadt von Potenza, die weiter südlich liegt, ist diese Parkmöglichkeit allerdings ein gutes Stück entfernt.

Einen weiteren, größeren, gebührenpflichtigen **Parkplatz (3) [N40° 38′ 34.06″ E15° 48′ 8.09″]** findet man nördlich der Altstadt in der Via Zara 114, Anfahrt über Viale dell'Unicef und Via Roma. Auf dem gestuften, geteerten Parkplatz (ansteigende Zufahrt) sind etwa **5 Plätze für Wohnmobile** vorgesehen (falls nicht von Pkw belegt). Es gibt eine befahrbare Entsorgungsstelle für Wohnmobilabwässer. Der Platz eignet sich als Ausgangspunkt für Stadtbesichtigungen. Pizzeria gegenüber an der Via Roma. Vom Parkplatz geht man südwärts, vorbei am Parkhaus zur Rolltreppe Scala Mobile Due Torri (10), die einen hinauf in die Altstadt bringt.

Für Reisende, die den Stadtrundgang auf die Altstadt von Potenza beschränken, bietet sich das **Parkhaus Parcheggio Unicef (4) [WP 168 / N40° 38′ 5.74″ E15° 47′ 43.60″]** westlich der Altstadt an. Es ist über die Viale dell'Unicef relativ einfach zu erreichen. Fahrzeuge bis 2,5 t Gesamtgewicht können auf dem Dachdeck des Parkhauses parken, schwerere und höhere Fahrzeuge im Erdgeschoss darunter.

Vom Parkhaus führt die **Scala Mobile Santa Lucia (12)**, ein System von 10 überdachten, gebührenpflichtigen (zuletzt 1,50 Euro pro Person) Rolltreppen hinauf zur Altstadt. Oben ist

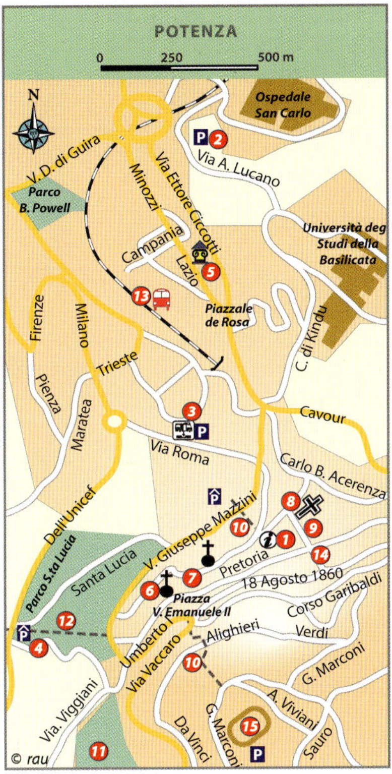

*POTENZA – **1** Information – **2** Parkplatz, Viale dell'Ateneo Lucano – **3** Parkplatz, Via Roma – **4** Parkhaus/Parkplatz Parcheggio Unicef, Viale dell'Unicef – **5** Museo Archeologico Provinziale di Potenza, Pinacoteca Provinziale di Potenza – **6** Kirche San Michele Arcangelo – **7** Piazza Mario Pagano, Teatro Stabile, Kirche San Francesco – **8** Kathedrale San Gerardo – **9** Muso Archeologico Provinziale, Nebenstelle – **10** Scala Mobile Due Torri – **11** Parco Pubblico Montereale, Schwimmbad – **12** Scala Mobile Santa Lucia – **13** Bahnhof Stazione Potenza Superiore – **14** Largo Raffaeolo Pignatari – **15** Stadio Communale „Alfredo Viviani"*

noch ein Aufzug zu nehmen, der einen hinauf an den Westrand der Altstadt bringt. Von dort gelangt man über die Via Pretoria hinein in die Altstadt.

Den vielen Erdbeben, die die Stadt verwüsteten ist es auch geschuldet, dass Reste aus früherer Zeit eigentlich nur noch in den engen Gassen des alten Stadtteils zwischen den Bauwerken aus neuerer Zeit zu finden sind.

Eines dieser aus den frühen Tagen Potenzas unbeschadet erhaltenen Bauchwerke ist zum Beispiel die **Kirche San Michele Arcangelo (6) [N40° 38' 16.33" E15° 48' 2.59"]**. Die Kirche am Westrand der Altstadt in der Via Achille Rosica (die Straße zur Kirche ist für den allgemeinen Autoverkehr gesperrt) stammt aus dem 11. Jh. und ist dem Erzengel Michael geweiht. Bemerkenswert an dem aus behauenen Feldsteinen im romanischen Stil aufgeführten, dreischiffigen Kirchenbau sind drei Apsiden an der Ostseite. Während eines Stadtspaziergangs durch die Altstadt von Potenza lohnt ein Blick ins Innere der Kirche. Dort ist rechts vom Altar eine behelmte Figur des geflügelten Erzengels Michael mit erhobenem Schwert in der rechten Hand und mit einer Waage in der linken zu sehen.

Die **Piazza Mario Pagano (7)**, unweit östlich der Kirche San Michele Arcangelo, konnte erst im 19. Jh. angelegt werden, nachdem das Erdbeben von 1857 dafür Platz geschaffen hatte.

Sollten Sie auf der Suche nach Cafés oder Läden sein, gehen Sie von der Piazza Mario Pagano ein Stück nach Osten. In der Via Pretoria werden Sie fündig werden.

Eine Querstraße ist die Via Andrea Serrano. Auch hier finden Sie Läden und Restaurants.

Und wenn Sie der Via Andrea Serrano nach Norden folgen, kommen Sie zum Largo Duomo und zur **Kathedrale San Gerardo (8) [N40° 38' 24.69" E15° 48' 21.71"]**, erkenntlich an dem viereckigen Glockenturm und der achteckigen Kuppel.

Bemerkenswert an der Kathedrale sind das schön gearbeitete West-

Potenza, Piazza Mario Pagano an der Via Pretoria

PRAKTISCHE HINWEISE – POTENZA

APT – Azienda di Promozione Turistica, Via Cavour 15, 85100 Potenza, Tel. +39 0971 41 18 39 *(geöffnet 10 - 13 Uhr, Di + Do 16 - 17.30 Uhr.*

portal, zu dem eine halbrunde Freitreppe hinaufführt und das Portal neben dem Turm, das wunderschöne Bronzemedaillons aufweist.

Der Palazzo Ciccotti, heute **Palazzo Pignatari (14) [N40° 38′ 22.52″ E15° 48′ 23.11″]**, am Largo Raffaello Pignatari unweit südlich der Kathedrale, ist eines der stattlichen Stadtpalais aus dem späten 16. Jh. im alten Stadtteil von Potenza. Das Palais ist noch heute im Besitz der Familie Pignatari. Es kann nicht besichtigt werden.

Das **Museo Archeologico Provinciale (5) [N40° 38′ 50.86″ E15° 48′ 8.85″]** an der Via Lazio 18 (SS7), Ecke Piazza Europa, nördlich der Altstadt, in Potenza Superiore, lohnt einen Besuch. Ausgestellt sind vor allem Funde aus der Frühgeschichte und der Antike. Vor allem Vasen und Keramiken aus der griechischen Antike sind zu sehen, aber auch Münzen sowie Figuren und Gegenstände aus Bronze.

Nur wenige Schritte weiter südlich liegt die **Pinacoteca Provinziale di Potenza (5) [N40° 38′ 49.31″ E15° 48′ 9.75″]**, die Gemäldegalerie der Region Potenza.

ROUTE: *Von Potenza auf der SS658 nordwärts nach* ***Melfi****. Nach etwa 28 km passiert man den Abzweig zum* ***Castel Lagopesole****.*

Das schon von weitem sichtbare **Castel Lagopesole** darf mit Fug und Recht zu den imposantesten Burgen in der Basilikata gezählt werden. Es ist schon beeindruckend wie das Gemäuer hoch über dem Ort auf einer Hügelkuppe thront *(geöffnet Apr. – Sept. tgl. 9 – 12 Uhr, 15 – 19 Uhr; übrige Zeit 15.30 – 18 Uhr)*. Das Castel Lagopesole stammt aus der Mitte des 13. Jh., als sich der Stauferkaiser Friedrich II. die Burg als Jagdsitz errichten ließ. Friedrich II. nutzte das Kastell gerne als Zwischenaufenthalt während seiner Jagdausflüge in der Region. Es heißt übirgens, Friedrich II. habe annähernd 200 Burgen und Kastelle, aber nur eine Kirche gebaut, bzw. in Auftrag gegeben. Der Kaiser war offenbar der Meinung: „Gottes Immobilienwünsche gehen mich nichts an."

Beachten Sie, wenn Sie die Burganlage betreten, auf die beiden Figurenköpfe über dem Portal. Dargestellt sollen sein Friedrichs Großvater Kaiser Friedrich Barbarossa und dessen Gemahlin Beatrix.

Zu besichtigen sind die Burgkapelle und einige der Räumlichkeiten und Gemächer.

Melfi liegt hoch auf einem bewaldeten Hügelrücken an den nördlichen Ausläufern des 1.326 m hohen Monte Vulture. Das Centro Storico von Melfi ist für den allgemeinen Autoverkehr gesperrt.

Einen größeren **Parkplatz [WP 169 / N40° 59′ 39.12″ E15° 38′ 54.24″]** findet man an der Via Foggia am Westrand der Altstadt neben der Sporthalle Palasport Melfi. Während der Markttage (Dienstag nach jedem 3. Sonntag im Monat) nicht zugänglich! Für Wohnmobile scheint uns dieser Parkplatz, der auch als Busbahnhof dient, besser geeignet. Neben dem Toilettenblock (war bei unserer letzten Stadtvisite geschlossen) gibt es eine befahrbare Stelle (mit Wasserhahn) zur Entsorgung von Wohnmobilabwässern.

Auf längeren Spaziergängen lassen sich vom Parkplatz aus die Burg und die Altstadt erreichen.

Einen weiteren Parkplatz [N40° 59′ 52.12″ E15° 39′ 36.10″] findet man in der Straße Vico Sant'Agostino neben dem Gerichtsgebäude Tribunale an der Ostseite der Altstadt. Der Parkplatz ist über die Straßen Estramurale Porta Troiana und die Via Vittoro Veneto, die Melfi im Norden und Osten umgeht, zu erreichen. Von hier aus gelangt man über die Via G. B. Guarino zur Kathedrale und über die Via Normanni zum Kastell.

Der **Altstadtteil von Melfi**, der zu großen Teilen noch von seiner mittelalterlichen Stadtmauer umgeben ist, macht den Eindruck, als sei er von der übrigen Welt vergessen worden. Offenbar hat Melfi seine besten Tage schon hinter sich.

Dass es einmal ganz anders gewesen sein muss, lässt die stattliche **Burg von Melfi [N40° 59′ 53.53″ E15° 39′** 11.95″] vermuten. Sie stammt aus dem 11. Jh. und war damals eine wichtige Festung im Reich der Normannen.

Im Mittelalter stellte die Burg ein bedeutendes Bollwerk an den Handelswegen zwischen Apulien und Kampanien dar. Zeitweise war Melfi sogar Hauptstadt der Grafschaft Apulien.

Auch die Ernennung 1037 zum Bischofssitz und Verhandlungen zwischen Papst *Nikolaus II.* – der Papst hatte 1057 das erste Konzil von Melfi einberufen – und dem Normannenherrscher und Herzog von Apulien und Kalabrien, *Robert Guiscard*, Mitte des 11. Jh., in denen dem Normannen die Herrschaft über Sizilien in Aussicht gestellt wurde, weist auf die damalige Bedeutung von Melfi hin.

Dem ersten Konzil von Melfi folgten noch vier weitere, die in Melfi stattfanden. Im dritten Konzil von Melfi z. B. wurde unter Papst *Urban II.* (1055 – 1099) u. a. der Erste Kreuzzug ins „Heilige Land" mit der Begründung „Gott will es" beschlossen.

Fast zweihundert Jahre später, im Jahre 1231, verkündete Friedrich II. in dem Gesetzeswerk „Konstitutionen von Melfi" von Melfi aus seinen Machtanspruch auf Sizilien sowie seine juristische Hoheit als Gesetzgeber über die Insel.

Der Stauferkaiser hatte damals die Burg von Melfi, die er sehr schätzte und in der er bei einem Fest seine spätere Gemahlin und Mutter des Thron-

Die historische Burg von Melfi

folgers Manfred, Bianca Lancia, kennenlernte, als seine Sommerresidenz erwählt. Manfred, der spätere König von Sizilien, soll 1231 im nahen Venosa geboren worden sein (siehe „Abstecher nach Venosa" weiter hinten).

Teile der Festung von Melfi dienten auch als Kerker. Wie man liest, nutzte Friedrich II. die Verliese, als er Teilnehmer eines Konzils festsetzen ließ, auf dem vermutlich die Absetzung des Staufers beschlossen werden sollte.

Nach der Zeit der Staufer kam das Castello di Melfi ausgangs des 13. Jh. an das Herrscherhaus Anjou und später an die Könige von Aragon, die die Burg wesentlich erweiterten.

Die letzten Besitzer der Burg von Melfi waren bis Mitte des vergangenen Jahrhunderts Mitglieder des Hauses Doria. Admiral Andrea Doria, ein bedeutender Spross des Genueser Adelsgeschlechts, hatte 1531 Melfi samt dem dazugehörigen Fürstentum von Kaiser Karls V. zugesprochen bekommen.

Heute zählt die normannisch-staufische Burg von Melfi, die sich am Nordwestrand der engen, verwinkelten Altstadt erhebt, zu den großen Sehenswürdigkeiten ganz im Norden der Basilikata.

In der trutzigen, turmreichen Festung mit ihren fast fensterlosen Außenmauern und einem im Fischgrätmuster gepflasterten Innenhof ist heute im ehemaligen Thronsaal (Sala del Trono) das **Museo Archeologico del Vulture Melfeste** untergebracht *(geöffnet Di - So 9 - 20 Uhr, Mo 14 - 20 Uhr)*. Schwerpunkt der Ausstellungen sind u. a. Keramiken, Vasen, Kunst- und Schmuckobjekte aus griechischer, römischer und byzantinischer Zeit.

Die andere der eher bescheidenen Sehenswürdigkeiten in Melfi ist die **Cattedrale di Santa Maria Assunta [N40° 59' 48.13" E15° 39' 29.40"]**, an der Piazza Duomo mitten in der Altstadt.

Die Ursprünge des Doms gehen zurück bis ins 11. Jh., als der Normannenkönig Wilhelm I. den Bau veranlasste. Lediglich der fast 50 m Turm ist aus der Normannenzeit so gut wie unverändert erhalten geblieben. Ende des 17. Jh. wurde die Kathedrale zu großen Teilen zerstört. Der Wiederaufbau, der sich bis ins 18. Jh. hinzog, geschah im Stil des Barock. Damals erfuhr der gesamte Kirchenbau umfassende Veränderungen. Aus jener Epoche stammen auch Orgel und Kanzel der Kathedrale.

Museo Civico [N40° 59‘ 44.35“ E15° 39‘ 31.41“]. Das Regional- und Heimatmuseum ist im Palazzo Donadoni aus dem 17. Jh. in der Vico Rispoli 15 eingerichtet *(geöffnet Di - Sa 16 - 20 Uhr)*.

Einen Einschnitt in die Stadtentwicklung stellte das Erdbeben von 1930 dar, bei dem große Teile von Melfi, aber nicht das Kastell, zerstört wurden.

Abstecher nach Venosa

*ROUTE: Von Melfi auf der SS303 zunächst 6 km südostwärts bis **Rapolla**. Dort auf der SS93 8 km nach Nordosten und nicht den ersten, sondern besser den zweiten Abzweig auf die SS168 ostwärts nach **Venosa** (12 km) nehmen.*

Unweit südöstlich von Melfi liegt nahe der SS303, in der Nähe eines Parkplatzes vor einem Friedhof, die **Chiesa Rupestre di Santa Margherita [Parkplatz, WP 170 / N40° 59‘ 10.60“ E15° 39‘ 16.51“]** *(geöffnet Apr. - Sept. tgl. 10 - 11.30 + 16 - 17.30 Uhr; Okt. - März tgl. 10 - 11.30 + 15.30 - 17 Uhr)*. Falls geöffnet lohnt ein Blick in die in den Tuffstein gegrabenen Höhlenkirche, die mit uralten, gut erhaltenen Fresken ausgemalt ist.

In **Venosa** (Markttage am ersten Samstag und am dritten Donnerstag im Monat), einer in der Zeit des Römischen Imperiums bedeutenden Stadt mit Namen *Venusia* an der legendären Via Appia, erblickte der Dichter *Horaz* (65 – 8 v. Chr.) das Licht der Welt.

Ein Denkmal [N40° 57‘ 47.23“ E15° 49‘ 13.17“] im nordöstlich der Festung gelegenen Altstadtteil an der Piazza Orazio Flacco Poeta Latino mit einer lorbeerbekränzten Horaz-Statue erinnert an den Dichter, dessen Schriften und philosophischen Gedanken bis heute die Welt des Wissens beeinflussen.

Ein weiterer Sohn der Stadt soll *Manfred (Manfredi)* sein, Sohn des Stauferkaisers Friedrich II. und Bianca Lancia, der in Venosa 1231 das Licht der Welt erblickt haben soll.

Einen kleinen, bislang kostenlosen **Parkplatz [WP 171 / N40° 57‘ 37.03“**

Horaz-Denkmal in Venosa

E15° 49' 3.54"] findet man in der Via Luigi la Vista an der Südostseite der unübersehbaren Festungsanlage.

Aus der Zeit des 16. Jh. stammen das Herzogenkastell **Castello Aragonese [N40° 57' 41.39" E15° 49' 7.18"]** an der Piazza Umberto I. mitten in der Stadt und der **Dom Sant'Andrea [N40°57'53.40" E15°49'20.40"]**, der am Nordostende der Stadt zu finden ist.

Um 1470 war die Festung Sitz der Herzöge von Balszo Orsini. Das Kastell mit seinen gewaltigen Mauern, tiefen Burggräben und den vier mächtigen Rundtürmen an den Ecken beherbergt heute in einem der vier Flügel, die den viereckigen Innenhof umgeben, ein interessantes **Archäologisches Museum** *(geöffnet Mo, Mi - So 9 - 20 Uhr, Di 14 - 20 Uhr).*

Aus der römischen Epoche sind Ruinen von Thermen und einem Amphitheater außerhalb der Stadt bei der Abbazzia della Trinità erhalten.

Als Hannibal durch Italien zog und gegen den Widerstand römischer Truppen antreten musste, wurde bei einem Gefecht der römische Heerführer und General Marcellus getötet. Sein Grab soll in Venosa in der Via Melfi liegen.

Nordöstlich von Venosa liegen an der Straße SP18 Ofantina die Ruinen der Abtei **Abbazia della Trinità [Parkplatz, WP 173 / N40° 58' 5.24" E15° 49' 34.53"]**. Auf dem Ausgrabungsgelände vor der Abtei sind Reste einer römischen und frühchristlichen Ansiedlung zu sehen.

Das Grab des Herzogs von Apulien und Kalabrien, *Robert Guiscard*, der Mitte des 11. Jh. zeitweise im nahen Melfi residierte, ist in der ehemaligen Kirche der Abtei La Trinità zu finden.

Auf der anderen Straßenseite liegen die Fundamentsreste eines römischen Theaters.

Heute ist man in Venosa stolz darauf, zum Kreis der „Borghi più belli d'Italie", den schönsten Orten in Italien, zu zählen.

Aus der Gegend um Venosa kommt ein für die ganze Region Basilicata bekannter Rotwein, der Aglianico del Vulture.

ROUTE: Von Melfi auf der SS658 und nach unterqueren der Autobahn A16/E842 auf der Schnellstraße SS655 nordwärts nach ***Foggia****, ca. 60 km.*

Näheres über Foggia finden Sie in Tour 2, Manfredonia – Alberobello. Stellplätze sind in Foggia und in Lucera zu finden und den nächsten Campingplatz **[WP 174 / N41° 33' 19.07" E15° 53' 42.76", Camping Lido Salpi]** gibt es südlich von Manfredonia (siehe Tour 1, Gargano-Rundfahrt, Lesina – Manfredonia).

WOHNMOBIL-STELLPLATZ – VENOSA

Wohnmobil-Stellplatz Area Sosta Camper Autolavaggio Venusia Venosa [WP 172 / N40° 57' 34.59" E15° 49' 38.25"]. Zufahrt/Lage: Südöstlich außerhalb von Venosa Zufahrt von der SP168, in der Nähe der Weinkellereien Gruppo Italiano Vini und Cantine Bonifacio. **Geöffnet:** Ganzjährig. **Gebühr:** Gebührenpflichtig. **Ausstattung:** Hinter einer Autowaschanlage ebene, schattenlose Kiesfläche für ca. 17 Wohnmobile. Die Stellplätze sind durch niedere Hecken markiert. V & E Möglichkeit. Von Weinfeldern umgeben. Platz gehört zur Autowaschanlage Venusia.

PRAKTISCHE UND NÜTZLICHE HINWEISE VON A BIS Z

ANSCHRIFTEN

Fremdenverkehrsämter

Italienische Zentrale für Tourismus (E.N.I.T. - Ente Nazionale Italiano per il Turismo), Direktion für Deutschland, Österreich und Schweiz: 60596 Frankfurt/Main, Schaumainkai 87. 10, Tel. 069-23 74 34, e-mail: frankfurt@enit.it, www.enit-italia.de, *geöffnet Mo - Fr 9.15 - 17 Uhr, Sa + So geschlossen.*

Verkehrsamtszentralen

Apulien (Puglia) - I.A.T. Puglia; https://www.viaggiareinpuglia.it/hp/de.

Basilikata (Basilicata) - APT Basilicata, Via del Gallitello 89, 85100 Potenza, Tel. +39 0971 50 76 11; www.aptbasilicata.it.

Kalabrien (Calabria) - I.A.T. (Ufficio Informazioni e di Accoglienza Turistica), Corso Garibaldi 329, 89100 Reggio Calabria, Tel. +39 0965 89 212

A.P.T. (Azienda di Promozione Turistica), Via Roma 3, 89121 Reggio Calabria, Tel. +39 0965 21 171; https://turismo.reggiocal.it/.

Automobilclubs

ACI (Automobile Club d'Italia; *www.aci.it* und **TCI** (Touring Club Italiano; *www.touringclub.it*) haben Niederlassungen in allen großen Städten des Landes.

Internetadressen

www.auswaertiges-amt.de – Eine Quelle vielfältiger Informationen des Auswärtigen Amtes der Bundesrepublik Deutschland, u. a. über Länder-informationen, deutsche Vertretungen im Ausland, Sicherheitshinweise zu Auslandsreisen und vieles mehr.

www.autobrennero.it/de/ – Alles über die Brennerautobahn, Mautgebühren, Verkehrsinfos etc.

www.enit.de/ – Seite der Italienischen Zentrale für Fremdenverkehr.

www.italien-inside.info– Deutsch, alles über Italien als Reise- und Urlaubsland.

Konsularische Vertretungen

Botschaft der Republik Italien, Hiroshimastraße 1, 10785 Berlin, Tel. 030-25 44 00; www.ambberlino.esteri.it.

Italienische Generalkonsulate in Bremen, Dresden, Dortmund, Frankfurt/Main, Freiburg, Hamburg, Hannover, Kiel, Köln, Mannheim, München, Saarbrücken, Stuttgart und wolffsburg.

Botschaft der Bundesrepublik Deutschland, Ambasciata della Repubblica Federale di Germania, Via San Martino della Battaglia, 4, I-00185 Roma, Tel. +39 06 49 213-1; www.rom.diplo.de.

CAMPING

Camping ist in Italien beliebt und sehr verbreitet. Entsprechend groß ist das Angebot an Campingeinrichtungen. In Italien gibt es nicht weniger als weit über 2.000 Campingplätze.

Besonders viele Campinganlagen findet man an der apulischen Adria-küste und an den Küsten der Garganohalbinsel. An den Küsten Kalabriens sind die für durchreisende Touristen geeignete Campingplätze weiter verstreut. Und im Hinterland der Provinz Basilikata findet man so gut wie keine Campinganlagen.

Der Ausstattungsstandard der Plätze, die Qualität und der Umfang ihrer Einrichtungen ist recht unterschiedlich.

Natürlich findet man auf allen Plätzen WC's, Warmduschen, Geschirr- und Wäschewaschbecken.

Sucht man aber nach etwas komfortableren Ausstattungen wie Warmwasser in allen Waschbecken, Einzelwaschkabinen, geräumige Duschkabinen, Waschmaschinen mit Trockner, Einrichtungen für Mutter und Kind, Haartrockner, ausreichend Stromanschlüsse für Caravans, Spiel- und Freizeiteinrichtungen oder Wasserzapfstellen auf dem Platzgelände, können nicht mehr alle Anlagen mithalten.

Dafür findet man auf fast allen Campingplätzen eine Einkaufsmöglichkeit für Lebensmittel und eine Bar bzw. Cafeteria, nicht selten ein Restaurant. In der Nebensaison können solche Einrichtungen aber noch bzw. schon geschlossen sein.

Größere Campinganlagen weisen mitunter auch Parzellen oder Stellplätze auf, die nur für Zelte geeignet sind und nicht mit dem Auto befahren werden können. Meist steht dann ein separater Parkplatz zur Verfügung.

Wenige Campingplätze sehen vor, dass die Autos der Campinggäste generell auf einem eigens dafür vorgesehenen Parkplatz abgestellt werden müssen (gilt natürlich nicht für Wohnmobile).

Reisende, die mit ihren **Haustieren** (Hund, Katze etc.) unterwegs sind, sollten daran denken, dass auf vielen Campingplätzen, zumindest in der Hochsaison Juli und August, ein Hundeverbot herrscht. Rufen Sie den Platz Ihrer Wahl vorher an, um die genaue Lage zu erfahren.

Beachtung verdient auch der Umstand, dass manche Campingplätze eine **Mittagspause** einlegen, meist von 14 - 16 Uhr, in der u. a. die Rezeption geschlossen ist, bzw. auf den Platz nicht eingefahren werden darf.

Wenige Campinganlagen in Touristenhochburgen verlangen (zumindest in der Hochsaison) einen Min-destaufenthalt von mehreren Tagen, was diese Plätze für manche Tourer weniger attraktiv macht.

WLAN, teils aber nur in gewissen Einrichten des Platzes, wird meist gegen Gebühr auf nahezu jedem Platz angeboten. Das WLAN-Angebot ist zwischenzeitlich so verbreitet, dass wir es bei der Beschreibung der Campingplätze in diesem Reiseführer nicht mehr besonders erwähnen.

Viele Campingplätze bieten **Mietbungalows** und/oder Mietcaravans an, deren Ausstattung, Komfort und Größe aber so sehr variieren, dass darüber keine allgemeingültige Aussage gemacht werden kann. Auf vielen Plätzen werden Bungalows – vor allem in der Hochsaison – nur wochenweise vermietet. Eine Vorreservierung ist stets ratsam!

Als groben Anhaltspunkt kann man **Übernachtungspreise** auf Campingplätzen (Stellplatz, Wohnmobil/Caravan und zwei Personen) in der Nebensaison um die 30,- Euro ansehen. Es gibt große regionale Unterschiede. In der Hochsaison können die Preise, z. B. auf strandnahen Plätzen auf der Garganohalbinsel o. ä., aber leicht das Doppelte und mehr erreichen. Oft kommen dazu noch die Gebühren für Stromanschluss und/oder Warmduschen. Im Landesinneren werden aber auch niedrigere Preise verlangt.

Geöffnet sind Campingplätze in Süditalien gewöhnlich von Mai bis Ende September. Teils ist schon ab April und bis Mitte/Ende Oktober geöffnet. Einzelne Anlagen sind auch ganzjährig geöffnet.

Wildes Campen ist generell nicht gestattet. Toleriert wird aber meist eine einmalige Übernachtung auf Rast- oder Parkplätzen, wenn nichts Gegenteiliges ausgeschildert ist (s. u. „Wohnmobil-Stellplätze").

Und auch in Italien findet man das für Tourer nicht immer erfreuliche

Phänomen, dass manche Campingplätze von **Dauercampersiedlungen** bzw. Mobilhomes so stark belegt sind, dass sie das Bild des Campingplatzes prägen. Stellplätze für durchreisende Touristen sind auf solchen Campinganlagen, die sich gerne als Camping Villaggi bezeichnen, dann oft rar. Als **Stromanschlüsse** für Caravans und Wohnmobile auf dem Platzgelände sind die ECC-Kontakte üblich. Stromspannung 220 V.

Anders sieht es aber oft in den Sanitärräumen aus. Dort führen die Steckdosen zwar auch eine Spannung von 220 V. Für Ihren Föhn, elektrischen Rasierer o. ä. sollten sie aber unbedingt einen **Zwischenstecker** dabei haben. Die bei uns üblichen Stecker passen gewöhnlich nicht in die in Italien üblichen Steckdosen!

Mein Tipp! Den absoluten Höhepunkt erreicht die Reise- und Urlaubszeit in Italien in den drei, vier Wochen von der letzten Juliwoche bis Mitte/ Ende August (15. August, Ferragosto, Mariä Himmelfahrt). In dieser turbulenten Zeit sind die Campinganlagen, vor allem am Meer oder an den inländischen Seen, fast regelmäßig überfüllt. Es empfiehlt sich sehr, diese Zeit im Interesse des Reiseerlebnisses zu meiden!

Hinweis über Angaben zu Campingplätzen

Bei den in diesem Reiseführer angegebenen Campingplätzen folgen dem **Platznamen** die **GPS-Koordinaten** in eckiger Klammer, dann **Telefonnummer** mit Vorwahl, **Internetadresse**, **Öffnungszeit** und Lokalisierung oder **Zufahrt**.

Die **Größe** des Platzes wird in Hektar (ha), die Aufnahmekapazität in **Stellplätzen** (Stpl.) angegeben.

Es wird versucht, die **Platzeinrichtungen**, so wie sie beim Besuch vorgefunden wurden, in etwa zu charakterisieren, wobei Zustand und Pflege der Gebäude, Installationen und des Geländes auch von Bedeutung waren. Die Übergänge zwischen den drei als grobe Anhaltspunkte geschaffenen Kategorien Mindest-, Standard- und Komfort-Sanitärausstattung sind fließend.

Mindest-Sanitärausstattung: Überaus einfacher Campingplatz mit bescheidenen, veralteten oder vernachlässigten Einrichtungen, die außer WC's, Kaltwasserwaschbecken und eventuell einige Kaltduschen keine oder völlig unzeitgemäße Einrichtungen für Hygiene und Körperpfleg aufweisen.

Standard-Sanitärausstattung: Der Durchschnittscampingplatz mit WC's, Kaltwasserwaschbecken und Duschkabinen in den Waschräumen (nicht im Freien), einige davon mit Warmwasser. Ordentlicher Gesamteindruck. Einige Stromanschlüsse für Caravans. Auf einigen Campingplätzen findet man noch einsehbare Waschgelegenheiten und Unisex-Sanitäranlagen.

Komfort-Sanitärausstattung: Außer ausreichend WC's, nicht einsehbare Waschgelegenheiten mit Waschbecken mit Warmwasser und Warmduschen in zeitgemäßen, gepflegten Sanitäranlagen (nicht Unisex) werden auch Geschirr- und/oder Wäschewaschbecken mit Warmwasser oder Waschmaschine erwartet, ebenso Stromanschlüsse für Caravans in ausreichender Zahl. Das Terrain soll durch Wege erschlossen sein und im Gelände verteilte Müllbehälter und Wasserzapfstellen, ein Restaurant und/ oder Einkaufsmöglichkeit, sowie einen Kinderspielplatz aufweisen. Und es sollten ausreichend Stellplätze für durchreisende Touristen angeboten werden.

Umfangreiche Komfortausstattung: Zusätzlich zu den vorgenannten

Merkmalen wird erwartet, dass Anlage und Pflege des Platzes, seine Führung und die Ausstattung, Bauweise und Pflege der Sanitäranlagen gehobenen Ansprüchen genügen. Möglichst komplette Warmwasserausstattung, zahlenmäßig reichhaltige, moderne Installationen, Sport- und Freizeitmöglichkeiten (z. B. Tennis, Schwimmbad, Sauna o. ä.) sollte eine so eingestufte Campinganlage aufweisen.

Infos zu Campingplätzen in Italien, unterteilt nach Regionen, erfährt man unter www.camping.it.

Mehr Infos über Camping Villaggi erhält man unter www.campeggievillaggi.it/de/.

Wohnmobil-Stellplätze

Italien erlaubt Caravanern und Wohnmobilisten das einmalige Übernachten außerhalb von offiziellen Campingplätzen. Sie können also für eine Nacht an Strassen, auf Park- und Rastplätzen Halt machen, sofern dies auf dem jeweiligen Platz nicht durch entsprechende Beschilderung untersagt ist, oder ein städtisches oder überregionales Verbot diesbezüglich besteht.

Eine erfreulich große Zahl von Städten und Gemeinden haben **Übernachtungsparkplätze** für Wohnmobile ausgewiesen.

Viele dieser **Stellplätze** können sogar unentgeltlich benutzt werden. Allerdings sind solche bernachtungsstellplätze nicht immer mit Entsorgungsmöglichkeiten für Abwasser (gewöhnlich V & E-Säule, gelegentlich auch nur Luke oder eine Öffnung im Boden) und mit Zapfstellen für Trinkwasser ausgestattet. Umfangreiche Sanitäranlagen gibt es auf Stellplätzen selten.

Sind Wasserhähne für Trinkwasser vorhanden, besteht in vielen Fällen das Problem, dass die Hähne keinen Anschluss (Gewinde, Bajonettanschluss) zum Andocken eines Schlauches haben. Geschweige denn ist ein Schlauch vorhanden. Hier sollte man also auf alle Fälle mit Schlauch und entsprechenden Adaptern gut vorbereitet sein! Ansonsten hilft nur noch die gute alte Gießkanne, so man hat.

Meist sind Stellplätze mit dem Verkehrsschild „Wohnmobil" oder „Wohnmobil-Abwasser-entsorgung" beschildert.

Und halten Sie Ausschau nach Bezeichnungen wie **„Area attrezzata"**, oder **„Camper Service"** oder **„Area di sosta"** o. ä.

Eine in vielen Fällen einladende Alternative zu kommunalen Stellplätzen bietet sich Wohnmobilisten auf Bauernhöfen, auf denen Wohnmobile willkommen sind.

Ausgeschildert sind solche Bauernhöfe gewöhnlich mit **„Agriturismo con campeggio"**. Allerdings sind solche Angebote noch relativ selten!

Hier ist das Übernachten allerdings nicht kostenlos. Dafür parkt man oft in schöner Umgebung, kann Frischwasser aufnehmen, bekommt in vielen Fällen auch einen Stromanschluss und kann mitunter den Reiseproviant auch noch mit den

Produkten des Hofes ergänzen; www.agricamper-italia.com/en/.

Viele Bauernhöfe, die Wohnmobilstellplätze anbieten, erwarten oder setzten voraus, dass man Produkte des Hauses erwirbt. Auf vielen der Höfe produziert man vorzügliche Weine, feinstes Olivenöl und traumhafte Würste, Schinken, Käse und ähnliche Köstlichkeiten; www.agriturist.it/de/urlaub-auf-dem-bauernhof/1-0.html.

EINREISEBESTIMMUNGEN

Persönliche Dokumente

Für die Einreise nach Italien und für einen Aufenthalt bis max. 90 Tage genügt für Bundesbürger und alle Staatsangehörigen der EU (auch für Staatsbürger der Schweiz) ein **gültiger Personalausweis**. Der Führerschein wird nicht als Ersatz für den Personalausweis akzeptiert.

Kinder unter 16 Jahren benötigen einen Kinderausweis, Kinderreisepass oder Personalausweis

Kinder, die nicht mit ihren Eltern reisen, sondern in Begleitung von „nicht erziehungsberechtigten Personen" reisen, sollten eine Einverständniserklärung der Eltern mitführen. Bei Kontrollen kann dies unliebsame Missverständnisse ausräumen.

Es empfiehlt sich, nicht nur bei Reisen nach Italien, von seinen Personal- und Kfz-Dokumenten Fotokopien anzufertigen und sie an einem anderen Ort als dem der Originalpapiere aufzubewahren. Nach evtl. Verlust der Originale können die Kopien die Prozedur der Wiederbeschaffung erleichtern.

Mit Italien besteht ein Sozialversicherungsabkommen. Mit der Europäischen Krankenversicherungskarte (EHIC), die Ihre Krankenversicherung ausgibt, sollten medizinisch notwendige Leistungen nach den für Italien geltenden Vorgaben in Anspruch genommen werden können.

Einreise mit dem Auto

Gültiger **EU-Führerschein** und **Zulassungsbescheinigung Teil I** (ehem. KFZ-Schein) müssen mitgeführt werden. Gültige Dokumente müssen Sie auch für mitgeführte Anhänger oder Motorräder etc. dabei haben.

Empfehlenswert ist auch die Mitnahme der **Internationalen Grünen Versicherungskarte**.

Bei Fahrzeugen mit Euro-Kennzeichen ist das Anbringen des Nationalitätskennzeichens „D", „A" etc. nicht mehr zwingend vorgeschrieben.

Übrigens: Falls Sie mit einem zu Hause gemieteten Wohnmobil, also mit einem Kfz, das nicht Ihnen gehört bzw. das nicht auf Sie zugelassen ist, ins Ausland reisen, sollten Sie eine Bescheinigung des Eigentümers (Vermieters) mitführen. Schauen Sie ggf. in Ihren Mietpapieren danach!

Haustiere

Für die Einfuhr von Haustieren (Hunde, Katzen etc.) nach Italien ist der blaue **EU-Haustierausweis** (Pet Passport) erforderlich. Das Tier muss den Daten im Ausweise eindeutig zugeordnet und damit identifiziert werden können. Dazu ist es nötig, dass dem Tier ein Mikrochip implantiert ist. Für einen begrenzten Übergangszeitraum genügt eine Tätowierung.

Die letzte **Tollwutimpfung** muss mindestens 30 Tage vor der Einreise nach Italien erfolgen und darf nicht älter als 12 Monate sein.

Maulkorb- und Leinenzwang für „größere" Hunde. Maulkorb und eine Leine, die nicht länger als 1,5 m sein darf, sind mitzuführen.

Wenn Sie es irgendwie einrichten können, lassen Sie Ihren geliebten Vierbeiner lieber zu Hause. Hunde sind zumindest in der Hochsaison an Stränden fast überall verboten. Auch in manchen Hotels und in vielen Restaurants sind Hunde nicht gerne gesehen. Bei einer Hotelbuchung oder Reservierung auf einem Campingplatz sollten Sie sich unbedingt schriftliche bestätigen lassen, dass Sie Ihren Hund mitbringen dürfen.

Zollbestimmungen (Auszug)

Alle persönlichen Gegenstände, die auf einer Privatreise benötigt werden und alle Waren, die zum eigenen Verbrauch bestimmt sind, können für die Zeit des vorübergehenden Aufenthalts bei Reisen innerhalb der EU zollfrei ein- und wieder ausgeführt werden.

Reisende über 17 Jahre können u. a. folgende Waren, die für den eigenen Gebrauch bestimmt sein müssen, abgabenfrei mitführen: 800 Zigaretten, 400 Zigarillos, 200 Zigarren, 1 kg Tabak, 10 Liter Spirituosen, 10 Liter Alkopops, 20 Liter Wein, 20 Liter Sherry, Portwein oder Marsala und 110 Liter Bier.

Besondere Einfuhrbestimmungen gelten für Funkgeräte, Waffen und Medikamente. Ein Einfuhrverbot besteht z. B. auch für Schreckschusspistolen oder Gassprays!

Wenn Sie aus gesundheitlichen Gründen ständig auf Medikamente angewiesen sind, diese Medikamente aber Stoffe enthalten, die unter das Betäubungsmittelgesetz fallen und Sie diese Medikamente in einem größeren Quantum mit sich führen werden, weil Sie darauf während Ihrer Reise nicht verzichten können, sollten Sie sich rechtzeitig bei Ihrem Arzt oder bei der Italienischen Botschaft in Berlin erkundigen, ob Sie hier eine besondere Bescheinigung mitführen müssen.

Vor Abreise bitte nach den neuesten, ausführlichen Bestimmungen erkundigen.

ESSEN UND TRINKEN

Pizza, Pasta und Polenta

Nur von der „Italienischen Küche" zu sprechen, würde der farbigen Vielfalt ihres Angebots nicht im geringsten gerecht.

Sicher findet man eine große Linie, die sich in Form von Minestrone, Pizza, Spaghetti, Risotto, Polenta oder Ravioli von Mailand bis Palermo durchzieht. Aber erst wenn man den regionalen Unterschieden der Gerichte nachspürt, eröffnet der italienische Speisezettel seinen schier unerschöpflichen Reichtum an köstlichen Gerichten.

Jede Großregion des Landes hat natürlich auch ihre Spezialitäten. Am bekanntesten dürfte die Pizza sein, eine Spezialität der „Neapolitanischen Küche". Aber auch die „Piemonteser Küche" oder die „Milaneser Küche" kennen ihre besonderen Gerichte.

Die ganze Bandbreite reicht vom teutonischen Sauerkraut, das man durchaus auf Speisekarten in Südtirol finden kann, bis zum nordafrikanischen Kus Kus, das man in weiter südlich gelegenen Regionen kennt. In nördlichen Provinzen kocht man z. B. gerne mit Butter, in den Abruzzen auch mal mit Schmalz und weiter im Süden zieht man das Olivenöl vor.

Übrigens: Wer gerne Meeresfrüchte genießt, ist an der süditalienischen Küste richtig. Wenn Sie in entsprechenden Lokalen „crudi" angeboten bekommen, sollte Sie zugreifen. Unter crudi versteht man Austern, Muscheln, Seeigel, Tintenfisch und andere Meeresfrüchte.

Eine leckere Fischsuppe kommt aus Taranto, die „Zuppa alla tarantino" mit Aal, Krebsen, Miesmuscheln, Barsch und Tintenfisch.

Die **apulische Küche** ist eine einfache, bodenständige Küche, die zwar bescheiden daherkommt, aber deswegen nicht minder lecker ist.

Fast immer findet man in apulischen Hausmannsgerichten Gemüse, Schafsfleisch oder Fisch, Olivenöl natürlich und Teigwaren. Zu handgemachten Teigwaren wird nichts weiter verwendet als Hartweizengrieß, Wasser und Salz.

Übrigens: Falls Sie Olivenöl nicht mögen (es ist eines der bekömmlichsten Öle/Fette überhaupt), fragen Sie den Ober im Restaurant, ob Ihr Gericht evtl. auch „al burro“, nämlich mit Butter, zubereitet werden kann.

Eine ganz spezielle Teigware aus Apulien und eine Spezialität aus Bari sind die **Orecchiette**, die „Öhrchen“. Das sind kleine, einem Ohr nicht unähnliche und überaus beliebte Teigwaren, die in unterschiedlichen Größen zu haben sind und die sich dank ihrer Form vorzüglich zum Aufnehmen von leckeren Soßen eignen.

Vor allem die Hafenstadt Bari wird als Ursprungsort der Orecchiette genannt. Es gab aber auch eine Zeit, in der Bari die „Urheberschaft“ dieser besonderen Form der Pasta streitig gemacht wurde. Lästerzungen erdreisteten sich zu behaupten, die Orecchiette kämen weit aus dem Norden Italiens und seien nach Apulien lediglich importiert worden. Der Aufschrei der Köche in Bari damals war laut. Einen stichhaltigen Beweis, dass die „Öhrchen“ in Bari erfunden wurden, konnte aber niemand erbringen.

Gemüsefrüchte, die aus der italienischen Küche nicht wegzudenken sind, sind natürlich die Tomaten, aber auch Auberginen und Paprika.

Eine weitere apulische Spezialität sind die **„Tielle“**, das sind meist überbackene, im Herd zubereitete Eintopfgerichte, *tiella di verdure* zum Beispiel, ein leckerer Gemüseeintopf.

Auch aus **Kalabrien** kommen Gerichte, die ihre mediterranen Wurzeln nicht verbergen wollen.

Traditionelle Rezepte sind bodenständig, verwenden regionale Zutaten und sind ungekünstelt, aber deswegen nicht minder lecker. Kalabrische Gerichte sind so vielfältig wie die Völker und Menschengruppen, die hier schon siedelten. Byzantiner, Araber, Türken und Albaner, Spanier und Franzosen hinterließen ihre kulinarischen Spuren.

Heimische Gemüse stehen an vorderster Stelle. Tomaten, Paprika, Auberginen, Spargel aus Cetraro zum Beispiel und natürlich Oliven bereichern viele Gerichte.

Zu den vielen typischen Gerichten zählt z. B. „´i cipudduzzi“ eine Brotsuppe mit Zwiebeln, oder „a pasta ´ncasiàta“, das sind Makaroni mit einer Fleischsauce, Salami, hart gekochten Eiern, Käse und frittierten Auberginen.

Viel verwendet in der kalabrischen Küche wird Stockfisch. Es gibt unzählige Zubereitungsarten - u. a. mit Zitrone, mit Oliven natürlich, mit Pilzen, mit Bohnen, mit Kartoffeln.

Geradezu eine Berühmtheit in der kalabrischen Küche ist die rote, runde, fast süßlich schmeckende Zwiebel aus der Gegend um Tropea. Angebaut wird sie entlang der sandigen tyrrhenischen Küste. Und Pflanzenkundler wollen herausgefunden haben, dass die rote Zwiebel von Tropea, von Phöniziern einst nach Italien gebracht worden sein soll. Die rote Zwiebel verträgt sich in der kalabrischen Küche mit frischen Tomaten, mit Oliven, sie passt zu Omelettes, verfeinert Saucen und sie wird sogar in Eissorten verwendet.

Und auch in der **Basilikata** ernährt man sich traditionell von dem was Hof und Feld hergeben. Ein besonderes Händchen hat man offenbar für Wurstwaren. Würste *(salsicce)* aus der Basilikata, vornehmlich aus Schweinefleisch zubereitet, sind beliebt. Überhaupt scheinen viele Gerichte aus der Basilikata mit Schweinefleisch zubereitet zu werden. Grillspieße z. B., vielleicht garniert mit feurigen Peperoni, werden immer gerne genommen. Und natürlich fehlt auch auf den Speisekarten der Gaststätten nirgends eine gehörige Auswahl an Pasta.

Ein gepflegtes italienisches Menü

Ein gepflegtes italienisches Menü beginnt gewöhnlich mit **Vorspeise *(Antipasto)*** und kleinen Appetitportionen mit pikanten Sardellen *(alici piccanti)*, mit Wurst *(salsiccia)*, Salami oder Schinken *(prosciutto)*, mit Oliven, Melone, Pilzen *(funghi)*, Gürkchen, Feigen *(fichi)* oder Mozzarella, oder Weinbergschnecken *(lumache)*, Artischockenböden *(carciofi)* etc. Versuchen Sie z. B. einmal *tonno con fagioli*, das ist Thunfisch mit weißen Bohnen oder *lingua salmistrata* (pikante Pökelzunge). Die Liste ließe sich weiter fortsetzen.

Manche Lokale servieren anstelle der klassischen antipasti auch ***bruschetta*** oder ***fettunta***, eine kräftige Scheibe getoastetes Brot, mit Knoblauch und Olivenöl bestrichen und mit Salz bestreut. Nehmen Sie dazu ein Gläschen Wein, eine köstliche Einstimmung auf weitere kulinarische Entdeckungen.

Etwas dünner geschnitten sind die Scheiben getosteten Weißbrotes, die man in Restaurants als ***crostini*** kredenzt. Crostini sind mit einer Paste aus Milz und Leber und/oder mit frisch gemachter Tomatensauce bestrichen und obenauf liegt etwas Basilikum, das die Köstlichkeit wunderbar abrundet.

Die eigentliche Speisenfolge beginnt dann mit dem **Vorspeisengang *(Primo)***, meist einer Suppe (*minestra* oder *zuppa)*. Das kann eine klassische *Minestrone*, ein legiertes, etwas dickes Gemüsesüppchen sein, oder eine klare Brühe *(brodo)* vom Rind oder Huhn *(brodo di pollo)* mit Reis, Ei oder feinen Teigeinlagen (*pastina*).

Neben der Minestrone sind u. a. die *zuppa alla pavese*, eine Rinderbrühe mit Ei und Brot, Bohnensuppen mit Teigeinlagen oder eine Fischsuppe *(zuppa di pesce, alla marinara)* recht typisch.

An Stelle der Suppe kann man auch eine *asciutta*, eine „trockene" Vorspeise in Form eines Reisgerichtes oder einer Portion Pizza, wählen.

Pizza in ihren fantasiereichen Varianten, ist bei uns zur Hauptmahlzeit geworden. In ihrem Heimatland gehört sie aber zu den Paste, zu den als Vorspeise gereichten Teigwaren. Und oft nimmt man auch schnell ein Stückchen Pizza zu sich, um die Zeit zwischen den Mahlzeiten zu überbrücken.

Wenn auch die bisher erwähnten Hors d'oeuvres mitunter weggelassen werden (auch in Italien besteht im Alltag das Abendessen nicht immer aus einem mehrgängigen Menü), der nächste Gang, ***Pasta*** (Nudeln, Teigwaren), fehlt aber bei keinem italienischen Menü.

Die wunderbare Vielfalt italienischer Teigwaren, die in den vergangenen Jahren weltweit die Restaurants erobert haben, ist enorm und so variantenreich, dass man dem Trugschluss aufsitzen könnte, die berühmte *Cucina Italiana* bestünde nur aus Nudelgerichten.

Da gibt es *Spaghetti* und *Linguine*, die klassischen, dünnen, langen Nudeln, dann *Rigatoni* und *Penne*, die kurzen, etwas dickeren, röhrenartigen Nudeln, weiter *Fettuccine* und *Tagliatelle*, mit Eiern zubereitete Bandnudeln. Auch die *Lasagne* zählt zu den Nudelgerichten.

Nicht genug damit. Auch grüne Pasta findet man, z. B. *Tagliatelle verdi* oder *Lasagne verdi*, Bandnudeln, die mit feingehacktem Spinat zubereitet werden.

Eine weitere Sparte der Pasta sind die mit einer Fleisch- oder Käsemasse gefüllten Teigwaren. *Ravioli* gehören ebenso dazu wie *Cannelloni, Cappelletti, Agnolotti* oder *Tortellini*. Auch die *gnocchi*, das sind kleine Klösschen, gehören zu den Teigwaren.

Eine andere Erfahrung sind die diversen **Saucen,** mit denen Penne, Tagliatelle etc. serviert werden. Auch hier findet man wieder die regionalen Unterschiede in Form von Zutaten und Würzung.

Nudelgerichte *(pasta asciutta)* werden z. B. serviert *al pomodoro* (mit Tomatensauce, oft fein gewürzt mit Kräutern, Knoblauch u.s.w.), *al sugo* (mit Tomaten-Fleisch-Sauce), *con parmigiano* (mit Parmesankäse), *in bianco* (nur mit Butter und Parmesankäse) etc. etc.

Im Norden des Landes wird anstelle von Pasta oft auch *Polenta* angeboten. Polenta ist eine aus Maismehl zubereitete breiartige Teigware. In kaltem Zustand wird Polenta oft in Scheiben geschnitten, die dann mit Saucen und Zutaten zubereitet werden.

Oder man nimmt anstelle der Nudeln ein ***Risotto***, ein Reisgericht, wie z. B. *Risotto alla finanziera* (Reis mit Hühnerleber), *Risotto ai funghi* (Reis mit Pilzen), *Risotto alla milanese* (Reis mit Safran), *Risi e bisi* (Reis mit Erbsen) u.v.a.

Hauptgerichte *(Secondo)* bestehen meist aus Fleisch *(carne)* oder Fisch *(pesce)*. Tages- oder Tellergerichte werden als *Piatti del giorno* angeboten.

Gut zubereitet findet man neben Rind *(manzo)*, Kalb *(vitello)* und Schwein *(maiale)*, auch Geflügel *(volatili)*, Huhn *(pollo)*, Lamm *(agnello)*, Hammel *(montone)*, Kaninchen *(coniglio)*, Wildschwein *(cinghiale)*, Ziege *(capra)* oder Hase *(lepre)*.

Fleisch wird z. B. *alla griglia* (auf dem Rost gegrillt), *arrosto* (gebraten), *brasato* (eingelegt, mariniert), *spezzatino* (als Gulasch, Ragout), *alla cacciatora* (nach Jägerart), *a vapore* (gedünstet), *stufato* (geschmort), *lardellato* (gespickt), *ripieno* (gefüllt) oder als *involtini* (Rouladen) angeboten.

Das *Bistecca*, das auf vielen Speisekarten auftaucht, hat in den allerseltensten Fällen etwas mit einem saftigen Beefsteak zu tun. Vielmehr verbirgt sich dahinter ein einfaches Schnitzel *(bistecca alla milanese)*.

Ein wahrer Gaumenschmaus ist z. B. ein fein über dem offenen Holzfeuer gebratenes Lendensteak am Knochen nach Florentiner Art, ein *„bistecca alla fiorentina."* Ein T-Bone-Steak nach Florentiner Art sollte, nach originaler Art und Weise hergestellt, immer vom feinen Fleisch der weißen Chianti-Rinder stammen. Die Steaks müssen traditionsgemäß über Holzkohlefeuer gegart werden. Und jedes einzelne Stück muss mindestens 600 g auf die Waage bringen! Wenn Sie da nicht einen Bärenhunger mitbringen, werden leicht zwei davon satt.

Häufig stehen auf Speisekarten auch *saltimbocca* (Kalbfleischröllchen mit feinem Schinken und Salbei) oder *bocconcini* (Kalbfleischröllchen mit Käse), *scaloppine al marsala* (Kalbsschnitzel in Weißwein zubereitet).

In verschiedenen Zubereitungsarten findet man das Kotelett *(costoletta)*, kleine Schnitzel *(scaloppine)*, Kalbshaxenscheiben *(ossobuco)*, aber auch Leber *(fégato)* oder Nieren *(rognoni)*.

Zu den Fleischspezialitäten aus Kalabrien zählt der Schweinebraten *Arrosto di maiale*, mit Lorbeer und Kräutern.

Lepre alla cacciatore, Hase nach Jägerart mit Salbei und mit viel Knoblauch und Olivenöl ist eine regionale Spezialität aus der Basilikata.

Und zu Apulien gehören kulinarische Spezialitäten wie gefüllte Auberginen *(melanzane ripiene)* oder die würzige Schweinswurst *Capocollo*, deren gepökelte Fleischstücke vom Schweinenacken vor der Verwurstung in Wein eingelegt und dann im Rauch getrocknet werden. Varianten dieser Wurstart sind in ganz Süditalien beliebt, z. B. *Capocollo calabrese*.

Fischgerichte gehören nicht eben zu den preiswerten Mahlzeiten, werden aber in schmackhaften Variationen angeboten.

Womit man allerdings zögern sollte, ist der Genuss von Schalentiere aus dem Mittelmeer, wie Muscheln *(cozze, vongole)* etc. Oft sind die Zuchtgebiete von Muscheln durch Umwelteinflüsse verunreinigt.

Wer's mag kann *calamari* (Tintenfisch) bestellen. Zu den am häufigsten angebotenen Fischen zählen außerdem Thunfisch *(tonno)*, Kabeljau *(merluzzo)*, Stockfisch *(baccala)*, Seezunge *(sógliola finta)*, Scholle *(passera)*, Aal *(anguilla)* oder Forelle *(trota)*.

Viel gelobt wird die *Zuppa di Pesce*, eine Fischsuppe und Spezialität in Apulien, die als beste Fischsuppe ganz Italiens gilt. Eine Variante der Fischsuppe „alla gallipolina" ist eine Spezialität aus Gallipoli.

Zum **Nachtisch *(Dolce)*** nimmt man Obst *(frutta)*, z. B. Weintrauben *(uva)* oder Erdbeeren *(frágola)*, eine Süßspeise *(dolce)*, z. B. *zabaione* (eine Eierschaumcreme mit Marsala), ein Eisdessert *(gelato)*, z. B. *cassata* (Eis mit kandierten Früchten) oder Käse *(formaggio)*.

Zu den bekanntesten **Käsesorten** zählen der weiche *Bel Paese*, der *Gorgonzola*, ein Blauschimmelkäse, der würzige *Provolone*, der *Groviera* (wie Schweizer Käse) oder der *Fontina* und natürlich der in vielen Varianten und Reifegraden angebotene *Pecorino*, ein Schafskäse, der traditionell aus der Maremma und aus der Gegend um Pienza kommt.

Mozarella ist übrigens ein Frischkäse mit so gut wie keinem Eigengeschmack, der nicht nach dem Essen, sondern als antipasto vor dem Essen gereicht wird. Ein anderer aus Kuhmilch zubereiteter Frischkäse ist der nicht minder beliebte *Ricotta*.

Ein starker schwarzer **Espresso** beendet fast immer das Menü. Wenn Sie schlicht einen *caffè* bestellen, bekommen Sie einen Espresso serviert. Wenn Sie einen Kaffee wünschen, der eher dem Kaffee in unseren Breiten entspricht, sollten Sie den Ober nach einem *caffè americano* fragen.

Der *Cappuccino* (Kaffee mit aufgeschäumter Milch) gilt in Italien als Frühstückskaffee und ist weniger ein Kaffee nach dem Essen.

Wahre Künstler sind oft am Werk, wenn es darum geht, in einem Glas die drei Schichten (Milch, heißer Espresso, Milchschaum) einer echten **Latte macchiato** zu „bauen". Und erwarten Sie nicht unbedingt, dass der Milchschaum auch noch mit einem Hauch Kakao oder Zimt garniert wird.

In Italien muss es oft auch genügen, in heiße Milche einen kräftigen kleinen Espresso unterzumischen. Und Latte macchiato trinkt man mit einem Strohhalm, damit die Schichten nicht vermischt werden.

Natürlich kennt man in Italien auch den Milchkaffee, allerdings in einer etwas kräftigeren Variante als bei uns üblich. Die Basis eines echten *caffè latte* ist ein doppelter, starker Espresso, der mit heißer Milch aufgegossen wird.

Übrigens, wenn Sie Ihren Espresso oder Ihren caffè americano gleich am Tresen (al bar) trinken, als das Getränk (auch Speisen) an einem Tisch (al tavola) zu konsumieren, wird die Rechnung erfreulich niedriger ausfallen.

Gute Nachrichten für „Süßmäuler". In vielen Bäckereien (panificio oder panetteria) und Konditoreien (pasticceria) und Eisdielen (gelateria) findet man ein überwältigendes Angebot an verführerisch aussehenden und schmeckenden Kuchen, Süßwaren, Gebäckstücken und Eissorten.

Von Essenszeiten und Restaurants

Traditionell spielt das Frühstück *(prima colazione)* in Italien übrigens eine untergeordnete Rolle bei den Mahlzeiten des Tages.

Essenszeit ist in Italien allgemein etwas später als bei uns. Zu Mittag (*pranzo* = Mittagessen) isst man gewöhnlich zwischen 13 und 14.30 Uhr und das Abendessen *(cena)* wird in Süditalien selten vor 20 Uhr, eher später, serviert.

Selbst im einfachsten Restaurant findet man auf der Rechnung den Posten *„pane e coperta"*, der für Brot und Gedeck berechnet wird.

Das Bedienungsgeld *„servizio"* ist gewöhnlich im Rechnungsbetrag enthalten.

Ohne besondere Empfehlung wird die abendliche Suche nach einem Speiserestaurant in einem fremden Ort immer ein kleines Abenteuer bleiben. Wirklich richtig reinfallen, wird man in den seltensten Fällen und wenn, dann eher in den Touristenhochburgen als auf dem „flachen Lande".

Ein guter Kompromiss zwischen Preis und Leistung können in Touristenhochburgen durchaus sog. „Touristenmenüs" (menu turistico) sein.

Gewöhnlich werden zu einem deutlich bekanntgegebenen, moderaten Preis, mit dem das Lokal gegenüber Mitbewerbern ja konkurrieren will, Vorspeise, Primo (erster Menügang), Secondo (Hauptgericht) mit Beilagen, ein Nachtisch und manchmal sogar noch ein Glas Wein dazu geboten.

Auf der Suche nach einem Lokal lohnt es manchmal nicht gleich das erstbeste an der Hauptstraße oder Flaniermeile zu nehmen, sondern sich auch in Seitensträßchen umzuschauen.

Und lassen Sie sich nicht von Äußerlichkeiten abschrecken. Hinter mancher maroden Fassade kann sich ein vorzügliches Lokal befinden. Viele der guten Restaurants findet man oft weit abseits der Städte. Und man erfährt von ihnen eigentlich nur, wenn man nachfragt.

Wenn Sie z. B. an der Campingplatzrezeption nach einem empfehlenswerten Restaurant fragen, wird ihnen oft die Adresse eines „befreundeten" Lokals genannt, das ja nicht schlecht sein muss.

Wenn Sie des Italienischen einigermaßen mächtig sind, bekommen Sie mitunter sehr gute Restauranttipps, wenn man beim Einkaufen in einem netten Geschäft beispielsweise den Inhaber so beiläufig befragt, wo er denn mit seiner Familie gerne Essen geht. Ein Lokal mit vom Touristengeschmack geprägter Speisekarte und sog. „Internationaler Küche" werden Sie dann kaum genannt bekommen.

Und verlassen Sie sich bitte nicht mehr darauf, hinter einer noch so einladenden Tür, über der „Trattoria" steht, eine einfache und preiswerte Kneipe zu finden. Längst ist es chic geworden, tief zu stapeln und unter „Trattoria" ein teures Restaurant zu führen. Die Qualitäts- und vor allem die Preisgrenzen, die es zwischen einer Trattoria und einem Ristorante einmal gab, haben sich längst verwischt.

Wenn Sie übrigens an einem Lokal eine Tafel mit der Aufschrift „cucina casalinga" sehen, stehen die Zeichen günstig, dort auch wirklich gute Hausmannskost vorgesetzt zu bekommen. Schauen Sie gar nicht lange auf die Karte, sondern lassen Sie sich vom Wirt, aber auch Wirtinnen kochen ganz vortrefflich, einfach sagen, was er heute auf der Pfanne hat und lassen Sie sich gleich den passenden Vino da Tavola dazu empfehlen. In den allerseltensten Fällen wird man enttäuscht.

Übrigens! Wenn Sie zusammen mit Bekannten zum Essen ausgehen, wird der Ober zum Schluss immer eine Gesamtrechnung (il conto) über den Verzehr der ganzen Tischgesellschaft präsentieren, die dann einer aus der Runde bezahlt.

Separate Rechnungen zu verlangen, würde nicht nur den Ober, sondern auch Ihre italienischen Freunde mehr als befremden! Sie hätten für alle Zeiten das Image des kleinlichen Knauserers weg.

Wenn Sie nicht ausdrücklich eingeladen worden sind, Ihre Bekannten aber dennoch energisch darauf pochen, die Zeche zu übernehmen, wäre es ziemlich unangebracht, nun am Tisch große Diskussionen darüber zu beginnen, dass doch lieber Sie bezahlen möchten, oder sich an der Rechnung beteiligen wollen etc., etc. Viel eleganter ist es, wenn Sie sich dem meist keinen Widerspruch duldenden Ansinnen Ihrer Freunde „beugen" und sich bei allernächster Gelegenheit mit einer Einladung zum Essen revanchieren. Das aber sollten sie keinesfalls „vergessen", wenn Sie nicht völlig Ihr Gesicht verlieren wollen. Denn kaum etwas ist unter Italienern mehr verpönt, als keine „bella figura", keine gute Figur zu machen – nicht nur im Erscheinungsbild übrigens, sondern auch im übertragenen Sinne.

Sollten Sie zum Essen eingeladen worden sein, überlassen Sie es Ihrem Gastgeber den Tisch zu wählen, er wird Sie mit Sicherheit so gut es geht platzieren. Und überlassen Sie Ihren Gastgebern auch die Auswahl des Menüs. In vielen Restaurants stehen die Tagesspezialitäten, für die das Lokal vielleicht weit und breit bekannt ist, eh nicht auf der Karte.

Und noch etwas. Pünktlichkeit ist im italienischen Alltag relativ und Unpünktlichkeit noch lange keine Unhöflichkeit.

Bedienungsgeld (servizio) ist im Rechnungsbetrag enthalten. Im guten Restaurant und wenn der Service wirklich aufmerksam war, sollten Sie an etwa 10% des Rechnungsbetrages als Trinkgeld denken. In Italien völlig unüblich ist es, wenn Sie den Rechnungsbetrag aufrunden, etwa mit einem bei uns durchaus gängigen „stimmt so". Man lässt seinen Obolus beim Verlassen einfach auf dem Tisch zurück. Aber auf Trinkgelder von ein paar Eurocent sollten Sie lieber ganz verzichten. Es hat dann fast noch mehr „Stil", gar nichts zu geben.

Nach offizieller Lesart ist jeder gehalten, die Rechnungsquittung (ricevuta fiscale) nach einem Restaurantbesuch, nach einer Hotelübernachtung o. a. gut aufzubewahren. Wie man liest, sollen von der Finanzpolizei Kontrollen durchgeführt werden (was wir aber auf unseren Italienreisen noch nie erlebt haben). Fehlt die Quittung, können empfindliche Strafen verhängt werden.

Rauchen in Restaurants, Bars, aber auch in öffentlichen Gebäuden und Verkehrsmitteln ist nicht erlaubt!

Und noch ein **kleiner Tipp:** Schalten Sie Ihr Handy aus, wenn Sie in ein Restaurant zum Essen gehen. Denn selbst die sonst so kommunikationsfreudigen Italiener finden es lästig, wenn im Restaurant am Tisch telefoniert wird, was erstaunt, wenn man den ständigen Gebrauch des Handys sonst im italienischen Alltag beobachtet.

In besseren Restaurants kann es durchaus passieren, dass Sie freundlich gebeten werden, Ihr Handy am Eingang abzugeben.

Ihr Handy sollten Sie übrigens auch ausschalten, wenn Sie Kirchen oder Museen besuchen!

Kleine Weinkunde

Vom Norden bis in den Süden ist Italien ein wahres Eldorado für Weinliebhaber. Auch wer zu Hause lieber anderen Getränken zuspricht, sollte wenigstens gelegentlich sein Essen mit einem Schlückchen Wein abrunden.

Kennt man sich anfangs noch nicht so genau in dem verwirrenden Labyrinth der Lagen, Regionen und Sorten aus, kann man es im Restaurant zunächst getrost mit einem *„vino locale"* als Tischwein versuchen. Und nur selten wird man damit wirklich ganz enttäuscht werden.

Ob Weißwein *(vino bianco)* oder Rotwein *(vino rosso)*, natürlich hat jede Region ihre besonderen Weine.

Aus Apulien, Kampanien und aus der Baselikata kommen heute vorzügliche Weine von denen einige mit dem Herkunfts- und Qualitätssiegel D.O.C.G (Denominazione di Origine Controllata e Garantita) ausgezeichnet sind.

Anders als der Name vermuten ließe, zählt der apulische Rotwein **Primitivo** mit DOC Prädikat (Denominiazione di Origine Controllata – Kontrollierte Herkunfstbezeichnung) zu den renommierten Weinen der Region. Bevorzugt reicht man ihn zu herzhaften Speisen, deftigen Grillgerichten oder gut abgelagerten Käsesorten.

Andere weit verbreitete Rotweine werden vornehmlich aus den Traubensorten Negroamaro und die aus der Gegend um Foggia stammende Uva di Troia gekeltert.

Vorzügliche apulische Weißweine kommen u. a. aus der Gegend um Locorotondo und Martina Franca im Valle d'Itria in der Zona dei Trulli.

Um Cirò am Ionischen Meer dehnt sich ein bekanntes kalabrisches Weinanbaugebiet. Hier soll schon seit den ersten griechischen Siedlern, also seit etwa dem 8. vorchristlichen Jahrhundert, Wein angebaut werden. Heute werden hier feine Weiß-, Rot- und Roséweine angebaut, die alle das Prädikat „kontrollierte Herkunft" führen dürfen. Für den Rotwein **Cirò Rosso** wird vornehmlich die rote Traubensorte Gaglioppo verwendet.

FEIERTAGE

Gesetzliche Feiertage sind:

1. Januar – Neujahr
6. Januar – Hl. Drei Könige (Epifania)
Ostermontag
25. April – Tag der Befreiung (Nationalfeiertag)
1. Mai – Tag der Arbeit
1. Sonntag im Juni – Proklamation der Republik
3. Sonntag im Juli - Erlöserfest
15. August – Mariä Himmelfahrt (Feragosto), traditioneller Beginn des Sommerurlaubs. An diesem Tag ist überall in Italien so gut wie alles geschlossen.
1. November – Allerheiligen
1. Sonntag im November – Tag der Nationaleinheit
8. Dezember – Mariä Empfängnis
25. + 26. Dezember – 1. u. 2. Weihnachtsfeiertag (Stephanstag am 26. Dezember)
31. Dezember – Sylvester

Darüber hinaus gibt es im ganzen Land lokale Feiertage, an denen Feste zu Ehren von Schutzpatronen und Heiligen gefeiert werden.

FESTE UND FOLKLORE

Karneval

Der *Carnevale* wird gewöhnlich Mitte Januar mit prunkvollen Festen in einigen Städten eingeläutet. Bis zum Beginn der Fastenzeit („Am Aschermittwoch ist alles vorbei ...") finden Umzüge statt.

Karwoche und Ostern (pasqua)

Religiöse Feierlichkeiten mit Prozessionen, Palmenweihe und kirchlichen Ritualen. Vor allem am Karfreitag finden feierliche Prozessionen statt, bei den Statuen von Schutzpatronen, Heiligen, der Madonna, ein Kreuz etc. durch die Straßen der Städte und Orte getragen werden.

Francavilla Fontana in Apulien z. B. ist für seine Bußprozession bekannt, bei der barfüßige, vermummte Gestalten durch die Straßen der Altstadt ziehen.

August

In vielen Städten finden an Mariä Himmelfart (Feragosto) am 15. August Umzüge und Feuerwerke statt.

Oktober

Die **Kirchweihfeste im Herbst** und die Feste zu Ehren der Ortsheiligen und Kirchenpatrone nehmen einen hohen Stellenwert im Brauchtum und unter den Jahresfesten der Städte und Gemeinden ein.

Dezember

Eines der größten Familienfeste in Italien ist **Weihnachten** (natale). Während der Weihnachtsabend allgemein ruhig und mit eher spartanischer Kost verbracht wird, trifft sich am ersten Weihnachstfeiertag gewöhnlich die ganze Familie zu einem opulenten Festessen.

Anders als bei uns, bringt am Heiligabend nicht das Christkind oder der Weihnachtsmann die Geschenke, in Italien ist die gute Hexe Befana (von Epifania) dafür zuständig. Sie lässt sich aber mit ihren Geschenkdiensten bis zum 6. Januar Zeit. Dann reitet sie auf ihrem Besen von Haus zu Haus und bringt die Geschenke.

KLIMA, REISEZEIT, KLEIDUNG

Um vorweg mit einem evtl. Vorurteil aufzuräumen: In den süditalienischen Regionen Apulien, Basilikata und Kampanien herrscht nicht immer nur eitel Sonnenschein, das Klima ist keineswegs das ganze Jahr über „ideal".

Süditalien wird zwar von einem mediterranen Klima „verwöhnt", was aber auch bedeutet, dass die Winter kalt und unwirtlich, regenreich und windig sein können. In den Bergregionen des Apennin ist in den Wintermonaten durchaus auch mit Schnee zu rechnen.

Und bis in den April hinein kann es nachts auch im Wohnmobil noch empfindlich kalt werden.

Andererseits kann die Sommerhitze im Juli und August im Wohnmobil unerträglich werden, gegen die sich auch die beste Klimaanlage schwer tut und die dann selbst dem unverbesserlichsten Sonnenanbeter lästig werden kann.

Beste Reisezeit: Für Reisen durch Süditalien sind zweifellos der **Spätfrühling und Frühsommer**, etwa die Zeit von Anfang Mai bis Ende Juni, und dann wieder der **Herbst**, etwa von Anfang September bis Anfang Oktober, die beste Reisezeit. Als kleiner Nachteil einer Reise im Herbst gegenüber einer Reise im Spätfrühling oder Frühsommer können die kürzer werdenden Tage angesehen werden.

Auch klimatisch ist die Vor- und Nachsaion für eine Rundreise durch Apulien, Kalabrien und die Basilikata vorzuziehen. Vor allem im bergigen Hinterland sind die Temperaturen dann erträglicher. Im Winter ist in den höher gelegenen Bergregionen auch mal mit Schnee zu rechnen.

Wenn irgend möglich, sollten Sie - wie gesagt - Ihre Reise nach Süditalien für die Monate Mai und Juni oder September planen. So umgehen Sie auch die betriebsame Zeit der Hochsaison und die Zeit, wenn in Italien Werksferien sind oder Reisende mit schulpflichtigen Kindern Urlaub nehmen müssen.

Besonders die ersten zwei, drei Wochen im August sollten man nicht gerade dazu aussuchen, um an den Küsten Süditaliens Ferien zu machen. In den Küstenorten, in den Restaurants, an den Stränden und auf den Campingplätzen kann es dann ungemütlich voll werden. Wer sich gerne antizyklisch verhält, in der Urlaubszeit also lieber ins Binnenland als ans Meer fährt, kommt im Juli und August in den Genuss meist ziemlich leerer, aber oft auch drückend heißer Städte.

Vor allem in der Zeit um den 15. August, dem Himmelfahrtstag Ferragosto, hält es kaum jemanden zu Hause. Seit Generationen ist dann „halb Italien" unterwegs und strebt an die Küsten.

Wer zu dieser Zeit unterwegs sein muss, sollte seine Herberge rechtzeitig vorab buchen, sich aber über die nicht selten horrenden Preise, die um Ferragosto herum verlangt werden, nicht wundern. Touristische Einrichtungen, vom Hotel, über das Restaurant, den Camping- oder Stellplatz, bis zu den Stränden und Parkplätzen der beliebten Küstenorte platzen dann buchstäblich aus allen Nähten.

Eine Reise durch das herbstliche Süditalien kann besonders reizvoll sein. Feiner Nebeneffekt in der Nachsaison: Die Strände sind leerer, Campingplätze sind preiswerter zu haben und nicht so stark frequentiert wie in den Monaten Juli und August.

Ab Ende September muss aber damit gerechnet werden, dass der eine oder andere Campingplatz, aber auch Museen in Orten weiter im Hinterland, bereits geschlossen sind.

Und ab Mitte Oktober ist mit kräftigen Regenschauern und trüben, auch nebeligen und schon recht kalten Tagen in den Bergregionen zu rechnen.

Baden im Meer können abgehärtete Naturen im Mai schon. Aber bei Wassertemperaturen von knapp um 20 Grad wird es kaum einen italienischen Badegast in die Fluten locken.

Wer an den Küsten baden will, wird vor Mitte Juni und nach Mitte September zwar leere Strände finden, aber in den Badeorten vor vielen geschlossenen Restaurants stehen.

Wer dagegen gerne am Strand in der Sonne schmort, der wird sich wahrscheinlich in der Zeit von Mitte Juli bis Mitte August, der heißesten Zeit in der Gegend, so richtig wohl fühlen. Die Wassertemperaturen in der Adria können dann schon mal 25° erreichen. Allerdings ist das auch die Ferienzeit der Italiener, was in den Badeorten und touristischen Einrichtungen gelegentlich zu Engpässen führen kann.

Reist man schon früh im Jahr, so bis Mitte/Ende April, oder im Spätherbst (Oktober, November), ist nicht nur mit gelegentlichen Regengüssen zu rechnen, es kann dann nicht nur abends und nachts auch unangenehm kalt werden.

Kleidung – Italiener legen großen Wert auf ihre äußere Erscheinung. Ihr Auftreten in der Öffentlichkeit, elegante, höfliche Umgangsformen und nicht zuletzt ihre Kleidung liegen ihnen am Herzen. „Bella figura", eine gute Figur zu machen, ist immer und überall angesagt.

So wird es auch heute noch, nicht nur auf dem „flachen Lande", als völlig unpassend angesehen, wenn beispielsweise von Frauen zu Kirchenbesuchen Shorts und T-Shirts, kurze Tops oder schulterfreie Blusen getragen werden.

Als ebenso „unmöglich" sieht man das Auftreten von Touristen an, die in Badekleidung eine Stadt besichtigen und sich so auch noch ins Restaurant setzen. Männer in Shorts und vielleicht noch mit freiem Oberkörper auf einem Stadtspaziergang, gelten, auch wenn es noch so heiß ist, mehr als nur unfein.

Und bitte, erscheinen Sie zu privaten Einladungen bei einer italienischen Familie keinesfalls in kurzen Hosen. Ihre Gastgeber wären sehr wahrscheinlich ziemlich peinlich berührt!

Bei einer Reise durch Mittelitalien im Winter sollten Sie auf warme Kleidung (auf für drinnen) keinesfalls verzichten! Denn nicht alle öffentlichen Einrichtungen, Restaurants und Hotels haben Zentralheizung!

MINIWORTSCHATZ- KLEIN, ABER NÜTZLICH

Allgemeines

Guten Tag! – Buon giorno!
Guten Abend! – Buona sera!
Gute Nacht! – Buona notte!
Herzlich willkommen! – Benvenuto!
Auf Wiedersehen – Arrivederci!
Wer des Italienischen noch nicht so ganz mächtig ist, verwechselt leicht die Aufschriften auf Zugängen zu Toiletten.
Damen – Signore (oder auch Donne)
Herren – Signori (oder auch Uomini)
Ausgang – Uscita
Ausweis – carta d'identità
besichtigen – visitare
Bitte sehr! – Prego!
Brief – lèttera
Briefkasten – cassetta postale
Briefmarken – francobolli
Briefumschlag – busta
Damen – Donne, Signore
Danke – Grazie

Denkmal – monumento
Ehefrau – moglie
Ehemann – marito
Eingang – Entrata
Entschuldigung! – Scusi!
Ferngespräch – comunicazione interurbana
Frau – Signora, Mz. Signore
Fräulein – Signorina
Geburtsdatum – data di nàscita
Herr – Signore. Mz. Signori
Herren – Uomini, Signori
Ja, nein – Si, No
Kirche – chiesa
Museum – museo
Postamt – ufficcio postale
Postkarte – cartolina postale
Reisepass – passaporto
Scheckkarte – carta -assegno
Schloss – castello
Turm – torre
Unterschrift – firma
Vielen Dank! – Tante grazie!
Wohnort – domicilio
Sprechen Sie Deutsch? – Parla tedesco?
Ich verstehe nichts! – Non capisco niente!
Wie bitte? – Come dice?
Ich heiße ... – Mi chiamo ...
Wo befindet sich ...? – Dove si trova ...?
Wo kann ich telefonieren? – Dove posso telefonare?

Auto / Wohnmobil

Abschleppdienst – autosoccorso
Auspuff – scappamento
Auto – automòbile
Batterie – batterià
Benzin – benzina
Bremse – freni
Ersatzteil – pezzo di ricambio
Getriebe – cambio
Kabel – cavo
Keilriemen – cinghia trapezoidale
Kühler – radiatore
Kupplung – frizione
Ölwechsel – cambio dell'olio
Rad – ruota
Reifen – pneumatico, gomma
Scheinwerfer – faro
Sicherheitsgurt – cintura di sicurreza
Unfall – incidente
Wagenheber – cricco
Wohnmobilstellplatz – area attrezzata
Zündkerze – candela d'accensione
Volltanken, bitte. – Faccia il pieno, per favore.
Wir haben eine Panne. – Abbiamo una panna.
Kann ich bei Ihnen telefonieren? – Posso telefonare da Lei?

Hotel, Unterkunft

Bett – letto
Briefpapier – carta de lettere
Briefumschlag – busta
Doppelzimmer – camera doppia
Dusche – doccia
Etage – piano
frei (Zimmer) – disponibile
Frühstück – colazione
Reinigung – pulitura
Schlüssel – chiave
Speisesaal – sala da pranzo
Toilette – gabinetto
Wasserhahn – rubinetto d'acqua
Zimmermädchen – cameriera
Zwischenstecker – spina
Wo ist das Hotel...? – Dov'è l'albergho...?
Ich habe ein Zimmer bestellt. – Ho prenotato una càmera.
Wie viel kostet das Zimmer? – Quanto costa la càmera?

Restaurant, Einkauf

(Siehe auch unter „Essen und Trinken")
Herr Ober! – Cameriere!
Fräulein! – Cameriera!
Abendessen – cena
Besteck – posata
Bier – birra
Brot – pane
Brötchen - panino
Butter - burro
Eier – uova
Essig – aceto
Flasche – bottiglia
Fruchtsaft – succo di frutta
Glas – bicchiere
Kaufhaus – grande magazzino

Lebensmittel – gèneri alimentari
Milch – latte
Mineralwasser – acqua minerale
– mit/ohne Kohlensäure – con/sin gas
Mittagessen – pranzo
Öl – olio
Pfeffer – pepe
Sahne - panna
Salz – sale
Serviette – tovagliolo
Spargel - asparagi
Steak - bistecca
Suppe – zuppa
Tee – tè
Zwiebel - cipolla
Zucker – zùcchero
Ich möchte ... – Desidero ...
Die Rechnung, bitte! – Il conto, per favore!
Wie viel kostet das? – Quanto costa questo?

Auf der Speisekarte

agnello - Lamm
antipasto - Vorspeise
arrabiata - scharf gewürzte Pastasauce
arrosto - gebraten
bistecca maialo/manzo - Steak vom Schwein/Rind
bollito - gekocht
brodetto - Fischsuppe (Spezialität der Marken)
bruschetta - Toastbrot mit Olivenöl und Koblauch
cacciagione - Wild
calamari - Tintenfischkringel
carne - Fleisch
castagne - Kastanien
castrato - Hammel
cavolfiore - Blumenkohl
ceci - Kichererbsen
cetriolo - Gurke
ciauscolo - streichbare Salami (Spezialität der Marken)
ciliege - Kirschen
cinghiale - Wildschwein
contorno - Beilage aus Gemüse
cotto - gekocht
cozze - Miesmuscheln
crostini - getoastete Weißbrotscheiben mit Belag der unterschiedlichsten Art
dolci - Süßspeise
farcito - gefüllt
fegato - Leber
fettuccine - Bandnudel
finocchio -Fenchel
formaggio - Käse
fragole - Erdbeeren
frittata - Omelette
frutta - Obst
funghi - Pilze
gnocchi - Kartoffelteigbällchen
in umido - geschmort
lenticchie - Linsen
lepre - Hase
macedonia di frutta - Obstsalat
maiale - Schwein
mandorle - Mandeln
manzo - Rind
mela - Apfel
merluzzo - Kabeljau
miele - Honig
nocciole - Haselnüsse
oca - Gans
osso buco - Kalbshaxenscheiben
panino - Brötchen
panna - Sahne
pappardelle - breite Bandnudeln
patate - Kartoffeln
penne - Röhrennudel, kurz und dick
peperoni - Paprika
pesce - Fisch
pescespada - Schwertfisch
piselli - Erbsen
pollo - Huhn
polpette - Fleischbällchen
pomodoro - Tomate
prosiutto - Schinken, roh
riso - Reis
salciccia - Wurst
sogliola - Seezunge
spezziatino - Gulasch
allo spiedo - am Spieß
spinaci - Spinat
stoccafisso - Stockfisch
tacchino - Truthahn
tartufo - Trüffel
tonno - Thunfisch
tortellini - gefüllte Teigwaren

trippa - Kutteln
trota - Forelle
uova - Eier
verdura - Gemüse
vitello - Kalb
vongole - kleine Muscheln

Unterwegs

abbazia – Kloster
afreschi – Fresken
chiostro – Kreuzgang
città – Stadt
giardini – Gärten
lungomare – Strandpromendade
mercato – Markt
navata – Kirchenschiff
piano – Stockwerk
scavi – Ausgrabungen
tesoro – Schatz, Kirchenschatz
vista – Aussicht

Verkehr

area attrezzata – Wohnmobilstellplatz
attenzione – Achtung!
Attenzione alla precedenza – Vorfahrt beachten!
bicicletta – Fahrrad
Caduta di massi – Steinschlag
cantiere – Baustelle
carico – Versorgung (z. B. Frischwasser für Wohnmobile)
a destra – rechts
deviazione – Umleitung
diritto – geradeaus
disco orario – Parkscheibe
divieto di sorpasso – Überholverbot
divieto di sosta – Halteverbot
divieto di sosta – Parken verboten
incrocio – Kreuzung
lavori in corso – Bauarbeiten
motocicletta – Motorrad
neve – Schnee
parcheggio – Parkplatz
parcòmetro – Parkuhr
passaggio a livello – Bahnübergang
patente di guida – Führerschein
pedaggio – Autobahngebühr
pericolo – Gefahr
rallentare – langsam fahren
rouletto – Wohnwagen
sbarrato – gesperrt
scarico – Entsorgung (z. B. Wohnmobilabwässer)
semàforo – Ampel
senso unico – Einbahnstraße
a sinistra – links
sorpassare – überholen
tenere la destra – rechts fahren
tutte le direzioni – alle Richtungen
uscita – Ausfahrt
velocità màssima – Höchstgeschwindigkeit
vietato – verboten

Zahlen und Zeit

null – zero
eins – uno
zwei – due
drei – tre
vier – quattro
fünf – cinque
sechs – sei
sieben – sette
acht – otto
neun – nove
zehn – dieci
elf – undici
zwölf – dodici
dreizehn – tredici
vierzehn – quattordici
fünfzehn – quindici
sechzehn – sedici
siebzehn – diciassette
achtzehn – diciotto
neunzehn – diciannove
zwanzig – venti
dreißig – trenta
vierzig – quarenta
fünfzig – cinquenta
sechzig – sessanta
siebzig – settanta
achtzig – ottanta
neunzig – novanta
hundert – cento
zweihundert – duecento
tausend – mille
zweitausend – duemila
Wie spät ist es? – Che ore sono?
Es ist genau 3 Uhr. – Sono le tre precise.
heute – oggi

gestern – ieri
morgen – domani
vormittags – di mattina
nachmittags – nel pomeriggio
abends – di sera
Montag – lunedi (il)
Dienstag – martedi
Mittwoch – mercoledi
Donnerstag – giovedi
Freitag – venerdi
Samstag – sàbato
Sonntag – doménica (la)

MIT DEM AUTO DURCH ITALIEN

Ein sehr gut ausgebautes Straßennetz (Gesamtlänge annähernd 479.000 km) und gebührenpflichtige Autobahnen (rund 9.500 km), durchziehen das Land von den Alpen bis Sizilien.

Von Bedeutung für Reisen in Süditalien (auch als Unteritalien bezeichnet) ist die Autobahn A1/E45, die von Mailand kommend vorbei an Florenz und vorbei an Rom nach Neapel führt. Von dort geht es auf der A2/A3/E45 über Salerno und Cosenza weiter bis Reggio di Calabria.

Reist man entlang der Adriaküste nach Unteritalien folgt man ab Bologna der A14/E55 über Rimini, Ancona, Foggia und Bari nach Taranto.

Eine der wenigen Autobahnquerverbindungen in diesem Teil Italiens ist die Autobahn A16/E842, die ausgehend von Neapel über Avellino Richtung Bari führt und zwischen Foggia und Bari, bei Canosa di Puglia, in die A14/E55 mündet.

Autobahnmaut

So gut wie alle Abschnitte der italienischen Autobahnen sind mautpflichtig!

An fast allen Autobahnzahlstellen können Sie auch mit Ihrer Kreditkarte die Mautgebühr begleichen. Dafür sind in den Durchfahrten Automaten aufgestellt, die Sie vom Auto aus können. Dennoch empfiehlt es sich, immer auch genügend Bargeld zum Begleichen der Autobahnmaut dabei zu haben, falls Ihre Kreditkarte einmal nicht akzeptiert wird, oder die Kreditkartenfunktion defekt sein sollte.

Wenn Sie die **Autobahnmaut mit Ihrer Kreditkarte bezahlen** wollen, wählen Sie an der Ausfahrt eine Furt (Zahlstelle), die deutlich mit einem Kreditkartensymbol markiert ist. Fahren Sie keinesfalls durch die mit TELEPASS gekennzeichneten Mautdurchfahrten.

Unbedingt beachten! Wenden oder zurücksetzen an Mautstellen ist verboten!

Wenn Sie bei der Einfahrt auf die Autobahn an einer Box ein Ticket gezogen haben, dann stecken Sie dieses Ticket (Richtungspfeil auf dem Ticket beachten) nun in einen der schmalen Schlitze im Automaten, oft durch ein blinkendes Leuchtsignal markiert.

Für Wohnmobilfahrer ist das Bedienen der Automaten meist mit Verrenkungen verbunden. Denn die Automatenschlitze für die Eingabe der Mautkarte, der Kreditkarte oder der Bargeldscheine, die Ausgabeöffnung für das Wechselgeld oder der Quittung sind in einer Höhe angebracht, die für Pkw-Fahrer zwar bequem zugänglich, vom höheren Wohnmobilsitz aber nur sehr umständlich zu erreichen sind.

Der Automat liest das eingeschobene Ticket und zeigt auf einer elektronischen Schriftzeile (die je nach Sonnenstand mitunter etwas schwer zu entziffern ist) den zu zahlenden Euro-Betrag an.

Nun schieben Sie in den gleichen Schlitz mit leichtem Druck Ihre Kreditkarte. Sie wird nach innen gezogen. Es ist deutlich markiert, wie herum Sie die Kreditkarte einschieben müssen, damit der Magnetstreifen bzw. der Chip auf der Karte gelesen werden kann. Falls Sie die Kreditkarte falsch herum hineingesteckt haben, fährt sie wieder aus. Eine Stimme meldet sich und Sie müssen den Vorgang (nun möglichst richtig, ungeachtet des evtl. Hupkonzerts hinter Ihnen) wiederholen. Nach einigen Sekunden ist der Zahlungsvorgang abgeschlossen, der angezeigte Betrag von Ihrem Konto abgebucht. Ihre Kreditkarte kommt wieder zum Vorschein und Sie entnehmen sie! Der Schlagbaum hebt sich.

Wenn Sie nun noch den entsprechenden Knopf betätigen, erhalten Sie auch einen Quittungsausdruck. Eine metallene Frauenstimme sagt „grazie, arrivederci", der Schlagbaum hebt sich und Sie haben wieder freie Fahrt.

Einige Durchfahrtsspuren an den Mautstellen sind mit VIACARD bezeichnet. VIACARDs sind Guthabenkarten, die bei Automobilclubs (auch hier) erworben werden können. Beim Durchfahren der VIACARD-Mautstation wird die VIACARD in den Zahl-automaten eingeschoben und die Mautgebühr vom Guthaben abgezogen. Ist das Guthaben auf der Karte zu gering für den geforderten Mautbetrag, wird vom Automaten eine weitere VIACARD gefordert.

Wenn alle Bemühungen beim Bezahlen der Maut am Automaten scheitern, können Sie als letzte Notlösung den Knopf „Assistenza" oder „Richiesta di Intervento" drücken. Der Automat druckt eine Quittung aus, die Sie innerhalb von 14 Tagen bezahlen müssen.

Schnelle Straßenverbindungen sind die gebührenfreien, mit SS (strada statale) gekennzeichneten Fernstraßen oder die vierspurig ausgebaute Superstrada.

Wenn Sie durch das Hinterland der Basilikata oder Kalabriens fahren, werden Sie weniger auf Schnellstraßen, sondern vielmehr auf recht kurvenreichen Straßen, vor allem in den Höhen des Apennin, unterwegs sein.

Verkehrsregeln

Um es gleich vorweg zu nehmen: Üben Sie sich als Autofahrer in Geduld und fahren Sie defensiv, aber mit großer Aufmerksamkeit. Ansonsten werden Sie die Reise durch Süditalien als nicht sonderlich erholsam in Erinnerung behalten.

Und nehmen Sie es nicht als persönliche Herabsetzung, wenn Sie ein anderer Verkehrsteilnehmer in der Hitze südländischer Temperamentswallungen rücksichtslos überholt, aggressiv schneidet, drängelt, die Vorfahrt nimmt, noch kurz vor Ihnen aus einer winzigen Nebenstraße in die Hauptstraße hereinschießt, in der dritten Reihe parkt und Ihnen so den Weg versperrt und so weiter und so weiter.

Und noch eine kleine Empfehlung: Achten Sie im städtischen Verkehrsgewühl vor allem auch auf Motorrollerfahrer. Für sie scheinen Verkehrsregeln noch weniger zu existieren, als für manchen Autofahrer.

Motorrollerfahrer zwängen sich rechts und links vorbei, ignorieren Einbahnstraßen, überholen und wechseln die Fahrspur nach Herzenslust, nicht selten auch noch mit dem Handy am Ohr, schlängeln sich durch Autokolonnen, biegen ein und biegen ab ohne Vorwarnung oder Signal, schneiden Kurven, nehmen sich einfach die Vorfahrt wo auch immer, ignorieren rote Ampeln etc. etc.

Lästerzunge behaupten ja, dass der italienische Staat durch Verzicht auf Verkehrsbeschilderung und Straßenmarkierungen Millionen sparen könnte, denn im ganzen Land hält sich eh niemand daran, ob Geschwindigkeitsbegrenzung, Überholverbot mit doppeltem durchgezogenen Strichen oder Überholverbotsbeschilderung auf kurvenreichen, unübersichtlichen Strecken etc.

Auf weiten Strecken, z. B. in der Region Apulien, ist die Höchstgeschwindigkeit auf Landstraßen per Beschilderung auf 50 km/h begrenzt. Hält man sich allerdings an die Beschränkung, kommt man gelegentlich in recht brenzlige Situationen durch ungestüm überholende Fahrzeuge.

Ansonsten entsprechen Verkehrsregeln und Verkehrszeichen den internationalen und europäischen Vorgaben und gleichen im Wesentlichen den uns bekannten Vorschriften bzw. Verkehrszeichen.

Viele Innenstädte in Italien sind für den allgemeinen Autoverkehr gesperrt oder nur zu gewissen Tageszeiten zu befahren.

Die Stadtzonen mit Zufahrtsbeschränkungen **Zona a Traffico Limitato ZTL** sind mit entsprechenden Verbotstafeln gekennzeichnet. Es empfiehlt sich, solche Zonen zu beachten, um Bußgelder zu vermeiden.

Linien am Fahrbahnrand sowie **schwarz-gelb markierte Bordsteine** signalisieren ein **Parkverbot** an diesen Stellen. Ebenso darf auf gelb markierten Flächen nicht geparkt werden.

Blau markierte Bordsteine oder Areale weisen auf **gebührenpflichtige Parkmöglichkeiten** hin.

Außerhalb geschlossener Ortschaften muss **auch tagsüber mit Abblendlicht (Fahrlicht)** gefahren werden!

Vor dem Anhalten muss **geblinkt** werden.

Mit empfindlichen Strafen ist zu rechnen, wenn Sie im Mautstellenbereich beim Wenden, Spurwechsel oder Zurücksetzen oder während der Fahrt beim **Telefonieren mit dem Handy** ohne Freisprechanlage erwischt werden! Offizielle Lesart auch dies. Was man im Verkehrsalltag allerdings so sieht, macht den Eindruck, als wäre besonders die Vorschrift über das Telefonierverbot im Auto während der Fahrt noch nicht sehr bekannt.

Und zumindest auf dem Papier ist das private Abschleppen auf Autobahnen verboten.

Es besteht **Anschnallpflicht** auf Vorder- und Rücksitzen. Für Kinder zwischen 3 und 12 Jahren müssen Sicherheitssitze verwendet werden.

Promillegrenze 0,5, für Führerscheinneulinge bis drei Jahre nach Erhalt des Führerscheins 0,0 Promille.

Helmpflicht (Norm ECE R 22) nicht nur für Motorradfahrer, sondern auch für Motorroller- sprich Motorino-Fahrer.

Alle Gegenstände, die nach hinten über das Ende Ihres Fahrzeugs hinausragen (z. B. auch Fahrradträger, Motorroller, Surfbretter, etc. etc.) müssen mit einer rot-weiß gestreiften **Warntafel** abgesichert werden. Die Tafel hat ein Maß von 50 x 50 cm zu haben.

Wenn Sie bei einer Panne oder einem Unfall das Auto verlassen, müssen Sie eine **Warnweste** tragen! Ein **Warndreieck** ist mindestens 50 m hinter dem Pannenfahrzeug aufzustellen.

Höchstgeschwindigkeiten

Falls nicht anders ausgeschildert gelten für Pkw, Wohnmobile bis 3,5 Tonnen Gesamtgewicht und für Motorräder über 150 ccm Hubraum innerorts 50 km/h, auf Straßen außerhalb von Ortschaften 90 km/h, auf Schnellstraßen 110 km/h und auf Autobahnen 130 km/h (auf dreispurigen Autobahnen, falls so ausgeschildert, 150 km/h) als Höchstgrenze, wenn nicht anders ausgeschildert.

Bei Regen, Schnee und Nebel darf auf allen Autobahnen aber nicht schneller als 110 km/h und auf Schnellstraßen maximal 90 km/h gefahren werden.

Für Wohnmobile über 3,5 Tonnen Gesamtgewicht gelten in Italien folgende Tempolimits: Innerorts 50 km/h, auf Land- und Schnellstraßen 80 km/h und auf Autobahnen 100 km/h.

Für Pkw mit Anhänger gelten innerorts 50 km/h, 70 km/h auf Land- und Schnellstraßen und 80 km/h auf Autobahnen.

Für Motorräder unter 150 ccm Hubraum gelten auf Landstraßen 90 km/h, auf Autobahnen sind sie verboten.

Samstags, sonn- und feiertags gelten in der **Oster- und Sommerferienzeit auf Autobahnen** 110 km/h als Höchstgeschwindigkeit!

Es sollte nicht vergessen werden, dass für das Überschreiten von Höchstgeschwindigkeiten recht deftige Bußgelder verhängt werden können!

Erkundigen Sie sich vor Abreise nochmals nach dem neuesten Stand in Sachen Höchstgeschwindigkeiten und Verkehrsvorschriften. Alle unsere Angaben dazu werden ohne Gewähr gemacht.

Notrufnummern

Allgemeiner Notruf, Polizei, Unfall, Notarzt, Feuerwehr - **112**

ACI Notruf - (803) 116

Entlang der Autobahnen sind Notrufsäulen des Italienischen Automobilclubs ACI aufgestellt. Viele der Säulen sind mit zwei Druckknöpfen ausgestattet, einem für medizinische Betreuung und einem für Pannenhilfe.

Kraftstoffpreise

Superbenzin ca. 1,84 Euro,
SuperPlus ca. 1,86 Euro,
Diesel ca. 1,79 Euro je Liter.

Tankstellen sind in Italien – außer an Autobahnen und Fernstraßen – an Wochentagen zwischen 13 und 15.30 Uhr, sowie Samstag nachmittags und sonntags gewöhnlich zwischen 13 und 15.30 Uhr geschlossen (siehe auch unter „Öffnungszeiten").

Und nicht jede Tankstelle, bzw. nicht jeder Tankautomat akzeptiert unsere Kreditkarten!

Bei Tankstellen mit besonders attraktiven Preisen ist Bezahlen mit Kreditkarte in aller Regel gar nicht möglich, es wird Bargeld oder eine besondere Tankkarte verlangt.

Und rechnen Sie auch damit, dass Sie evtl. VOR dem Tanken bezahlen müssen, was Volltanken oft schwierig macht. Ohne Bares an der Kasse wird die Zapfpistole dann nicht frei gegeben.

Ratsam ist es, sich nicht ausschließlich auf den Einsatz und die Akzeptanz von Kreditkarten beim Tanken zu verlassen und immer auch Bares (Euro-Scheine) parat zu haben!

Es empfiehlt sich, durch **Schutzbriefe** und **Zusatzversicherungen** die Folgekosten evtl. Unfälle und Rechtsauseinandersetzungen in Verkehrs- oder Haftpflichtsachen abzudecken.

Um nach einem Verkehrsunfall Ansprüche geltend machen zu können, sollten Sie unbedingt Kennzeichen, Name und Anschrift des Unfallgegners und dessen Haftpflichtversicherung und Versicherungsnummer festhalten. Angaben zur Versicherung stehen auf Plaketten, die italienische Autofahrer an der Windschutzscheibe anbringen müssen.

Ein hilfreicher Leitfaden beim Notieren der Unfalldaten kann Ihnen das Formular eines „Europäischen Unfallprotokolls" sein. Fragen Sie bei Ihrer Versicherung oder bei Ihrem Automobilclub danach.

Rufen Sie bei Unfällen mit Personenschäden unbedingt die Polizei.

Und unterschreiben Sie nichts, das Sie nicht lesen und genau verstehen können, weil z. B. in italienischer Sprache abgefasst! Treten Sie wenn nötig mit Ihrer Versicherung in Verbindung, die Ihnen einen deutschsprachigen Anwalt nennen können sollte.

Parken in Innenstädten

Bei der Betrachtung der Parkplatzproblematik sollte man daran denken, dass die meisten der alten Städtchen und deren historische Zentren einfach nicht für den Autoverkehr konzipiert sind. Die meisten Innenstädte, besonders historische Altstädte, sind für den Durchgangsverkehr gesperrt und nur für Anlieger mit Sonderausweis zugänglich. Schilder mit der Aufschrift

„Zona a traffico limitato riservata ai veicoli autorizzati" weisen darauf hin.

In aller Regel werden dann Parkmöglichkeiten, teils gebührenfrei, teils gebührenpflichtig, am Rande der Innenstadt angeboten. Soweit möglich, werden solche Parkmöglichkeiten bei den Stadtbeschreibungen in diesem Reiseführer erwähnt.

Blau markierte Parkplätze sind immer gebührenpflichtig. Meist ist es dann auch nicht weit bis zum Parkscheinautomaten.

Manche Parkplätze sind mit Tafeln versehen, die ein Zeitlimit angeben. Hier dürfen Sie nur mit Parkscheibe (disco orario) mit eingestellter Ankunftszeit parken.

Generell kann gesagt werden, dass das Parken, oder besser gesagt, die Suche nach einem freien Parkplatz, in Innenstädten fast immer eine zeitaufwendige und nervenaufreibende Angelegenheit ist, und das umso mehr, je größer ein Fahrzeug (sprich Wohnmobil) ist. Empfehlenswert ist es, wo immer möglich, auf bewachten Parkplätzen zu parken. Fragen Sie aber *vorher* nach den Gebühren!

Wir bemühen uns, Parkmöglichkeiten (mit GPS-Koordinaten) in Städten anzugeben. Ob diese Parkplätze bei Ihrem Besuch dann auch Platz bieten, bzw. noch existent und für Fahrzeuge über Pkw-Größe zugänglich sind, ist natürlich nicht garantiert.

Beschriftungen auf Verkehrsschildern:

Deviazione – Umleitung
Inizio zona tutelata – Anfang Parkverbotszone
Rallentare – langsam fahren
Sbarrato – gesperrt
Senso unico – Einbahnstraße
Tutte le direzione – alle Richtungen
Zona di silenzio – Hupverbot

ÖFFNUNGSZEITEN

Generell müssen Sie sich bei einer Reise durch Süditalien daran gewöhnen, dass das Geschäftsleben in der Stadt und mehr noch auf dem flachen Lande während der **Siesta**, der unantastbaren Mittagsruhe zwischen 13 Uhr und etwa 16 oder 17 Uhr, zum Erliegen kommt, und zwar umfassend. Angestellte, Geschäftsleute, Arbeiter und Beamte sowieso verlassen fluchtartig ihre Arbeitsstätten, Läden und Büros. Nahezu jedes Dorf wirkt während dieser Stunden wie ausgestorben.

Andererseits findet man als motorisierter Tourist auch schnell Vorteile der Siesta heraus. Die stadtflüchtigen Einheimischen geben in dieser „heiligen" Mittagszeit oft etwas preis, wonach der Besucher zu anderen Tageszeiten in Städten gewöhnlich ebenso verzweifelt wie vergeblich sucht, nämlich zentrumsnahe freie Parkplätze.

Banken – Mo – Fr 8.30 – 13.30 Uhr, 14.30/15 – 16 /16.30 Uhr.

Geschäfte – Örtlich unterschiedliche Öffnungszeiten. Gewöhnlich aber Mo – Sa 9.00 bis 13.00 Uhr und 16.00 bis 19.30 Uhr, in von Touristen stark frequentierten Orten auch länger und auch sonntags.

Kirchen sind fast immer ab 12 Uhr, zumindest aber über die Zeit der Siesta geschlossen und oft ab 16 Uhr bis abends wieder geöffnet. Kleinere Kirchen sind gewöhnlich nur für einige Stunden frühmorgens geöffnet.

Wer sich vor allen die Kunstgegenstände in den Kirchen interessiert, sollte daran denken, dass in der Karwoche und in der Woche davor in vielen Kirchen Altäre und Kruzifixe verhüllt sind.

Und man sollte den Wunsch der Gläubigen respektieren und während der Gottesdienste in den Kirchen nicht umhergehen und sie besichtigen. Siehe auch unter „Kleidung".

Schalten Sie Ihr Handy während einer Kirchenbesichtigung bitte aus.

Museen – Die Öffnungszeiten der Museen variieren stark! Es hängt oft davon ab, ob der Träger (die Museumsgesellschaft) privat, kommunal, regional oder staatlich ist.

Staatliche Museen sind normalerweise geöffnet Di – Sa 9.00 bis 14.00 Uhr und So 9.00 bis 13.00 Uhr. Namhafte Museen bleiben – vor allem in der Hochsaison – mitunter durchgehend geöffnet, etwa bis 17 Uhr. Wichtige Museen sind im Sommer mitunter an einem Werktag auch abends geöffnet. Es ist durchaus möglich, dass Öffnungszeiten kurzfristig geändert werden!

Letzter Einlass in Museen ist gewöhnlich 30 Minuten vor Schließung.

Montags sind Museen und viele Sehenswürdigkeiten in aller Regel geschlossen!

EU-Bürger unter 18 Jahren oder über 65 Jahren haben in staatlichen Museen und archäologischen Stätten oft freien oder ermäßigten Eintritt. Ausweise mit Bild muss vorgelegt werden können.

Natürlich versuchen wir bei der Angabe der Öffnungszeiten von Museen und Sehenswürdigkeiten so aktuell wie irgend möglich zu sein. Vom Zeitpunkt der Recherche bis zum Erscheinen des Buches können aber Änderungen eingetreten sein. Sollten Sie also in unserem Reiseführer mit einer nicht mehr ganz richtigen Öffnungszeit konfrontiert werden, bitten wir um Ihr Verständnis.

Postämter – Mo – Sa 8 bis 13.30 Uhr. Hauptpostämter in Großstädten Mo – Sa 8 bis 19 Uhr.

Tankstellen sind gewöhnlich Mo – Fr von 7.00 bis 13.00 Uhr und von 15.30 bis 20.00 Uhr geöffnet.

Vor allem in ländlichen Gebieten bleiben Tankstellen Samstag nachmittags und sonntags geschlossen. Autobahntankstellen sind täglich rund um die Uhr geöffnet.

Immer mehr Tankstellen bieten einen **24-Stunden-Service mit Tankautomaten** an. Gewöhnlich können die Automaten aber nur mit Kreditkarten oder mit kleinen Euro-Scheinen (10,- oder 20,- Euro) bedient werden. Es kann vorkommen, dass Tankautomaten in Deutschland ausgestellte Kreditkarten nicht akzeptieren!

POST UND TELEFON

Briefmarken (francobolli) gibt es nicht nur auf Postämtern sondern auch in Tabakwarengeschäften die mit einem „T" gekennzeichnet sind.

Das Porto für einen Brief bis 20 g oder eine Postkarte belief sich bislang auf 85 Cent.

Briefkästen sind in Italien rot, rotblau oder blau – Rot für normale inneritalienische Post, Rot-Blau für Eilbeförderung und Blau für Post ins Ausland.

Telefonieren im Direktwählverfahren von öffentlichen Fernsprechern stellt zwischen Italien und Deutschland und umgekehrt keinerlei Probleme dar.

Etwas gewöhnungsbedürftig ist lediglich, dass in den italienischen Festnetz-Rufnummern die mit einer Null beginnende

Ortsvorwahl integriert ist. Man muss also, auch bei einem simplen Ortsgespräch in Italien, die ganze Rufnummer bestehend aus Ortsvorwahl mit Null und Teilnehmernummer wählen.

Bei einem Telefongespräch von Italien nach Deutschland müssen Sie nach wie vor die Landeskennzahl für Deutschland 0049, (per Handy +49) danach die Ortsvorwahl ohne die erste Null und danach die Teilnehmernummer wählen. Beispiel für Stuttgart: 0049-711-Teilnehmernummer.

Haben Sie Ihr Handy vergessen und wollen in Italien öfters mal von öffentlichen Telefonen telefonieren, sollten Sie sich eine **carta telefonica** (Telefonkarte) kaufen. Sie bekommen diese Karten in Werten zu 2,- und 5,- Euro in Bars, Tabakläden, Telecom-Italia Büros und an Zeitschriftenkiosken. Um die Telefonkarte brauchbar zu machen, müssen Sie zuerst die linke obere Ecke abbrechen! Allerdings werden im Handyzeitalter auch in Italien öffentliche Telefone immer seltener.

Die **Inlandsauskunft** (hier wird nur Italienisch gesprochen) erreicht man mit der Rufnummer **12**. Die **Auslandsauskunft** (hier wird in aller Regel auch Englisch gesprochen) erreicht man unter **176**.

THEMA SICHERHEIT UND GESUNDHEIT

Für einen eventuellen **Krankheitsfall** sollten Sie sich, zumindest versicherungstechnisch, schon zu Hause wappnen.

Wenn Sie im Besitz einer sog. „Gesundheitskarte", offiziell einer „Europäischen Krankenversicherungskarte" (European Health Insurance Card - EHIC) sind, die gewöhnlich von den Krankenkassen an ihre Versicherten ausgeben wird, sollten Sie diese auf Ihre Reise mitnehmen. Mit dieser Versicherungskarte können Sie medizinische Leistungen in EU-Staaten in Anspruch nehmen. Die Leistungen richten sich allerdings nach den für das jeweilige EU-Land geltenden Vorgaben. So können z. B. höhere Kostenbeteiligungen anfallen, als Sie es von zu Hause gewohnt sind. Einen Krankenrücktransport z. B. deckt eine Europäische Krankenversicherungskarte grundsätzlich nicht ab.

Ein gute Idee ist es auf alle Fälle, sich zusätzlich mit einer Aulandskrankenversicherung abzusichern.

Im Krankheitsfall oder bei einem Unfall sollten Sie zunächst die Notaufnahme (Pronto soccorso) eines Krankehauses aufsuchen. Notaufnahmen sind rund um die Uhr geöffnet.

Sicherheit auf Reisen

Grundsätzlich lässt sich schon alleine durch etwas Aufmerksamkeit, Achtsamkeit und gesunden Menschenverstand – wie auf allen Reisen – vielen unliebsamen Überraschungen vorbeugen.

Und Vorbeugen ist allemal besser, als nachher mit dem Handicap der Sprachschwierigkeiten einem wahrscheinlich ziemlich uninteressierten Polizeibeamten den Verlust von Dokumenten oder Wertsachen etc. melden zu müssen.

Handtaschenraub und Diebstahl sind vor allem in Touristenhochburgen – nicht nur in Italien – auf belebten Straßen und Plätzen, im Geschiebe voller Bahnhöfe oder im vollen Bus oder Zug leider keine Seltenheit. In Städten mit starkem Touristenaufkommen ist die Tendenz wesentlich höher als in ländlichen Gegenden.

Obwohl der Einfallsreichtum und die Unverfrorenheit der Diebe unglaublich ist, können ein paar simple Vorkehrungen hilfreich sein:

Lassen Sie am besten alle Gegenstände von einigem Wert, die Sie unterwegs nicht wirklich und unbedingt brauchen, zu Hause!

Bewahren Sie Personaldokumente, Geld, Kreditkarten, Reiseschecks,

Tickets, die Sie möglichst in körpernahen Taschen bei sich tragen, nicht in einer einzigen Brieftasche auf, sondern verteilen Sie die Wertsachen auf mehrere Hosen-, Rock- oder Gürteltaschen. Wird dann aus einer gezogen, hält sich so der Schaden hoffentlich in Grenzen.

Und wenn Sie zu Mehreren reisen, verteilen Sie Geldbeträge auf mehrere Personen.

Hantieren Sie im Souvenirladen, vor dem Geldautomaten, auf der Straße oder wo auch immer in der Öffentlichkeit nicht mit großen Geldbeträgen, was begehrliche Blicke anziehen und ungebetene Aufmerksamkeit erregen könnte.

Lassen Sie möglichst keine Wertgegenstände (Kamera, Schmuck, Geld, Dokumente, Tickets etc.) im Auto/Wohnmobil zurück. Nutzen Sie im Auto den Kofferraum, was zwar auch keine verbriefte Sicherheit ist, aber zumindest das Risiko mindert.

Lassen Sie also, wenn es irgend möglich ist, keine Gepäck- oder Kleidungsstücke sichtbar im Auto liegen. Glauben Sie nicht, eine locker über Ihre teure Kamera geworfene Jacke würde schon genügen. Diebe sind fast immer ausgebuffte Profis, die wirklich alle Tricks kennen!

Parken Sie wenn möglich auf Parkplätzen mit Aufsicht.

Verschließen Sie Ihr Wohnmobil wenn nicht besetzt (auch auf dem Campingplatz!), grundsätzlich und immer mit Sorgfalt. Auch wenn Sie nur schnell über die Straße gehen, um eine Zeitung zu holen.

Legen Sie im Strand- oder Straßencafé Ihre Handtasche, die Kamera oder das Handy nicht achtlos auf den freien Stuhl neben sich.

Zählen Sie Wechselgeld sofort und noch unmittelbar an der Kasse nach!

Prüfen Sie größere Restaurantrechnungen!

Und achten Sie auf die Nullstellung der Zapfsäulenanzeige vor Beginn des Tankvorgangs, etc. etc. etc.

WÄHRUNG

Seit dem 1. Januar 2002 gilt auch in Italien der **EURO** als Zahlungsmittel.

Die gängigen **Kreditkarten**, wie z. B. Mastercard oder Visa, werden in Geschäften, Supermärkten, Hotels, Restaurants, Tankstellen, bei Autovermietern (fast unerlässlich als Kautionsersatz beim Anmieten eines Autos), auf Campingplätzen und an den Autobahnmautstellen im ganzen Lande und besonders in den Urlaubsregionen fast ausnahmslos akzeptiert.

Allerdings sollte man daran denken, dass die meisten Kreditkarteninstitute für den Auslandseinsatz ihrer Karten teils recht stattliche Gebühren pro Transaktion berechnen!

Reist man weit abseits der „üblichen" Touristenrouten und tief im Hinterland, sollte man aber nicht darauf setzen, dass auch dort die Kreditkarte überall angenommen wird. Dort empfiehlt es sich schon, nicht ganz ohne Bares zu reisen.

Sehr verbreitet und in fast jedem Ort zu finden sind **Bankautomaten**, an denen Sie mit Ihrer Kreditkarte oder mit Ihrer Maestro-BankCard in Verbindung mit Ihrer Geheimnummer Geld von Ihrem Konto abheben können. Eine wegen der recht erheblichen Gebühren nicht gerade billige, aber auf Reisen sehr komfortable Einrichtung.

Geldautomaten sind in aller Regel auch außerhalb der üblichen Geschäftszeiten und auch am Wochenende, aber nicht immer rund um die Uhr zugänglich. In ländlichen Gegenden kann es durchaus vorkommen, dass Bankautomaten nur während der üblichen Geschäftszeiten zugänglich sind. Bis auf den letzten Euro sollte man sich also auch im Zeitalter der Bankautomaten nicht unbedingt ausgeben.

Übrigens: Das Barzahlen hat in Italien seine Grenze! Sollten Sie eine Rechnung begleichen müssen, die 1.000 Euro übersteigt, können Sie diese Rechnung nicht bar begleichen. Sie müssen mit Kreditkarte, Maestrokarte oder per Überweisung bezahlen.

WICHTIGE RUFNUMMERN

ADAC München Notrufnummer (24-Stunden-Service):
+49 (0)89 22 22 22.

ACI Automobile Club d'Italia - **Notruf: Tel. +39 803 116** (24-Stunden-Service)

Allgemeiner Notruf - Polizei, Rettungsdienst, Feuerwehrt – **112**

Zentrale Sperrnummer für **Kreditkarten – 116 116**
Alle Angaben ohne Gewähr.

Die Länder-Vorwahlen:

Italien: +39, bzw. **00 39**
Deutschland: +49, bzw. **00 49**
Österreich: +43, bzw. **00 43**
Schweiz: +41, bzw. **00 41**

Haftungsausschluss

Alle in diesem Reiseführer gemachten Angaben, sowie Reise- und Sicherheitshinweise sind nach den aktuell erreichbaren und dem Verlag zugänglichen Informationen mit Sorgfalt und nach bestem Wissen zusammengestellt. Eine Gewähr für die Richtigkeit und die Vollständigkeit der Angaben sowie eine Haftung für eventuell eintretende oder daraus entstehende Schäden kann nicht übernommen werden. Gesetze und Vorschriften können sich jederzeit ändern, ohne dass der Verlag davon erfährt.

Die Entscheidung über die Durchführung einer Reise liegt in der Verantwortlichkeit des Lesers.

Verlag und Autor empfehlen, sich rechtzeitig vor Antritt der Reise nach den neuesten reiserelevanten Vorschriften zu erkundigen.

ZEICHENERKLÄRUNG

	Hauptstadt		Campingplatz
	Etappen-Start-/Endpunkt		Womo-Stellplatz
	Orte		V & E Station
	Sehenswürdigkeit		Kirche, Kathedrale
	Touristeninformation		Burg, Kastell
	Museum, Schloss		Wandermöglichkeit
	Rathaus, öffentl. Gebäude		archäol. Stätte
	Busbahnhof, Bahnhof		Berg, Gipfel
	Parkplatz		Rast-, Picknickplatz
	Tiefgarage		Grenzübergang
	Flughafen	)(	Pass
	Postamt		Strand, Badeküste
	Restaurant		Höhle
	Hotel		

Reiseweg, Route

V & E für Wohnmobile – Einrichtungen für Versorgung mit Trinkwasser sowie Entsorgung für Wohnmobilabwässer sind auf dem Platz vorhanden.

Wichtige, am Anfang zu jeder Tour vermerkte Sehenswürdigkeiten sind ihrer Bedeutung entsprechend mit einem, zwei oder drei Sternchen versehen.

* = sehenswert

** = sehr sehenswert

*** = ein „Muss" auf der Reise

INFORMATIONEN ZU GPS-NAVIGATIONSKOORDINATEN

Ein Wort zu den GPS-Daten

Alle unsere GPS-Koordinaten sind im System WGS 84 („World Geodetic System 1984"), einer der beiden internationalen Standards für Koordinatensysteme (neben UTM), erfasst.

Bitte beachten Sie: Die Genauigkeit der Routenführung durch das Navigationssystem hängt auch von der Genauigkeit und Aktualität des in Ihrem Navigationsgerät vorhandenen Kartenmaterials ab.

Minuten/Sekunden ändern in Dezimalkoordinaten

Alle Navigationsdaten in diesem Buch sind im Format Grad/Minuten/Sekunden angegeben. Falls Sie Navigationskoordinaten in Ihr Navigationsgerät evtl. nur als Dezimalkoordinaten eingeben können, ist das kein größeres Problem.

Koordinaten lassen sich von Grad/Minuten/Sekunden – so wie bei uns dargestellt – relativ einfach „per Hand" in Dezimalkoordinaten umrechnen und müssen dann gewöhnlich auch von Hand in das Navigationsgerät eingegeben werden.

– Da das Minuten/Sekunden-System in 60er Schritten geht, darf man die Minuten- und Sekunden-Markierungen nicht einfach ignorieren und daraus Dezimalkoordinaten machen, sondern man muss die Daten durch 60 teilen. Umgekehrt ist das auch von Dezimalwerten in Minuten/Sekunden möglich (multiplizieren).

Beispiel: Grad/Minuten/Sekunden-Format: z. B. N39° 29′ 12.6″ wird so zum Dezimalformat: 29 : 60 = 0,48, 12.6 : 60 = 0,21. Das wieder zusammengesetzte Format zeigt nun die Dezimalkoordinate: N 39,4821°.

Oder: E20° 15′ 34.2″ – entspricht dann E20,2557° (alle Angaben ohne Gewähr).

Sollten Sie Koordinatenformate konvertieren wollen, können Sie sich eines der **Konvertierungsprogramme** bedienen, die Sie kostenlos aus dem Internet herunterladen können, wie z. B.

GPS Babel http://www.gpsbabel.org (Englisch)
Routeconverter http://www.routeconverter.de (Deutsch)
Garmin POI-Loader http://www.garmin.com/products/poiloader (Englisch)

Im Reiseführer sind die Koordinaten wie folgt dargestellt:

Beispiel: [N68° 23′ 23.7″ E14° 25′ 20.4″] oder **[WP 123 / N70° 10′ 40.0″ E25° 17′ 49.0″]**. WP XXX ist die fortlaufende Nummerierung wichtiger Wegpunkte (oder Points of Interest – POI), so wie sie auf der Roadbook-CD abgelegt sind. Für die Verwendung bzw. Übertragung der Koordinaten aus dem Reiseführer durch Eintippen in Ihr Navigationsgerät ist diese Nummerierung ohne Bedeutung!

Koordinaten in diesem Reiseführer, die in Orten/Städten angegeben sind, und nicht mit dem Zusatz [WP XXX / ...] versehen sind, sind als Anhaltspunkte zur Orientierung mit Handnavigationsgeräten bei Stadtrundgängen gedacht. Sie bedeuten NICHT, dass diese Ziele (Wegpunkte) auch immer (Ausnahme Campings oder Wohnmobil-Stellplätze) mit dem Auto zu erreichen sind! Manche Ortskerne alter Städtchen warten mit engen Straßen auf, die für den allgemeinen Autoverkehr wenig geeignet und oft auch gesperrt sind. Mitunter sind die Einfahrten in historische Innenstädte nur für den Anliegerverkehr erlaubt. Sehenswürdigkeiten, Museen, Kirchen etc. sind dort nur zu Fuß zu erreichen!

Gelegentlich steht vor der Wegpunktnummer das Wort „Parkplatz", z. B. **[Parkplatz, WP XXX / N70° 10′ 40.0″ E25° 17′ 49.0″]**. Damit wird darauf hingewiesen, dass sich bei oder ganz in der Nähe des Punktes ein Parkplatz befindet. Die Koordinate bezieht sich dann auf den Parkplatz. Vom Parkplatz können es noch ein paar Meter Fußweg bis zum eigentlichen Ziel sein.

Obwohl wir bei der Erfassung von GPS-Koordinaten größte Sorgfalt walten lassen, können wir für die Richtigkeit der in unseren Reiseführern und auf unseren Roadbook-CDs angegebenen GPS-Koordinaten und Wegpunkte sowie für evtl. daraus resultierende Ereignisse durch Missweisungen keine Haftung übernehmen.

GPS-ROADBOOK-CD

Alle mit WP gekennzeichneten Navigationskoordinaten, die in den Touren dieses Reiseführers aufgeführt sind, können Sie als Roadbook-CD beim Verlag erwerben.

Die Navigations-Koordinaten sind im System WGS 84 („World Geodetic System 1984") entsprechend dem Verlauf der in diesem Reiseführer beschriebenen Routen und Touren angelegt. Sie berücksichtigen wichtige Orte, Sehenswürdigkeiten, Campings und andere Points of Interest (POI's).

Übertragen Sie die Koordinaten von der CD mittels PC oder Notebook und entsprechender Software (z. B. MapSource® oder BaseCamp® für Garmingeräte) auf Ihr Navigationsgerät.

Unsere „Roadbook-CD" stellt Ihnen vor Ort erfasste Original-Navigationsdaten im **Garmin-Format *.gdb** (garmin database) zur Verfügung.

Darüber hinaus finden Sie auf der „Roadbook-CD" alternative Dateiformate wie **GPX** (global positioning exchange), **KML 2.2** (Google Earth [Keyhole Markup Language] – *.kml), **TomTom** *.**ov2 poi files** (Wegpunkte) und **TomTom *.itn files** (Routen).

Sehr hilfreich kann für Sie auch die ebenfalls auf der CD abgelegte MS-Word-Datei **Info-Doc** sein. Dort wird Schritt für Schritt erklärt, wie GPS-Koordinaten von der CD auf ein Garmin-Nüvi gebracht werden können. Es werden Weblinks zu Koordinaten-Konvertierungsprogrammen angegeben und Sie können erfahren, wie Sie Routen vorab in Google Earth™ ansehen können u. v. m.

Die tatsächliche Lage der Wegpunkte (Ziele/Zwischenziele) kann von den angegebenen Koordinaten ggf. bis zu ca. 300 m abweichen!

Mit entsprechender Software „MapSource®, City Select Europe"® oder „BaseCamp"® des Anbieters Garmin® können die Daten im Garmin-Format oder im GPX-Format über einen PC oder über ein Notebook direkt in viele Garmingeräte eingelesen werden.

NEU! Wissen wo's lang geht! Mit den auf der Roadbook-CD abgelegten Dateien im GPX-Format können Sie in Verbindung mit Google Earth® (kostenloser Download) die Reiseroute, sowie alle als Wegpunkt markierten Stationen der Reise schon vorab aus der Vogelperspektive auf Ihrem PC ansehen, oder sich einzelne Abschnitte der Route im Google Earth Routenplaner berechnen lassen. Wie's geht und vieles mehr steht auf der CD.

Für die Richtigkeit der Koordinaten und deren Transformierung in andere Dateiformate kann keine Gewähr übernommen werden!

Unsere Roadbook-CD's können Sie gegen eine Schutzgebühr von EUR 9,90 nur direkt über den Verlag beziehen!

Bestellungen bitte über unseren Webshop:
www.rau-verlag.de/shop.

Oder per Post an: Werner Rau Verlag, Feldbergstr. 54, D-70569 Stuttgart,
Tel. +49-(0)711-687 21 43, Fax +49-(0)711-68 22 47, E-Mail: info@rau-verlag.de.

REGISTER

Personennamen in kursiver Schrift.

(CP) bzw. (ST) hinter dem Ortsnamen weist darauf hin, dass in oder ganz in der Nähe des Ortes ein im Reiseführer beschriebener Campingplatz und/oder ein Wohnmobil-Stellplatz zu finden ist

Mobil Reisen - Wohnmobilführer und Tourenbücher

Warum Reiseführer aus dem Werner Rau Verlag?

Ein großes, nahezu unübersehbares Reiseführer-Angebot erwartet Sie inzwischen im Handel. Warum sollten also gerade Reiseführer aus dem Werner Rau Verlag die richtige Entscheidung für Sie sein? Eine gute Frage... Gerne gebe ich Ihnen darauf eine Antwort:

Schon seit den 70er-Jahren begeistere ich mich fürs Wohnmobil-Touring und verfasse seit Beginn der 80er-Jahre Reiseführer für alle, die Land und Leute gerne auf eigene Faust entdecken wollen. Die Jahrzehnte lange Reiseerfahrungen in fast allen europäischen und zahlreichen außereuropäischen Ländern, die auf den vielen Reisen gesammelt wurden, fließen nun als Ergebnis ins Konzept meiner Reiseführer ein.

Einfach einsteigen, losfahren und entspannt die Tour genießen! Das wäre doch ideal, war mein Gedanke. Und genau das möchte ich mit meinen „MOBIL REISEN"-Tourenbüchern Ihnen zur Verfügung stellen. Mein Ziel ist es, kompetente und aktuell informative Reiseführer anzubieten.

Zusammen mit bewährten Tourenvorschlägen und Reisetipps bieten meine Reiseführer nicht nur umfangreiche Infos zu den schönsten Reiserouten mit GPS-Koordinaten, sondern zudem eine gelungene Mischung aus zeitgemäßer Informationsvielfalt, Kultur und aktuellen Tipps für täglich neue Reiseerlebnisse. Und natürlich gibt es eine Fülle von Hinweisen zu Campings und zu Wohnmobil-Stellplätzen.

Einer der vielen Vorteile unserer Reiseführer-Reihe ist, dass Sie sich durch die in den Büchern vorgeschlagenen Routen Ihre eigene, ganz individuelle Reise-Tour zusammenstellen können.

Fast alle Tourenvorschläge, jeder mit einer eigenen Übersichtskarte versehen, sind so gewählt, dass sie an einem Tag erlebt werden können. Und alle beschriebenen Touren sind Vorschläge, an die Sie sich aber nicht strikt halten müssen. Sie haben jederzeit die Freiheit, die Auswahl der Touren ganz nach Ihren Vorstellungen zu gestalten. Dabei sind die entsprechenden Info-Tabellen vor den jeweiligen Touren eine große Hilfe. Vor jeder Tour finden Sie darin übersichtliche Informationen, welche die Reisehöhepunkte hervorheben, Länge der Tour nennen und auch die eventuelle Reisedauer beschreiben. Und wenn Sie diese Info-Tabelle überfliegen, wissen Sie schon, ohne viel hin und her zu blättern, was Sie auf der ausgewählten Tour an Reisehöhepunkten, Zeitaufwand und Entfernungen erwartet. Sie können mit unseren Tourenvorschlägen problemlos Ihre persönliche, individuelle Reise ganz nach Ihren Vorstellungen planen.

Rau's Reise- und Tourenbücher mit dem erfolgreichen Konzept ‚Mobile Touring Highlights' sind handliche, praktische Reiseführer, optimal geeignet für individuelles Wohnmobil-, Caravan- und VanCamper-Touring - mit Kompetenz aus erster Hand. Einfach Einsteigen, losfahren und genießen!

Zu fast allen meinen Wohnmobilführern können Sie beim Verlag ein GPS-Roadbook auf CD bestellen, mit GPS Koordinaten zu wichtigen Wegpunkten und zu fast allen im Reiseführer erwähnten Camping- und Wohnmobil-Stellplätzen.

Vergnügten Reisegenuss wünscht Ihnen

Ihr Werner Rau

Hier geht's direkt zu meiner Webseite www.rau-verlag.de.

MOBIL REISEN

NIX WIE RAUS!

Rau's Reiseführer – die gelungene Mischung aus kompetentem Reiseführer, Tourenbuch, Camping- und Stellplatzführer.

Erlebnisreiche Touren zum Nachreisen mit Wohnmobil, Caravan oder Van-Camper.

Mobil Reisen: BALTIKUM

Die schönsten Reiserouten, kombiniert zu einer erlebnisreichen Tour durch alle drei baltischen Länder - Litauen, Lettland und Estland. Mit einem Abstecher nach Kaliningrad. Reisetipps in Fülle. Plus Vorschläge zu sechs Radtouren.

Mit Wohnmobil-Stellplätzen u. Campingplätzen.

336 S., zahlr. Farbfotos, Karten und Stadtpläne.

ISBN 978-3-926145-89-5. € 19,90.

Mobil Reisen: BRETAGNE

Ein individueller Reiseführer mit Routenvorschlägen, ausgesuchten Touren für eine Reise von Nantes bis ans „Ende der Welt", der Finistère an die bretonische Atlantikküste. Historisches, Amüsantes, Kulinarisches und natürlich viele praktische Reisetipps. Jetzt mit noch mehr Wohnmobil-Stellplätzen.

Mit vor Ort erfassten GPS-Koordinaten.

336 S., zahlr. Farbfotos, Karten, Stadtpläne, Hotels, Campingplätze sowie viele Infos und Reisetipps.

ISBN 978-3-926145-78-9. € 19,90.

GPS-Roadbook-CD mit Navigationskoordinaten verfügbar!

Mobil Reisen: DÄNEMARK – Mit Insel Bornholm

Handlich und praktisch für erlebnisreiches Van-Camper-, Caravan- oder Wohnmobil-Touring. Auf den 15 attraktivsten Urlaubsrouten zu den schönsten Städten und Küsten in Jütland, Fünen, Seeland und Bornholm. Ausführlicher Teil über "wonderful, wonderful Copenhagen".

Mit vor Ort erfassten GPS-Koordinaten.

312 S., zahlr. Farbfotos, Karten, Stadtpläne, sowie viele Infos, die schönsten Camping- u. Stellplätze.

ISBN 978-3-926145-87-1. € 19,90.

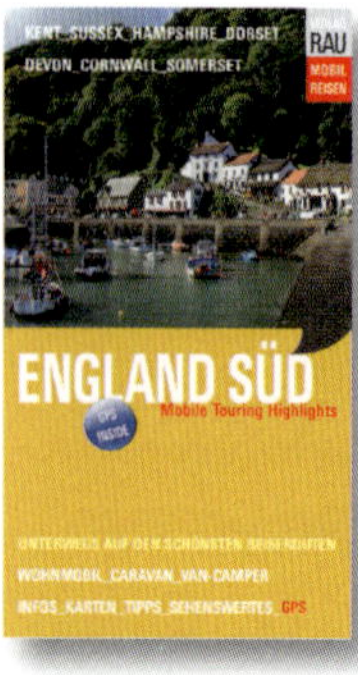

Mobil Reisen: ENGLAND SÜD
Von den weißen Felsen von Dover über lebhafte Seebäder bis hinaus an die abgeschiedene, wilde Küste von Cornwall. Wandern auf den herrlichen Küstenwegen und Klippenpfaden, den Schauplätzen aus Pilcher-Filmen nachspüren, in prächtigen Gärten schwelgen oder lieber gemütlich in einem uralten Pub verweilen, in dem sich schon die Schmuggler früherer Tage die Klinke in die Hand gaben? Dieser Reiseführer sagt Ihnen, wo's lang geht. Mit vor Ort erfassten GPS-Koordinaten.
348 S., zahlr. Farb-Abb., Karten, Stadtpläne, Pubs, sowie viele Infos und die schönsten Campingplätze.
ISBN 978-3-926145-86-4. € 22,90.

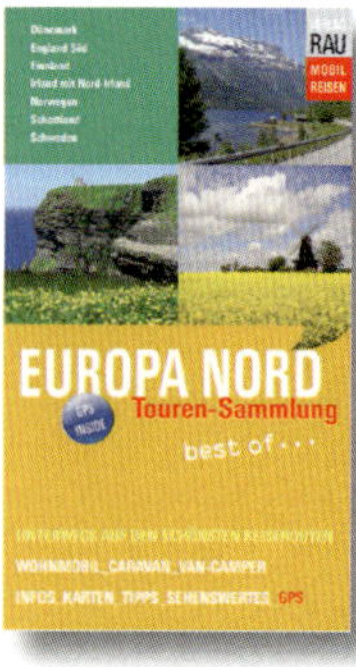

Mobil Reisen: EUROPA NORD
Wohin im nächsten Urlaub? Diese Sammlung der schönsten Wohnmobil-Touren durch Europas Norden gibt jede Menge Tipps. Erleben Sie auf den schönsten Reisewegen Touring Highlights in Dänemarks Jütland, in Englands Süden, in Finnland, in Irland und Nordirland, in Norwegens Fjordwelt und auf den Lofoten, in Schottland und in Südschweden.
Mit einladenden Camping- und Stellplätzen und mit vor Ort erfassten GPS-Koordinaten.
300 Seiten, zahlr. Farbfotos, Karten, Stadtpläne.
ISBN 978-3-926145-82-6. EUR 22,90.

Mobil Reisen: FINNLAND – Mit Åland-Inseln
Das „Land der tausend Seen“ von Helsinki über das Labyrinth des Saimaa-Seengebiets, weiter über Karelien, die einsamen Weiten Lapplands und zurück über den finnischen Schärengarten auf eigene Faust erleben. Anschließend ein Abstecher auf die Åland-Inseln.
Mit einem ausführlich geschilderten **Abstecher zum Nordkap**. Und das Ganze mit vor Ort erfassten GPS-Koordinaten.
264 S., zahlreiche Farbfotos, Karten, Stadtpläne, Hotels, Campingplätze sowie viele praktische Informationen über Land und Leute.
ISBN 978-3-926145-50-5. € 19,90.
GPS-Roadbook-CD mit Navigationskoordinaten verfügbar!

Mobil Reisen: GRIECHENLAND
Aus der Reisepraxis für die Reisepraxis geschrieben. Ein Reisehandbuch mit Routen, Touren und Reisetipps fürs Reisemobil-Touring.
Eine Fülle von Routenvorschlägen führt Sie durch alle Regionen Festlandgriechenlands, von den Badestränden der Chalkidiki-Halbinsel bis in den Süden der Peloponnes-Halbinsel und natürlich zu allen archäologischen Stätten.
Mit vor Ort erfassten GPS-Navigationskoordinaten!
300 S., zahlr. Farbfotos; Karten, Stadt- u. Lagepläne, Stadtspaziergänge, und die schönsten Campingplätze.
ISBN 978-3-926145-99-4. € 22,90.

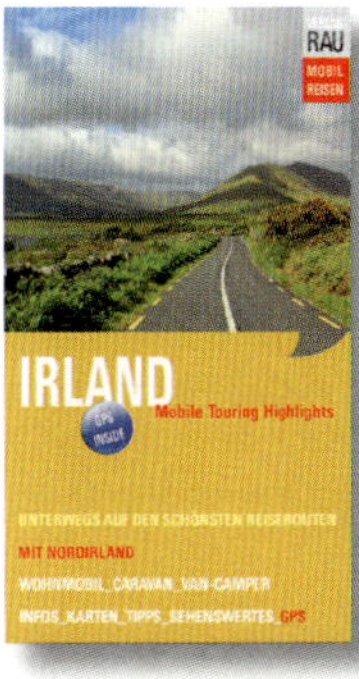

Mobil Reisen: IRLAND – Mit Nordirland

Der ideale Urlaubsführer für alle, die den Charme der "Grünen Insel" auf eigene Faust entdecken wollen. Ausgesuchte Routenvorschläge fürs Wohnmobil-Touring von den südlichen Counties über die imposante Westküste bis hinauf ins abgeschiedene Donegal und durch Nordirland. Ausführlicher Dublin- und Belfast-Teil mit detaillierten Rundgängen. Kultur, Folklore, Tipps zu Pubs, Wandermöglichkeiten.
Mit vor Ort erfassten GPS-Navigationskoordinaten!
408 S., zahlr. Farbfotos, Karten, Stadtpläne, Hotels, viele Infos und die schönsten Campingplätze.
ISBN 978-3-926145-84-0. € 22,90.
GPS-Roadbook-CD mit Navigationskoordinaten verfügbar!

Mobil Reisen: ITALIEN SÜD

Italiens Süden hat viel mehr zu bieten als Sonne, Strand und Meer. Erleben Sie auf den schönsten Reisewegen die süditalienische Region Apulien mit dem hübschen Zentrum der Trullibehausungen und dem imposanten Stauferschloss Castel del Monte, die prächtige Küste der Halbinsel Gargano, sowie die einladendsten Plätze in Kalabrien. Und lernen Sie die Touring Highlights der Basilikata kennen. Natürlich fehlt auch ein Abstecher nach Paestum nicht. Neben jeder Menge an Reisetipps und Sehenswürdigkeiten finden Sie in diesem Tourenbuch eine Vielzahl von Camping- und Wohnmobilstellplätzen sowie vor Ort erfasste GPS-Koordinaten.
Ca. 240 Seiten. Zahlr. Farbotos, Karten u. Pläne sowie eine Fülle an Tipps.
ISBN 978-3-926145-83-3. € 22,90.
GPS-Roadbook-CD mit Navigationskoordinaten verfügbar!

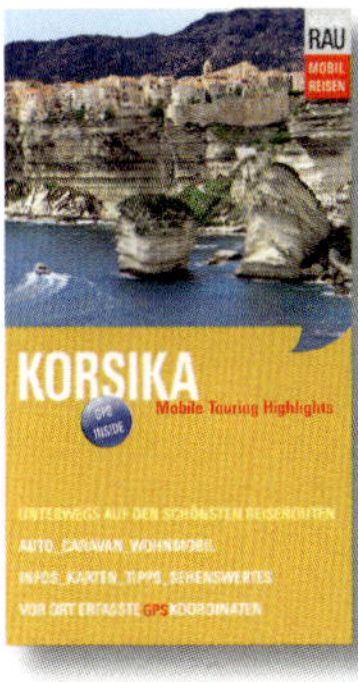

Mobil Reisen: KORSIKA

Korsika, „Ile de Beauté“, die „Insel der Schönheit“ besticht durch ihre wunderbare Berglandschaft und ihre herrliche, oft atemberaubende Küstenszenerie. Eine Herausforderung für alle unternehmungslustigen Wohnmobilisten und Caravaner und ein Eldorado für anspruchsvolle Wandertouren.
Hotels, Restaurants, Campingplätze und jede Menge Tipps und Infos.
Mit vor Ort erfassten GPS-Koordinaten.
228 S., zahlreiche Farbfotos., Karten, Stadtpläne.
ISBN 978-3-926145-41-3. € 18,90.
GPS-Roadbook-CD mit Navigationskoordinaten verfügbar!

Mobil Reisen: KROATIEN

Istrien, die Dalmatinische Küste und Kroatiens herrliche Adriainseln auf den schönsten Reisewegen erleben. Dieses praktische Reisehandbuch sagt Ihnen, wo's lang geht. U. a. mit Inseln Cres, Lošinj, Krk, Rab, Pag, Hvar, Korčula u. a., Makarska Riviera, Krka-Wässerfälle, Dubrovnik, Plitvicer Seen, Zagreb, sowie mit einer Fülle an Reisetipps, Infos zu Hotels und jede Menge Campingplätze.
Mit vor Ort erfassten GPS-Koordinaten.
264 S., zahlreiche Farbfotos, Karten, Stadtpläne, Stadtspaziergänge.
ISBN 978-3-926145-81-9. € 18,90.
GPS-Roadbook-CD mit Navigationskoordinaten verfügbar!

RAUS REISEFÜHRER „MOBIL REISEN“

Mobil Reisen: LOIRETAL
Komplett überarbeitet, aktualisiert! Noch mehr Womo-Stellplätze! Die schönsten Reisewege durch das Herz Frankreichs, der Landschaft, in der es sich leben lässt „wie Gott in Frankreich“. Nicht umsonst entstanden hier die prächtigsten Schlösser Frankreichs. Aber auch wer weniger das Historische als viel mehr kulinarische Erlebnisse sucht, wird in der Gegend um das Loiretal auf seine Kosten kommen. Und dieser Reiseführer sagt Ihnen wo's lang geht. Mit vielen Wohnmobil-Stellplätzen und mit vor Ort erfassten GPS-Navigationskoordinaten!
288 S., zahlr. Farbfotos, Karten, Stadtpläne, sowie viele Infos und die schönsten Camping- und Wohnmobilsstellplätze.
ISBN 978-3-926145-85-7. € 19,90.
GPS-Roadbook-CD mit Navigationskoordinaten verfügbar!

Mobil Reisen: NORWEGEN – Reisewege zum Nordkap
Komplett überarbeitet! Aktualisiert! Noch mehr Womo-Stellplätze! Neue Touren und zusätzliche Routen! Noch übersichtlicher!
Jetzt mit praktischen „Tourenpaketen“ zum Kombinieren, wie z. B. „Südnorwegen“, „Gletscher, Fjells und Fjorde“ oder „Finnmark und Nordkap“. Durchgehend farbig und noch mehr Fotos und Karten!
Verlässliche Kompetenz aus langjähriger Reiseerfahrung.
Mit vor Ort erfassten GPS-Koordinaten.
408 S., Stadtrundgänge, Wandervorschläge, viele Farbfotos, Karten, Stadtpläne, Hotels, sowie Reise-Infos in Fülle, dazu über 200 Campingplätze und zahlr. Stellplätze.
ISBN 978-3-926145-77-2. € 22,90.
GPS-Roadbook-CD mit Navigationskoordinaten verfügbar!

Mobil Reisen: OSTSEE-RUNDE
Auf überlegt ausgesuchten Routen und Touren die schönsten Gegenden Pommerns und Masurens, wunderschöne baltische Städte wie Vilnius, Riga und Tallinn, sowie die russische Perle Sankt Petersburg erleben. Reisen Sie über Finnland, Schweden und die dänische Insel Seeland zurück. Dieser Reiseführer hilft – ob Wohnmobil-Tourer, Caravaner, Autourlauber oder Motorbiker – sowohl bei der Vorbereitung als auch auf der Reise unterwegs. Ein unvergessliches Reiseerlebnis!
432 S., Stadtrundgänge, zahlr. Farbfotos, Karten, Stadtpläne, sowie viele Infos und die schönsten Camping- und Wohnmobil-Stellplätze.
ISBN 978-3-926145-88-8. € 22,90.

Mobil Reisen: POLEN
Polen bequem auf eigene Faust kennen lernen. Über die Sudeten und über Schlesien, weiter durch die Karpaten, Zentral- und Ostpolen mit einem ausführlichen Teil über die Hauptstadt Warschau, durch Ermland, die Masurische Seenplatte, durchs Lebuser Land und über Pommern schließlich bis zur Ostseeküste. Alles in bequem nachvollziehbaren Reiserouten beschrieben.
Von Michael Moll, 240 S., viele Farbfotos; Karten, Stadt- u. Lagepläne, Stadtspaziergänge, Hotels und die schönsten Campingplätze.
ISBN 978-3-926145-73-4. € 19,90.

Mobil Reisen: PORTUGAL
Gesamt Portugal, vom grünen Norden bis zur sonnigen Algarveküste, vom kargen, ursprünglichen Alto Alentejo bis zu den Seebädern am Atlantik beschreibt dieser Band auf leicht nachvollziehbaren Touren, die einen kompletten Eindruck von diesem überaus interessanten Reiseland vermitteln. Besonders ausführlich die Weinstadt Porto und natürlich Lissabon, eine der schönsten Hauptstädte Europas.
Mit vor Ort erfassten GPS-Koordinaten.
300 S., zahlr. Farbfotos, Karten, Stadtpläne,
sowie viele Infos und die schönsten Campingplätze.
ISBN 978-3-926145-64-2. € 19,90.
GPS-Roadbook-CD mit Navigationskoordinaten verfügbar!

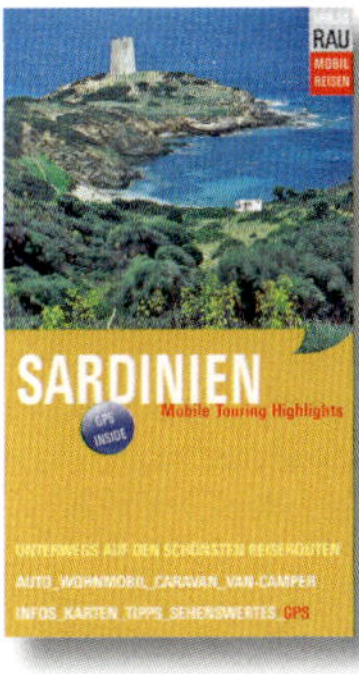

Mobil Reisen: SARDINIEN
Ein Reiseziel mit ganz unerwarteten Attraktionen – zauberhafte Küstenszenerien, das größte Dünengebiet ganz Italiens, wunderschöne Seegrotten, mystische Nuraghen, geisterhafte alte Minenstädte und einer der spektakulärsten Canyons in Europa.
Dieses Tourenbuch, gespickt mit jeder Menge Reisetipps, führt auf den schönsten Routen und Wohnmobil-Touren durch Sardinien. Mit Wohnmobil-Stellplätzen, Tipps zu Hotels und Restaurants, Campingplätzen. Mit vor Ort erfassten GPS-Navigationskoordinaten!
252 S., zahlr. Farbfotos, Karten, Stadtpläne.
ISBN 978-3-926145-62-8. € 18,90.
GPS-Roadbook-CD mit Navigationskoordinaten verfügbar!

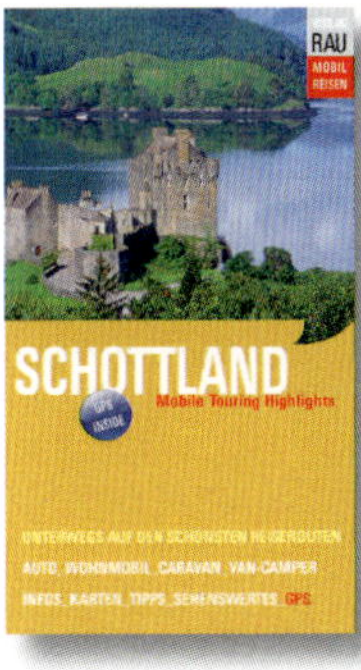

Mobil Reisen: SCHOTTLAND
Schottland auf neuen Wegen erleben. Eine variantenreiche Rundreise – von den Borders bis zu den Highlands, von den Western Isles bis zu den Orkneys. Detaillierte Beschreibung von Edinburgh, Glasgow, allen wichtigen Städten, Schlössern und Landschaften.
Außerdem Essen und Trinken, Whisky, Clans, Tartans und Dudelsäcke, Wandern u.v.m.
336 S., zahlr. Farbfotos., Karten, Stadtpläne, sowie viele Infos und die schönsten Campingplätze mit GPS-Koordinaten.
ISBN 978-3-926145-79-6. € 19,90.
GPS-Roadbook-CD mit Navigationskoordinaten verfügbar!

Mobil Reisen: SCHWEDEN - Mit Inseln Öland und Gotland
Komplett überarbeitet, aktualisiert! Noch mehr Wohnmobil-Stellplätze! 22 sorgfältig ausgewählte, vor Ort getestete Reise(mobil)routen und Autotouren durch die schönsten Landschaften, Städte und Regionen. Mit vielen Reisetipps und Informationen über Sehenswertes vom südlichen Schonen bis Lappland. Mit ausführlichem Stockholm-Teil, Stadtrundgänge u. a. durch Helsingborg, Göteborg, Uppsala, Kalmar, sowie die Inseln Öland und Gotland. Mit vor Ort erfassten GPS-Koordinaten.
348 S., zahlr. Farbfotos, Karten, Stadtpläne, sowie viele Infos und die schönsten Campingplätze. Mit Wohnmobil-Stellplätzen.
ISBN 978-3-926145-93-2. € 22,90.

Mobil Reisen: SIZILIEN

Auch ein klassisches Reiseziel lässt sich immer wieder neu entdecken. Dieses neue Tourenbuch schildert kompetent und ausführlich die schönsten Reisewege durch Sizilien.
Mit Wohnmobil-Stellplätzen und mit vor Ort erfassten GPS-Koordinaten.
252 S., zahlr. s/w.- u. Farb-Abb., Karten, Stadtpläne, sowie viele Infos und die schönsten Campingplätze.
ISBN 978-3-926145-55-0. € 18,90.
GPS-Roadbook-CD mit Navigationskoordinaten verfügbar!

Mobil Reisen: SKANDINAVIEN

Reiseziel Nordkap

Die große Tour zum Nordkap in bequem zu kombinierenden Reiserouten. Mit neuen Touren und vielen Streckenvarianten durch alle vier nordischen Länder – Dänemark, Norwegen, Schweden und Finnland. Ausführliche Beschreibung der Hauptstädte. Übersichtlich, informativ, kompetent. Mit vor Ort erfassten GPS-Koordinaten.
468 S., zahlr. Farbfotos, Karten, Stadtpläne, sowie viele Infos und die schönsten Campingplätze und viele Wohnmobil-Stellplätze.
ISBN 978-3-926145-94-9. € 24,90.

Mobil Reisen: SPANIEN NORD

Spaniens Norden von den Stränden der Costa Brava über die Pyrenäen, durch das grüne Galicien mit dem Pilgerziel Santiago de Compostela bis ins Herz Kastiliens mit den Hochburgen von Kunst, Kultur und Geschichte wie Salamanca oder Segovia.
Ausführlich: **Der Jakobsweg**. Restaurants und die schönsten Campingplätze. Mit vor Ort erfassten GPS-Koordinaten.
300 S., zahlr. Farbfotos; Karten und Stadtpläne.
ISBN 978-3-926145-91-8. € 19,90.

Mobil Reisen: SPANIEN SÜD

Eine gelungene Mischung aus Kunst, Kultur, Information und Reisetipps. Ein kompletter Reiseführer, der mehr als nur Routen und Touren bietet. Vom Mittelmeer ins Herz Kastiliens, auf den Spuren der Conquistadores, weiße Dörfer, maurische Paläste und der sonnige Süden Andalusiens. PLUS: Madrid City Guide.
Mit vor Ort erfassten GPS-Koordinaten.
312 S., zahlreiche Farbfotos, Karten und Stadtpläne. Stadtspaziergänge, Paradores, Campings, Wohnmobil-Stellplätze u. v. m.
ISBN 978-3-926145-98-7. € 22,90.

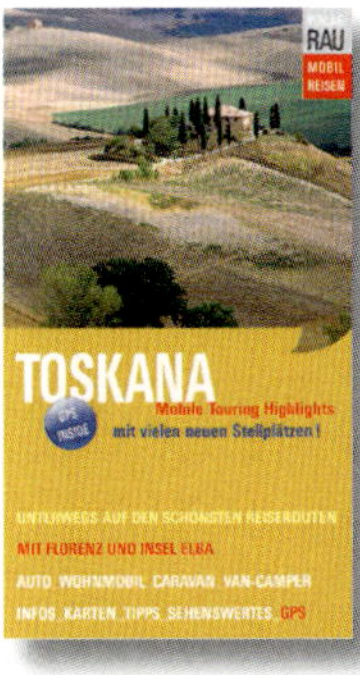

Mobil Reisen: TOSKANA - Mit Florenz und Insel Elba

Wiege der Renaissance, altes Zentrum von Kunst, Kultur und Wissenschaft und natürlich Eldorado für Weinliebhaber und ein wahres Paradies für kulinarische Entdecker. Ein Autoführer mit bequem zu kombinierenden Reiserouten durch die gesamte Toskana, mit Elba.
Großer Florenz-Teil sowie alle wichtigen Städte, Landschaften und Sehenswürdigkeiten. Mit vor Ort erfassten GPS-Koordinaten.
300 S., zahlr. Farbfotos, Restaurants, Camping- u. Reisemobil-Stellplätze, Kartenskizzen, Stadtpläne und viele Infos.
ISBN 978-3-926145-70-3. € 19,90.
GPS-Roadbook-CD mit Navigationskoordinaten verfügbar.

Mobil Reisen: UMBRIEN, MARKEN

Mit San Marino

Auf den schönsten Reiserouten durch die mittelitalienischen Regionen Umbrien und Marken. Reisen Sie von der sehenswerten Hauptstadt Umbriens Perugia über das prächtig gelegene Orvieto bis an die Ufer des Lago di Bolsena, weiter über die einladenden Höhen der Sibellinischen Berge an die adriatische Küste und in die älteste Republik Europas, San Marino. Mit vor Ort erfassten GPS-Koordinaten.
240 S., zahlr. Farbfotos, Restaurants, Camping- u. Reisemobil-Stellplätze, Kartenskizzen, Stadtpläne und viele Infos.
ISBN 978-3-926145-76-5. € 19,90.
GPS-Roadbook-CD mit Navigationskoordinaten verfügbar.

Weitere Titel sind in Vorbereitung!

Fragen Sie im Buchhandel nach unseren aktuellen Neuerscheinungen.

Oder besuchen Sie uns im Internet:

https://www.rau-verlag.de

http://www.mobil-reisen.eu

VERLAG RAU MOBIL REISEN

WERNER RAU VERLAG, Feldbergstraße 54, D - 70569 Stuttgart
www.rau-verlag.de – e-mail: info@rau-verlag.de

Mobil Reisen: ITALIEN SÜD

Vorliegend: 2. Auflage 2023/2024